U0674733

高等院校财经专业精品教材

战略管理

Strategic Management

（第二版）

苗 莉 主 编

朱 阳 王东波 尤树洋 副主编

东北财经大学出版社
Dongbei University of Finance & Economics Press
大 连

图书在版编目（CIP）数据

战略管理 / 苗莉主编. —2版. —大连：东北财经大学出版社，2024.7
（高等院校财经专业精品教材）
ISBN 978-7-5654-5272-7

Ⅰ.战…　Ⅱ.苗…　Ⅲ.企业战略–战略管理–高等学校–教材　Ⅳ.F272.1

中国国家版本馆 CIP 数据核字（2024）第 105987 号

东北财经大学出版社出版
（大连市黑石礁尖山街 217 号　邮政编码　116025）
网　　址：http://www.dufep.cn
读者信箱：dufep@dufe.edu.cn
大连雪莲彩印有限公司印刷　　　东北财经大学出版社发行
幅面尺寸：170mm×240mm　字数：388 千字　印张：18.75　插页：1
2024 年 7 月第 2 版　　　　　　　　2024 年 7 月第 1 次印刷
责任编辑：李　彬　王　斌　　　　　责任校对：一　心
封面设计：张智波　　　　　　　　　版式设计：原　皓

定价：49.00 元

第2版前言

亲爱的读者，欢迎您阅读《战略管理》第2版！

您或许已经发现，如今与战略管理相关的教材和专著可谓汗牛充栋，那么，您手中拿到的这本书究竟有何与众不同之处呢？这是一本专门为工商管理专业学生及战略管理实践人士撰写的，以实战为导向、突出实操性的专业教材。为了便于您在深入阅读前对本书有一个提纲挈领的认识，在此简明扼要地介绍一下本书的主要特点：

第一，立足数字经济时代竞争新态势，为战略决策人员提供系统性理论指导。目前，以物联网、云计算、大数据、人工智能、区块链等为代表的新技术革命的到来，正驱动和倒逼企业界进行数智化转型和商业模式重塑。党的二十大报告中也明确指出：加快建设数字中国。这无疑对企业经营管理者的战略管理能力提出了新的挑战。本书力图通过为读者展示一个生动且富于挑战的战略管理图景，并基于此提供系统性、创新性的深入思考与理论指导。在总体的谋篇布局上，本书遵循了"战略分析—战略制定—战略控制与变革"的基本战略管理思路；在具体内容上，本书通过对经反复斟酌而遴选出来的丰富案例进行精到解读，帮助读者理解数字经济时代竞争环境的演进规律与未来趋势，探寻战略成败的根源与规避路径。本书还特别增加了网络层战略与国际化战略，以期帮助战略决策者更好地理解和应对日趋生态化和国际化的竞争环境，促进战略决策者从战略生态的角度把握战略管理问题的本质与趋势，进而提升对战略问题的系统性认识和全局性考量。

第二，关注中国情境中的战略管理问题，汇集中国企业战略管理智慧。作为战略管理领域的一名学习者和分享者，多年来最感欣喜之事莫过于看到越来越多的中国企业在全球竞争中脱颖而出，展示出越来越强大的竞争实力。目前，我国已成为全球领先的数字大国，正加速向数字强国迈进，中国数字化转型的力度和成效也不断在世界范围内引发关注和热议。本书在编写过程中，引入大量中国企业的最新战略实践，在每个章节开端通过引导案例提出问题，激发大家对中国企业面临的实际问题的兴趣与思考。对中国企业战略实践经验进行冷静而客观的总结，将为全球商界人士提供有益的启示。

第三，构建系统科学的训练规划，培养和强化战略实践能力。战略管理教材并非战略管理的操作指南，不是仅凭按图索骥就可以找到成功的法门。战略管理教材和课程的主要目的并不在于提供所有问题的解决方案，事实上也无法提供所有的方案；其最主要的目的在于引发战略性思考、塑造战略性思维并提供应对、解决战略性问题的基本框架。在鲜活的实践中，需要实践者创造性地灵活运用各种战略管理理论。为了培养、锻炼读者的实战能力，在每章的最后，本书都安排了一个与理论内容和学习目标相对应的战略实践单元。通过战略实践单元由浅入深、循序渐进式的训练过程，读者自身的战略实践能力将由此不断提升。

第四，通过新形态教材建设，提供丰富的学习场景与学习资源。第2版教材一个重要创新之处就是利用互联网和二维码等技术，将纸质教材与数字化资源有机融合。战略管理问题的高阶性、综合性与复杂性，常常使得初学者在学习战略管理问题时缺少充分的情境代入。针对这一问题，本教材增加了大量二维码资源，您可以通过扫描即时链接到新闻视频、专题资料和专家观点等拓展性学习资源，从而更好地将战略理论与战略场景、现实问题相结合。此外，还增设了时势链接栏目，重点介绍党的二十大报告及"十四五"规划中的相关宏观政策与战略导向，致力于让您能够将个人战略、组织战略与国家战略紧密结合，顺势而为，实现可持续成长。

本书由苗莉担任主编，负责全书的总纂与审定、拟定修订大纲等工作；朱阳、王东波、尤树洋担任副主编。本次修订工作具体分工如下：第1、2章，尤树洋；第3、4章，王东波；第5、6、7章，苗莉；第8、9、10章，朱阳。

本书的出版，凝聚了众多人士的辛苦与努力，因此，我希望借此机会向所有为本书的顺利出版作出贡献的人士表示感谢。首先，要感谢所有出席过我战略管理课堂的、我挚爱的学生们。你们在课堂上的踊跃参与和精彩表现，你们的质疑、追问和挑战，你们的捷思与力行，不仅是我成就感的重要来源，也是推动我潜心钻研战略理论、不懈改进教学效果以及悉心编写本书的不竭动力。此外，要感谢所有战略管理领域的同行们，本书的编写是建立在借鉴众多优秀同行的杰出著作和大量文献资料基础之上的。虽然，为了保持统一的语言和写作风格，本书对参考内容进行了必要的调整和修订，但在引用时仍尽量保持了原有的叙事风格，以此向优秀的同行们表达我的钦佩与欣赏之情。同时，还要感谢东北财经大学出版社的王斌编辑以及所有幕后出版人员，没有他们的辛勤工作就不会有本书的最终顺利出版。

最后，衷心恳请各位同行及各位读者对本书的不足与疏漏之处提出宝贵意见和改进建议，在此先行谢过！

苗　莉

2024年6月于东北财经大学

目　录

1 战略管理导论

● 学习目标

- 什么是战略
- 战略的特征
- 战略管理的含义和过程
- 战略管理层次
- 战略管理理论的发展演进

━━━▶ 引导案例　数智跃迁：大杨集团的战略发展之路

大杨集团用 43 年的发展史书写了民族品牌从贴牌代工到创立自主品牌，再到登上世界西装的品质和潮流之巅的传奇。面对这一世界服装 500 强企业和国际高级男装生产基地，人们不得不好奇：大杨究竟是如何从当年捡边角料加工鞋垫到今天创造世界名牌"创世"男装的呢？

大杨集团的前身是于 1979 年在大连普兰店杨树房镇创办的杨树房服装厂，创始人李桂莲带领镇上 85 名妇女，靠着来自日韩企业的零散订单，通过加工廉价的桌布、袖套、围裙等小物件赚取微薄的利润。

1981 年，大杨开始承接外贸订单，并逐渐成为蝶理、伊藤忠等日本大型商社的代工。虽然带领当地农民走上了共同富裕的道路，但是，多年国际市场的闯荡让视野更加开阔的李桂莲并不满足于此。她的心里常常会有一种扎心的痛："我们出人力、出物力，国外大牌却只要出设计，贴个牌就能赚大头。外国客户从贴牌到创牌的成功经验启发了李桂莲，最终她痛下决心："我们既然能加工出一流的服装，就一定能创造属于自己的一流名牌！"

于是，当国内其他服装企业还在期望通过批量生产实现规模效应时，大杨集团已经着手迈向技术难度更高、单独量体、单独剪裁的"定制化"生产。

1995 年，大杨创建了自主品牌"创世"男装，成功转向高端西装定制。纵观全球市场，当时国际上已有 10 余家公司规模化开展了单量单裁的业务，但它们大多受制于工厂合作制造成的产能限制。于是，拥有全球最大自有工厂之一的大杨，凭借深耕西装的匠心沉淀、受益于"股神"巴菲特的口碑宣传，在美国的下游渠道商中一时间炙手可热、风光无两。

"批量生产每天能产出 800 到 1 000 件西装，而单裁定制的产能只有前者的三分之一。不过定制西装在成本几乎不变的基础上，价格能提升到原来的三倍还多，我们反而因此获得了更大的利润。"李桂莲回忆道。这不仅意味着大杨突破了传统服装行业的营收天花板，更意味着大杨的定制化转型战略取得了超出预期的结果和回报。

2015 年，贸易汇率起伏不定，劳动力成本进一步增加，经济稳定增长的局势不复存在，随着整个服装行业需求增速放缓，大杨的出口业务也面临瓶颈。李桂莲在派人调研在全球市场上占据领先地位的服装企业后得出结论：如果采用大规模定制的生产模式，不仅能够在维持现有成本的基础上丰富定制化产品的种类，还能大幅提升定制效率。"既然单裁定制规模小、效率低，那我们就去做大规模定制！"

2016 年大杨提出了"五化"战略目标，即高端化、智能化、国际化、定制化、信息化，其中"智能化"和"信息化"两个战略实施方向是首次提出，这标志着大杨数智化转型的开始。

2018年，大杨集团贸大智能化定制工厂正式竣工并投入使用，定制生产的规模很快提升到了每年60万件/套。2019年完成新大通智能单裁定制工厂的智能化改造。截至2023年，两个厂区定制、生产的规模已经达到了每年150万件/套，生产周期也压缩到了4~5天。

我国提出"十四五"规划之后，大杨集团也制订了"十四五"阶段"五位一体"的总体规划（其中"数字大杨、定制大杨"是新战略目标的重中之重），并致力于将"全球最大的单量单裁公司"打造成为"全球最强的供应链平台生态系统"。

资料来源：单宇，周佳慧，斯浩伦，等. 打破低端锁定：大杨西装定制品牌突围之路［EB/OL］.［2023-12-10］.http://www.cmcc-dlut.cn/.

正如《孙子兵法》所言："兵者，国之大事也。死生之地，存亡之道，不可不察也。"随着全球范围内的市场竞争愈演愈烈，商场俨然成了战场。在这样的背景下，企业家必须成为出色的战略家，才能引领企业不断创造辉煌。

引导案例中提到的大杨集团，作为从OEM企业向OBM企业成功战略转型的典型案例，世界西装品质和潮流之巅的传奇，改变了其自身利润薄弱、易受外部市场环境变化打击的发展劣势，并进行了数智化转型。其发展过程中最终得以战胜严峻挑战并成功把握发展机遇，取决于其战略以及战略的实施。

本章将向你概要性地介绍有关战略和战略管理的理论框架以及战略管理理论的演进。通过本章的学习，你将了解企业管理者如何通过战略分析、战略制定及战略实施与变革等活动，使企业获得竞争优势和卓越绩效。同时，通过对不同阶段、不同流派战略管理理论的学习，你也可以对世界商业环境的变化及战略思维的演进有个较为全面的了解。

1.1 什么是战略

有人说，现在是战略管理的时代，但大多数人在津津乐道此"战略"、彼"战略"的时候，对"战略"本身并没有确切的认识。一般人会认为"战略就是一种高瞻远瞩的计划吧"；企业家常会说"战略可不是人人都能讲的故事，它需要企业家的头脑和思维"；而战略咨询顾问却会讲"战略需要特殊的技能，我们就是经过那些特殊技能培训并给人提供战略咨询服务的聪明人"；更有比较激进的人会说"我从来就不相信战略，成功永远不能依靠战略一步一步规划而来"。还会有更多的声音，但似乎谁都无法真正说服谁！

加拿大麦吉尔大学教授明茨伯格（H.Mintzberg）在谈到企业战略时指出，人们在生产经营活动中的不同场合以不同的方式赋予企业战略不同的内涵，说明人们可以根据需要接受多样化的战略定义。在这种观点的基础上，明茨伯格借鉴市场营销学中四要素（4P）的提法，提出企业战略可由五种规范的定义来阐明，即计划（Plan）、模式（Pattern）、计策（Ploy）、定位（Position）和观念（Perspective），这样就构成了企业战略的"5P"。

这五个定义分别从不同角度对企业战略进行了阐发。

第一,战略是一种计划(Plan)。这是指,战略是一种有意识、有预计、有组织的行动程序,其解决的是一个企业如何从现在状态达到将来位置的问题。战略主要为企业提供发展方向和途径,包括一系列处理某种特定情况的方针政策,属于企业"行动之前的概念"。根据这个定义,战略具有两个本质属性:一是,战略是在企业发生经营活动之前制定的,以备人们使用;二是,战略是作为一种计划写进企业正式文件中的,当然不排除有些不公开的、只为少数人了解的企业战略。

第二,战略是一种模式(Pattern)。这是指战略可以体现为企业一系列的具体行动和现实结果,而不仅仅是行动前的计划或手段,即,无论企业是否事先制定了战略,只要有具体的经营行为,就有事实上的战略。根据这一定义,当年福特汽车公司总裁亨利·福特决定只生产黑色"T型"车的行为,就可以理解为一种战略,即便他并没有明确提出具体的战略设想或规划,但这一行为本身就是战略。企业行为模式是在历史中形成的,因此,在制定企业战略过程中就必须了解企业发展史,在选择战略时要充分考虑并尊重企业原有的行为模式,因为它会在很大程度上决定企业未来战略的选择和战略实施的有效性。若要改变企业的行为模式,首先必须充分认识到推行这种变革的难度。

明茨伯格认为,在实践中计划往往没有实施,而模式却可能在事先并未计划的情况下形成。战略可能是人类行为的结果,而不是设计的结果。因此,定义为"计划"的战略是设计的战略,而定义为"模式"的战略是已实现的战略,战略实际上是一种从计划向实现流动的结果。那些没有实现的战略在战略设计结束之后,通过一个单独的渠道消失,脱离准备实施战略的渠道。而准备实施的战略与自发战略则通过各自的渠道,流向已实现的战略,如图1-1所示。这是一种动态的战略观点,它将整个战略看成一种"行为流"的运动过程。拓展阅读1-1介绍了自发战略典型案例及其与有计划的战略之间的关系。

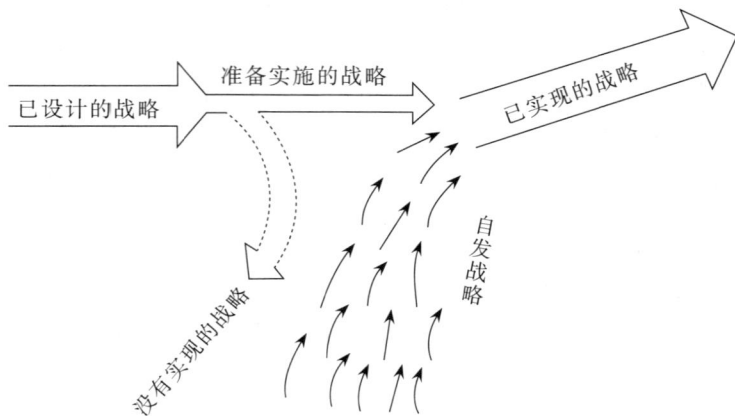

图1-1 战略形成过程

拓展阅读1-1：自发战略与撞大运事件

自发战略是企业对于未预见到的变化的一种无规划反应，这种反应可能来自组织内部基层经理的自发行为，也可能来自撞大运的发现和事件，或者来自高层经理的无规划的战略转向。它们不是规范的自上而下的规划机制的产物。

本田公司的自发战略

1959年，一批本田公司的经理从日本来到洛杉矶筹建美国分公司，他们最初的目标（有计划的战略）是推广排气量为250cc和350cc的摩托车，而不是在日本大获成功的50cc摩托车。他们直觉认为，本田50cc系列不适合于美国市场，因为美国市场上的产品普遍比日本市场的体型更大、更豪华。

然而实际情况却是250cc和350cc的摩托车销售平平，机械故障不断。看起来本田的战略即将陷入失败。与此同时，骑本田50cc摩托车在洛杉矶市内办事的经理却受到了许多人的注意。有一天，他们接到了一个西尔斯百货采购员的电话，表示愿意面向更大的市场销售本田50cc摩托车，而不仅仅是面向摩托车爱好者。本田公司的经理们犹豫着是否应当销售小排量的摩托车，担心这样做会得罪严肃的摩托车爱好者，后者也许会将本田想象为"软弱"的车种。最后，是250cc和350cc摩托车的失败促使他们下定决心。

本田误打误撞地闯进了此前无人耕耘的巨大的细分市场：从未买过一辆摩托车的普通美国人。本田公司同时还发现了一个以前从未尝试过的销售渠道——百货商店，而不是传统的摩托车专卖店。

对本田公司获得成功的传统解释是该公司运用精心构思的战略规划重新定义了美国的摩托车业。而事实上本田公司原来的战略几乎是一场灾难。拯救公司的是自发的战略，它打破了规划，对于未能预见到的环境变化采取了事先没有规划的行动。当然，日本公司管理层正确地对待自发战略并以极大的热情实施这一战略，也是其取得成功的重要前提。本田公司的案例表明，成功的战略可能源自公司内部对外界的未预见变化所作出的反应。

在现实生活中，绝大多数组织的战略很可能都是有计划的战略和自发战略的结合。管理层应当了解自发战略的发生过程，并且进行及时的干预，鼓励好的、有潜力的自发战略，阻止不好的自发战略。为此，管理层必须有能力对自发战略的价值进行判断。他们必须学会战略性的思考。尽管自管战略来自组织内部，并且事先并未经过规划，也就是说没有经过如图1-1所示的顺序过程，管理层还是必须对其进行评估。这样的评估工作包括将自发战略与组织目标、外部环境中的机会与威胁、内部环境中的优势与劣势进行对比，其目的在于评估自发战略是否适合公司的需求和能力。此外，明茨伯格强调组织形成自发战略的能力是其结构和控制系统所鼓励的组织文化的函数。换句话讲，无论是有计划的战略还是自发的战略，战略管理过程的不同要素都具有相同的重要性。

资料来源：张玉利，薛红志，陈寒松，等. 创业管理［M］. 北京：机械工业出版社，2019：24-25.

第三，战略是一种计策（Ploy）。这是指战略不仅仅是行动之前的计划，还可以在特定的环境下成为行动过程中的手段和策略，一种在竞争博弈中威胁和战胜竞争对手的工具。例如，得知竞争对手想要扩大生产能力时，企业便提出自己的战略是扩大厂房面积和生产能力。由于该企业资金雄厚、产品质量优异，竞争对手自知无力竞争，便会放弃扩大生产能力的设想。然而，一旦对手放弃了原计划，企业却并不一定要将扩大能力的战略付诸实施。因此，这种战略只能称为一种威胁竞争对手的计策。另外，像我们熟知的田忌赛马的故事（见拓展阅读1-2）也是将战略作为计策的例子。

拓展阅读1-2：田忌赛马

齐国的大将田忌常同齐威王进行跑马比赛。在比赛前，双方各下赌注，每次比赛共设三局，胜两次以上的为赢家。然而，每次比赛，田忌总是输给齐威王。这天，田忌赛马时又输给了齐威王。回家后，田忌十分郁闷，他把赛马失败引起的不快告诉了孙膑。孙膑是大军事家孙武的后代，足智多谋，熟读兵书、深谙兵法，只是曾被魏国将军庞涓陷害造成双腿残疾，不能率兵打仗。他被田忌救到齐国后，很受器重。田忌待他为上宾，请他当了军师。

孙膑说："将军与大王的马我看了。其实，将军的三个等级的马匹与大王的马匹都差那么一点儿。您第一局派出的是上等马与大王的上等马比赛，第二局派中等马与大王的中等马比赛，第三局派下等马与大王的下等马比赛。您这样总按常规派出马匹与大王比赛，您永远会输。"田忌不解地问："不这样，又怎么办呢？"孙膑对田忌说："下次赛马时，您照我说的办法派出马匹，一定会取胜的，您只管多下赌注就是了。"田忌听了，大喜。这次他主动与齐威王相约，择日再进行赛马。齐威王听了，不屑地说："田将军又想给寡人送银子了，再比，将军也是输。"

赛马这一天到了。双方的骑士和马匹都来到赛马场上。齐威王和田忌在看台上饶有兴致地观看比赛。孙膑也坐着车子，坐在田忌的身旁。

赛马开始了，第一局田忌派出了自己的下等马，对阵齐威王的上等马。结果可想而知，田忌输掉了第一局。齐威王十分得意。第二局，田忌派出了自己的上等马对阵齐威王的中等马。结果，田忌赢了第二局。第三局，田忌派出自己的中等马对阵齐威王的下等马，田忌又赢了第三局。三局两胜，田忌第一次在赛马比赛中战胜了齐威王。由于事先田忌下了很大的赌注，他把前几次输掉的银子都赚了回来，还略有盈余。

资料来源：佚名.田忌赛马［EB/OL］.［2024-04-10］.https://baike.baidu.com/item/%E7%94%B0%E5%BF%8C%E8%B5%9B%E9%A9%AC/1137056?fr=ge_ala.

第四，战略是一种定位（Position）。这是指战略是一个组织在其所处环境中的位置，对企业而言就是确定自己在市场中的位置。企业战略涉及的领域很广，可以包括产品生产过程、顾客与市场、企业的社会责任与自我利益，以及各种经营活动和行为。但最重要的是，制定战略时应充分考虑到外部环境，尤其是行业竞争结构对企业行为和效益的影响，确定自己在行业中的地位和达到该地位所应采取的各种措施。把战略看成一种定位就是要通过正确地配置企业资源，形成有力的竞争优势。这第四种定义，实际上是使战略成为企业与环境之间的一种中间力量，使得企业的内部条件与外部环境更加融合。

通常，在军事学或博弈论中，战略的概念只涉及"两方（军）"对垒，引申到企业竞争中，通常指竞争双方的正面冲突。在这种情况下，企业通常把战略看成一种计策。然而，将企业战略看作一种定位，则引进了"多方竞争"以及超越竞争的含义。换句话说，企业在经营中不仅要考虑与单个竞争对手在面对面的竞争中处于何种位置，也需要考虑在若干竞争对手面前自己所处的地位，甚至企业还可以在市场中确定一种特殊地位，使得对手无法与自己竞争。在战略行动1-1中，光辉橱柜专家正是凭借明确和灵活的战略定位，在发展历程中获得了市场竞争优势。

战略行动1-1：厨柜专家的战略定位

20世纪90年代，定制厨柜在欧洲大陆悄然兴起，将传统的厨房空间彻底颠覆并迅速走进千家万户，成为新的潮流。

1999年3月，光辉公司董事长张董（化名）与他的中学同学基于各自毕业后的工作经验、定制厨柜行业前景信息等种种因素创立光辉公司。

张董曾说："我们要做最专业、最好的厨柜。"这是支撑公司20余年持续发展的不二法则。

2000年前后，国家住宅私有化使得人们追求装修质量与个性化。开设在红星商场的光辉公司首家专卖店与传统昏暗、零散混乱的建材市场形成鲜明的对比，掀起建材卖场的装修热潮，凭一己之力帮助整个行业改头换面。

定制厨柜行业因与客户接触节点数量之大而具有鲜明的服务密集型特点。"既然硬件不够，那就软件来凑"，公司始终奉行"品质第一、以客为先、学习创新、爱拼敢赢"的核心价值观。2000年，通过高标准的服务体系，光辉公司成功建立起差异化的高墙。多年来光辉公司定位于"更专业的高端厨柜"并从产品的内在与外在加之服务层面将其付之于实践。

2003年前后，光辉公司业务的快速发展与口碑的逐渐累积使其踏上了从厦门逐步走向全国的长征之路。由于长时间的直营模式占据了光辉公司过多资源以及带来沉重的税收负担，光辉公司逐步调整为以经销商加盟代理为主的发展模式。

其国际化战略可追溯至2010年，采取的是明显区别于其他头部企业的差异化竞争策略。在国内定制家居行业竞争激烈，国内市场日渐饱和、增长乏力之时，光辉公司的海外事业即使在疫情期间仍能保持合理的利润总量，成为光辉橱柜"一只可以支撑的脚"。

十几年的发展过程中，光辉橱柜已然形成了"TO大B+TO小B"的精装工程业务结合零售业务的完整体系。随着定制衣柜行业迅速兴起，消费者对于"一站式订购"以及全屋风格系统化的需求增加。2017年6月，光辉公司正式涉猎衣柜领域，开启"大家居"战略，逐步形成了包括木门、墙体等在内的全屋木制品工业化定制，实现从厨柜到衣柜、从木门到墙体的全线拉通，并在厨电品牌这一领域作出延伸。此外，还对公司品牌标识作出修改，将原有的"光辉厨柜"更迭为"光辉+品类"的形式，逐渐将消费者认知从"光辉公司等于好的定制厨柜"转变为"光辉公司等于好的全屋定制家居产品"。2021年初开始开发医院、酒店和学校等新的项目，希望通过规模经营形成新的利润增长点。同年7月，光辉公司的适老家居产品首次进入大众视野，抓住社区养老这一未来的发展大趋势。

面对公司的战略定位选择，企业由厨柜产品的单一高端转型成为产品全系列高端的定制家具企业，依靠明确和灵活的战略定位实现了市场中的竞争优势。

资料来源：林海芬，刘相彤. 厨柜专家：从点到面固守高端的光辉岁月 [EB/OL].［2023-12-10］.http://www.cmcc-dlut.cn/.

第五，战略是一种观念（Perspective）。这是指战略表达了企业对客观世界固有的认知方式，体现了企业的价值取向和组织中人们对客观世界固有的看法，进而反映了企业战略决策者的价值观念。企业战略决策者在对企业外部环境及企业内部条件进行分析后作出的主观判断就是战略，因此，战略是主观而不是客观的产物。当企业战略决策者的主观判断符合企业内外部环境的实际情况时，所制定的战略就是正确的；反之，当其主观判断不符合环境现实时，企业战略就是错误的。战略是一种观念的定义，强调了战略的抽象性，其实质在于，同价值观、文化和理想等精神内容为组织成员所共有一样，战略观念要通过组织成员的期望和行为而形成共享，个人的期望和行为是通过集体的期望和行为反映出来的。因此，研究一个组织的战略，要了解和掌握该组织的期望如何在成员间分享，以及如何在共同一致的基础上采取行动。表1-1概括了明茨伯格所给出的五种战略定义的区别。

表1-1　　　　　　　　　　明茨伯格5P定义的核心要点

战略定义类型	核心要点
计划型	强调企业管理人员要有意识地进行领导，凡事谋划在前、行事在后
模式型	强调战略重在行动，否则只是空想。战略也可以自发地产生
计策型	强调战略是为威胁或击败竞争对手而采取的一种手段，重在达成预期竞争目的
定位型	强调企业适应外部环境，创造条件更好地进行经营上的竞争或合作
观念型	强调战略过程的集体意识，要求企业成员共享战略观念，形成一致的行动

可以看出，尽管上述五种定义的角度不同，但是，他们彼此之间也存在着一定的内在联系。它们有时是某种程度的替代，如定位型战略定义可替代计划型战略定义，但在大多数情况下，它们之间的关系是互补的，共同使战略概念趋于完善。因此，只能说每个战略定义都有其特殊性，不能说哪种战略定义更为重要。

1.2　战略的特征

尽管人们对于"什么是战略"有着略微不同的解析，但总体而言，人们对于战略的特征有着基本一致的认知，并主要体现在以下几个方面：

1.战略是要做正确的事情

战略的第一个特性就是：做正确的事情，而不是仅仅将事情做对（Do Right Things Rather Than Do the Things Right）。"做正确的事"与"正确地做事"是相对应的，德鲁克对二者用"效果"（Effectiveness）与"效率"（Efficiency）进行了区分，所谓做正确的事情也就是强调效果，所谓正确地做事情强调的则是效率。企业战略关注的是"做正确的事"，即注重"效果"而非"效率"，也就是说，从战略的角度看，做正确的事情要比把事情做得有效率更为重要。

在1920年，福特汽车为了满足大众化的需求，将目标定位于生产售价低于

1 000美元的汽车。为了降低成本，福特首先发明了流水线的生产方式，并且决定只生产T型车，而且只生产黑色一种颜色。单一车型、单一颜色加上流水线的生产方式，使福特成为当时全世界最有效率的汽车生产商，并一度成为美国汽车行业的霸主。

在与福特竞争的过程中，通用汽车采取了另一种战略。通用认为随着消费者生活水平的不断提高，消费者买车已经并不只是为了满足交通便利的需求，同时还要反映出车主的社会和经济地位，汽车已经成为社会地位的象征，因此，通用将汽车市场分割为高价位市场和低价位市场，然后针对不同的市场划分推出不同车型，包括卡迪拉克（Cadillac）、别克（Buick）、奥斯摩比（Oldsmobile）、雪佛兰（Chevrolet）和针对青少年的庞帝亚克（Pontiac）。车型的增加不可避免导致通用出现了规模不经济、效率降低和成本上升等情况，但改变战略后，通用汽车虽然不是效率最高的公司，却很快地在10年内超越福特，成为市场的领先者。直到60多年后（1988年），福特汽车才在利润上超越通用，可是在市场占有率上仍然一直屈居第二，始终无法超越通用。

由此例可知，战略最主要的就是要做对的事情，这比把事情做对更为重要。由福特和通用的例子亦可看出，在卖方市场的情况下，从某种程度上说，效率愈高效果愈高；但在买方市场情况下，如果效率很高的企业选择了错误的方向，效率越高可能越容易加速其失败甚至毁灭的过程。战略因其投入资源巨大和不可逆转的特性决定了一旦企业犯了战略性错误，要纠正它可能需要花上十几年甚至更长的时间。

2.战略要"有所为、有所不为"

我国古代有这样的俗语："鱼和熊掌不可兼得。""有所为有所不为。"美国也有一句俗语："你可以干任何事情，但不能任何事情都干。"在如今竞争激烈而资源有限的情况下，只有那些懂得取舍，"有所为有所不为"，并将战略定位于最能发挥自己特长与优势的企业才能取得成功。

近年来，在餐饮行业喜家德水饺的发展颇为引人注目，而其成功在很大程度上就是因为它的取舍得当。餐饮企业总会面临特色的选择问题，常见的有两种：（1）塑造地域口味，坚定地域特色，比如川菜就得又麻又辣；（2）广谱口味，弱化地域色彩，让地域菜最大限度地迎合受众。其实喜家德很想打出"东北水饺"的旗帜。毕竟是东北人，有东北情结，想了想还是果断放弃了，从定位理论出发，当水饺大品类尚未形成绝对领先的品牌时，提出"东北水饺"就是提前分化，是多余和不恰当的战略。但喜家德也没有选择广谱口味，弱化地域色彩。喜家德走了一条独特的路，不同时期不同打法。在成为绝对领先品牌之前，喜家德的定位语为：中国现包现煮水饺专家及领导者。该定位语既标明自己的特色，又与当时的领导品牌大娘水饺区隔开来。

相反，面对机会的诱惑，企业也可能会因求好、求多、求全而心切，面面俱到而迷失自己的方向。美国大陆航空公司就因定位模糊和不善取舍而得到了深刻的教训。当年，美国大陆航空看到美国西南航空的骄人业绩后决定仿效其战略定位及其做法：在维持大陆航空完整服务的定位下，再开设几条点对点的航线，并给这家新的航空公司起名为"小陆航空"。"小陆航空"也省掉餐点和头等舱的服务、增加班次、降低票价，并缩短登机前的候机时间。问题是，它没有处理好与其他战略的取舍关系，因此无法维系战略性定位。"小陆航空"既无法在价格上竞争，又要持续支付旅行社的佣金，结果造成旅行社和要求完整服务的旅客双双不满。"小陆航空"最终因亏损了上亿美元而不得不停飞。因此，企业在进行战略选择时，应当根据自己的资源、能力和对产业环境的分析来进行，集中有限的力量使之用到刀刃上，真正做到"有所为有所不为"。而若把战线拉得太长、面面俱到，反而会顾此失彼，得不偿失。

如果将"取舍"作为管理者战略决策的核心内容，实际上就是对企业内外部环境中的可做、该做、能做、想做、敢做的一种综合权衡的结果（如图1-2所示）。其中，可做代表着外部环境中存在的机会，该做表示外部环境给企业带来的约束，能做实际上就是企业自身实力的评估，想做更多地表现了企业的偏好，而敢做则意味着企业的魄力。值得注意的是，在界定什么是可做、该做、能做、想做、敢做时，企业常常陷入什么不可做、不该做、不能做、不想做、不敢做的困惑。而只有真正清楚了这些问题，企业才有可能更加明确战略上的别无选择和相机而动。在此基础上，企业通过愿景协同、内外互动的整合效应，还有可能扩大图中的交集——"拟做：战略"的范围，这也代表着可供企业选择的战略的覆盖面的增加。

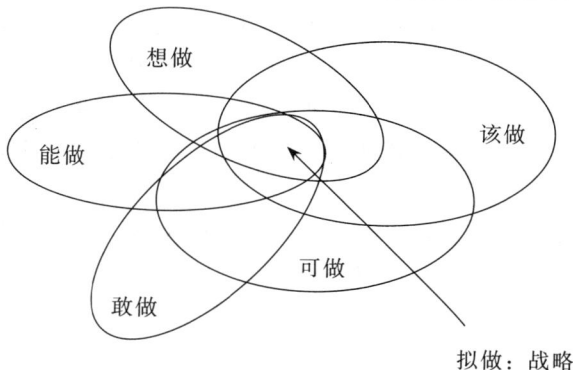

图1-2 战略管理任务

资料来源：项保华.战略管理：艺术与实务［M］.3版.北京：华夏出版社，2001.

3.战略应关注事关全局的重大问题

战略的另一个重要特征就是战略决策者应该从企业的整体利益出发，关注全局性的重大问题。战略作为企业最高管理者的首要职能，全局与整体是决策的出发点。企业的各部门通常会因为职能或部门的角色和利益所限而各自为政，并因为本位主义而牺牲企业整体利益。克服本位主义最重要的方式就是使企业战略成为贯穿并指导各部门职能工作的最高决策。毛泽东在《中国革命战争的战略问题》中提出："研究带全局性的战争指导规律，是战略学的任务。研究带局部性的战争指导规律，是战役学和战术学的任务……战略问题是研究战争全局的规律的东西。凡属带有要照顾各方面和各阶段的性质的，都是战争的全局。"他提出的诸如"武装夺取政权""农村包围城市"等著名战略就曾数次为中国革命指明了方向，为夺取革命的全国性胜利起了决定性的作用。在企业经营活动中，必然会存在各种各样的问题，作为战略制定的最高管理者，不应该也不可能做到事无巨细、事必躬亲，他要做的就是解决影响企业经营与发展全局的关键性问题。详见拓展阅读1-3。

拓展阅读1-3：《中国革命战争的战略问题》中的战略论述

1936年12月，毛泽东同志发表《中国革命战争的战略问题》。这部著作运用马克思主义辩证唯物论的认识论及战略思维的认识方法，通过对中国革命战争历史经验的系统总结，深入研究中国革命战争全局性、长远性和根本性的重大问题，提出了一系列闪耀着马克思主义真理光辉的科学论断，为我们树立了运用战略思维研究问题、推动工作的光辉典范。

《中国革命战争的战略问题》给战略问题下了一个定义："战略问题是研究战争全局的规律的东西"，提出了"战争规律是发展的"这个著名论断，强调要关注全局和战略问题。

开篇伊始，毛泽东首先阐述"如何研究战争"；指出"我们不但要研究一般战争的规律，还要研究特殊的革命战争的规律，还要研究更加特殊的中国革命战争的规律"；强调"战争规律是发展的""一切战争指导规律，依照历史的发展而发展，依照战争的发展而发展，一成不变的东西是没有的""我们研究在各个不同历史阶段、各个不同性质、不同地域和民族的战争的指导规律，应该着眼其特点和着眼其发展，反对战争问题上的机械论"。

毛泽东指出："只要有战争，就有战争的全局。世界可以是战争的一全局，一国可以是战争的一全局，一个独立的游击区、一个大的独立的作战方面，也可以是战争的一全局。凡属带有要照顾各方面和各阶段的性质的，都是战争的全局。""研究带全局性的战争指导规律，是战略学的任务。研究带局部性的战争指导规律，是战役学和战术学的任务。"

毛泽东强调："任何一级的首长，应当把自己注意的重心，放在那些对于他所指挥的全局说来最重要最有决定意义的问题或动作上，而不应当放在其他的问题或动作上""指挥全局的人，最要紧的，是把自己的注意力摆在照顾战争的全局上面。"毛泽东指出，"要求战役指挥员和战术指挥员了解某种程度的战略上的规律"，也是必要的。"因为懂得了全局性的东西，就更会使用局部性的东西，因为局部性的东西是隶属于全局性的东西的"。

毛泽东指出："学习战争全局的指导规律，是要用心去想一想才行的。"他根据中国革命战争实际，一连列举了中国革命战争中必须高度关注和解决的39个战略问题，这些问题涵盖战争部署、指挥、保障和政治工作等各个方面。毛泽东强调，要用心想一想这些问题的区别和联系，把它们"都提到较高的原则性上去解决。达到这个目的，就是研究战略问题的任务"。

《中国革命战争的战略问题》全面深入考察中国革命实际，指出了中国革命战争的特点，提出了"由此产生我们的战略战术"的著名论断。

《中国革命战争的战略问题》在第五章专门对"战略防御"作了深入详尽的阐述，提出了一系列对中国革命战争有重大指导意义的战略战术。

《中国革命战争的战略问题》提出，实施战略行动，必须认清敌我双方情况，找出指导战争的规律，解决主观和客观的矛盾，强调"重要的问题在于学习"。

资料来源：陆振兴.战略思维的光辉典范：重读毛泽东《中国革命战争的战略问题》[N].解放军报，2023-10-28（8）.

4.战略应保证盈利性、成长性和风险之间的动态平衡

企业价值最大化，是企业的终极追求，战略的制定与实施必须增进企业价值，这是判断"战略"与"伪战略"的最根本标准。企业的价值可以用以下模型来表述：

价值=f（盈利性、成长性、风险）

企业的价值是由盈利性、成长性和风险三部分要素组成的。其中，盈利性、成长性与价值成正比，即盈利性、成长性越好，企业价值越大；风险与企业价值成反比，即在盈利性、成长性不变的情况下，风险越大，企业价值越低。企业战略必须在盈利性、成长性和风险之间谋求一种良好的动态平衡。

战略首先必须考虑短期的盈利状况，无论如何，没有稳定的盈利，企业经营就无法维持下去，尽管还有股东再投资等现金来源，但这种"烧钱"的经营状态难以持久。在这种状态下，企业高层管理人员的心态也将会因承受过大的压力而发生微妙变化，这使他们更容易在经营管理中犯一些原本不应该犯的错误（如急功近利、弄虚作假等）。

战略还应该考虑未来的发展，良好的成长潜力是企业获取未来收益的可靠保证。

因此，企业必须规划好近期、中期以及远期的核心业务（为企业带来主要现金流的业务），三个层面的业务也必须协调发展。企业发展的业务组合，如图1-3所示。为了企业的持续成长，战略管理者们不仅要想办法维护近期核心业务，保证企业的现期盈利和成长，还要兼顾新兴业务、创造种子业务，新兴业务和种子业务就

是未来的核心业务。在企业的业务组合中，前一阶段的核心业务是后续阶段业务的基础，决不能以削弱现有核心业务为代价，为求增长而过分地强调多元化，也不能仅仅有许多令人激动的设想却无法将它们转化为现实的新的核心业务，更不能只埋头于现有业务而完全忽略培育新的业务增长点。形象一点的比喻就是，企业不仅要嘴里吃着，锅里还要煮着，同时也不要忘记在地里种着。

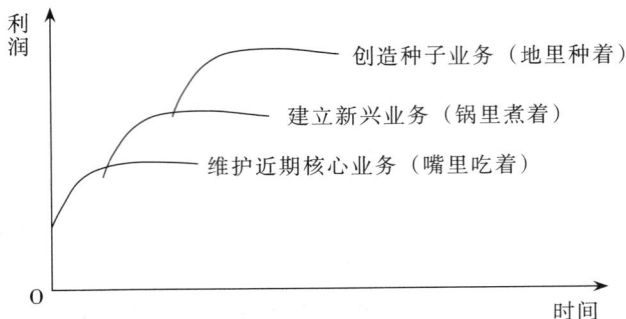

图1-3　麦肯锡的业务组合三层面论：业务增长阶梯

资料来源：巴格海等.增长炼金术：企业启动和持续增长之秘诀［M］.奚博铨，许润民，译.北京：经济科学出版社，1999.

在考虑业务发展的同时，企业战略还必须注意风险的规避，尤其在复杂多变的超动态环境下，防范风险、保持公司的长寿，显得更为重要。因此，战略管理还需要通过适当的组合来应对可能发生的风险。这种要求一般体现在两个方面：一是通过对宏观经济和产业发展趋势的准确预见而采取预防措施；二是通过不同性质的业务组合来降低企业经营的风险（如波动性强的业务与稳定现金流的业务相搭配，可以很好地平衡企业业务波动的风险）。

1.3　战略管理的含义和过程

"战略管理"的概念是伊格尔·安索夫（H.Igor Ansoff）首次提出的。1972年他发表了一篇文章，名为《战略管理概念》，正式提出了"战略管理"的概念。在其于1975年出版的《从战略计划到战略管理》一书中，安索夫将战略管理定义为"企业高层管理者为保证企业的持续生存和发展，通过对企业外部环境与内部条件的分析，对企业全部经营活动所进行的根本性和长远性的规划与指导"。他认为，战略管理与以往经营管理的不同之处在于：战略管理是面向未来，动态地、连续地完成从决策到实现的过程。他对战略管理的开创性研究使他成为管理学科的一代宗师，被管理学界尊称为战略管理的"鼻祖"。斯坦纳认为，企业战略管理是确定企业使命，根据企业外部环境和内部经营要素确定企业目标，保证目标的正确落实并使企业使命最终得以实现的一个动态过程。此后，其他许多战略学者和实业家也提出了不同的见解，下面是迄今为止几种影响力比较大的战略管理定义。

• 企业战略管理是决定企业长期表现的一系列重大管理决策和行动，包括战略的制定、实施、评价和控制。

- 企业战略管理是企业制定长期战略和贯彻这种战略的活动。
- 企业战略管理是企业在处理自身与环境关系过程中实现其宗旨的管理过程。

尽管学者和战略家对战略管理的定义方式有所不同，但至少在以下两方面是相同的：第一，战略管理不仅涉及战略的制定和规划，而且也包含着将制定出的战略付诸实施的管理，因此是一个全过程的管理；第二，战略管理不是静态的、一次性的管理，而是一种循环的、往复性的动态管理过程，它是一种需要根据外部环境的变化、企业内部条件的改变以及战略执行结果的反馈信息等，循环往复地进行战略管理的过程，是不间断的管理。

战略管理作为一个动态过程，由多个相互衔接的环节构成。图1-4所示的是一个7步骤战略管理过程模型，具体包括确定组织使命和愿景、外部环境分析、内部环境分析、战略制定、战略实施、战略控制与战略变革七个相互衔接的环节。需要说明的是，在其他一些战略教材中，战略管理的过程模型可能会略有不同，其中的某些步骤可能会被合并，例如，有些教材将确定组织使命和愿景、外部环境分析、内部环境分析、战略制定这四项内容合并为一项——战略制定，也有些教材将战略控制与战略变革合并在一起并统称为战略控制。此外，在某些教材中有些步骤还可能被进一步分解，如内外部环境分析可能被进一步分解为优势分析、劣势分析、机会分析、威胁分析。但总体而言都大同小异，所包含的活动及内容基本上都是相同的。

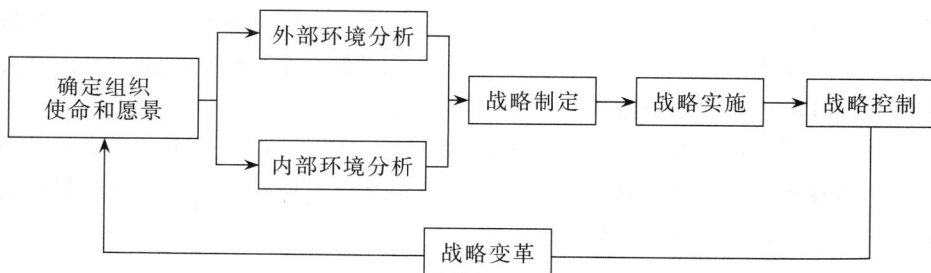

图1-4　战略管理过程模型

1.3.1　确定组织使命和愿景

使命和愿景的确定是战略管理过程的起点，也是战略制定的基础。使命和愿景是组织存在的原因和目的。彼得·德鲁克基金会主席、著名领导力大师弗兰西斯女士认为：一个强有力的组织必须靠使命驱动。企业的使命不仅回答了企业是做什么的，更重要的是回答了企业为什么做，企业的使命是企业终极意义的目标。崇高、明确、富有感召力的使命不仅为企业指明了方向，而且使企业的每一位成员明确了工作的真正意义，激发出内心深处的动机。20世纪20年代，AT&T的创始人提出"要让美国的每个家庭和每间办公室都安上电话"。20世纪80年代，比尔·盖茨如法炮制："让美国的每个家庭和每间办公室桌上都有一台PC。"20世纪90年代末，阿里巴巴集团提出"让天下没有难做的生意"。如今，他们都基本实现了他们的愿景和使命。

1.3.2　外部环境分析

企业外部环境由存在于组织外部、通常短期内不为企业高层管理人员所控制的变量所构成。外部环境分析的目的是在企业外部环境中寻找可能会影响企业使命实现的战略机会和威胁，包括对宏观环境、产业与竞争环境的分析。宏观环境是指那些在广阔的社会环境中影响到一个产业或企业的各种因素，如经济、社会、法律等因素，产业和竞争环境则是指企业所处的产业的竞争结构，包括企业的竞争地位和主要竞争对手。通过外部环境分析可以帮助企业解答一系列问题，比如环境正在发生哪些变化，这些变化会怎样影响企业目前的地位等。尽管外部环境中的变量很多，对企业的影响较为复杂，而且其中的很多因素是企业无法掌控的，但通过环境分析可以帮助企业发现某些机会（或威胁）。

1.3.3　内部环境分析

企业内部环境由存在于组织内部、通常短期内不为企业高层管理人员所控制的变量所构成。对内部资源与能力的分析是为了帮助企业确定自己在行业中的地位，找到优势和劣势，以便在制定战略时能扬长避短。对企业的各种资源和能力进行分析时，需要解决两方面问题：一是，什么资源与能力是行业竞争中的关键因素？二是，企业的优势是什么？劣势在哪里？

在战略分析中，空谈优势与劣势并无意义。对优劣势进行分析首先要确定这些因素是否会对企业在行业竞争中取胜起到关键性的作用。对于标准化的大宗交易品，资本实力与成本优势至关重要；对于非标准性产品和服务性行业来说，创新能力就显得更为重要；而在房地产业、天然植物提取业这种周期性强的行业，对大势的判断，即对市场的洞察力则成为企业的核心竞争力。

当前，企业面临以新质生产力为核心的竞争新格局。对企业而言，能否以创新引领产品和服务，并培育出新质生产力以适应企业外部环境需求，是企业实现创新性成长的关键要素（见时势链接 1-1）。

时势链接 1-1：2023 中国经济观察|创新引领　培育新质生产力

1.3.4　战略制定

战略制定是战略管理过程的关键所在。好的战略是成功的开始，糟糕的战略则是噩梦的开始。总体而言，在企业战略制定环节，战略管理者需要解决以下四个基本问题：（1）面对条件变化带来的机会与威胁，企业应当作什么样的反应，以利用新机会，同时减少外界条件变化带来的不良影响。（2）在不同业务、不同部门、不同项目之间，企业应当如何分配自己的资源。也就是说，当企业的资源有限时，企业必须把自己的有限资源分配给哪些方面。（3）当企业所属的行业比较小，企业应如何与每一个同行企业竞争。例如，怎样打入市场，怎样争取顾客，应当突出顾客的哪些需要和诉求，用什么样的技术向市场提供产品等。（4）为了贯彻落实总体战略，企业应当在每一项业务范围内管理好主要的职能部门，以使企业内部的每一个单位都能为企业战略的实施而努力。这四方面问题，涉及企业在公司层面、业务层面和职能层面三个层次的战略选择，本章稍后将做更进一步的讨论。

1.3.5　战略实施

战略实施就是将制定出的战略付诸实施的过程。企业战略的实施是战略管理过程的行动阶段，其与战略制定具有同等重要的地位。因为，战略实施不力不仅会导致企业战略虎头蛇尾、有始无终，使许多凝结着战略管理者智慧结晶和卓越构想的战略，由于得不到正确的执行最终被束之高阁或半途而废，甚至还因此给企业的声誉、利益以及未来的发展造成不可估量的重大损失。

事实上，正确地实施战略有时要比战略决策困难得多。战略决策是一种小范围的管理活动，而战略的实施却涉及企业的每一位员工，而且往往历时多年。在漫长的执行过程中，其中任何一个关键环节出现纰漏，都可能导致企业战略的全盘失败。战略实施就像是一个线路很长的串联系统，它对系统各个组成部分的可靠性要求极高。假设一个战略的实施有500个关键环节（对于一个五年的战略，500个关键环节并不算多），每个环节的可靠性是99%，那么整个系统最终的可靠性则只有0.657%，这还没有考虑由于环境变化所带来的不利影响。因此，一个战略的成功实施，不仅难度极大，而且涉及企业的所有员工，这无疑大大增加了管理的复杂性。特别是在目前复杂的、剧烈变化的市场环境和激烈的竞争中，对企业运作的整合性要求也越来越高，战略实施的难度也更大了。

拓展阅读1-4为我们指出了好战略的检验标准。

拓展阅读1-4：好战略的标准

衡量公司战略是不是一个好的战略，有三个检验标准：

（1）适合度检验。为了取得成功的资格，战略必须同行业和竞争环境、市场机会和威胁以及企业外部环境的其他方面非常吻合。同时，它还必须同公司的优势与劣势相匹配。除非战略同公司整体环境的外部和内部方面都密切吻合，否则就值得怀疑。

（2）竞争优势检验。好的战略能够使公司建立可持续的竞争优势，然后保持这种优势。战略所帮助建立的竞争优势越大，它的威力和吸引力越大。

（3）绩效检验。一个好的战略能够提升公司绩效。以下两种绩效改进说明了公司战略的测量标准：利润的获取、公司竞争优势及市场地位的获取。

一旦公司致力于某个战略，就需要花时间去评估战略同环境的匹配程度如何，评估其是否真正产生了竞争优势和较好的绩效。

经理们可以运用这些检验来评价和选择备选战略方案，在所有三个检验上具有最高分数的战略选择可以被认为最有吸引力。

资料来源：根据相关资料整理而成。

1.3.6　战略控制

由于企业内外部环境的因素处在不断的变化之中，大多数情况下，企业会发现战略的实施结果与预期的战略目标不一致，战略控制就是将反馈回来的实际成效与预期的战略目标进行比较，如果有明显的偏差，就要采取有效的措施进行纠正，以保证组织战略目标的最终实现。如果这种偏差是因为原来判断失误或是环境发生了意想不到的变化而引起的话，企业就要重新审视环境，制定新的战略。倘若没有及时发现这种变化或是没有及时采取措施进行战略调整与变革，企业就有可能因错失良机而遭受巨大的损失。总之，战略控制对于及时发现战略管理过程中出现的问题并作出战略调整起到了至关重要的作用。

1.3.7　战略变革

由于战略管理过程是一个动态发展的过程，企业进行战略变革就是为了取得或保持竞争优势，在外部环境与企业的内部资源和能力的动态平衡正在发生或将要发生变化时，对企业经营范围、核心资源与经营网络等战略内涵的重新定义。通过战略变革，企业可以灵活地适应不断变化的环境，从而保持或提高其在市场竞争中的地位。好的战略通常都是在边实施边调整的过程中制定出来。

由战略行动1-2可知，战略变革对企业适应环境至关重要，是企业实现自身成长的关键举措。始于2003年的百事泰公司，仅是一家生产车载逆变器的小型传统OEM企业。在2008年金融危机中，当合俊玩具、东莞素艺、联建科技等曾经风光无限的OEM巨头们接连倒下之时，百事泰确立了从OEM向OBM战略转型的战略目标，借助数字经济正式涉足跨境电商领域，并迅速发展为亚马逊优质卖家。

战略行动1-2：百事泰战略转型之路

"中了！中了！"2023年7月14日，百事泰全体员工欢聚一堂，共同庆祝公司入选第五批国家级专精特新"小巨人"企业名单。但董事长徐新华却陷入了沉思：谁能想到就在几年前公司差点儿因资金流断裂而倒闭！而现在拥有的这一切，都离不开当时做的决定：借助数字化完成从OEM到OBM的转型！

　　2000 年前后，随着国际市场汽车行业的发展，人们对车载产品的需求猛增。车载逆变器是一种车载电源转换器，可以把 12V 的直流电转换为 220V 左右的交流电，在车上满足人们对用电的需求。徐新华敏锐地发现了车载逆变器中蕴藏的商机，为抓住这一机会，他于 2003 年迅速成立了深圳市茂润电气有限公司（百事泰集团前身），主要生产制造车载逆变器、车载充电器等。

　　创业初期，作为一个刚进入市场、没有品牌与销售渠道的新公司，徐新华经过深思后决定从 OEM 做起，利用委托代工企业的品牌和销售渠道来售卖产品。秉承着"追求完美、精益求精"的产品生产理念，百事泰很快获得了诸多国外公司的代工订单，成为车载逆变器代工领域的知名企业。随着国内劳动力成本的上升和原材料价格的上涨，OEM 企业面临诸多困难，大量企业因无法支撑运营成本而倒闭。合俊玩具、东莞素艺、联建科技等曾经风光无限的 OEM 巨头们在 2008 年金融危机中接连倒下。百事泰业务严重受创，面临严重的生存危机，徐新华暗暗下定决心：一定要创建自己的品牌！

　　2011 年，在国内车载逆变器市场还不成熟时，急欲改变现状的徐新华来到美国寻找新的发展机会。考察后，迅速注册了 BESTEK 品牌，并凭借美国亚马逊这场"东风"将自主品牌打入海外市场。百事泰以工厂为基础，通过 F2C 模式开展跨境电商业务，这既省去了中间环节，为百事泰带来一定的价格优势，也能把消费者关于产品的体验信息直接反馈给工厂，实现工厂与消费者之间的"面对面交流"和双赢。

　　随着互联网的崛起，"酒香不怕巷子深"已然成为过去，百事泰利用电商平台拓展销售，畅销全球 50 多个国家，实现了跨越式发展。为了实现企业由 OEM 向 OBM 转型，百事泰进行了大量市场调研，以消费者需求为导向，不计成本，重建生产研发体系，严格把控产品质量、专注研发创新，并通过数字化手段获取用户需求。

　　为降低对亚马逊的依赖，在国际市场站稳脚跟，百事泰构建全球计划调度系统，包括建立海外仓、设立子公司和营销团队，以及开发智能化物流仓储管理系统提升效率。同时，拓展线上线下全渠道，应对多渠道运营挑战，自主研发智能补货和物流跟踪管理系统。持续的研发投入和产出夯实了产品的核心竞争力，为百事泰在海外市场站稳脚跟奠定了坚实基础。

　　2020 年新冠疫情暴发，百事泰看到了个护健康产品市场扩张的前景，陆续推出包括电子体温计、血氧仪、助听器等一系列大健康及个人护理类小家电产品。2020 年 6 月，百事泰将企业名称从"广东百事泰电子商务股份有限公司"变更为"广东百事泰医疗器械股份有限公司"，彰显了变革的决心。

　　资料来源：田曦，李宇琦，余碎荣. 从 OEM 到 OBM：数字化助力百事泰战略转型之路［EB/OL］.［2024-01-12］.http://www.cmcc-dlut.cn/.

1.4　战略管理层次

战略管理层次主要分为网络层战略、公司层战略（总体战略）、业务层战略（事业部战略、业务战略）和职能层战略（职能部门战略），如图1-5所示。

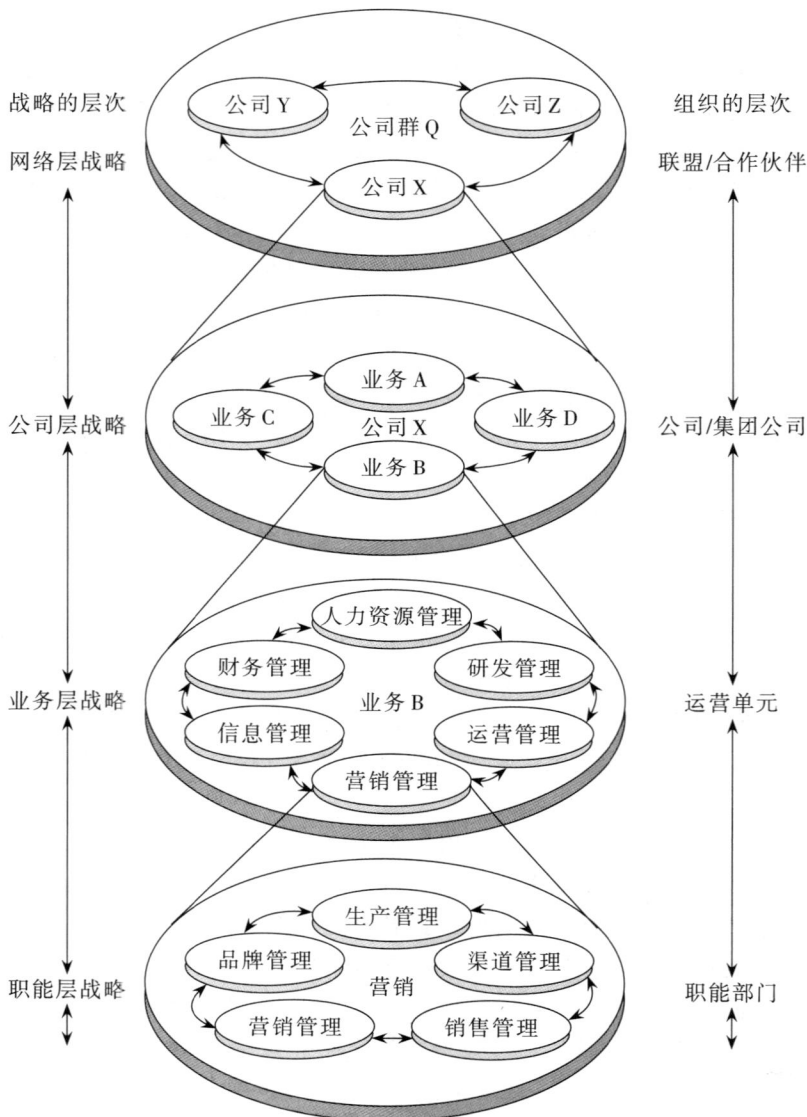

图1-5　战略管理层次

网络层战略就是两个大企业联盟之间的竞争和合作问题。这些联盟包括技术的联盟、市场的联盟等。联盟中的战略，包括企业如何选择及在联盟里选择什么样的姿态等问题，是企业的最高层的战略。网络层战略有以下特点：（1）从性质上来说，它属于联合型，战略在其执行的明确程度上属于抽象。（2）所承担的风险、代价最大，但盈利潜力比其他层次的战略相对较大。（3）其衡量程度以判断评价为主，所起的作用可以说是巨大的。

公司层战略又称总体战略，是企业的战略总纲，是企业最高管理层指导和控制企业的一切行为的最高行动纲领。公司层战略主要有发展战略、稳定战略和收缩战略。只有发展型战略才能不断扩大企业规模，使企业从竞争力弱小的小企业发展为实力雄厚的大企业。发展型战略包括密集增长战略（包括市场渗透战略、市场开发战略和产品开发战略）、一体化战略（包括纵向一体化战略和横向一体化战略）和多元化战略（包括相关多元化战略和非相关多元化战略）。稳定战略是指在内外环境的约束下，企业准备在战略规划期使企业的资源分配和经营状况基本保持在目前状态和水平上的战略。稳定型战略包括维持利润战略、暂停战略。收缩战略是指企业从目前的战略经营领域和基础水平收缩和撤退，且偏离起点战略较大的一种经营战略。收缩战略包括转向战略、放弃战略、依附战略和破产或清算战略。

业务层战略又称事业部战略或业务战略，是战略经营单位层次的战略。战略经营单位是指公司内其产品和服务有别于其他部分的一个单位。一个战略经营单位一般有着自己独立的产品和细分市场。它的战略主要针对不断变化的环境，在各自的经营领域里有效地竞争。为了保证企业的竞争优势，各经营单位要有效地控制资源的分配和使用。同时，战略经营单位还要协调各职能层的战略，使之成为一个统一的整体。竞争战略主要包括基本竞争战略和竞争位势战略。基本竞争战略包括成本领先战略、差异化战略和集中化战略。竞争位势战略包括市场领导者战略、市场挑战者战略、市场跟随者战略和市场补缺者战略。

职能层战略又称职能部门战略，是为了贯彻、实施和支持公司层战略与竞争战略而在企业特定的职能管理领域制定的战略。职能战略一般可分为生产战略、营销战略、人力资源战略、财务战略、研发战略等。

1.5 战略管理理论的发展演进

有关战略问题的研究始于20世纪中期，从其发展的先后顺序来看，大致经过了以下三个阶段的演变：以环境为基点的经典战略管理理论，以产业（市场）结构分析为基础的竞争战略理论和以资源、能力、知识为基础的资源基础理论与核心竞争力理论。

1.5.1 以环境为基点的经典战略管理理论

1962年，美国管理学家钱德勒（Alfred Chandler）出版了《战略与结构》一书，揭开了企业战略问题研究的序幕。在这部著作中，钱德勒首次分析了环境–战略–结构之间的相互关系。他认为企业战略应当适应环境变化并满足市场需求，而组织结构又必须适应企业战略，随着战略变化而变化。其后，对战略构造问题的不同研究形成了两个学派：设计学派和计划学派。

设计学派的代表是哈佛商学院教授安德鲁斯（Kenneth R.Andrews）及其同仁们，他主张在使组织自身条件和外部机会相适应的基础上，将战略形成分为战略制定和战略实施两部分。战略制定过程实际上是使企业内部条件因素和企业外部环境因素相匹配的过程，这种匹配能使企业内部的优势和劣势与企业外部的机会和威胁相协调，由此建立了 SWOT（strength，weakness，opportunity，threat）分析模型。组织的高层管理者应负责战略的制定和监督战略的实施，制定出的战略应当清晰、简明，易于理解和贯彻，好的战略还应具有灵活性和创造性。

计划学派几乎是与设计学派同时产生的，其代表人物是美国管理学家安索夫。1965 年，安索夫出版的《公司战略》一书，标志着计划学派的形成。在计划学派看来，战略形成是一个有目标的、有意识的、规范的过程。组织的高层管理者负责管理整个计划过程，但具体的制定和实施由其他人负责，企业战略应包括企业目标、项目、资金预算等具体的内容，以保证战略的顺利实施。1979 年，安索夫又出版了《战略管理》一书，书中系统地提出了战略管理模式，他认为，战略行为是对其环境的适应过程以及由此而导致的企业内部结构化的过程，企业战略的出发点是追求自身的生存和发展。

尽管在这一时期，学者们的研究方法和主张不尽相同，但其核心思想是一致的，主要体现在以下几点：（1）企业战略的基点是适应环境；（2）企业战略的目标在于提高市场占有率与盈利；（3）企业战略的实施要求组织结构的变化与适应。

值得注意的是，以环境为基点的经典战略管理理论存在以下一些不足之处：（1）该理论仅从现有的产业市场出发，要求企业所适应的环境实质上是已稳定的产业市场环境，缺少对企业将投入竞争的一个或几个产业进行分析与选择的内容，这势必将导致一方面企业所追求的市场生存与发展空间十分有限，另一方面企业只能被动地适应环境，处于被动地追随领先者的困境之中。（2）该理论缺乏对企业内在环境的考虑，它只是从企业的外部环境（即现存的、已结构化的产业市场环境）来考虑企业战略问题，企业的内部条件基本上被排除在战略形成过程之外，其结果可能会引发企业非理性的扩张欲望和扩张行为。

尽管存在着一些不足，但继这一古典战略管理理论对战略进行了开创性研究后，它的不足实质上也为推动后来企业战略管理理论的发展提供了契机。

1.5.2 以产业（市场）结构分析为基础的竞争战略理论

20 世纪 80 年代，波特（Michael E.Porter）提出的竞争战略理论在一定程度上弥补了经典战略理论在企业竞争环境分析和选择上的不足。他在产业组织理论的结构（S）-行为（C）-绩效（P）分析范式的基础上，提出了以产业（市场）结构分析为基础的竞争战略理论。该理论认为企业是作为一个"黑箱"，是同质技术上的投入产出系统，企业资源可以自由流动，并且在投入与产出之间存在相对确切的技术关系。他主张从外部环境中寻找机会，认为超额利润源于企业所处的产业结构特征，认为决定企业盈利能力首要的和根本的因素是产业的吸引力，强调产业结构分析是建立竞争战略的基础，理解产业结构永远是战略分析的起点。

波特认为，企业的盈利能力取决于其选择何种竞争战略，竞争战略的选择主要基于考虑以下两点：（1）选择有吸引力、高潜在利润的产业。一个处在朝阳产业的企业要比处在夕阳产业的企业拥有更高的获利能力，因为产业的内在盈利能力是决定企业获利能力的重要因素。（2）在已选择的产业中确立优势地位。处在同一产业中的企业，尽管产业环境相似，但处在优势地位的企业要比处在劣势地位的企业拥有更高的获利能力。

为了正确地选择有吸引力的产业和确定自己的竞争优势定位，波特提出用五种竞争力量（分别是进入威胁、替代威胁、现有竞争对手的竞争、客户讨价还价的能力和供应商讨价还价的能力）形成的竞争模型来进行分析。这五种力量的强度在不同的行业中是不同的，企业可以通过战略对这五种竞争力量施加影响，并影响产业（市场）结构，从而获得竞争优势，提高获利能力。波特认为在五力分析的基础上，有三种通用战略可以帮助企业获得竞争优势，分别是总成本领先战略、差异化战略和目标集聚战略。

与经典战略管理理论相比，竞争战略理论在分析产业（市场）竞争环境上有了很大进步，强调了在分析产业（市场）结构竞争环境的基础上制定竞争战略的重要性，并系统地提出了竞争优势的理论框架和可操作的分析工具。然而，同经典战略管理理论一样，竞争战略理论仍缺乏对企业内在条件差异的考虑，它无法解释诸如为什么在没有吸引力的产业中仍能有盈利水平很高的企业存在，实际上，同一产业间的利润差异并不比产业间的差异小。

1.5.3 以资源、能力、知识为基础的资源基础理论与核心竞争力理论

波特的产业分析理论在解释公司绩效与环境间的关系方面获得了相当的认同，开创了研究企业竞争优势的先河，但该理论难以对同一行业内企业间利润差距的深层原因作出恰当的解释，致使战略管理领域存在的两个基本问题仍没有得到解决：（1）为何同在一个行业内的各公司彼此不同？（2）为何有些公司可以领先其同行业并持续其竞争优势？

20世纪80年代早期的实证研究结果引起了人们对上述理论的质疑。鲁梅尔特（R.P.Rumelt，1991）发现：产业内中长期利润率的分散程度比产业间利润率的分散程度要大得多。通过研究他发现，企业表现为超额利润率的竞争优势并非来自外部市场力量和产业间的相互关系，而应当是市场力量以外的、存在于企业自身的某种特殊因素在起作用。进入20世纪80年代以后，在信息技术与全球化的带动下，公司竞争环境的变迁已较过去更为快速且激烈，因此公司对于外在的动态竞争环境的分析与掌握将比过去更为困难，信息技术的迅速发展使企业的竞争环境更加恶劣，越来越多的企业不得不把眼光从关注外部市场环境转向关注内在环境，注重对其自身独特资源和知识的积累，相比之下，公司内部资源与能力反而较能够为公司管理与控制，因此更适合为企业战略方向的拟订做参考依据（Grant，1991）。由此而来，最早由学者塞兹尼克（Selznick）在1957年出版的《行政管理中的领导行

为》一书中提出的"独特能力"（distinctive competence）这一概念，标志着资源基础理论（RBT）萌芽以来，研究者们将探索企业竞争优势的着眼点的认知，逐渐从外部转移到企业内部。以资源、知识为基础的资源基础理论、核心竞争力理论在对主流战略理论的反叛中应运而生，越来越受到学术界的重视，并发展成为目前战略管理领域中的主要理论前沿之一。

核心竞争力理论是基于以下理论假设：（1）每个组织都拥有自己独特的资源和能力，这是组织利润的源泉和制定战略的基础；（2）在同一行业中竞争的企业不一定拥有相同的战略资源和能力；（3）资源不能在组织间自由流动，正是这种资源的差异性构成了企业的竞争优势基础。

核心竞争力理论认为，企业战略的关键在于培养和发展企业的核心竞争力。所谓核心竞争力是"组织中的积累性学识，特别是关于如何协调不同的生产技能和有机结合多种技术流的学识"（Prahalad & Hamel，1990）。研究者们认为，尽管企业竞争力的提升可在短期内通过制造或外购等方式获取资源加以构建，但任何仅利用这些轻易获得的资源所发展出的竞争力，无论其效用如何，都将因资源的轻易取得和快速仿效而使这些竞争力难以持久。Barney认为竞争优势之所以能持久，是因为在企业拥有的异质性以及不可流动性的资源中，有部分资源尚具有价值性、稀缺性、不可模仿性与不可替代等特性。企业竞争地位的差别要归结为企业所拥有资源形态的差别，竞争优势是构建在企业所拥有的异质性资源上。企业间的竞争就可以看作异质性资源层面的竞争，如何独占某些资源或打破竞争对手对资源的独占成为竞争的焦点。实际上，企业对持续竞争优势的追求总是要转化成对那些独特、稀缺资源的识别、占有与配置这一战略目的。通过产业环境分析和竞争对手分析，进行企业资源的不可模仿性评估、持久性评估、占有性评估、替代性评估及竞争优势评估是战略制定的必要环节，产业机遇和企业资源的现有状况是企业战略制定的基础。

1.5.4 战略管理理论的新发展

20世纪90年代以前的战略管理理论，多建立在对抗竞争的基础上，侧重于讨论竞争和竞争优势。进入20世纪90年代以后，随着全球经济一体化进程的加速，企业经营环境的不确定性日益增大，企业很难仅仅依靠自己的力量掌握竞争的主动权。尤其是当前背景下，特别强调企业的高质量发展（见时势链接1-2），合作型战略成为战略管理理论体系中的新热点。围绕这一趋势，出现了一些新的理论。

时势链接1-2：多措并举推动中国经济高质量发展

1.顾客价值理论

过去为了获得竞争优势，学者们在分析产业环境和改进组织内部方面进行了大量的研究，但是如果改进组织内部、适应产业环境的努力不能被顾客认可，产品和服务不能被顾客认同，企业就无法建立真正的竞争优势。顾客价值（customer value）理论的创新之处在于企业是真正站在顾客的角度来看待产品和服务的价值，这种价值不是由企业决定的，而是由顾客决定的。随着技术发展的日新月异和新产品的不断涌现，顾客对于产品和服务的期望越来越高，当今的顾客已不再是产品与服务的被动接受者，他们比以往掌握了更多的知识、信息和技能，更热衷于学习和实践，在日趋丰富的产品选择中享有主动权。企业只有提供比竞争对手更多的价值给顾客，才能吸引并留住忠诚的顾客。顾客价值理论正成为理论界和企业界关注的焦点，被视为竞争优势的新来源。

2.商业生态系统理论

1996年，美国学者詹姆斯·穆尔在《竞争的衰亡》一书中，首次将生物生态系统应用于商业领域，打破了传统的以行业划分为前提的战略理论的限制。所谓"商业生态系统"是指由客户、供应商、主要生产厂家以及其他有关人员相互配合组成的群体，同时还包括那些提供资金的人以及有关的行业协会，掌管标准的组织、工会、政府和半官方机构。企业要想在复杂多变的环境中生存和发展，离不开与供应商、顾客、社会组织、公众及自然环境的紧密配合和联系。商业生态系统理论打破了传统的"把自己看作单个的主体"的竞争思维模式，主张"共同进化"。这种新的理论模式弥补了以往战略管理理论偏重竞争忽视合作的缺陷，为企业构造新的商业模式提供了理论框架和思考方法。

3.边缘竞争战略理论

在市场变革日益普遍和激烈的情况下，美国管理学家布朗和埃森哈特在1998年出版的《边缘竞争》一书中论述了一种新的开创性的战略——边缘竞争。作者认为快速变化和不可预测性是未来经营环境的主要特征，因此，战略最重要的任务是对变革进行管理。边缘竞争战略的核心在于利用变革的动态本质来构建一系列的竞争优势。它力图捕捉无序平衡的边缘状态，使得公司在无序和有序之间保持微妙的平衡状态。熟练地掌握了边缘竞争的时间和边缘的平衡方法之后，管理人员便可避免单纯的市场反应，设定自己的变革节拍，迫使竞争对手跟随自己的战略方向，从而控制市场的竞争格局。这种战略的顺利实施需要得到相应组织结构的支持，这种组织结构的特点就是在固定式结构和松散式结构间寻找最佳的结合方式。边缘竞争战略的成就在于，它解决了公司在高度变革和高度不确定性的市场上所面临的战略挑战，通过不断地创新和变革公司本身来获取持续的竞争优势。

关键概念

战略　战略管理　资源基础　核心竞争力　顾客价值　商业生态系统

思考题

1. 企业战略的特征有哪些？
2. 企业战略管理过程分为哪几个阶段？
3. 企业战略管理的层次有哪些？
4. 企业如何适应快速变化的外部环境？
5. 企业如何打造自身竞争优势？

战略实践

● 企业追踪

为了帮助你深入体会战略管理过程，我们在每章末提供一个企业追踪单元。每一个单元都会要求你收集和分析同本章内容相关的企业信息。完成这些战略单元后，你将对总体战略管理过程有个清楚的理解。

本项目的第一步是找出一家供研究的公司。建议你在整个课程中盯住一家公司。课程中可能会向你提出有关公司战略、国际化战略和公司结构的问题。强烈建议你挑选一家能够取得上述资料的公司。

在选择供研究的公司时可以采取两种方法：第一种方法是挑选一家著名的公司，这样信息比较充足，如特斯拉、阿里巴巴、苹果、海尔这样的大型上市公司，有关报道经常出现在媒体上，许多学校的图书馆也都提供强大的基于网络的电子数据搜索辅助工具，这些工具可以帮你检索过去几年中商业报刊上刊发的你所研究的公司的文章。

第二种方法是挑选一家本地的较小的公司。小公司尽管不常在全国性商业报刊上露面，但本地报刊总会报道它们；更为重要的是，这样的公司的管理层有可能愿意就公司战略和结构问题同你进行交流，从而令这一方法产生出色的成果。如果你刚好认识这样一家公司里的什么人，或者你曾经在里面工作过，这一方法将非常值得一试。但是，通常并不推荐这一方法，除非你能保证深入地接触到公司内部。选择的关键是确保你能够获得足够的信息来完成一项具体的全面的分析。

在确定了要追踪的目标企业之后，通过搜集信息完成以下任务：

1. 公司历史的简要说明，并追踪这家公司的战略演变。
2. 分析公司的战略演变是计划的产物还是自发的产物，或者是两者的结合体。

● **实践练习：战略规划**

本活动将使你获得有关本地企业如何进行战略规划的实际知识，还会使你有机会在战略管理领域与企业领导进行交流、探讨。

步骤 1 通过电话与当地数位企业主或企业最高管理人进行联系，找到一家正在进行战略规划的企业，约见并采访该企业战略制定者（董事长、首席执行官或企业主）。

步骤 2 在采访中获得如下问题的答案：

（1）贵公司在实际中如何进行战略规划？有哪些人参与这一规划？

（2）贵公司是否有正式的任务陈述？该陈述是如何制定的？该陈述的最近一次修订发生在何时？

（3）进行战略规划的益处何在？

（4）贵企业中进行战略规划的主要成本和问题是什么？

（5）你是否预期公司制定战略规划的程序要发生变化？如果是，请予以解释。

步骤 3 向全班报告你的发现。

2 企业愿景与使命陈述

● 学习目标

- 愿景与使命的含义
- 愿景与使命陈述的重要性
- 撰写愿景和使命陈述的基本原则
- 使命陈述的构成要素
- 战略目标
- 企业的社会责任

引导案例　一汽红旗：铸大国重器，担民族道义

1958年8月，一汽承载着党和国家的期望成功制造出我国第一辆国产高级轿车CA72，红旗品牌随之诞生。一汽红旗始终坚守着大国工匠精神和家国情怀，在不断革新与发展中成为国家领导人国庆检阅以及出席会议专属用车的承担者。

2020年，习近平总书记在第七十五届联合国大会气候峰会上提出了2030年前实现"碳达峰"与2060年前实现"碳中和"目标。自此，一汽红旗积极践行"双碳"目标，推出民族品牌新战略，完善国有企业现代治理模式，持续探索绿色发展新路径，着力构建覆盖产品全生命周期的绿色制造模式，在铸就大国重器、担当民族道义的新时代征程中，一汽红旗始终在路上。

守护青山绿水，技术创新引领环境保护

2020年以来，一汽红旗发布阶旗战略，明确"十四五"期间将在电动化、智能网联化等8大技术领域的41个技术方向上实现115项关键核心技术突破，将焦点集中于未来新能源汽车技术、智慧网联技术等高科技产业，力图实现全球化研发格局；秉承"低碳、节约、循环、可持续"发展理念，始终坚持以技术创新探寻绿色发展的数字化转型战略，不断探索ESG发展之路；以"现代化、智能化、绿色化"建设理念建设繁荣工厂，发挥汽车行业的"灯塔效应"；将发展方向锁定在关键的"新能源"领域，大力布局由传统内燃机汽车企业向新能源智能网联汽车提供商进行战略转型。

为天地立心，履行社会责任

一汽红旗始终坚持人才引领发展战略理念。为汇聚全球创新人才，在2021年提出"1+12+X全球化人才高地"布局，广纳贤士，重视人才培养；注重社会公益事业，自2017年起，启动扶贫梦想基金项目，在105个国家级贫困县及定点帮扶地区开展"红色梦想自强班"教育精准帮扶项目，引入"爱·尚"公益品牌，为贫困学生点燃希望火种；与祖国荣誉同在，2021年，一汽红旗发布"2025战略愿景规划"，旨在振兴红旗品牌，成为自主高端乘用车领先者，走向世界。

一汽红旗将在未来大型赛事中继续为运动员保驾护航，展现民族品牌与国家荣誉同在，汽车强国梦与民族复兴梦相连。一汽红旗不仅在人才培养、教育公益等方面履行社会责任，还在灾难时刻展现央企担当。不论是2021年河南罕见暴雨，还是2022年长春疫情，红旗捐款捐物，尽力满足群众需求。一汽红旗始终以实际行动践行社会责任，树立正面企业形象。

为企业立本，探索全面治理体系

坚持和加强党的建设是一汽红旗不可或缺的"根"与"魂"。始终坚持党建与经营深度结合早已成为一汽红旗全体员工共识。公司不断完善党委常委会、董事会、经理层职责，探索企业有效治理新模式，充分发挥党委把控大局、监督落实，以及董事会制定战略、决策的作用，完善公司的现代治理体系。

在党组织参与企业治理的背景下，一汽红旗从党的光辉奋斗岁月中汲取奋进新征程的智慧和能量，推动党建与经营"双融合、双促进"，从严落实党风廉政建设，真正向着把握历史主动，赢得未来发展的方向不断迈进。

资料来源：叶英平，万禹宁，肖桂玉，等.铸大国重器，担民族道义：一汽红旗的ESG探索之路［EB/OL］．［2024-01-12］.http://www.cmcc-dlut.cn/.

企业愿景和使命是企业存在的原因或理由，其帮助企业向内外部的利益相关者阐明了企业在社会经济发展中所应担当的角色和责任。对企业愿景和使命的思考是企业战略管理的起点，也是企业家或战略决策者的首要工作。世界上很多著名企业都将确立并系统修正愿景和使命作为其战略管理的有机组成部分，并从中获得了巨大收益。

2024年，全国生态环境保护工作会议指出，高质量发展是全面建设社会主义现代化国家的首要任务。高质量发展和高水平保护是相辅相成、相得益彰的，高水平保护是高质量发展的应有之义和重要支撑，生态优先、绿色低碳的高质量发展只有依靠高水平保护才能实现。

引导案例中提到的一汽集团作为民族品牌的代表，担当道义使命，推出民族品牌新战略，完善国有企业现代治理模式，持续探索绿色发展新路径，着力构建覆盖产品全生命周期的绿色制造模式，在铸就大国重器、担当民族道义的新时代征程中，一汽红旗始终在路上。

本章将集中讨论撰写企业愿景与使命陈述所需的基本原理和方法，以及如何通过战略目标体系将企业的愿景与使命具体化。此外，正如我们在章末案例中看到的，企业社会责任问题日益引起关注，并对企业愿景与使命的确定产生深远影响，因此，本章最后还将就企业如何将社会责任纳入战略管理框架作初步探讨。

2.1　愿景与使命的含义

现实中，我们发现愿景、使命这类词汇经常被交替使用。企业愿景和企业使命都是对一个企业未来发展方向的勾画和设想，都是对未来的展望和憧憬，也正是因为两者的这些共同点，人们常常将二者理解为一个意思或一个概念，因此，经常出现企业愿景和企业使命互相通用或混用的现象。虽然愿景和使命有很大的相关性，但它们其实服务于不同的目的，不应该将它们混为一谈。

简单地说，愿景陈述回答的问题是：我们想成为什么？而使命陈述回答的问题是：我们的业务是什么？

企业愿景通常指企业长期的发展方向、目标、目的、自我设定的社会责任和义务，明确界定公司在未来社会里是什么样子，其"样子"的描述主要是通过企业对社会（也包括具体的经济领域）的影响力、贡献力，企业在市场或行业中的排位（如世界500强），企业与利益相关者（客户、股东、员工、环境）之间的关系来表述。

企业使命是在界定企业愿景的基础上，具体回答企业经营活动的范围或层次，其具体表述了企业在社会中的经济身份或角色，回答了在社会领域里该企业是做什么的，在哪些经济领域里为社会做贡献。

就企业愿景与企业使命的关系而言，企业使命是企业愿景中具体说明企业经济活动和行为的理念。如果要分开来表述企业愿景和使命，企业愿景里就应不再表述企业经济行为的领域和目标，以免重复。许多公司既有愿景陈述，也有使命陈述，很多企业还将两者合而为一。不过，总体而言，应该首先拟定愿景陈述，清晰的愿景是公司拟定周密使命陈述的基础。拓展阅读2-1形象地说明了愿景、使命和战略的关系。

拓展阅读2-1：愿景、使命和战略的关系

愿景（Vision）："我发现一个世界，那里……"

使命（Mission）："在那个世界里，我们打算……"

战略（Strategy）："我们将通过……实现这个使命"

2.1.1 企业愿景：我们想成为什么样的企业

无论是战略决策者还是其执行人员，在公司长期为之奋斗的愿景上达成共识非常重要。有人说，公司的原动力是利润，而不是愿景。但仅靠利润是不足以激励员工的。企业中的某些员工会对利润持消极态度，因为，员工可能会认为利润是他们创造的，甚至是他们赐予股东的，但是他们却只拿到固定的工资，无法分享利润。尽管这种认识并不是我们所希望的，且干扰着正常的管理活动，但它也清晰地表明：在激励员工时，利润和愿景都是必要的。当员工和管理者共同制定或修改企业愿景时，最终形成的愿景描述就可以反映出各类成员对其未来的美好憧憬。共同的愿景反映出利益的一致性，这将使员工精神从单调的日常工作中获得提升，并将他们带入一个充满机遇和挑战的全新世界。拓展阅读2-2中的小故事，向我们生动说明了愿景的重要激励作用。

拓展阅读2-2：愿景的作用

一个旅行团来到乡间的一座石板工厂参观，有位游客在隆隆的机器声中问一位面无表情的工人："你在做什么？"

这位工人头也不抬地说："我在切石板。"

此游客又问附近的另一位工人："你在做什么？"

这位工人抬头答道："我在养家糊口。"

此游客又走到另一工作区，在一位精神抖擞、满面春风的工人面前又问道："你在做什么？"

这位工人兴高采烈地答道："我在参与建造一座雄伟的摩天大楼。"

说完又忙着向游客介绍摩天大楼的设计，建材……

我们中没有人可以独自把一幢雄伟的摩天大楼建起来，不过，如果我们能够对所建设的摩天大楼的全貌有一个清楚的认识，我们必然会深切地感受到我们在其中所做的细小工作是多么有价值。

好的战略决策者和明确的愿景就是要帮助我们发现隐含在令人沮丧的枯燥事务和空洞理由中的那些"摩天大楼"。

资料来源：根据相关资料整理而成。

企业愿景由核心理念和未来展望两部分组成。其中，核心理念是企业存在的根本原因，是企业的灵魂，也是激励员工的重要力量。未来展望代表企业追求和努力的目标，它随着企业经营环境的改变而改变。二者对立统一，构成企业发展的内在驱动力。

核心理念又由核心价值观和核心目的构成。核心价值观是企业最根本的价值观和原则。比如，迪士尼公司的核心价值观是崇尚想象力和乐趣，宝洁公司的核心价值观是追求一流产品，惠普公司的核心价值观是尊重人。核心目的是指企业存在的根本原因。比如，沃尔玛公司的核心目的是"给普通人提供和富人一样的购物机会"，迪士尼公司的核心目的是"给人们带来快乐"。

未来展望由未来10~30年的远大目标和对目标的生动描述构成。远大目标是激励员工的有力工具，它能统一人们的认识并激发人们的团队精神和创造力。沃尔玛公司在1990年制定的远大目标是"在2000年成为销售额达到1 250亿美元的公司"，花旗银行在1915年制定的远大目标是"成为世界上服务最好和最大的世界性金融机构"。远大目标必须用生动形象的语言加以描述，才能激起员工的热情和激情，才能得到员工的认同，才能使员工完全地投入。比如，福特公司将其"让汽车拥有民主化"的远大目标，描述成"我要为大众造一种汽车，它的低价格将使所有挣得正常工资的人都能够买得起，都能和他的家人享受上帝赐予我们的广阔大地。牛马将从道路上消失，拥有汽车将会被认为理所当然"。正是在上述的愿景的引领和激励下，这些企业不仅创造了自身的辉煌，也改变着我们的生活。

2.1.2 使命：我们的业务是什么

使命陈述的主流思想主要以德鲁克在20世纪70年代中期提出的一系列方针为基础。德鲁克说，问"我们的业务是什么"就等于问"我们的使命是什么"。作为将一个企业与相似的其他企业相区别的目标陈述，该陈述是企业"存在理由"的宣言，它回答了"我们的业务是什么"这样一个关键性问题。明确的使命陈述是企业制定战略的前提和精髓所在。

使命陈述揭示了一个企业想做什么样的组织和想为谁服务。所有组织都有存在的理由，尽管有些时候企业的战略决策者并未有意识地以文字的形式将其表述出来。

企业使命是确定业务优先顺序、制定战略、拟订计划和分配工作的基础，是设计管理工作岗位和进一步设计管理组织结构的起点。有人认为，没有什么比清晰界定企业的业务更加简单明白了：钢铁厂生产钢，铁路公司用列车运送货物和旅客，保险公司对火灾等进行担保，银行发放贷款。不过事实上，"我们的业务是什么"却往往令人难以回答，其答案通常也总是模糊不清的。对这一问题的回答，恰恰是战略决策者的首要职责。只有战略决策者可以确保这一问题受到应有的重视，得到合理的解答，并推动企业谋划发展道路、确立未来目标。

值得注意的是，近年来ESG理念正在不断融入企业的战略愿景与使命之中。2004年联合国全球契约组织首次提出ESG概念，从此这一概念作为一个整体的责任投资理念进入公众视野。ESG是一种引导企业管理和金融投资向善的重要理念，要求企业综合考虑环境（Environmental）、社会责任（Social）和公司治理（Governance）三个维度来制定投资策略，平衡企业经济效益、社会效益和环境效益，实现股东权益最大化的同时积极承担社会责任。在实践过程中，ESG原则逐渐受到各国政府和监管部门的重视，其内涵不断深化、评价体系逐渐完善，ESG投资产品引起市场的广泛关注和主流资产管理机构的大力推荐。

党的二十大报告中指出，要加快发展方式绿色转型，积极稳妥推进碳达峰碳中和，为我国高质量发展与ESG发展理念的实践提供了根本遵循和行动指南。拓展阅读2-3介绍了中国在推动ESG发展方面的相关政策。

拓展阅读2-3：中国推动ESG发展的相关政策

ESG投资已经成为国际资本市场中的主流投资策略。目前在全球的118家的证券交易所里有31家要求上市公司进行ESG强制性披露。预计到2025年全球ESG资产规模将达53万亿美元，占全球资产管理规模的1/3。战略行动2-1中介绍了中国企业积极响应ESG理念的相关情况。

战略行动2-1：《年度ESG行动报告》发布 中国企业积极响应ESG理念

2.2　愿景与使命陈述的重要性

2.2.1　提高企业的财务绩效

对于愿景和使命陈述与企业财务绩效表现之间的关系，尽管各种研究的结果不尽相同，但愿景和使命陈述的重要性仍然得到了普遍认可。拉里克（Rarick）和维顿（Vitton）发现，拥有正式使命的企业给予股东的回报是那些没有正式使命陈述的企业的三倍；巴特（Bart）和贝伊茨（Baetz）发现，使命陈述和企业业绩之间存在着正相关关系；《商业周刊》（Business Week）报道，按照同一财务评价尺度，有使命陈述的企业获得的回报比没有使命陈述的企业高出30%。不过，奥格曼（O'Gorman）和多伦（Doran）发现，企业拥有使命陈述并不能直接产生财务效果，但愿景和使命陈述制定过程中管理者和员工的参与，则会极大地调动员工的工作热情和积极性，进而促进企业各方面绩效的改善。

2.2.2　向当前和潜在利益相关者进行企业展示

那些制定出激动人心的愿景和使命陈述的企业，实际上是为自己争取一次向当前和潜在利益相关者充分展示自己的机会。所有企业都需要顾客、雇员和管理人员的支持，且大部分企业需要债权人、供应商和分销商的支持。愿景和使命是企业与内外利益相关者进行沟通的有效工具。例如，阿里巴巴集团的使命就是"让天下没有难做的生意"。在其官网上，该集团明确指出：我们旨在赋能企业改变营销、销售和经营的方式，并提升企业效率。我们为商家、品牌及其他企业提供基本的科技基础设施以及营销平台，让其可借助新技术的力量与用户和客户互动，以更具效率的形式开展运营。

2.2.3　保证企业内部经营目的一致性

愿景和使命向企业成员指明了超越个人、局部和短期利益的统一方向。它们促进了企业内不同层级、不同年龄段的员工树立共同的未来期望。它们整合了不同时期、不同个体和不同利益集团的价值观。它们提出了明确的价值和目标取向，从而使企业外部人士易于识别和接受。高露洁公司（Colgate）的CEO卢本·马克（Reuben Mark）认为，清晰的使命陈述必然会在国际经营中发挥越来越重要的作用。马克关于愿景的认识表述如下：当愿景将每个人召唤到公司旗帜下时，其本质是在全球范围内勾勒统一的前景，而不是试图在不同的文化环境中传达不同的信息。

2.2.4　处理认识分歧

"我们的业务是什么？"这一问题常常会引起争论。而争论常常会暴露出企业内部战略决策者之间的意见分歧，长期共事且认为彼此了解对方的管理人员可能发现他们之间存在着根本性的分歧。例如，在一所大学里，对教学、科研和服务相对重要性的不同认识经常会在使命陈述制定过程中表现出来。在集中开展较为具体的战略制定活动之前，在一些重要事项上进行协商、妥协并达成共识非常必要。

在企业战略决策者之间存在的关于愿景和使命的重大分歧如果不能得到有效解决，将会导致很多麻烦。例如，导致 W.T. 格兰特公司（W.T.Grant）破产并最终解散的一个重要原因就是未能解决企业使命方面的分歧。正如公司一位管理人员所说："在应当走凯马特公司（Kmart）的道路，还是效法蒙特高瑞·沃德公司（Montgomery Ward）和 J. 巴彭尼公司（J.C.Penney）的问题上，公司内部存在严重分歧。爱迪·斯坦利（Ed Staley）和卢鲁森特伯格（Lou Lustenberger）两位高层主管在这一问题上的表现就像两个白痴，其结果是我们在两条道路之间摇摆不定，最终一无所成。"可见，制定一个综合性的使命陈述非常重要，因为在制定过程中可以发现并解决经理人员之间存在的各种意见分歧。

2.2.5　使企业在成功时保持清醒

经常发生这样的事情，即战略决策者只有在企业深陷困境时才着手制定愿景和使命。当然，陷入困境的企业需要愿景和使命，而且此时制定并传播明确的使命确实能产生突出的效果，甚至扭转被动局面。不过，等到企业经营出了问题才制定愿景和使命，是一种对管理不负责任的赌徒做法。根据德鲁克的说法，询问"我们想成为什么"和"我们的业务是什么"的最佳时机，是企业取得成功之际。他指出：成功总是使取得成功的行为过时，成功总是产生新情况，并总是带来新的、不同的问题。只有在神话故事的结尾才会出现"他们在这之后一直都很幸福"。如果企业在获得成功时不再继续思考"我们的使命是什么"，必然导致自鸣得意、懒惰闲散和骄傲自满。这样，企业在成功之后不久就会走向失败。

2.3　撰写愿景/使命陈述的基本原则

为了引导企业朝着一个方向前进，在上述工作的基础上，企业决策层应以书面报告形式——企业愿景/使命说明书，提出本企业的愿景和使命。企业制定愿景/使命说明书是为了让他们的经理、员工在许多场合明确其使命感。例如，柯达的企业愿景和使命是："我们建立统一、重视效益的企业文化。为消费者及顾客提供各种有效的方法，使他们无论何时何地都能够拍摄、保存、处理及打印图像和照片，并能将图像和照片传递给其他人和设备。开发合乎经济效益、与众不同的优质产品，并迅速投放市场。我们的员工来自不同的文化背景，具有一流的聪明才智和技能，并共同维护柯达公司在世界影像业的领导地位。"家乐福的愿景和使命是:"家乐福所有的努力的最大目标是顾客的满意。零售行业是通过选择商品、提供最佳品质及最低价格,以满足顾客多变的需求。"

根据国外的经验,写一份令人满意的企业愿景/使命说明书,要花上一两年的时间。优秀的愿景/使命说明书通常应体现下列原则:

1.顾客导向

好的愿景/使命陈述首先要体现顾客的期望,确定企业产品对顾客的效用,而不是强调产品和技术本身。例如,海尔的愿景/使命突出生活而不是家电制造;滴滴出行的愿景/使命突出出行便捷、安全、舒适,而不仅是一个提供出行服务的平台;爱奇艺的愿景/使命聚焦于娱乐而不是视频平台。这就是说,企业的管理当局在愿景/使命说明书中要按照顾客的需要来规定和阐述企业的愿景和使命,尽量避免使用"产品"或"技术"来确定。因为产品是短暂的,而基本需要和顾客群则是永恒的。马车公司在汽车问世不久就被淘汰,但是同样一个公司,如果它明确规定公司的任务是提供交通工具,它就会从马车生产转入汽车生产。基于同样的道理,露华浓公司作为一家知名的化妆品公司将自己的愿景/使命确定为"我们出售希望"而不是"我们生产化妆品"。拓展阅读2-4向我们展示了如何在制定愿景/使命陈述时,更好地进行效用描述。

拓展阅读2-4:制定愿景/使命陈述的效用描绘

不要仅仅向我提供具体的物品。

不要给我衣服,而是给我充满魅力的外表。

不要给我鞋子,而是给我脚部的舒适、路途的愉快。

不要给我房子,而是给我安全、温馨、干净和幸福的住所。

不要给我书本,而是给我几个小时的愉悦和知识的力量。

不要给我唱片,而是给我安逸和音乐的美妙。

不要给我工具,而是给我制造美好事物的欢乐。

不要给我家具,而是给我安逸舒适的环境。

不要给我具体的物品,而是给我思想、情感、氛围、感觉和利益。

请你,不要给我具体的物品。

资料来源:根据相关资料整理而成。

2.笼统表述

愿景/使命陈述是有关态度和展望的宣言,而不是对具体细节的陈述。愿景/使命陈述通常需要较为笼统,这主要出于如下两方面的考虑:

首先,好的愿景/使命陈述应当能够激发并产生一定范围内的多个目标和多种战略选择,而不应抑制管理的创新性。过多地对细节问题作出规定,会限制企业创造性增长的潜力。

其次，愿景/使命的笼统表述，有助于调和企业内部存在的各种差异，吸引企业的不同利益相关者。利益相关者是对企业有特殊利益或对企业有不同要求的个人和利益群体。利益相关者包括：雇员、经理人员、股东、董事会、顾客、供应商、分销商、债权人、政府（国内各级政府和外国政府）、工会、竞争者、环境保护组织和社会公众。利益相关者与企业的战略相互影响，不同利益相关者的要求和关注的问题各不相同，且常常相互冲突。例如，社会公众对企业的社会责任非常感兴趣，而股东更关心企业的获利能力。如果逐一列出，有关各方对任何一个企业提出的要求都有上千种，且常常包括了净化空气、水处理、就业、纳税、投资机会、职业发展、平等就业机会、员工收益、薪水、工资和社区服务等。使命陈述不可能对各个利益相关者提出的不同要求给予同等程度的重视。好的使命陈述应当表明企业对不同利益相关者提出的不同要求的相对关心程度。越来越多的公司更加重视环保问题，就是对利益相关者所关心的问题的一种积极反应。

3. 避免求全

愿景/使命说明书的内容应该集中在有限的目标上，不能过分求全。请看这几份说明书："我们要成为领先公司，生产质量最高的产品，并以最低的可能价格建立最广泛的分销网和提供服务。""本企业生产最优产品，提供最佳服务，价格最低。""本企业竭诚为广大客户提供一切服务。"这些愿景/使命听上去虽然不错，但其实空洞无物。他们没有提出企业在面临重大决策时可以遵守的基本方针和指导纲领。因此，如果一项笼统的愿景/使命陈述根本不能将众多备选战略方案中的任何一个剔除，那么，这样的表述将没有多少实际价值。

表达本企业要在哪些方面发挥作用、参与竞争，一般可以从以下角度说明：（1）行业范围：说明本企业拟在哪些产业开展活动。有的企业始终坚持在某一产业领域内，有的则喜欢跨行业、多元化经营。（2）产品与应用范围：例如，钢铁制造厂可能把它的范围限制在建筑材料上。（3）市场细分范围：这是公司想要服务的市场或顾客类型。有些企业只为高端市场服务。例如，资生堂生产高级化妆品，而花王主要迎合低档市场。（4）垂直范围：公司自己生产所需原料及零部件等投入品的程度。其极端是企业自给自足生产许多自己需要的供应品。例如福特汽车公司，它有自己的橡胶园、玻璃制品厂和钢铁制造厂。（5）地理范围：企业希望开拓的区域、国家或地区范围。一个极端是公司只在一个特定城市经营，另一个极端是跨国公司，它们几乎在全世界所有的国家都有经营业务。

4. 富有鼓动性

一份好的企业愿景/使命说明书，在表达和陈述上，应当富有激励性，能够鼓舞人心。员工一般都向往从事重要的、对社会有意义的工作，因此应使全体员工从愿景/使命说明书中感受到他们对社会的贡献，他们的工作是有意义的，不宜过分强调盈利一类的目标。例如，从提高农业生产水平、为世界饥饿者提供食品的角度认识化肥生产的使命，就会使员工产生一种新的目标感；从更大意义上把吸尘器的作用定义为创造一个清洁、健康的家庭环境，推销人员就会感到鼓舞。利润及经济效益应当看成社会给予圆满完成其使命的企业的报答，此时，盈利和领袖地位是目标成功实现后的结果，而非目标本身。

愿景/使命陈述不仅适用于企业这类营利性组织，也适用于其他组织类型，拓展阅读2-5介绍了愿景/使命陈述在政治领域中的重要作用。

拓展阅读2-5：刘备的"愿景/使命陈述"及效果

汉建安十二年（公元207年），北方的曹操经过几年艰苦奋战，基本上扫平了盘踞在中原一带的大小军阀，拥兵百万，又"挟天子以令诸侯"，以大汉丞相号令天下，是当时最强大的军事力量；江东孙权历经三世，国险而民附，自执掌大印之后又招贤纳士，渐成势力。而当时驻扎在新野的刘备，兵不过几千，将不过关云长、张飞、赵云，而且连个立足之地都没有，整日被敌人撵得东奔西走，可谓一穷二白，前景黯淡。

但幸好刘备有一个汉室宗亲的身份（汉景帝玄孙，中山靖王刘胜之后），又喊出"匡复汉室"的团队愿景和使命，并以"义"和"仁"为团队核心价值观，终于吸引了诸葛亮等一批人才的加盟，遂成大业。

无论是在当时还是现在，以诸葛亮的才学和知名度，选择刘备而不选择支持别人，主要原因就是刘备提出的"匡复汉室"的口号和"义""仁"的团队核心价值观与诸葛亮的个人价值观相吻合，其次就是刘备礼贤下士的诚恳感化了诸葛亮。对于诸葛亮投奔刘备后的前景，当时他的朋友们并不看好。司马徽在得知诸葛亮选择了刘备后就曾感慨地说："卧龙虽得其主，不得其时，惜哉！"

刘备手下的另一员大将关云长在建安五年曾与刘备失散，被曹操所擒，曹操对关羽渴慕已久，盼其归顺，于是便以礼相待，关怀备至，不但封官加爵，还赏赐赤兔宝马、金钱和美女，可关云长就是不为所动。后来，关云长终于得到刘备的消息，即斩颜良、诛文丑、过五关、斩六将、千里走单骑，不顾一切地回到刘备身边。

由此可见，真正的人才并不把钱看得很重要，相反却会把拥有共同的愿景和价值观作为选择雇主的重要标准。

资料来源：根据相关资料整理而成。

2.4 愿景/使命陈述的构成要素

不同公司的愿景/使命陈述在篇幅、内容、表述形式、具体程度等方面有所不同。弗雷德·R.戴维（Fred R.David）认为有效的使命陈述应具备9个特征，或者说包括9个要素。由于愿景/使命陈述通常是战略管理过程中最显眼和最公开化的部分，努力将9个要素全部归入其中就显得非常重要。愿景/使命陈述包括的9个要素和每个要素试图解决的问题如下：

（1）顾客：企业的顾客是谁？

（2）产品或服务：企业的主要产品或服务是什么？

（3）市场：从地域角度考虑，企业在哪些地区具有竞争力？

（4）技术：企业在技术方面紧跟时代步伐吗？

（5）关注生存发展与盈利能力：企业能够实现业务增长并获得合理的财务收益吗？

（6）经营哲学：企业的基本信念、价值观、伦理道德倾向是什么？

（7）自我认知：企业的特色能力和主要竞争优势是什么？

（8）关注公众形象：企业对社会、社区和环境事项承担责任吗？

（9）关注员工：员工是企业有价值的资产吗？

表2-1是从不同公司的愿景/使命陈述中摘录的句段，借以说明愿景/使命陈述的9大要素。

表2-1　　　　　　　　　　　　　　　愿景/使命陈述9要素实例

（1）顾客

聚焦客户关注的挑战和压力，提供有竞争力的通信解决方案和服务，持续为客户创造最大价值。（华为公司）

（2）产品或服务

交流是人与人之间传递的刚需，而来自中国的火锅是天生的社交餐饮。海底捞致力于让更多人在餐桌敞开心扉，吃得开心，打造全球年轻人都喜爱、能够参与的餐桌社交文化。（海底捞）

（3）市场

帮大家吃得更好，生活更好。（美团）

建设"全球创作与交流平台"。（字节跳动）

（4）技术

为电力自动化领域提供安全、可靠和易于操作的最佳解决方案。（中国电力科学研究院）

用科技让复杂的世界更简单。（百度）

（5）关注生存发展与盈利能力

成为全球领先的提供汽车产品和服务的消费品公司（福特，Ford）

（6）经营哲学

用人人可负担得起的价格提供智能共享单车服务，使人们更便利地完成城市内的短途出行，并帮助减少交通拥堵，减少环境污染，让我们生活的城市更美好。（摩拜单车）

（7）自我认知

通过组织与过程的持续改进，领导力与员工竞争力的发展，联盟和开放式创新，使东软成为全球优秀的IT解决方案与服务的供应商。（东软）

（8）关注公众形象

加速世界向可持续能源转变。（特斯拉，Telsa）

让天下没有难做的生意。（阿里巴巴）

（9）关注员工

以创新、合作和共赢为核心价值观，致力于为客户创造价值并推动行业发展。通过培训和发展、团队建设和社会责任活动，努力营造一个积极、有活力、充满创造力的工作环境；关注员工的福利和工作平衡，提供具有竞争力的薪酬福利和健康保障；鼓励员工追求卓越，勇于挑战和创新，以实现个人和企业的共同发展。（胖东来）

对特定企业而言，不存在最佳的愿景/使命陈述。因此，在评价使命陈述时，评价者的准确判断非常重要。例如，如果一个愿景/使命陈述中包含了"员工"或"顾客"的字眼，是否就足以说明该使命在这两方面已经合格了呢？并非完全如此，一些公司可能会说合格，而另外一些公司则可能会说不合格。作为一个评价者，你可以这样问自己："如果我负责为该公司起草愿景/使命陈述，我能否更好地把9个要素包含在愿景/使命陈述中？"一个非常重要的评价标准就是好的使命陈述能够以某种恰当的方式将9+个构成要素尽收其中。

2.5 战略目标

2.5.1 战略目标与愿景/使命的关系

战略目标是企业在一定的时期内所要达到的结果。战略目标使企业愿景和使命得以具体化和数量化：企业愿景/使命是比较抽象的东西，如果不落实为具体的定量化的目标，就有可能落空。有了战略目标，企业各个单位、部门、各项生产经营活动就能有机地联结成一个整体，就可以发挥企业的整体功能，提高经营管理的效率。

战略目标分为长期战略目标与短期战术目标两大类。前者的实现期限通常超出一个现行的会计年度，通常为5年以上；后者是为实现长期战略目标而设计的，它的时限通常在一个会计年度内。

2.5.2 战略目标的特征

1.宏观性

战略目标是一种宏观目标。它是企业对企业发展的一种总体设想，它的着眼点是整体而不是局部。它是从宏观角度对企业未来的一种较为理想的设定。它所提出的，是企业整体发展的总任务和总要求。它所拟定的，是企业整体发展的根本方向。

2.可接受性

战略目标必须能被企业的内外部利益相关者理解并符合他们的利益。但是，不同利益集团往往有着互不相同而且经常冲突的目标。例如，股东追求利润最大化，员工要求有利的薪资和工作条件，顾客渴望获得高质量的产品，政府则要求企业尽可能多纳税。企业必须力图满足所有相关方的要求，以使他们能继续与组织合作。

3.可检验性

战略目标应该是具体的、可以检验的。目标的定量化是使目标具有可检验性的最有效方法。比如，"极大地提高企业销售利润率"的目标就不如"到2025年，产品销售额达到2亿元，毛利率为40%，税前净利为23%，税后盈利为1 500万元，5年内使销售利润率每年提高1%"的目标恰当。此外，企业战略目标是一个总体概念，因此，必须按层次或时间阶段进行分解（使每一目标只包含单一明确的主题），把应该完成的任务、应拥有的权利和应承担的责任，具体分配给企业的各部门、各战略单位乃至个人身上。

4.激励性

目标本身就是一种激励，特别是当企业目标充分体现了企业成员的共同利益，使战略大目标和个人小目标很好地结合在一起时，就会极大地激发组织成员的工作热情和献身精神。所以，一方面，战略目标的表述同样必须具有激发全体职工积极性和发挥潜力的强大动力，即目标具有感召力和鼓舞作用；另一方面，战略目标必须具有挑战性，但又是经过努力可以达到的，因而使员工对目标的实现充满信心和希望，愿意为之贡献自己的全部力量。

2.5.3　战略目标的内容

企业战略目标是多元化的，既包括经济性目标，也包括非经济性目标。战略决策者应从以下几个方面来考虑建立企业的战略目标：

1.利润目标

利润目标是企业的基本目标。企业作为一个经济性实体，必须获得经济效益，才能够生存和发展。常用的利润目标有：利润额、资本利润率、销售利润率、投资收益率、每股平均收益率等。

2.市场目标

市场是企业竞争的战场，市场目标是企业竞争的重要目标。常用的指标有：市场占有率、市场覆盖率、产品销售额、产品销售量、新市场的开发和传统市场的渗透等。

3.竞争目标

竞争目标表现为企业在行业中的竞争地位、企业的技术水平、产品质量名次、企业在消费者心目中的形象等。

4.社会责任目标

社会责任目标反映了企业对社会贡献的程度，如合理利用自然资源，降低能源消耗，保护生态环境，不造成环境污染，积极参与社会活动，支持社会和地区的文化、体育、教育、慈善事业的发展等。

总之，企业战略目标是由多个目标项目组成的，在数量上和内容上没有固定的模式。企业应当根据本企业的发展方向和经营重点，设计出符合自身实际情况的目标体系。

2.5.4　战略目标体系

战略目标作为一种总目标、总任务和总要求，总是可以分解成某些具体目标、具体任务和具体要求的。这种分解既可以在空间上把总目标分解成一个方面又一个方面的具体目标和具体任务，又可以在时间上把长期目标分解成一个阶段又一个阶段的具体目标和具体任务。

此外，由于企业内不同利益团体的存在，目标之间不可避免地会出现冲突和矛盾。例如，企业生产部门的产量目标和销售部门的销量目标之间可能存在冲突；企业降低成本、增加利润的经济目标和依法纳税、保护环境的社会责任目标之间可能存在冲突等。因此，制定战略目标的有效方法是构造战略目标体系，使战略目标之间相互联合、相互制约，从而使战略目标体系整体优化，反映企业战略的整体要求。

战略目标体系通常用树形图来表示（如图 2-1 所示）。为保证总目标的实现，管理者必须将其层层分解，规定保证性职能战略目标；也就是说，总战略目标是主目标，职能性战略目标是保证性的目标。战略行动 2-2 介绍了华为全面智能化（All Intelligence）战略的战略目标以及战略内容。

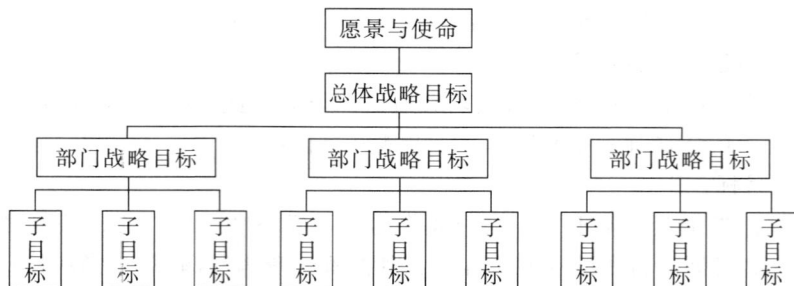

图 2-1　战略目标体系

战略行动 2-2：华为提出全面智能化战略，加速千行万业的智能化转型

在华为全联接大会 2023（HUAWEI CONNECT 2023）上，华为提出全面智能化（All Intelligence）战略，加速千行万业的智能化转型。

华为在信息化和数字化的浪潮中，十年一个台阶，基于客户需求和技术创新的双轮驱动，先后提出了 All IP 战略、All Cloud 战略，促进了联接无处不在，加速了数字化转型升级。面向智能化时代，为了抓住 AI 这一历史性的战略机遇，为此，华为提出 All Intelligence 战略。

All Intelligence 战略的目标是加速千行万业的智能化转型，让所有对象可联接，让所有应用可模型，让所有决策可计算。

华为副董事长、轮值董事长、CFO 孟晚舟表示："在全面智能化战略的指引下，华为将持续打造坚实的算力底座，使能百模千态，赋能千行万业。"

首先，华为致力于打造中国坚实的算力底座，为世界构建第二选择。孟晚舟表示，"我们将持续提升'软硬芯边端云'的融合能力，做厚'黑土地'，满足各行各业多样性的 AI 算力需求。"

其次，华为将通过算力底座、AI平台、开发工具的开放，支持大模型在智能化时代的"百花齐放"，努力做好"百花园"的黑土地。孟晚舟表示，我们支持每个组织使用自己的数据训练出自己的大模型，让每个行业用自己的专业知识发展出自己的行业大模型。

"数十年来，我们深入通信与计算的理论本质，在数学与算法、化学与材料科学、物理与工程技术、标准与专利等领域，持续投入，不断探索，构建起根技术优势。"面向智能化未来，孟晚舟表示，华为将持续深耕根技术，坚持硬件开放、软件开源，与产业合作伙伴一道发展产业和生态联盟、人才联盟，构筑繁荣的算力生态。

资料来源：佚名.华为提出全面智能化战略，加速千行万业的智能化转型［EB/OL］.［2023-12-10］. https://www.huawei.com/cn/news/2023/9/huawei-all-intelligence.

2.6 企业的社会责任

战略决策的影响范围并不局限于企业。例如，一项"关闭一些工厂、停止几条产品线"的战略决策，不仅影响到企业职工，还会影响到工厂所在的社区和找不到其他替代产品的客户。这些情况对某些公司使命、目标和战略的合理性提出了质疑。因此，经理们在制定合适的战略计划时还需要从道德上处理好这些冲突的相关利益者。换句话说，企业除了要关注股东价值最大化之外，还需要关注更广泛的利益相关者的利益，企业社会责任问题就是由此而产生的。尤其是在当前数字化技术普及的时代背景下，利用各类前沿科技手段实现民生改善，是我国企业重要的社会责任体现（见时势链接2-1）。

时势链接2-1：时尚科技秀：数"智"民生

2.6.1 什么是社会责任

商业公司到底有哪些责任？其中哪些是必须实现的？弗里德曼（Milton Friedman）和卡罗尔（Archie Carroll）分别提出了两种相互冲突的社会责任观。

1.弗里德曼的传统企业责任观

弗里德曼反对社会责任的概念，主张回到政府干预程度最低的自由放任的全球经济。根据他的观点，如果有哪一个管理人员"负责任地"削减产品价格以防止通货膨胀，或投入开支以减少污染，或雇用长期失业人员，都是将股东的钱用于一般社会利益。即便这位管理人员获得了股东的允许，或得到了股东的鼓励，他的行为仍然超出了经济动机，长远来看，这样的行为将损害企业打算帮助的这个社会。由于承担了这些社会成本压力，企业变得更无效率，结果，由于成本上升导致价格或投资增高，或是不得不放弃新的活动和科学研究。这样的结果消极地影响了企业的长期效率（可能是致命的）。因此，弗里德曼将企业的社会责任称为"彻底的破坏性的教条"，他说："企业有一个（也只有一个）社会责任，即按照游戏规则使用资源，并致力于增加自己的利润的活动，也就是不以欺骗手段致力于开放而自由的竞争。"

2.卡罗尔的企业社会责任理论

卡罗尔作为企业社会责任领域声望最高的学者之一，对企业社会责任进行了长达20多年的研究。卡罗尔于1979年首先对企业社会责任进行了概括，形成了社会责任的四个类别——经济责任、法律责任、伦理责任（Ethical）和自觉责任（Discretionary），并形成从底部是经济责任，然后是法律责任、伦理责任，最高处是自觉责任的排列。卡罗尔强调这四个责任并不是相互排斥的，也不是相互叠加的，这样排列的目的只是强调社会责任的发展顺序。比如，在历史发展中，社会首先强调了企业对股东的经济责任，然后强调企业的法律责任，最后强调企业的伦理责任和自觉责任。企业承担的所有责任都可以归于这四类当中。

卡罗尔于1991年对企业社会责任类别模型进行了更改，把自觉责任改为慈善责任（Philanthropic），提出了企业社会责任金字塔模型，如图2-2所示。这个模型概括了企业社会责任中的多个维度，比较全面，因而被学者们广泛引用。

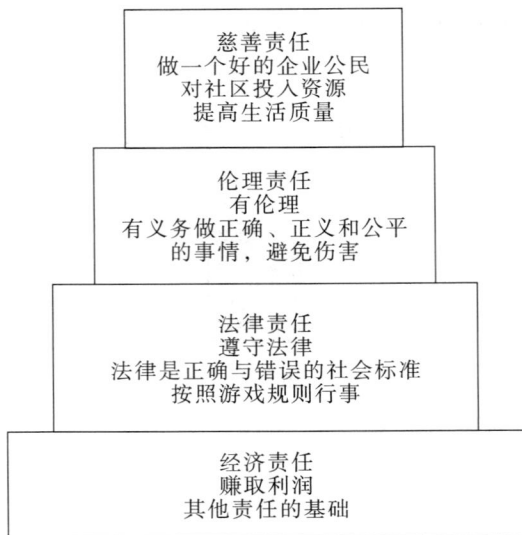

图2-2 企业社会责任金字塔模型

社会责任金字塔模型表明，企业不仅需要为股东创造利润，也需要遵守法律、承担伦理责任和慈善责任，最终做一个好的企业公民。企业四项责任的基本内涵如下：

1）经济责任

企业作为整个社会的基本经济单位，其基本作用是通过生产满足消费者和社会需求的产品与服务来赚取利润。获得最大化的利润是企业创立的直接目的，是企业继续存在的动力。对企业而言，离开经济责任谈其他责任都没有意义。卡罗尔给出了经济责任的几个重要方面，见表2-2左列。

2）法律责任

企业不仅需要为股东创造最大利润，同时还需要在法律和法规下运作。卡罗尔列举了美国企业必须遵守的法律责任，见表2-2右列。

表2-2 企业社会责任中经济和法律责任部分

经济责任：	法律责任：
①企业在每股利润最大化原则下运作	①在法律规定和政府期望下运作
②追求尽可能多的利润	②遵守联邦政府、州政府和地方政府的法规
③保持竞争优势	③企业是遵守法律的企业公民
④保持较高的运作效率	④成功企业是履行了其法律责任的企业
⑤成功企业是能获得持续利润的企业	⑤企业提供的产品与服务至少满足了最低的法律要求

3）伦理责任

社会对企业的道德要求与期望都先于相应法律条文的产生，例如环境保护、消费者权利方面的社会期望等都早于环境和消费者保护方面的相关法律。所以，伦理责任是社会价值和社会期望已经发生了变化，而这些社会道德观念还没有形成法律，但是人们期望企业能够遵守的规范。这些规范走在了法律的前面，是要求企业能够自觉遵守的。当然，因为没有形成具体法律条例，可能还存在一定争议，所以企业在实践上也缺乏具体的准则作指导。伦理责任对法律责任有很大的影响作用，例如过去几十年的伦理运动已经导致一些伦理责任变成法律责任。伦理责任不断地推动着法律责任的扩展、扩大，伦理责任自身也在扩大，对企业提出了更高水平的期望。伦理责任的主要方面见表2-3左列。

表2-3 企业社会责任中伦理与慈善责任部分

伦理责任：	慈善责任：
①企业运作与社会道德观念、伦理规范期望一致	①企业运作与社会的博爱、慈善期望相一致
②认可与尊重被社会所接受的新道德标准	②资助高尚的艺术事业
③防止为完成企业目标而在伦理标准上作出让步	③企业的管理者和员工都在他们自己的社区内参加志愿者和慈善活动
④企业公民应该做符合道德和伦理的事情	④资助私人和公共教育机构
⑤认识到企业的诚实和企业伦理行为不仅仅是遵守法律和法规	⑤自愿资助旨在提高社区生活质量的项目

4）慈善责任

慈善责任包括为成为一个社会期望的好企业公民而做的一系列活动，是企业自愿和自由决定承担的活动。例如企业对艺术、教育和社区的捐助。慈善责任与伦理责任的区别是慈善责任不在伦理的范围内，若企业不从事慈善活动，也不会被社会认为违反了道德或者伦理规范。慈善责任虽然也被社会所期待，但是没有其他三个责任重要。慈善责任的主要方面见表 2-3 右列。

2.6.2 承担社会责任的利益

对于承担社会责任能够给企业带来的利益，大多数研究集中于有关社会责任对企业财务业绩的影响方面，这类研究有着各种不同的研究结果。虽然一些研究认为，这两者之间不存在明显的关联，但越来越多的研究发现两者之间有正向联系。比如那些倡导保护环境的公司（例如使用可再生材料），就可以避免环境保护组织的攻击，提升公司的公共形象。

因承担道德和社会责任而闻名的企业常常会因此获得某些利益，而这些利益会成为公司的竞争优势。战略行动 2-3 表明，北京超市发连锁股份有限公司通过各类企业战略履行企业社会责任，实现国家精准扶贫的发展之路。这些举措不仅大大提升了企业的社会效益，而且为企业自身的声誉和市场绩效带来了长远利益。

承担社会责任的其他好处还包括：

• 可使企业得以收取溢价并获得品牌忠诚度；

• 企业的可信度可帮助它们与供应商和分销商建立起长期关系，从而不用花很多时间和金钱来整理、监控合同；

• 可以吸引杰出员工，因为人们更愿意为一个有责任心的企业工作；

• 更有可能受到别国的欢迎；

• 更有可能在困难时期得到公共机构的善意支持；

• 更容易从投资者处吸引到资本，这些投资者认为有信誉的公司更适于长期投资。

战略行动 2-3：传承温度 创新共赢——超市发的"精准扶贫"之路

2021 年 9 月 2 日，北京超市发连锁股份有限公司（以下简称：超市发）举办"凝心助帮扶 携手促消费——2021 年北京帮扶促消费"活动，旨在推动消费帮扶工作，展示帮扶地区特产，为市民提供物美价廉的优质商品。超市发不仅在扶贫和消费帮扶方面作出贡献，还曾因在抗击新冠疫情中的突出表现于 2020 年 9 月 8 日被授予全国先进集体称号，是全国唯一获此殊荣的零售企业。董事长李燕川回想起超市发一路以来在履行社会责任方面的历程，感慨万千……

2013 年 11 月，习近平总书记首次提出"精准扶贫"，我国扶贫工作进入新阶段，各项政策不断出台，鼓励引导各方为扶贫事业贡献力量。2016 年 1 月，习近平总书记强调："要坚持精准扶贫、精准脱贫，重在提高脱贫攻坚成效。"2016年11月,《"十三五"脱贫攻坚规划》指出必须以"精准扶贫、精准脱贫"为原则,打赢脱贫攻坚战。

李燕川多次组织领导班子和各店店长召开主题会议,深入学习"精准扶贫"精神,大家积极建言献策,就如何实现"精准扶贫"进行充分探讨。

李燕川坚持推进地区特色产品与居民"菜篮子""米袋子""果盘子"的需求相结合,力求建立起供需对接的良性循环,持续推进消费帮扶,促进消费提升,传承零售"温度";从卖"难处"、售"温度"到形成精准对接,高效扶贫模式。

以品控管理、农超对接为"精准扶贫"的前提,成立专项小组进行实地考察,结对帮扶;从"扶技术"和"扶市场"的高度出发,根据消费需求为农户提供指导意见,实现农超对接,指导生产;设立专项采购渠道,采购扶贫产品。

以渠道建设、基地直采为"精准扶贫"的核心,进行冷链建设,果蔬保鲜;加强供应链再造和升级,优先选择符合健康、有机、质量可追溯标准的产品,坚守品质;全面推进标准件管理、笼车使用,规范连锁店订单系统管理,建设智慧物流,提升运输效率。

以连锁经营为"精准扶贫"的重点,开发一批"超人气单品",引导年轻消费者打造品质化生活;利用连锁经营优势,构建"到点+到店+到家"的全渠道服务体系。

以持续合作、树立品牌为"精准扶贫"的保障。

超市发平均每年销售对口扶贫商品500余万元,将企业的社会责任放在首位,打造"有温度的零售商"。李燕川认为:"从社会责任来看,扶贫是企业真正地为社会和谐作出应有贡献。"

未来,在扶贫工作方面超市发还将持续发力,将继续坚持为民而商,继续坚定有力、毫不懈怠地做好精准扶贫和民生服务保障工作,更好地履行企业的社会责任,坚决成为保障供应的主力军、平抑物价的稳定器!

资料来源:汪旭晖,曹学义.传承温度 创新共赢:超市发的"精准扶贫"之路[EB/OL].[2023-12-10].http://www.cmcc-dlut.cn/.

2.6.3　向谁负责:从"股东"到"利益相关者"

提到企业的社会责任,人们就要问:"对谁负责?"相对于仅仅为股东利益负责的古典观,主张企业应该承担社会责任的观点实际上强调的是企业应该为利益相关者服务。公司的任务环境中包括许多群体,这些群体的利益都与公司的获利有关，这些群体被称为企业的利益相关者。利益相关者是与企业生产经营行为和后果具有利害关系的群体或个人。对企业而言，其利益相关者一般可以分为三类：资本市场利益相关者（股东和公司资本的主要供应者），产品市场利益相关者（公司主要顾客、供应商、当地社团和工会），以及组织中的利益相关者（所有公司员工，包括管理人员和一般员工）。它们受到企业目标的影响，也影响着企业目标的实现。

在任何一个战略决策中，某一利益关系群体的利益都可能与另一群体的利益相冲突。例如，企业作出的在制造过程中只使用可再生材料的决策，对环境保护组织来说有积极的效应，但对股东红利来说就有消极效应。又例如，当美泰克公司高层经理决定将洗碗机生产从艾奥瓦州转移到工资水平较低的田纳西州时，从一方面看，股东对这一决策应该是赞同的，因为这样做可以降低成本；但从另一方面看，爱荷华州政府官员和当地工会就非常不高兴，因为这意味着当地会有大量人员失去工作。

由于企业任务环境中涉及的利益关系群体的范围很广，所以尽管管理部门打算承担社会责任，但仍会有一个或更多的利益关系群体对组织的行动感到失望。因为企业对某些利益关系群体可能认识不足。所以，在制定战略决策之前，战略经理应慎重评价每一个战略方案对各类利益关系群体的影响。

卡罗尔（1991）开发了一个利益相关者-社会责任矩阵，用于分析不同利益相关者需要承担的责任，见表2-4。

表2-4   利益相关者-社会责任矩阵

利益相关者	社会责任类型			
	经济责任	法律责任	伦理责任	慈善责任
股东				
顾客				
员工				
社区				
竞争者				
供应商				
社会利益团体				
公众				
其他				

由 Harris Poll 在美国开展的一次调查发现，66% 的被调查者强烈认为（或是赞同）企业过于关心利润，或者说过于强调股东利益最大化。也就是说，对很多大企业来说，与经营的安全性、可以信赖和为客户提供高质量的产品相比，其更看重利润及其增长。近年来，国内企业因社会责任缺失而引发的问题也频繁发生，比如"黑心"粽子、"红心"鸭蛋和三聚氰胺毒奶粉事件。事实表明，企业可能会为社会责任的缺失付出惨痛代价，拓展阅读 2-6 中的湖南插旗菜业有限公司就是例证之一。

拓展阅读 2-6："土坑酸菜"

2022 年 3 月 15 日，央视"3·15"晚会第六炮指向食品安全违法违规行为，曝光了湖南省华容县的"土坑酸菜"乱象，农户用土坑腌酸菜，直接将烟头扔进酸菜……酸菜加工厂的生产卫生环境更是不堪入目。湖南插旗菜业有限公司（以下简称"插旗菜业"）被点名。

"3·15"晚会报道，插旗菜业为一些方便面企业代加工老坛酸菜包，号称老坛工艺，足时发酵。该企业标准化腌制池腌出来的酸菜是用来加工出口产品的，老坛酸菜包里的酸菜则是从外面收购来的"土坑酸菜"。工人们有的穿着拖鞋，有的光着脚，踩在酸菜上，有的甚至一边抽烟一边干活，抽完的烟头直接扔到酸菜上。这些酸菜在被插旗菜业收购时，插旗菜业并不检测卫生指标。在插旗菜业的清洗车间，一袋袋酸菜被随意堆放在地上，经过机器清洗、切碎、拌料、包装、杀菌，就做成了老坛酸菜包。

被曝光后，公司网店被平台下架、合作方终止合作，插旗菜业企业法定代表人被处以罚款人民币 100 万元，4 名生产负责人分别被处以罚款人民币 40 万元~96 万元，插旗菜业因虚假宣传被处以罚款人民币 200 万元。

华容县是中国最大的芥菜种植产区，全国 85% 的酸菜原料出自华容。小小的芥菜和腌酸菜竟然撑起了 80 多亿元的产值，更解决了超过 13 万华容人的生计。"土坑酸菜"丑闻曝光后，华容县的酸菜产业立即陷入困境，一些芥菜种植大户的损失可能超过 100 万元。

资料来源：根据相关资料整理而成。

2.6.4 将社会责任纳入企业的战略框架

将社会责任纳入企业的战略框架，是企业更好地处理与利益相关者关系的根本途径。而要将社会责任融入战略，首先就要将社会责任理念融入企业的使命和战略目标。目前很多中国企业的战略目标仍是"进入世界 500 强"之类的经济发展目标，而没有融入社会责任发展理念。确定战略目标之后，就要为达到战略目标而确定需采取的战略措施，重新分配战略资源时应考虑到社会责任目标的达成，在人、财、物等资源上给予体现。之后，企业就要在管理制度上给予保证，用社会责任理念重新梳理一切制度。例如，在人力资源管理制度上，看是否有侵害员工利益等现象存在；在采购制度上，是否做到负责任的采购；在营销制度上，是否在进行负责任的营销，竞争是否建立在公平基础上等；此外，还包括安全制度、环保制度等是否完善。

此外，企业还需要向利益相关者宣传企业在社会责任方面的行为和贡献，让利益相关者了解企业的负责任行为，以便达到相应的经济目标。一些跨国公司，例如IBM、GM和微软等公司，通过在企业招聘宣传手册中介绍它们对社区、员工多样化、自然与工作环境、产品与服务质量等方面的社会责任贡献来吸引高素质的员工。在移动互联时代，企业也不断创新践行社会责任的方式，实现多方共赢。"蚂蚁森林"是支付宝客户端为首期"碳账户"设计的一款公益行动：用户通过步行、地铁出行、在线缴纳水电煤气费、网上缴交通罚单、网络挂号、网络购票等行为，减少相应的碳排放量，可以用来在支付宝里养一棵虚拟的树。这棵树长大后，公益组织、环保企业等蚂蚁生态伙伴们，可以"买走"用户的"树"，而在现实某个地域种下一棵实体的树。"蚂蚁森林"公益行动让绿色金融这个冷门概念变得人人可以感知。支付宝官方数据显示，截至2023年8月31日，"蚂蚁森林"已经有超过10亿用户参与，累计种植了6.6亿棵树，占地面积超过130万亩。

2020年9月22日，第七十五届联合国大会一般性辩论上，习近平总书记郑重宣布："中国将提高国家自主贡献力度，采取更加有力的政策和措施，二氧化碳排放力争于2030年前达到峰值，努力争取2060年前实现碳中和。"2023年12月11日至12日举行的中央经济工作会议指出，要深入推进生态文明建设和绿色低碳发展。绿色是高质量发展的底色，是企业社会责任的重要体现（见时势链接2-2）。

时势链接2-2：推动实现"双碳"目标 书写绿色发展答卷

在《中共中央 国务院关于完整准确全面贯彻新发展理念做好碳达峰碳中和工作的意见》的统领下，能源绿色低碳转型行动、工业领域碳达峰行动、交通运输绿色低碳行动、循环经济助力降碳行动等重点领域和行业的实施方案陆续发布，与科技、碳汇、财税、金融等保障措施一起，共同构建起目标明确、分工合理、措施有力、衔接有序的碳达峰碳中和"1+N"政策体系。在一系列政策的带动下，企业应承担起相应的社会责任，积极参与"分解"碳中和任务指标，并把企业的业务开展与碳排放紧密结合在一起。拓展2-7介绍了南方周末中国企业社会责任榜（2022）。

拓展阅读2-7：南方周末发布2022年企业社会责任榜单

2023年7月27日，南方周末中国企业社会责任研究中心发布了"南方周末中国企业社会责任榜（2022）"（见表2-5），该榜单从2003年开始陆续针对中国国有、民营、在华500强三大类型企业进行CSR调研，从经济指标、管理指标、合规指标、环境指标、社区指标五大维度进行综合评价。十几年来，从要不要履行社会责任到认识到社会责任对企业的重要性，中国越来越多的企业已经初步形成了体系化、规范化的社会责任管理体系。

表2-5　　　　**南方周末中国企业社会责任榜（2022）**

排名	企业名称	企业类型	总得分
1	宁德时代	生产制造型	85.32
2	京东集团	服务型	82.54
3	吉利集团	生产制造型	80.87
4	台达	生产制造型	80.68
5	中国电建	生产制造型	77.66
6	比亚迪	生产制造型	76.38
7	欣旺达	生产制造型	75.77
8	远洋集团	服务型	75.28
9	复星国际	生产制造型	74.99
10	宝钢股份	生产制造型	74.46
11	腾讯控股	服务型	74.43
12	亚太森博	生产制造型	74.2
13	农业银行	服务型	73.82
14	立讯精密	生产制造型	73.8
15	建设银行	服务型	73.25
16	海尔集团	生产制造型	73.04
17	格林美	生产制造型	72.91
18	中国平安	服务型	72.6
19	伊利集团	生产制造型	72.43
20	洛阳铝业	生产制造型	72.39

资料来源：南方周末中国企业社会责任研究中心. 南方周末中国企业社会责任榜（2022）[EB/OL].［2023-12-10］. https://www.infzm.com/contents/253585.

关键概念

企业愿景　企业使命　企业战略目标　企业利益相关者　企业社会责任

思考题

1. 企业愿景的构成要素有哪些？
2. 简述企业愿景与使命陈述的关系？
3. 撰写愿景与使命陈述的基本原则有哪些？
4. 战略目标的特征有哪些？
5. 企业社会责任的内涵和相关理论有哪些？
6. 企业社会责任中不同层面要素的区别与联系是什么？

战略实践

● 企业追踪

本单元旨在了解目标公司的使命和目标陈述，你需要通过收集相关信息回答以下问题：

1. 目标公司目前的使命和战略目标是什么？
2. 目标公司的使命和战略目标是否发生过改变？以往的使命和目标是什么？变化的原因是什么？
3. 找出本行业中另外一家领先企业的使命陈述，并与目标公司的使命陈述进行比较和评价。

● 实践练习：撰写愿景与使命陈述

绝大多数大学或学院都有自己的愿景及使命陈述。本练习的目的在于为一个像你所在的大学或学院（以下简称"你的学校"）那样的非营利组织撰写愿景及使命陈述。

步骤 1　用 15 分钟为你的学校撰写一份愿景及使命陈述。陈述不要超过 200 字。

步骤 2　向全班宣读你撰写的愿景及使命陈述。

步骤 3　弄清你的学校是否有自己的愿景及使命陈述。可查看一下学校（或学院）手册的最前页。如果你的学校确有愿景及使命陈述，请向有关管理人员询问这一陈述是何时、以何种方式制定的。向全班同学通报这一信息。用本章所叙述的思想对你的学校的愿景及使命陈述进行分析。

3 外部环境分析

● 学习目标

- 宏观环境分析
- 产业环境分析
- 波特的五种竞争力量模型
- 产业内部的战略集团
- 产业生命周期
- 竞争对手分析

➡ 引导案例　比亚迪发布云辇系统，用新技术定义车身控制

2023 年 4 月 10 日，比亚迪发布了新能源专属的智能车身控制系统——云辇。云辇智能车身控制系统由比亚迪全栈自研，这也标志着比亚迪成为能自主掌握智能车身控制系统的中国车企。云辇产品矩阵包含云辇-C、云辇-A、云辇-P 等产品，将从舒适、操控、安全、越野等维度大幅提升消费者的驾乘体验。

云辇——中国人自己的车身控制系统

"云辇"出自《魏书》，命名灵感源于中国古代的帝王座驾"辇"。"云"象征着以智能化技术创造更轻盈平稳的驾乘体验。源自古代对出行的追求，融合当代先进科技，"云辇"带来了"中式新豪华"。

比亚迪集团董事长兼总裁王传福表示："云辇的诞生，改写了车身控制技术依靠国外的历史，填补了国内的技术空白，实现了从 0 到 1 的突破。另一方面，'云辇'超越国外技术水平，一登场就站上了行业领先位置，完成了从 1 到 2 的提升。"

系统化解决车身控制问题 重塑智能豪华新体验

行业目前针对车身垂直方向控制的研究，主要从单一技术或者单一硬件入手。比亚迪率先拿出车辆垂直方向系统化解决方案，为车身垂向控制插上电动化和智能化的翅膀。

云辇-C 智能阻尼车身控制系统，实现车辆舒适性和运动性的兼容。云辇-A 智能空气车身控制系统，让整车具备更高层次的舒适性、支撑性与通过性，树立奢适新标杆。云辇-P 智能液压车身控制系统，能够实现超高举升、四轮联动、露营调平等超强越野功能，塑造全球豪华越野新典范。云辇-P 将首搭仰望 U8；云辇-A 将首搭腾势 N7；云辇-C 硬件已搭载在比亚迪汉、唐及腾势 D9 三款车型的部分配置版本上，后续将通过 OTA 陆续升级为云辇-C 系统。

为了用户安心 比亚迪将安全进行到底

云辇的推出，是比亚迪继刀片电池、CTB、易四方之后的又一安全技术突破。

云辇从整车垂直方向系统化控制出发，实现升维安全。云辇能够有效抑制车身姿态变化，大大降低车辆侧翻风险，减小驾乘人员坐姿位移。同时云辇系统可以在雪地、泥地、水域等复杂路况下，有效保护车身，避免因地形造成的整车磕碰损伤，提升驾乘舒适及安全性，实现对人和车的双重保护。

"超级技术"造就独特体验

发布会的最后，云辇-X 重磅亮相。搭载云辇-X 技术的仰望 U9 展现了全主动车身控制技术，可实现"0"侧倾、"0"俯仰、三轮行驶、车辆跳舞与原地起跳等高阶功能，代表了全球车身控制系统的领先水平。比亚迪再一次开创了业界先河，引领车身控制技术发展。

车身控制的一小步，舒适出行的一大步。云辇智能车身控制系统，是兼具驾乘

体验与安全的超级技术，将以高智能、护安全、稳驾乘、全覆盖的技术优势，为驾乘体验带来颠覆性提升。云辇系统，赋能比亚迪全品牌的升级，推动了新能源时代豪华汽车的发展。

作为新能源汽车领导者，比亚迪始终秉持"技术为王，创新为本"的发展理念，在技术发展的深水区不断创新，推动中国新能源汽车发展向更高层次迈进，用技术创新满足人们对美好生活的向往。

资料来源：佚名.比亚迪发布云辇系统，用新技术定义车身控制［EB/OL］.［2024-04-20］. https：//www.bydauto.com.cn/pc/newsList/detail/？id=431&networkType=dynasty.

战略制定的思考始于对企业所处外部环境的分析，其目标是理解企业所面对的机会、威胁，并据此找出能够超越竞争对手的战略。在引导案例中，我们看到了外部技术环境变化对新能源汽车行业带来的巨大影响，初步了解了环境分析的必要性和重要性。同时，比亚迪公司紧跟潮流、抓住机遇又使我们看到了战略管理的重要作用。

按照从宏观到微观的逻辑思路，本章对于外部环境的分析首先从宏观环境分析入手，探讨政治法律、经济、社会文化、技术等宏观环境因素对企业的影响。之后，将重点分析产业环境对竞争的影响，包括各种产业力量对竞争的影响，以及产业周期演进对竞争的影响。最后，将介绍有关竞争对手分析的相关内容，帮助企业和战略家更好地识别和预测主要竞争对手的动机与行为。通过本章的学习，你将理解，企业的成功取决于能否将战略同其运营的外部环境相匹配，或者其选择的战略能否重塑外部环境，令其对自己有利。

3.1　宏观环境分析

虽然与产业环境相比，宏观环境对企业的影响更为间接一些，但却是不能忽视的重要环境力量，因为其不仅影响着个别企业的生产经营，同时也对产业竞争结构的变化有着重要影响，有时甚至会对整个产业的生存与发展带来威胁。这些宏观因素包括政治法律环境因素、经济环境因素、社会文化环境因素和技术环境因素等，如图3-1所示。

3.1.1　政治法律环境因素

政治法律环境因素是指影响企业经营活动的各种政治力量，以及对企业经营活动加以限制和要求的法律和法规等。这些因素制约、影响着企业的经营行为，尤其是影响着企业的长期投资行为。

从国际方面来看，政治环境因素主要包括其他国家的国体与政体、关税政策、进口控制、外汇与价格控制、国有化政策以及公众利益集团的活动等。国际方面的法律环境因素主要涉及各国的国内法以及国际公约的有关规定等。例如，美国政府自1980年以来颁布了几十个经济法规，有些是为了保护竞争，有些是为了保护消费者利益，有些是为了保护社会利益，防止环境污染。我国企业若要与

经济环境因素
- 社会经济结构
- 经济发展水平
- 经济体制和经济政策
- 经济的当前状态
- 其他一般经济条件

政治法律环境因素
- 政府行为
- 法律法规
- 政局稳定状况
- 路线方针政策
- 国际政治法律因素
- 各政治利益集团

企业

社会文化环境因素
- 人口因素
- 社会流动性和各阶层对企业的期望
- 消费者心理
- 文化传统
- 价值观

技术环境因素
- 技术水平
- 技术力量
- 新技术的发展

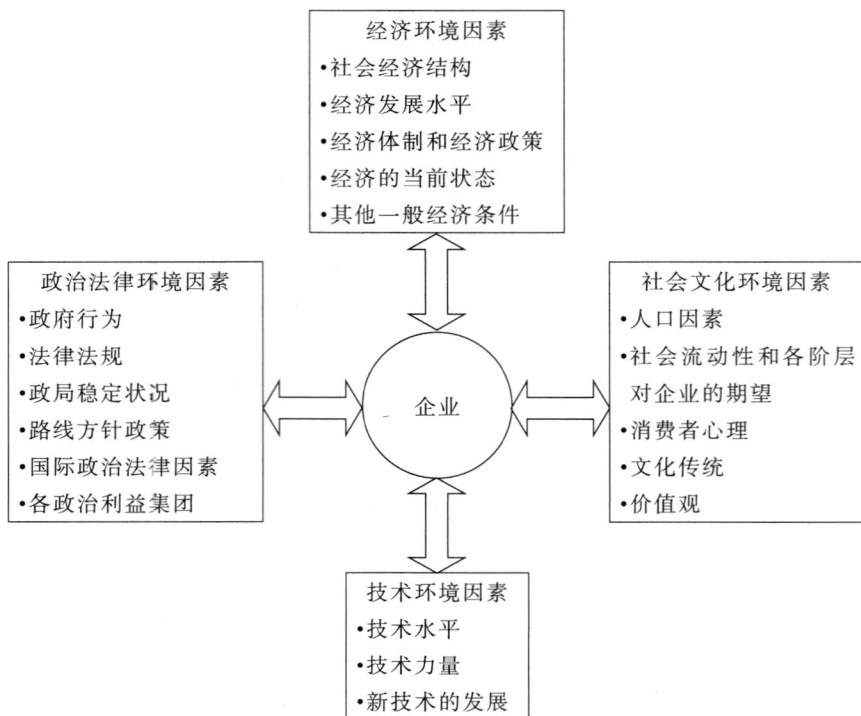

图3-1　企业的宏观环境

某个国家进行贸易活动，必须事先了解该国的政治和法律。战略行动3-1介绍了国家政策助力互联网经济，电商行业新模式飞速发展。从国内方面来看，政治环境因素主要是指政府和各职能部门的各项方针和政策。它们会对企业的生存与发展产生长期、深刻的影响。这些基本政策包括宏观经济政策、产业政策、税收政策、政府订货及补贴政策等。1980年的特区开放政策、1999年以后的西部大开发政策、2003年的振兴东北老工业基地政策，以及2015年提出的"中国制造2025"计划等都给相关企业带来了诸多战略机遇。

战略行动3-1：国家政策助力互联网经济，电商行业新模式飞速发展

随着互联网时代的深入，国家鼓励传统行业与互联网行业进行深度结合，出台了《数字中国建设整体布局规划》《工业和信息化部办公厅关于开展中小企业数字化服务节活动的通知》《国务院关于印发"十四五"数字经济发展规划的通知》《中华人民共和国国民经济和社会发展第十四个五年规划和2035年远景目标纲要》等一系列利好政策，鼓励互联网及相关服务企业深度创新，并为传统行业的发展提供优质的信息技术服务。

而电商经济作为我国四新经济中的新经济模式的一种，电商行业已经越来越成为互联网经济中不可缺少的一环。从2016到2023年，电商行业在近7年的时间里，经历了野蛮生长、全网暴火、整顿后的冷静期和步入成熟期等几个阶段。平台、主播、MCN、商家、消费者连番登场，直播间内外精彩纷呈。为此，国家高度重视电商行业的发展。2016年以来，国家政府不断出台政策规范我国直播电商市场，2020年6月颁布第一部关于网络直播营销活动的专项规范《网络直播营销行为规范》，对"直播带货"起到规范引领作用。2022年6月，国家出台《网络主播行为规范》，进一步加强网络主播职业道德建设，规范从业行为。2022年11月发布的《进一步提高产品、工程和服务质量行动方案（2022—2025年）》中强调应督促平台企业强化平台销售和直播带货产品的质量管控和追溯，依法承担商品和服务质量保证、食品安全保障等责任，切实维护用户个人信息权益及隐私权。我国电商行业随着中国政策的不断规范而逐渐有序健康发展。

因此，在国家政策的大力扶持下，从电商行业的发展演进与现状来看，电商行业发展势不可挡，这是消费升级和数字化时代下传统电商行业顺应时代发展规律进行升级的结果。其本质是消费升级，具有强互动性、强IP性、高度去中心化等特点，目前行业发展迅速。

资料来源：前瞻产业研究院.重磅！2024年中国及31省市直播电商行业政策汇总及解读（全）[EB/OL]．[2023—12—10]．https://www.sohu.com/a/754011842_473133.

虽然有一些政治环境因素会对企业的行为有直接的影响，但一般说来，政府主要是通过制定法律和法规来间接地影响企业的活动。经济法律法规是为调整经济活动中的法律关系、发展社会生产力服务的。它规定了企业可以做什么，不可以做什么。合法经营受到法律保护，非法交易则要受到法律制裁。近几年来，我国政府为适应改革开放的需要，在健全法制、加强法治方面取得了明显进步，先后制定和颁布了一大批经济法律和法规，例如《中华人民共和国工业企业法》《中华人民共和国中外合资经营企业法》《中华人民共和国涉外经济合同法》《中华人民共和国专利法》《中华人民共和国商标法》《中华人民共和国进出口关税条例》《中华人民共和国公司法》《中华人民共和国企业破产法》《中华人民共和国反垄断法》等。

政治法律环境因素对企业来说是不可控的，带有强制性的约束力，因此，企业必须熟悉各种政治法律约束，只有熟悉且适应这些环境因素，企业才能生存和发展。

3.1.2 经济环境因素

经济环境因素是指国民经济发展的总体情况、国际和国内经济形势及经济发展趋势等。一般来讲，企业面临的经济环境主要可以从以下几个方面进行分析：

（1）目前国家宏观经济处于何种阶段——萧条、停滞、复苏还是增长，以及宏观经济在以怎样一种周期性的规律变化和发展。在衡量宏观经济的众多指标中，国内生产总值是最常用的指标之一，它是衡量一国或一地区经济实力的重要指标，它的总量及增长率与工业品市场购买力及其增长率有较高的正相关关系。同时，宏观经济指标也是一国或地区市场潜力的反映。近年来，中国成为欧美国家竞相投资的热点地区，也是因为中国经济持续、稳定、高速增长所揭示的巨大潜在市场。

（2）与消费品购买力正相关的指标。一国总人口数量往往决定了该国许多行业的市场潜力，如食品、衣着、交通工具等。尽管中国的计划生育政策有效地控制着人口增长，但庞大的人口基数，伴随着经济的高速增长，仍呈现出巨大的市场潜力，而这也恰是吸引外资投资的根本动因。个人可自由支配收入的降低会长时间抑制耐用消费品的需求，特别是高通货膨胀率所造成的社会心理损害将对整个市场供求关系产生深层次的影响。由于中国大多数人的薪资收入尚未达到个人所得税征收点，故其薪资收入即可看作个人可任意支配收入。随着收入水平的不断提高，现在市场上所出现的数码产品以及金银首饰的购买热，旅游热，房地产、证券投资热给相关行业带来了机会，也带来了激烈竞争。

（3）经济基础设施建设情况。基础设施条件主要指一国或一地区的运输条件、能源供应、通信设施以及各种商业基础设施（如各种金融机构、广告代理、分销渠道、营销中介组织）的可靠性及其效率，它们在一定程度上决定着企业运营的成本与效率，其影响在企业策划跨国或跨地区经营时尤为重要。

（4）经济稳定性。随着全球化的不断深入，各国之间经济相互依赖程度不断加剧。世界上相互关联的经济体出现任何不稳定，都会影响到该经济体内各行业的企业，同时还会通过国际贸易波及经济体外的企业。而互联网的加速效应将使这种传递性更加迅速，影响也更加深刻。1997年，曼谷金融危机迅速蔓延到东南亚的其他国家，引发了持久且严重的亚洲金融危机；2001年的"9·11"事件，使美国乃至世界的航空业、旅游业以及金融业等蒙上一层久久挥之不去的阴影；2008年由美国"次贷危机"引发的全球金融危机，使世界上众多国家的众多企业遭受巨大损失；而2018年以来，美国特朗普政府打着"美国优先"的旗号，逆全球化潮流而行，使国际贸易一直阴霾笼罩。如果一国经济环境剧烈波动，则扭转经济形势需要花很大的代价，所以关注、分析和预测国际经济形势对于企业能否抓住市场机遇、规避市场风险非常必要。

3.1.3　社会文化环境因素

社会文化环境因素是指一定时期内整个社会发展的一般状况，主要包括人口变动趋势、社会阶层、社会道德风尚、文化传统、价值观念等等。

人口是"潜在的购买者"，企业必须时刻注意人口因素的发展动向。目前世界上人口变动的主要趋势是：

• 世界人口迅速增长，目前已超过80亿大关。世界人口的增长意味着消费将继续增长，世界市场潜力和机会将继续扩大。但是快速增长的人口正在大量消耗自然资源和能源，加重粮食和能源供应的负担，这些都预示着21世纪的主要挑战和商机。

• 美国、日本等发达资本主义国家出现生产率下降、儿童减少的趋势。这种趋势对以儿童为目标市场的企业来说是一种环境威胁，但是年轻夫妇会有更多闲暇时间和收入用于旅游和文化活动，因此可能为相应的企业带来更多的市场机会。

• 目前发达国家和一些发达地区出现人口老龄化的趋势，中国也有这种趋势。因此，企业应认真研究老年人市场的问题。

• 许多国家的家庭状况正发生变化。例如，某些东方国家的家庭规模趋向于小型化，几世同堂的大家庭逐渐减少。日本在30多年前，六口之家占全国总户数的1/3；现在，四口之家最多，占总户数的25.5%。

• 西方国家的非家庭住户也在迅速增加。非家庭住户包括单身成年人住户，暂时同居住户和集体住户。

• 目前许多国家女性就业人数不断增加，职位也逐步上升，并在一些知名企业中担任要职，如格力集团董事长董明珠。

社会阶层通常是指在一个社会中存在着的相对持久和类似的人的组合。在一个阶层中，个人和家庭具有大致相同的价值观、生活方式、兴趣和行为规范。一般依据一个人的职业、收入来源和教育水平来判断他属于哪一个社会阶层。一个清洁工与一个文艺工作者的收入或许相同，但由于职业不同，两个人的消费特点却不同。划分社会阶层可以更准确地判断和测定消费者的购买意向和购买行为。

文化通常特指人类创造的精神财富，它包括文学、艺术、教育、科学等，是人们的价值观、思想、态度等的综合体。文化因素强烈地影响着人们的购买决策和企业的经营行为，影响着一个国家的经济和法律政策环境。因此，如果某个企业能够充分了解某个国家的文化对它的社会特征的作用，那么该企业就能提供更符合要求的产品和服务，提高顾客满意度。不同的社会习俗和道德观念影响着人们的消费方式和购买偏好。企业若要通过文化因素分析市场，必须了解行为准则、社会习俗、道德态度等文化因素并对其加以分析。此外，生活方式的演变，消费者保护运动的开展等也是构成社会文化环境因素的重要组成部分。拓展阅读3-1介绍了快手的海外突破之路。

拓展阅读3-1：三度折戟，快手的海外突破之路

自从2017年首次设立国际化事业部以来，快手海外业务就经过了多轮调整，也迭代了大量新业务/产品，但效果似乎都达不到预期。起步只比快手早几个月的字节跳动，如今靠Tik Tok这款现象级应用横扫全球，两大短视频巨头在海外市场的差距越来越大。

而在海外业务发展过程中，快手遭遇到如日中天的 Tik Tok，以及国际巨头的联合绞杀，发展之路依旧坎坷。2020 年 6 月，Google Play 以"违反开发者平台原则"为由下架 Zynn，快手海外业务遭受重创。

纵观全局，快手在国际市场上未能成功适应并融入国外社会文化环境，导致最终失败的原因主要有以下几点：

文化差异：快手作为中国短视频平台，其内容风格、用户习惯、审美观念等都深受中国文化影响。当这些内容进入国外市场时，可能无法引起当地用户的共鸣或兴趣，因为不同国家和地区的文化、价值观、生活方式等存在较大差异。

内容监管差异：不同国家和地区对于互联网内容的监管政策各不相同，有些内容可能在国内受到欢迎，但在国外可能受到严格限制或禁止。快手在国际化过程中，未能充分了解和遵守当地的法律法规，导致内容违规或受到处罚。

用户习惯不同：国内外用户在短视频消费习惯、使用场景、时长等方面存在差异。快手未能充分了解并适应国外用户的需求和习惯，导致其产品和服务在国际市场上缺乏竞争力。

品牌认知度不足：快手作为中国品牌，在国际市场上可能面临品牌认知度不足的问题。国外用户对于中国品牌的接受度和信任度相对较低，这可能导致快手在拓展国际市场时面临较大的市场阻力。

快手的国际化发展之路仍然漫长，好在从日前这一轮调整来看，快手也看到了自己商业化、市场运营方面存在的不足，并开始进行针对性补强——这就足以表明，快手高层依然有征服海外市场的野心和决心。正如 CEO 程一笑所说，快手已经找到了清晰的方向，接下来尽管在正确的道路上狂奔便是。

资料来源：价值研究所.三度折戟，快手死磕海外［EB/OL］.［2023-12-10］.https://www.tmtpost.com/baidu/6048342.html.

3.1.4　技术环境因素

技术环境因素是指目前社会技术发展的总体水平，引起革命性变化的发明，与企业生产有关的新技术、新工艺、新材料的出现、发展趋势及应用前景等。技术环境具有变化快、变化大、影响面大（超出国界）等特点。新技术的产生能够引发社会性技术革命，创造出一批新产业，同时推动现存产业的变迁。历史上彩色胶卷、立体相机的问世，电脑打字取代机械打字机，不危害臭氧层的 R134a 制冷剂代替氟里昂等，无不是技术创新的结果。因特网技术作为"信息高速公路"，将各种技术和媒体的连接变成现实，丝毫不亚于工业化革命带来的变化。企业可以利用互联网收集数据和信息，从而了解外部环境。互联网还可以帮助企业实现企业之间以及企业及其消费者之间的交易。比如在线教育使得人们可以随时随地进行学习。不论是银行、证券所的网上交易，还是各购物中心的网上购物，互联网给企业提供了一种切实有效的销售方式。当很多大卖场因销售额迅速滑坡而一筹莫展的时候，网上购物的佳绩为它们送来了福音。此外，互联网还具有作为商业组织系统的巨大潜力，它可以简化作业量，使时间安排表更有效率。通过互联网，企业可获得的信息量大大扩大，而且交易成本大大降低。可以预计，各国信息高速公路的建成，将根本改变人们的工作方式，甚至改变工作的性质。

　　一个国家经济增长速度的高低受其采用的重大技术发明的数量与程度影响；一个企业盈利状况也与其研发费用呈高度正相关关系。随着世界科技进步的不断加快，产品更新、产业演变的速度也将越来越快，技术环境因素对企业的影响将越来越重要。拓展阅读 3-2 介绍了数智化背景下美的公司的"数字美的 2025"战略。

拓展阅读 3-2：数字美的 2025：打造物联网时代美的护城河

　　随着大数据、云计算等的不断普及，互联网时代已经逐渐步入数智化时代，万物互联成为了当下时代的标签，美的以数智化为抓手，为企业的发展打下了坚实的基础。

　　2022 年 6 月 9 日，美的集团在广州举行"数字美的 2025"战略发布会。美的集团提出，打造美的数字大脑，为亿级家庭用户、百万级企业用户提供实时高效的数字化体验。

　　"数字美的 2025"包括家庭数字化、产业数字化。在张小懿对未来家居的描述中，人工智能会是一个"管家"的形象，为用户管理包括水、空气、健康、能耗、食材等在内的生活所需，从能够实现自动缴费等功能的数字孪生体，拓展成为一个更加聪明的数字大脑，将现实与虚拟的优势进行融合，从而帮助用户感受生活科技之美。这个"管家"，有一个可爱的实体。发布会当天，美的集团正式推出家庭服务机器人品牌"WISHUG"以及首代家庭服务机器人产品。美的集团首席 AI 官兼 AI 创新中心总经理唐剑表示，这一 AI 新物种将身兼 AI 管家、家庭助理、安全卫士、科技玩伴等身份，为家庭生活提供便利及更多科技体验感，未来依托科技创新，或掀起家庭智能科技革命。在智能制造领域，美云智数总裁金江表示，美云智数一直注重对客户的价值创造，将在"有界有为"的大前提下，以工业软件和云服务为核心抓手，重点聚焦数字智造和产业互联。在刚刚完成的 2022 年国家级双跨平台的评选中，美云智数的"美擎工业互联平台"成功入选。美云智数将借此平台跨行业、跨领域共创数字新生态,以平台赋能的方式向更多制造业企业特别是腰部企业和中小企业提供服务,实现美的集团智能制造和数字化能力的社会价值最大化。

在面向亿万家庭用户和百万企业客户的可持续价值体系内,在智慧家居、智慧楼宇、智慧能源、智慧出行、智慧医疗、智慧物流、智能制造等领域,美的集团将提供更多系统的数字化解决方案,将现实世界重构成数字世界,为未来美好生活提供更多可能性。

资料来源:佚名. 数字美的2025:打造物联网时代美的护城河[EB/OL].[2023-12-10]. https://www.midea.com.cn/About-Us/news/news-20220623.

3.2 产业环境分析

3.2.1 产业的定义

产业由"提供具有密切替代关系的产品或服务"的一组公司组成,所谓的密切替代关系是指这些产品和服务满足基本相同的顾客需求。公司最密切的竞争对手,就是那些满足同样需求的企业。例如,碳酸汽水、果汁汽水和瓶装水可以被视为密切的替代品,因为它们满足的都是对解渴和清凉的非酒精饮料的需求。因此,我们就可以讨论包括可口可乐、百事可乐、娃哈哈和农夫山泉在内的软饮料行业。与此相似,台式电脑和笔记本电脑都满足顾客对电脑硬件的相同需要:运行个人软件、浏览互联网、收发电子邮件、玩游戏、存储、演示和设计数字图像等。因此,我们可以讨论个人电脑的产业,该产业中的主要公司包括联想、惠普、戴尔、苹果、华硕、三星、华为、小米等。企业外部分析的重点是找出企业所在的产业。经理们必须仔细分析本企业试图满足的基本顾客需求,也即是说,他们必须采取顾客导向的观点而不是产品导向的观点。产业是市场中的供应方,产业中的企业都是供应商。顾客是市场中的需求方,是产业产品的购买者。市场所满足的基本顾客需求决定了产业的边界。这一点非常重要,如果经理们对产业的边界理解错误,他们很可能会受到有能力满足同样基本需求但提供了不同产品的新竞争对手的打击。例如,在很长一段时间内,可口可乐公司一直认为自己是苏打饮料(加气软饮料)产业中的一员,而实际上它的产业应当是软饮料,也就是还应当包括非碳酸饮料。由于将自己的产业边界定义得过于狭窄,可口可乐公司几乎错失了软饮料市场上非碳酸饮料的细分市场。在20世纪90年代,顾客对瓶装水和果汁饮料的需求急剧上升,令可口可乐公司措手不及。可口可乐公司不得不迅速转向以应对这一威胁,推出了自己的瓶装水品牌Dasani来扭转颓势;此外,它还收购了橙汁饮料生产商美汁源公司、Costa咖啡、大洋洲康普茶品牌MOJO,投资乐纯酸奶等等,以此来弥补自身在产品线上的不足。时势链接3-1介绍了江西的现代化产业体系。

时势链接3-1：以"智、绿、融"答好现代化产业体系的江西卷

3.2.2 产业与部门

产业与部门的区别是，部门是由一组密切相关的产业所组成的。例如，计算机部门包括几个相关的产业：计算机元器件产业（磁盘驱动器产业、半导体产业、调制解调器产业）、计算机硬件产业（主机计算机产业、台式电脑产业、手持式电脑产业）和计算机软件产业（如图3-2所示）。同一部门内部的产业有着多方面、多种形式的联系。例如，电信设备业是电信服务业的供应商，而计算机元器件产业则向计算机硬件产业提供产品。计算机软件产业中的公司向计算机硬件产业提供重要的互补性产品——用于运行硬件的软件程序。台式电脑、手持式电脑和主机电脑则是互相处于间接竞争的产业，因为它们的产品可以相互替代。

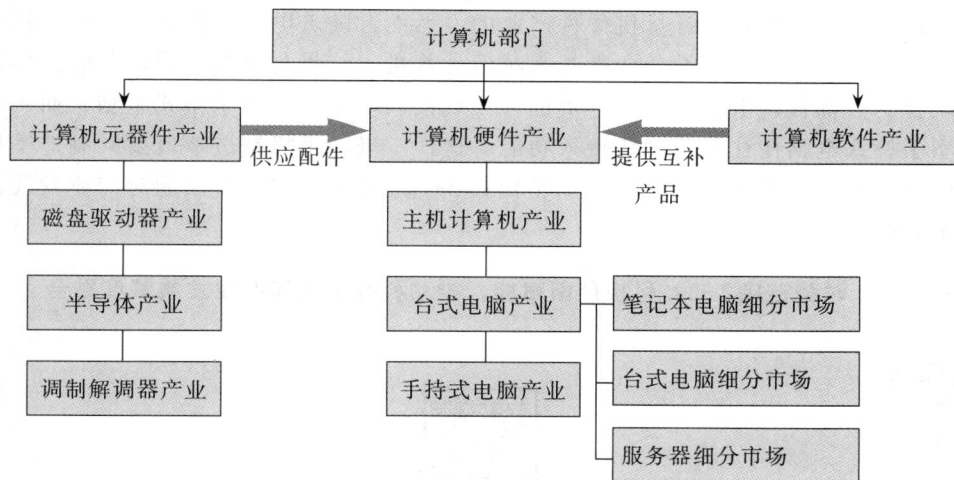

图3-2　计算机部门：产业与细分市场

资料来源：希尔，琼斯，周长辉. 战略管理：创建企业竞争优势的系统思维（中国版）[M]. 孙忠，译. 7版. 北京：中国市场出版社，2007：42.

3.2.3 产业与细分市场

在产业分析中，战略决策者还必须了解产业与细分市场的区别。细分市场是根据市场中顾客的独特属性和具体需求而分离出来的独特的顾客群体。在软饮料产业中，尽管所有的顾客都需要解渴和清凉饮料，但其中有一个群体还特别需要不含咖啡因的苏打饮料。可口可乐注意到了这一不含咖啡因的细分市场，试图向市场推出不含咖啡因的可乐来满足这部分顾客的需要。与此相似，在个人计算机行业里存在着不同的细分市场，顾客的希望包括台式机、手提电脑和位于个人电脑网络中心的服务器。个人电脑制造商认识到上述细分市场的存在，它们推出了各种不同的产品来吸引不同细分市场中的顾客。时势链接3-2介绍了科技赋能下的产业与市场细分。

时势链接3-2：实验室链接大市场 产业科技"串点成链"

3.2.4 产业边界的变化

产业的边界会随着时间的变化而变动，因为顾客的需求在变化，新的技术也在不断产生，从而与本产业不相关的企业也可能会发现一种新的满足现有顾客需求的方法。例如，当前正在发生的电信设备产业和计算机产业的融合。在过去，电信设备产业是独立于计算机硬件产业的。然而，随着电信设备从传统的模拟技术转向数字技术，电信设备变得越来越像计算机。结果是这些不同产业的边界开始融合。一部移动电话无非是一个配有无线接入功能的小型手持式电脑，而一部小型手持式电脑往往具备无线接入功能。这样一来，手机制造业就要同制造手持式电脑的公司进行正面交锋了。时势链接3-3介绍了科技创新赋能对产业发展深度融合的影响。

时势链接3-3：科技创新赋能，推动科技创新和产业发展深度融合

3.3 波特的五种竞争力量模型

产业边界界定之后，下一步的工作就是分析产业环境中的竞争力量，找出机会与威胁。波特（Michael Porter）于20世纪80年代初提出的五种竞争力量模型，就是帮助管理者进行这项分析的框架。五种竞争力量模型确定了竞争的五种主要力量来源（如图3-3所示），即现有企业间的竞争、潜在的参加竞争者的威胁、购买者讨价还价的能力、供应商讨价还价的能力、替代品生产者的威胁。

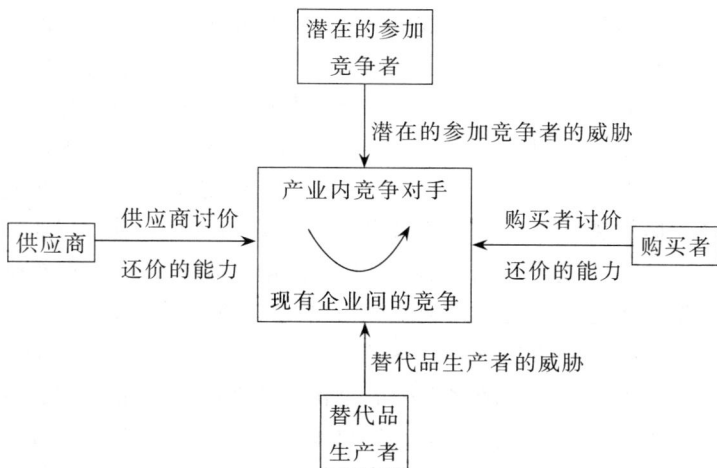

图 3-3　波特的五种竞争力量模型

波特指出，五种力量越强，则现有企业就越难以提价和盈利。通过分析五种力量，我们可以理解为何某些行业只能获得"微利"，而另一些行业则被称为"暴利"行业。

五种竞争力量的强弱可能会随时间和产业状况的变化而变化。管理者的任务是认清五种竞争力量的变化如何带来新的机会和威胁，并作出适当的战略反应。一个可行战略的提出首先应该确认并评价这五种力量。

3.3.1　现有企业间的竞争

五种竞争力量中的第一种是产业内竞争对手即现有企业间的竞争。竞争对手指的是产业内互相争夺市场份额的现有企业。竞争激烈通常意味着价格下降、成本上升，进而会导致整个产业利润下降。因此，现有企业间的竞争对整个行业的盈利能力构成威胁。竞争还会导致行业整合，使弱小的企业被淘汰出局。相反，如果竞争不太激烈，产业内的企业就有机会提高价格或减少在非价格竞争武器上的开支。产业内现有企业的竞争强度主要受以下四方面因素的影响：产业竞争结构、产业需求、产业成本、退出障碍。

1.产业竞争结构

产业竞争结构是指产业内企业数目和大小的分布，是战略决策者进行产业分析的出发点。不同的产业其结构各不相同，不同的结构将导致不同的竞争强度。零散型产业内分布着众多的小型或中型企业，其中没有一家能够决定产业的定价。集中型产业由为数不多的大型企业（寡头）把持，在极端的情况下则只有一家公司（垄断），这些企业有权决定价格。零散型产业的例子包括农业、干洗业、快餐业、不动产经纪业等。集中型产业的例子包括航天工业、汽车业、制药业和股票经纪业等。

许多零散型产业的进入壁垒很低，这一特点决定了它会随着利润的升降"时而繁荣""时而萧条"。进入壁垒低意味着只要需求旺盛、利润率高，新的企业就会迅速进入市场，期望从繁荣中获利。20世纪80年代和90年代的录像带出租业、健身俱乐部业，以及现在的快餐业等就是典型的例证。新企业大举进入繁荣的零散型产业往往导致产能过剩，于是企业不得不削价以利用闲置的产能。此外，缺乏与竞争对手产品之间的差异，会进一步加剧这一趋势，结果只能是价格战，产业利润下降，迫使某些企业退出，阻止新企业进入。例如，经过十多年的扩张和繁荣，健身俱乐部业不得不提供越来越大的折扣以挽留其会员。一般来说，产业产品越像大路货（产品无差异或少有差异），价格战越激烈。这一残酷的局面不断持续直到整个产业的产能同需求相适应（通过大量破产），价格才逐渐恢复稳定。

零散型产业结构形成的是威胁而不是机会。许多繁荣景象往往是过眼烟云，这是因为新企业容易大量涌入，随之而来的是价格战和破产。由于在这些产业中很难实现产品的差异化，企业最好的战略就是成本最小化，在繁荣期实现最大利润，在接下来的萧条期才能够保持生存。或者，企业也可以试图改变产业的结构，将其从零散型产业转变为集中型产业，提高产业的盈利能力。

在集中型产业中，企业之间是相互依存的，因为其中任何一家企业的竞争行动或行为（价格、质量等等）都会直接影响竞争对手的市场份额和盈利能力。只要其中一家采取行动，竞争对手通常会"被迫"作出反应，这种竞争依存可能会导致恶性的循环竞争。随着产业内企业竞相压低价格、向顾客提供更多的价值，整个产业的利润被压低了。航空业周期性暴发的机票价格大战是说明这一过程的最佳事例。

集中型产业内的公司有时试图通过追随主导企业的定价来避免这一威胁。然而，这样做的公司必须很小心，因为面对面的限价协议是违法的。因此，各家企业只得相互观察、解释、预期和作出反应。然而，默认的价格领导协议经常会在不利的经济环境发生时遭到破坏。

2.产业需求

产业需求的水平是现有企业间竞争强度的另一项决定因素。新顾客的加入和老顾客的反复购买意味着顾客（市场）范围的扩大，这会有助于缓和竞争，形成较高的产业利润。相反，市场需求下降会导致更激烈的竞争，因为公司会不惜代价保住市场份额和收入。需求下降是由于顾客正在脱离这一市场或每位顾客的购买量减少了。因此，需求下降是一个主要的威胁，它会加剧现有企业间的竞争。

3.产业成本

产业内企业的成本结构是竞争强度的第三项决定因素。在固定成本很高的产业中，盈利能力对销售额非常敏感，提高销售的愿望可能导致激烈的竞争。固定成本是在企业实现销售之前必须付出的成本。例如，有线电视公司必须先铺设光缆才能提供服务，这就涉及固定成本的开支。与此相似，像联邦快递这样经营快递业务的企业在开业之前必须先投资于飞机、包装、分拣设备以及送货卡车，这些都是需要大量资本投资的固定成本。在固定成本很高的产业，如果销售额不够，企业的收入将不足以补偿固定成本，因此，各企业必然倾向于降价或增加促销支出以提高销售额。如果需求增长不够快或采取相同行动（降价或增加促销支出）的企业过多，将导致激烈的竞争和低利润。研究发现，在一个产业中往往是最弱的企业首先发起降价，这是因为它们是最急于增加销售额补偿固定成本的企业。产业成本对竞争的影响在液晶电视产业中得到了生动的说明。液晶电视成本的主要部分来自于显示屏。一方面，显示屏的采购价格的降低将会直接导致液晶电视价格的下降；另一方面，中国本土液晶电视生产商因为在市场上处于竞争劣势地位，所以常常是价格战的发动者。

4.退出障碍

退出障碍是阻止企业离开本产业的因素，包括经济的、战略的和情感的因素。如果退出障碍很大，当整体需求平淡或下降时，企业就会被困在不盈利的产业里无法自拔，结果会导致过剩的产能。当企业试图通过降价获得订单以利用闲置产能时，产业内部的竞争就会变得更加激烈。常见的退出障碍包括：

• 所投资的资产难以转做他用或难以转手出售，比如特定用途的机器、设备和营运设施。如果企业打算脱离该产业，它就必须按账面资产价值注销这些资产。

• 退出产业要支付很高的固定成本，例如企业停止营运之后不得不支付给离职员工的工资补偿、医疗福利和养老金等。

• 情感障碍，例如公司的所有者或雇员由于面子或情感上的原因不愿意退出产业。

• 经济上的依赖，企业依靠单一产业获得收入和利润。

• 为了保留在产业内的力量，而必须保持某一标准的或高于某一标准的昂贵的资产。

• 破产保护，这可能导致失去偿债能力的企业继续经营或进行重组，从而导致不能盈利的资产留在产业内，产生持续的产能过剩，延长了令产业供给回归需求的时间。

退出障碍在现实中的例子之一是快递和包裹投递行业。由于快递公司必须向顾客保证自己能够将包裹投递到大多数地方，因此必须进行大量的投资，而这些投资只能用于它自己的业务。快递公司必须建立全国性的航空运输网络和地面快速配送网络，这是进入这一产业的先决条件。即使这一产业的产能出现了过剩，事实上这是经常发生的，快递公司也不可能以设施闲置为理由放弃向某一地点的投递来显著削减自己的成本，因为这样做意味着它无法兑现自己在大多数地方实现投递的承诺，它的顾客将因此而转向竞争对手。因此，全国性的网络成了快递行业的退出障碍，导致企业在需求疲弱时期仍然不得不保持过剩产能。

在进行现有企业竞争状况分析时，战略决策者可以从上述四个方面展开具体分析，它们代表了影响现有企业间竞争的主要因素，战略行动3-2分析了拼多多在同业竞争中的强势崛起。

战略行动3-2：拼多多的强势崛起，市值一度超越阿里和京东

2023年11月29日，中国电商行业的历史性时刻，拼多多盘中市值突破1 924亿美元，首次短暂超过阿里巴巴。曾经的小兄弟凭什么快速崛起、一度超过老大哥？

如今，消费市场有3大趋势：一是出海，中国品牌、中国平台、中国商业模式出海，其中代表之一是跨境电商；二是下沉+电商政策向消费者倾斜，市场下沉、向下穿透，无牌、白牌商品热销，市场从"流量"竞争转向"留量"，"仅退款"成为平台竞逐焦点；三是算法机制在平台电商、兴趣电商等领域的应用玩法越来越优化、趋向成熟。

以拼多多为代表的中国电商向全球进行着中国优质产能输出。疫情后全球消费需求加速转往线上，结合海外尤其是美国陷入高通货膨胀，消费者对低价、优质商品的需求是大趋势。同时，国内的电商市场竞争激烈、日趋饱和，成熟的供应链产能积压，工厂需要找到新的市场释放产能，以Temu、Shein为代表的"货找人"一站式平台，为海外顾客提供了低价网购的新选择。

在这个过程中，拼多多之所以能够赢过京东和淘宝，主要是因为其低价策略、社交电商模式、精准定位与用户裂变以及创新营销策略等方面的优势。然而，随着市场的不断变化和竞争的加剧，拼多多需要继续创新和优化其商业模式，以保持其竞争优势并实现持续发展。

资料来源：佚名. 拼多多凭什么市值一度超越阿里？任泽平：性价比、出海、算法的胜利［EB/OL］.［2024-04-10］. https://baijiahao.baidu.com/s? id=1786568671278837924&wfr=spider&for=pc.

3.3.2　潜在的参加竞争者的威胁

产业内现有的企业通常会试图阻止潜在竞争对手进入本产业，因为竞争公司越多，现有企业越难以保住市场份额、越难以盈利。竞争对手进入的潜在可能性越高，对现有企业盈利的威胁越大。如果潜在的进入威胁小，现有企业可以利用这一机会提高价格和增加利润。

潜在竞争对手的进入风险是进入壁垒的函数。所谓进入壁垒是指令进入产业的竞争者付出的代价；代价越高，壁垒越高，潜在竞争对手的竞争力量越弱。尽管某产业的利润很高，高的竞争壁垒会将潜在竞争者挡在产业之外。阻碍新竞争者进入的主要壁垒形式包括规模经济、品牌忠诚、绝对成本优势、顾客转移成本和政府管制。竞争战略总是围绕着建构进入壁垒（对产业内企业而言）和克服进入壁垒（对新进入者而言）而展开。战略行动3-3分析了小米作为新能源汽车行业的新进入者，引发了"车圈"又一次大洗牌。

战略行动3-3：小米强势进军新能源汽车领域，"车圈"又一次大洗牌

"小米汽车将是我人生中最后一次重大的创业项目，我愿意押上我人生所有积累的战绩和声誉，为小米汽车而战！"雷军在2021年宣布造车时，是那般地掷地有声。在2024年初，小米首款新能源汽车强势来袭，实际上，对于做手机起家的迟到者小米来说，一切才刚刚开始。

金融投资报记者注意到，经过几年角逐，新能源汽车市场已呈现群雄逐鹿之势，"蔚小理"遥遥领先的竞争格局已被打破。尤其是今年以来，在持续大半年的价格战裹挟下，新能源汽车市场竞争日益激烈。企查查显示，截至目前，国内已有861家电动车制造商。

据乘联会最新数据统计，今年10月乘用车市场零售达到203.3万辆，同比增长10.2%，环比增长0.7%，其中新能源车市场零售76.7万辆，同比增长37.5%，环比增长2.7%，今年累计零售595.4万辆，同比增长34.2%。

2023年6月，华为智能汽车解决方案BU董事长余承东曾在"2023未来汽车先行者大会"上表示，未来汽车行业的洗牌将会非常惨烈，"卷"刚刚开始，未来还会更"卷"，未来5~10年，只有少数汽车厂家能够活下来。

为此，当前新能源市场已进入优胜劣汰阶段，随着小米加入竞争，一方面会挤压竞争力低的企业的生存空间，另一方面也会推动整个行业向更高水平发展。

总的来说，中国汽车市场正在经历一场深刻的变革。在这一过程中，自主品牌汽车和新能源汽车的崛起，预示着中国汽车市场的未来将更加多元化、环保化。

资料来源：贺梦璐. 小米汽车加入，国内造车江湖风云再起！业内：作为后来者面临多项挑战［EB/OL］.［2023-12-10］. https://baijiahao.baidu.com/s?id=1782718214270512707&wfr=spider&for=pc.

1.规模经济

规模经济是同降低公司成本结构的大规模生产相关的优势。规模经济优势的来源有：（1）大规模生产标准化产品所带来的成本削减；（2）大宗购买原材料和部件的折扣；（3）固定生产成本均摊到大量产品单位上所产生的成本优势；（4）广告和营销费用均摊到大量产品单位上所产生的成本优势。如果这些成本优势很明显，新进入的达不到经济规模的企业将严重缺乏成本优势。如果新企业希望直接进入规模生产实现规模经济，它将承担与大规模投资相对应的高风险。直接进入规模生产的另一个风险是产品供应的增加会压制价格并且引来现有企业的报复。因此，现有企业拥有规模经济的情况将可以降低潜在竞争者进入的威胁。

2.品牌忠诚

品牌忠诚是购买者对现有企业产品的偏好。一家企业可以通过持续投放广告、宣传本品牌产品、公司名称、专利保护、研发产生的产品创新、产品质量和良好的售后服务来创造品牌忠诚。强大的品牌忠诚令新企业难以从现有企业手中夺取市场份额。这将有效地阻止新企业的进入，因为它们很可能得不偿失。以可乐市场为例，顾客们对可口可乐和百事可乐表现出强烈的品牌偏好，这让其他企业很难进入这一市场。

3.绝对成本优势

有时现有的企业相对于新进入的竞争者拥有绝对成本优势，新竞争者无法拥有现有企业的低成本结构。绝对成本优势有三个主要来源：（1）经验、专利和秘密工艺所带来的卓越的生产运营水平；（2）特殊生产要素的控制，例如劳动力、材料、设备或管理技术；（3）便宜的资金成本，因为现有企业相对于新企业风险小，其融资成本相对也更低。如果现有企业拥有绝对成本优势，则潜在竞争对手进入的威胁较小。

4.顾客转移成本

转移成本是顾客从现有企业的产品转向新企业产品所付出的时间、精力和金钱。如果转移成本高，顾客就被锁定在现有企业所提供的产品中，即使新企业提供的产品更好。我们熟悉的例子是从一种计算机操作系统转向另一种。如果某人现在用的是微软的Windows操作系统、配套的应用软件（如Word文字处理软件、Excel、游戏等）和文件，他要转换成另一种操作系统的成本就会很高。为了完成这一转变，他将不得不重新购买应用软件，将现有的文件转换到新的操作系统下。面对如此沉重的金钱和时间成本，绝大多数人不愿意进行转换，除非新操作系统在功能方面实现飞跃。

5.政府管制

从历史上看，政府管制向来是许多产业的主要进入壁垒。在中国，不仅移动运营商需要牌照，就是手机生产也要有政府许可。这样的管制在很大程度上解释了为什么在位者能够保持很高的利润。对外资企业来说，政府管制更是进入东道国投资经营的先决条件。政府管制在国外同样存在。例如，直到20世纪90年代中期，美国政府仍然禁止长话公司同市话公司之间的竞争。政府还禁止其他潜在的电话服务供应商，比如有线电视公司时代华纳和Comcast公司进入这一市场。根据五种竞争力量模型，政府管制的解除和进入壁垒降低将导致新企业的涌入、产业竞争加剧和产业利润率下降，历史的发展也一再证实了这一预言。

总之，如果现有企业已经建立了品牌忠诚、相对于潜在竞争者拥有绝对成本优势、规模经济明显、顾客转移成本较高和享受政府管制的保护，则来自潜在竞争者的威胁将大大减小。因此，现有企业可以制定较高的价格、获得较高的利润。事实上，经验数据表明，壁垒的高低是产业利润最重要的决定因素。显然，从战略角度持续提高进入壁垒、保护利润是符合现有企业利益的。反之，潜在的新进入者必须找出克服进入壁垒的战略。

3.3.3 购买者讨价还价的能力

波特五种竞争力量模型中的第三种力量是购买者讨价还价的能力。产业内的购买者可能是产品的终端用户，也可能是将产业的产品向终端用户进行分销的企业，如零售商和批发商。例如，宝洁公司和联合利华公司生产的洗衣粉是由终端用户所消费的，但洗衣粉的主要购买者却是连锁超市和折扣店，再由它们将产品卖给终端用户。购买者讨价还价的能力是指购买者与产业内生产产品的公司议价的能力，或者购买者通过要求更好的品质与服务抬高这些公司成本的能力。通过压低价格和抬高成本，强大的购买者可能令产业的利润空间被挤压。因此，强大的购买者是产业的威胁。相反，如果购买者讨价还价的能力较弱，产业内的企业则可以提高价格，或者降低品质和服务来减少成本，提高产业的利润。

按照波特的观点，在下述情况下购买者力量较强：

• 产业内有许多小公司提供特定的产品，购买者是大公司并且数目较少。这一情况令购买者得以控制供应产品的公司。

• 购买者的购买量很大。购买者可以利用自己的购买权力索取降价。

• 转移成本很低，购买者可以在供应商之间交替压价。

• 购买者从不同供应商处采购，在经济上是可行的，这样有利于购买者利用供应商的竞争关系压价。

• 购买者本身就是产业的威胁之一，其具备进入产业、自己生产产品满足生产需要的能力，这也是其压低产业价格的一种战术。

汽车配件产业是一个典型的购买者讨价还价能力强大、竞争威胁严重的例证。因为汽车配件厂家通常规模不大并且为数众多，而购买者如通用汽车、福特和戴姆勒-克莱斯勒则规模庞大，而且为数很少。以戴姆勒-克莱斯勒为例，它在美国国内的配件供应商有将近2 000家，同一配件往往由多家供应。此外，为了压低配件价格，福特和通用汽车都曾以"自己生产从而不再购买某一配件"相威胁。汽车厂家利用强大的地位让供应商相互竞争，要求降价和提高质量。如果某家配件厂反对，它们就以转向另一家供应商相威胁。

购买者和供应商的相对权力会随着产业形势的变化而变化。例如，由于医药和保健行业的变化，药品主要购买者（医院和保健组织）的权力正在超过药品供应商，从而导致更低的价格。

3.3.4 供应商讨价还价的能力

波特五种竞争力量的第四种是供应商讨价还价的能力。供应商是向产业提供投入如物料、服务的组织。供应商讨价还价的能力指的是供应商抬高投入价格或通过降低投入和服务的品质来增加产业成本的能力。强大的供应商通过抬高产业内公司的成本挤压产业的利润。因此，强大的供应商是产业的威胁性竞争力量。反之，如果供应商力量较弱，产业内的公司将有机会压低投入的价格并且要求高品质的投入（生产力更高的劳动力）。同购买者一样，供应商对于企业的影响取决于两者间的相对力量对比。按照波特的观点，在下述情况下供应商力量较强：

- 供应商销售的产品替代品很少，对于产业内的企业至关重要。
- 供应商盈利能力不受某一特定产业内企业购买能力的显著影响，换句话说，该产业不是供应商的重要顾客。
- 由于某一供应商的产品的独特性或差异性，产业内的企业转移成本很高。在这种情况下，该公司依赖于某一特定供应商而无法利用供应商之间的竞争来压价。
- 供应商可以威胁进入其客户所在的产业，运用其投入来生产同现有企业直接竞争的产品。
- 产业内的公司无法威胁进入供应商的产业，无法将自行制造投入品作为降价的战术。

个人计算机产业是产业内公司依赖强大供应商的例子。它们特别依赖英特尔这家世界上最大的 PC 微处理芯片制造商。个人计算机的产业标准是基于英特尔的 X86 微处理芯片建立的，最近的则是奔腾系列。英特尔的对手，比如 AMD，必须生产同英特尔的标准兼容的芯片。尽管 AMD 的芯片具有相当的竞争力，但英特尔仍然占有 85% 的 PC 市场份额，因为只有英特尔具备满足极大市场份额所必需的制造能力。英特尔的竞争对手如 AMD 等不具备同英特尔的制造效率和规模相抗衡的财务能力。这意味着即使 PC 制造商会从英特尔的竞争对手（主要是 AMD）处购买芯片，它们仍然需要英特尔来满足大多数的芯片需求。由于英特尔具备强大的讨价还价能力，因此它可以为自己所生产的微处理器收取较高的价格。

3.3.5 替代品生产者的威胁

波特模型中的最后一种竞争力量是替代品生产者的威胁。替代品，即来自其他企业或产业的能够满足顾客类似需求的产品。例如，咖啡产业中的企业会同茶、软饮料企业之间存在非直接竞争，因为这三者都满足顾客对非酒精类饮料的需求。密切替代性产品的存在是一种强大的竞争性威胁，因为它限制了产业内产品的价格和盈利能力。如果咖啡的价格相对于茶和软饮料上涨得太多，咖啡饮用者会转向那些替代品。

如果产业的产品几乎没有替代品，替代性产品的竞争力量较弱，则在其他条件不变的情况下，产业内的公司有更多的机会提高价格和赚取更多的利润。因此，正是因为微处理芯片没有密切替代品，像英特尔和 AMD 这样的企业才能保持较高的价格。拓展阅读 3-3 分析了网购时代替代品的威胁。

拓展阅读 3-3：为什么越来越多年轻人爱上"平替"？

近年来，"平替"大行其道，从初期的美妆领域扩展到无孔不入的生活细节。服装、饰品、食物、电子产品……究竟是消费降级还是理性消费，是只买贵的还是只选对的，关于"平替"的争论方兴未艾。

所谓"平替"——平价替代品，一般有两种替代方式：一种是功能相同品牌不同，另一种是不同名字的同样东西。共同特征就是，性价比更高。

而"平替"的出现主要源于两方面因素，一方面来讲是国货的崛起，中国青少年研究会在2023年年末发布的《2023年轻人搜索关键词报告》显示，"平替"是某平台上的年度搜索关键词之一。报告分析，这体现出年轻人在消费上更加趋于理智，不再盲目追求大牌和高价，而是更关注物美价廉和高性价比。不可否认，"平替"的诞生最初主要是为了省钱，牺牲一部分质量来换取低价——这也曾是大众对国货的刻板印象。所以，国货质量的提升和国潮审美的流行，让国货从"平替"成为"品替"。当国货在功能、颜值、价格上都能打，叫人如何不爱它？

另一方面，"平替"发展到现在，越来越成为年轻人的主动选择——不是花不起，而是更爱性价比。年轻人的消费心理更加松弛，不在乎"大牌"，不看重"标签"，而是在保证审美与质量的前提下，自由选择各种方式来获得美好生活。这种松弛感，不仅体现在物质消费，还蔓延至非物质消费领域，比如，旅游目的地也有了"平替"。

资料来源：蒋肖斌.为什么越来越多年轻人爱上"平替"？〔EB/OL〕.〔2024-04-10〕.https://www.sohu.com/a/760911892_121106902.

3.3.6 互补者的影响力

英特尔公司的前总裁格鲁夫（Andrew Grove）坚持认为波特的五种竞争力量模型忽略了第六种力量：互补者的影响力。互补者指的是销售能够增加本行业产品价值的产品的企业，两者合在一起可以更好地满足顾客的需求。例如，个人计算机产业的互补者是应用软件公司。高质量的应用软件越多，个人计算机的价值越高，对PC的需求越大，个人计算机产业的盈利能力越强。另外，手机App的使用范围越来越广，比如交纳水电费、购买电影票和查询股票市场行情等，促使人们对手机的依赖越来越深。

近来的研究都强调了在许多高技术产业中互补性产品在决定需求和盈利能力上的重要性，格鲁夫原来所在的计算机产业就是这样。如果互补品对产业产品的需求具有重要的影响，则产业的利润将在很大程度上取决于互补性产品的充分供应。当互补者数目增加并且生产的产品具有吸引力时，将会刺激产业需求，提高产业利润，提供创造价值的新机会。相反，如果互补者力量薄弱，生产不出具有吸引力的互补性产品，它就会成为一种威胁性的竞争力量，阻碍产业的发展，限制产业的利润。战略行动3-4分析了互联网时代下互补品的新型营销方式。

战略行动 3-4：互联网时代下互补品的新型营销，跨界互补与联名

西方经济学对于商品"互补性"的界定，通常是指在功能上互为补充关系，比如咖啡和牛奶、手机和 App 等。而跨界营销所界定的互补关系，不再是基于产品功能上的互补，而是基于用户体验的互补。当一个文化符号还无法诠释一种生活方式或者再现一种综合消费体验时，就需要几种文化符号联合起来进行诠释和再现。这些文化符号的载体，就是不同的品牌。

当下，越来越多的品牌发布了跨界合作的消息。此前，瑞幸咖啡+茅台联名推出酱香拿铁，让双方赚足了眼球。营销专家、爆品码头创始人刘大贺认为，跨界联合能够将两者的粉丝交融，从整体上提升粉丝宽度；而当下的年轻消费者喜欢创新和打卡，通过二次传播能够扩大营销事件的营销力。

事实上，跨界合作是近几年兴起的一种营销方式，其主要目的就是为了让不同种类、不同领域的两种产品或品牌，将不同的要素组合起来之后，用更新颖有趣的方式来吸引消费者。记者发现，近期，库迪咖啡联名五常大米推出米乳拿铁；Manner 和薇诺娜联名推出酒香桂花拿铁；泸州老窖联名光明饮品推出含酒风味冰淇淋月饼；梅见联合茶百道也推出真梅醉绿茶。

随着 Z 世代成为主力消费群体，目标消费者与实际消费者也发生了改变。品牌可以通过跨界合作让更多消费者更加了解相关的产品，让用户对自己产生认知与认同，进而突破原来客群桎梏，扩大消费人群。

因此，从服饰到饮食再到潮玩，各种跨界产品层出不穷，跨界成为越来越多品牌谋求"出圈"的共同选择。但品牌们所要跨的"界"，在某种程度上代表了合作双方的用户群体需求不同、诉求也不同的情况，就需要依靠吸引度拓宽彼此的用户群体，让双方的用户体验产生互补，从而取得双赢。而从目前的态势来看，跨界企业之间的合作逐渐具有全方位、多维度的特点。跨界成为互联网时代的营销新型通关密码。

资料来源：黎竹，刘旺.跨界联名风潮起［EB/OL］.［2023-12-10］.https：//baijiahao.baidu.com/s？id=1777138476853323373&wfr=spider&for=pc.

3.3.7　波特模型的总结

波特的框架为系统分析产业环境中的各种竞争力量提供了强大工具，可以帮助经理们进行战略性的思考。需要注意的是，竞争力量之间存在相互的影响，因此在进行产业分析时必须同时考虑所有的因素。五种竞争力量模型的最主要功能是引导经理们进行系统性思考，分析他们的战略选择如何受到产业竞争力量的影响，以及他们的战略又将如何影响五种竞争力量和改变产业环境。

3.4　产业内部的战略集团

由于产品的战略地位不同，产业内的企业往往表现出很大的差异，具体表现在分销渠道、细分市场、产品品质、技术领先、顾客服务、定价政策、广告政策和促销等方面。由于这些差异的存在，我们可能会发现：产业内的一些企业采用基本类似的产品定价战略，而这一战略又不同于其他企业群体所使用的战略。这些不同的企业群体被称为战略集团（Strategic Groups），又称战略集群、行业内战略群，是指一个产业内执行同样或类似战略并具有类似战略特征的一组企业。在一个产业中，如果所有的企业都执行着基本相同的战略，则该产业中只有一个战略集团。当然，在正常情况下，一个产业中仅有几个战略集团，它们采用性质根本不同的战略。每个战略集团内的企业数目不等，但战略大体相同。

通常，不同战略集团的基本差异主要来自为数不多的几种因素。例如，在世界燃油汽车产业中就存在着四个战略集团（如图 3-4 所示），战略差异主要体现在产品线的宽窄与价格高低上。集团一是豪华跑车战略集团，包括法拉利和保时捷这样的公司，这类公司的产品线较窄（均以生产豪华跑车而著称于世），但产品价格定位很高。集团二是由奔驰、宝马组成的战略集团，其产品面向的顾客范围虽然也主要是高端，但显然比集团一的顾客群体更广泛一些，产品线也更宽，在价格定位上也较集团一更为向下延展。在集团三中，丰田、福特和通用等公司则相应拥有十分广泛的产品线，基本上涵盖了高中低各个档次、各种类型的汽车。现代以及国内的吉利、奇瑞等企业则处于集团四中，他们的产品线比较有限，目标顾客也主要集中在低端。

战略集团的概念对于分析产业内的机会与威胁极为重要。

首先，由于同一战略集团内所有公司的战略定位十分相近，在顾客眼中它们的产品是直接可以相互替换的。在零售产业，沃尔玛、凯玛特、家乐福、Target 等被统称为折扣零售公司，它们同处一个战略集团；相对于同处零售产业但战略集团不同的公司如西尔斯、Nordstrom 和 The Gap 等高档百货公司，这些折扣零售公司之间的竞争最为激烈。2001 年末，凯玛特宣布破产，这不是因为 Nordstrom 和 The Gap 公司的竞争，而是因为同处于折扣零售战略集团的沃尔玛和 Target 在折扣商业模式下执行了高明的战略，夺取了它的市场份额。

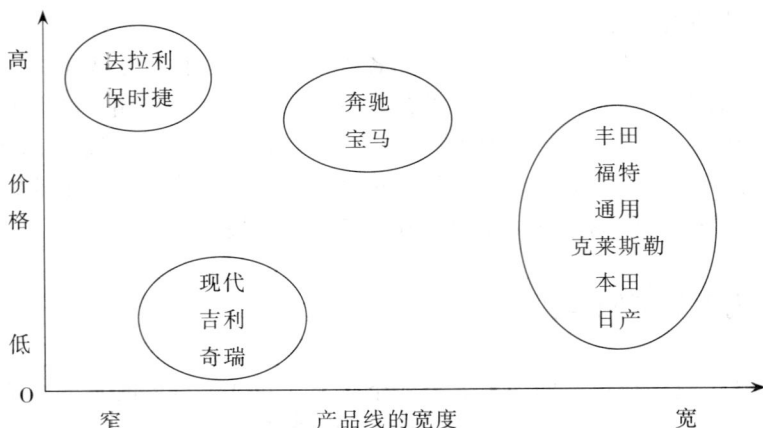

图3-4　全球汽车产业战略集团分布

其次，由于不同战略集团面对竞争力量时的立场不同，不同的战略集团可能要面对不同的机会和威胁。新竞争者加入的威胁、群组内的竞争强度、购买者讨价还价的能力、供应商讨价还价的能力、替换或互补性产品的竞争力量都会由于产业内不同战略集团的竞争定位不同而变得或强或弱。例如，在制药产业中，专利药物群组的企业长期以来一直拥有相对于购买者的强大地位，因为它们的产品受专利保护，没有替代品。此外，这一战略集团内的竞争也不很强，竞争主要表现在谁能优先获得专利（所谓的专利战），而不是在药物价格方面做文章。因此，这一群组内的企业可以制定高价格、获得高利润。相反，普通药物群组的公司的地位要弱得多，因为有很多公司都可以在专利保护过期后生产同样的产品。在这一战略集团中，产品具有高度的替代性，相互间的竞争非常激烈，价格竞争的结果使这一战略集团的利润远远低于专利药物战略集团。

可以看出，某些战略集团的情况要好于另一些战略集团，因为就特定战略集团而言，五种竞争力量提供了更多的机会和更少的威胁。通过产业分析，经理可以找出五种竞争力量较弱、利润较高的战略集团。在感受到机会的存在之后，他们可能会考虑改变自己的定位方法，转入另一个战略集团进行竞争。然而，利用这样的机会有时可能并不容易，这是因为在不同的战略集团间存在着移动壁垒。

移动壁垒是产业内阻碍企业在不同战略群体间移动的因素。其中包括退出现在战略集团的障碍和进入另一个集团的壁垒。例如，Forest Labs 要想进入专利药物战略集团就可能遇到移动壁垒，比如缺乏研发能力，而建立这些能力可能是非常昂贵的。随着时间的推移，不同战略集团内的企业将逐渐形成不同的成本结构、技能和企业竞争力，这些因素将决定它们的定价战术和选择。如果企业打算进入另一个战略集团，它必须评估自己是否有能力模仿甚至超越那个战略集团中的竞争对手。战略决策者们在确定是否移动前必须考虑克服移动壁垒在成本上是否可行。

总结起来，战略集团分析的重要任务之一就是明确产业内企业间相似和差异的来源，这一分析通常能够帮助企业获得开发新产品、更好地满足顾客需求的新机会，同时它还能够揭示出正在出现的威胁，以及如何通过改变竞争战略化解威胁。

3.5　产业生命周期分析

产业内企业间的相似性与差异性往往随着时间的变化而更加清晰，战略集团的结构也常常会发生变化。波特五种竞争力量的每一种力量的强度和本质也会出现变化，尤其是其中的潜在的参加竞争者的威胁和现有企业间的竞争这两种竞争力量。

产业生命周期模型是分析产业演变对竞争力量影响的有用工具，它将产业的演变划分为五个连续的阶段：萌芽、成长、震荡、成熟和衰退（如图3-5所示）。战略决策者的任务是预测随着产业环境的演变，竞争力量的强度如何变化，并且制定相应的战略，从而把握机会、克服威胁。

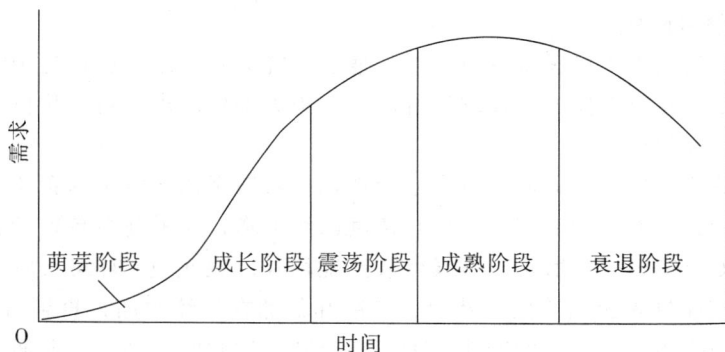

图3-5　产业生命周期阶段

3.5.1　萌芽阶段

萌芽阶段是刚刚开始发展的产业阶段，例如1976年的个人电脑产业。在这一阶段，产业成长较慢，这是因为购买者还不熟悉产业的产品，并且企业由于无法实现规模经济而导致较高的价格以及分销渠道发展也不完善。在这一阶段，产业的进入壁垒来自掌握技术上的诀窍，而不是规模经济所带来的成本优势或品牌忠诚。如果进入行业所需要的技术诀窍非常复杂、难以掌握，则进入壁垒将相当高，现有的企业也因此受到保护。在萌芽阶段，竞争主要在于如何更有效地培育顾客、打开分销渠道、完善产品设计，而不是降低价格。这种竞争同样可能是非常激烈的，率先解决这些问题的企业将获得重要的市场地位。有时，萌芽产业可能只是一家公司的创新产物，例如个人电脑（苹果公司）、复印机（施乐公司）和真空吸尘器（Hoover公司）产业。在这种情况下，这家公司有机会利用缺乏竞争对手的机会充分获利，并在市场上建立起强大的地位。

3.5.2　成长阶段

随着产品需求的上升，产业开始进入成长阶段。在成长产业中，由于大量新顾客的涌入，首次消费需求增长迅速。成长阶段的典型特征是顾客对产品逐渐熟悉，经验曲线和规模经济的效应令价格下降，分销渠道也变得成熟起来。新能源汽车产业目前就是一个快速成长的产业。2017年9月《乘用车企业平均燃料消耗量与新能源汽车积分并行管理办法》（"双积分"政策）的出台，是促进汽车产业转型升级、推动绿色发展的重要举措。"双积分"政策对中国汽车行业的发展产生了深刻影响，推动了新能源汽车行业的发展。新能源汽车在中国乃至全球的大发展已是必然趋势。

一般来说，当产业进入成长阶段后，技术知识作为壁垒的重要性已经消失。但由于几乎没有一家企业实现规模经济或建立了品牌忠诚，产业进入壁垒也不是很高，在早期更是这样。因此，在这一阶段，来自潜在竞争者的威胁最大。然而，高成长同时也意味着新进入者可以很容易被产业吸收而不至于加剧产业内的竞争。因此，产业内的竞争强度相对不大。需求的快速增长令公司比较容易实现收入和利润的增长而不必从别的公司那里争夺市场份额。有战略意识的公司会利用成长阶段相对平和的环境为即将到来的震荡阶段做好准备。

3.5.3 震荡阶段

爆炸性的增长不可能无限维持，增长速度早晚会降下来，这正是个人计算机产业现在的情形。在震荡阶段，需求接近成熟，绝大多数需求来自产品更新，首次购买者的人数已经很少了。

进入震荡阶段后，产业内的竞争逐渐加剧。习惯于快速增长的企业同以往一样继续扩大产能，然而，此时需求的增长速度已经下降，这最终会导致产能过剩。在图3-6中，实线代表需求增长，虚线代表产能增长。在超过t_1时间点后，需求增长开始下降，产业进入成熟阶段。然而，产能却仍然在持续增加，直到时间点t_2。实线和虚线间的距离就是过剩的产能。为了充分利用过剩的产能，企业通常会选择降价。其结果可能是暴发价格战，导致许多效率不高的企业破产，这足以吓退打算进入的潜在竞争者。

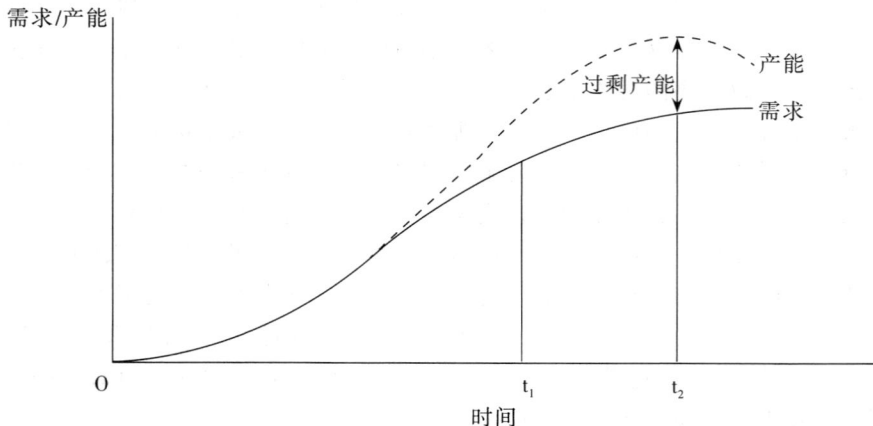

图3-6 需求与产能的增长

拓展阅读3-4介绍了新能源产业结构升级引发的产业震荡。

拓展阅读3-4：新能源产业结构升级，产业进入震荡分化期

产业发展到了激烈的竞争期，业绩分化与优胜劣汰很快会到来。太阳能、风能、氢能、储能、新能源车、动力电池等新能源产业发展到今天，已经从前些年的试验培育期正式进入大规模推广发展阶段。这个时候，行业竞争也开始白热化。

首先是参与的企业越来越多。伴随着新能源汽车行业的高景气，传统的车企纷纷杀向这个赛道，一些汽车行业以外的上市公司如智能手机厂商、互联网公司、家电化工甚至房地产企业都通过不同方式切入新能源产业赛道。年初至今，宣布跨界进入新能源赛道的上市公司有20多家，布局锂电产业链的上市公司超过30家，其中金浦钛业、中核钛白、龙佰集团、惠云钛业等钛白粉企业更是大手笔抛出投资磷酸铁、磷酸铁锂的发展计划。宁德、宜春、遂宁、宜宾、枣庄、新余等多个城市还在争创中国的动力电池之都。

其次是降成本的压力越来越大。自2020年以来，锂电池上游原材料的价格一直维持在高位，电池级碳酸锂、氢氧化锂的价格曾经出现过一天一个价，三元常规动力型电解液等供应也非常紧张，进而导致锂电池行业上下游冰火两重天，上游天齐锂业、赣锋锂业、盛新锂能等企业赚得盆满钵满，毛利率高的超过80%，下游宁德时代、国轩高科、亿纬锂能等公司增收不增利，有的甚至亏损，毛利率只有百分之十几。与太阳能光伏相关的硅料价格近期更是创了10年来新高，给光伏产业降成本带来了严峻挑战。

最后是市场制约越来越明显。风、光等自然资源总量有限，大家都一窝蜂去争抢，最后受伤的肯定是企业。今年以来，全国大部分地方政府都经常接待来自全国各地的太阳能、风能投资厂家，每个企业都希望县级地方政府能把当地的风、光资源独家授权给自己开发，加上环保、林业和自然条件特别是上网的限制，这方面的资源是开发一处少一处，争夺会越来越激烈。新能源汽车领域也是如此，虽然比亚迪、特斯拉一骑绝尘，但蔚来、小鹏、理想、哪吒、零跑等造车新势力正在跟上，大众、北汽等传统车企也在加快布局，不久的将来，新能源车混战的局面肯定会呈现。因此，未来业绩分化不可避免，少量企业胜出，更多的企业会在竞争中淘汰。

因此，在整个产业震荡期的背景下，哪家公司能够抓住企业的核心竞争力，哪家公司能够把握未来的发展导向，将成为把握行业发展命脉的根本抓手。

资料来源：聂方红.新能源赛道进入震荡分化期［EB/OL］.［2023-12-10］.
https://baijiahao.baidu.com/s?id=1738688968270832148&wfr=spider&for=pc.

3.5.4 成熟阶段

震荡阶段之后，产业进入了成熟阶段。此时，市场充分成熟，需求完全来自产品更新，需求增长缓慢或者没有增长。随着需求增长的下降，企业已经不可能仅凭现有的市场份额实现过去那样的销售和利润增长。此时，争夺市场份额的竞争开始了，这会导致价格下降。结果常常是价格战，航空业和个人计算机产业就是如此。为了生存，企业专注于成本最小化和建立品牌忠诚。例如，美国航空公司倾向于雇用非工会会员的员工以降低运营成本，实行常客优惠方案以建立品牌忠诚。个人计算机产业通过良好的售后服务建立品牌忠诚，同时也致力于改善成本结构。进入成熟阶段，产业中的企业已经建立了品牌忠诚，实现了低成本运营。由于这些因素构成了重要的进入壁垒，潜在竞争者进入的风险大大降低了。成熟产业中较高的进入壁垒为企业提高价格和利润创造了机会。

作为产业震荡的结果，绝大多数成熟阶段的产业表现为集中型或寡头型。个人计算机产业似乎正处在这一过程中，戴尔公司所掀起的价格战导致某些企业退出（如IBM）或合并运营部门（如康柏和Gateway），结果将呈现出一个更加集中化的产业结构。在成熟产业中，企业会认识到相互间的依存，尽量避免价格战。稳定的需求为它们创造了进入价格领导协议的机会，其净效应将是降低竞争强度和提高利润。然而，所谓成熟产业的稳定性总是处于价格战的威胁之下。一次普遍的经济调整可能引起产业需求下降。为了在需求下降的环境里保持收入稳定，企业可能破坏价格领导协议，产业内竞争加剧，价格和利润下降。航空业内周期性暴发的价格战就属于这一模式。

3.5.5 衰退阶段

最后，绝大多数产业都会进入衰退阶段，在诸多因素的作用下，需求增长将变成负数。衰退的原因可能是技术替代（例如飞机取代火车成为主要旅行工具）、社会变革（健康意识提高打击了烟草销售）、人口因素（生育率下降损害了婴幼儿用品市场）和国际竞争（低成本外国竞争导致美国钢铁业陷入衰退）等。在衰退产业中，现有企业间的竞争会加剧。根据衰退速度和退出障碍的大小，竞争压力可能像震荡阶段一样大。主要的原因在于需求下降导致产能过剩。为了利用产能，企业开始降价，陷入价格战。美国的钢铁业就是如此。同样的情形也出现在1990—1992年和2001—2003年的美国航空业，航空公司竞相降价以提高上座率（航空公司的产能）。退出障碍也是影响过剩产能的因素之一。退出障碍越大，公司越不愿意削减产能，价格竞争的威胁越大。拓展阅读3-5介绍了房地产行业的衰退趋势。

拓展阅读3-5：昔日的王者——房地产行业，如今已经衰退了

房地产行业是一个具有高度综合性、先导性和关联性的行业，具有产业链较长、产业关联度较大等特点，是国民经济的支柱产业之一。房地产的发展能有效拉动钢铁、水泥、建材、建筑施工、室内装修、家具、家电、物业服务等相关产业，对国家和地区整体经济的拉动作用明显。政府对房地产行业关注度较高，宏观调控和微观管理力度较大。

近年来，随着行业需求的收缩，房企大多从扩表进入缩表，房企受到了供给冲击，购房需求放缓，商品房供给规模逐渐下降，导致供需两端转弱形成负循环。导致房地产行业由盛转衰的原因主要包括以下几点：

经济下行和人口增长放缓：随着全球经济的下行和国内经济衰退，人们的购房能力和购房意愿受到影响，银行信贷收紧，房价下跌。同时，中国人口增长趋势放缓，老龄化程度加深，出生率下降，这导致新建房屋的需求大幅度下降。

政策调控：政府为了控制房地产市场的风险，出台了一系列政策，如限购、限贷、限售等，这些政策限制了购房人的数量和购买力，使得房地产市场供过于求，房价下跌。此外，政府还加强了对房地产开发商的监管，提高了首付比例等，这些都对房地产市场产生了影响。

供需关系失衡：在房地产市场中，供求关系是决定房价的重要因素。当供应量大于需求量时，房价就会下跌。中国城市化率已经接近发达国家水平，而城市化的进程也将放缓，这导致房地产市场的供应结构不合理，房屋供应过多，而中低档房屋供应不足，进一步导致房价下跌。

融资困难：随着融资政策收紧，房地产企业的财务状况出现暴雷，许多企业面临资金压力和现金流压力，这使得房地产行业的投资和发展受到制约。

综上所述，中国房地产行业衰退的原因是多方面的，包括经济下行、政策调控、供需关系失衡和融资困难等。随着市场环境和政策的变化，房地产行业需要适应新的形势，加强创新和转型，以应对市场的挑战。

资料来源：思瀚产业研究院.房地产行业概况分析［EB/OL］.［2023-12-10］. https：//baijiahao.baidu.com/s?id=1722349362268176321&wfr=spider&for=pc.

总结起来，战略决策者在制定战略时必须考虑产业环境的变化。他们必须学会判断产业发展中的关键点，预测震荡阶段和衰退阶段的出现。同样的要求也适用于对战略集团的分析。顾客需求和口味的转移可能推动新的战略集团的出现，技术变革令某些战略集团快速增长而另一些则由于顾客转移陷入衰退。例如，由于顾客转向淘宝、京东等网上商店，像王府井百货这样的高档零售店出现了销售衰退。

3.5.6 产业分析模型的局限性

五种竞争力量、战略集团和产业生命周期模型为分析产业竞争的本质、发现机会和威胁提供了有用的工具。然而，这里的每一种分析都包含着局限性，管理者必须对它们的局限有充分的了解。

1.五种竞争力量和战略集团分析难以应对环境的快速变化

尽管，它们在稳定时期的产业结构分析中是非常有用的工具；然而，由于五种竞争力量和战略集团都是静态的模型，它们无法把握价值转向时期企业环境的快速变化。

在任何合理的时间期限内，我们可以将许多产业中的竞争视为由创新驱动的过程。事实上，创新常常是推动产业演变和产业生命周期发展的主要因素。创新对企业具有吸引力，新产品、新工艺或新战略往往为企业赢得极大的利润。这方面的例子包括苹果计算机公司、玩具反斗城、戴尔计算机公司和沃尔玛。这些企业在不同的方面成为创新者。苹果计算机公司是个人电脑的先驱，玩具反斗城创造了新的玩具销售方式（大型的折扣仓储式商店），戴尔率先采用新方法销售个人电脑（电子邮件订单），沃尔玛是低价折扣超市的领头羊。

成功的创新能够改变产业竞争的本质。在最近几十年里，产业创新经常带来固定生产成本的下降，从而降低了进入壁垒，使新的、小型的公司得以同现有的大型企业展开竞争。例如，上个世纪的美国钢铁业是由几家大型的、高度一体化的企业所统治的，包括美国钢铁、LTV和伯利恒钢铁公司。这是一个典型的寡头控制的产业，其中只有少数几家大型公司，它们就产品价格达成了默认的协议。后来，一批高效率的小型炼钢厂像Nucor和Chaparral钢铁公司进入了产业，它们应用一种新的电弧炉炼钢技术，为钢铁产业带来了革命性的变化。曾经的集中型产业如今变得更加零散和具有价格竞争性。USX公司（前身为美国钢铁公司）如今的市场份额只有15%，而在20世纪60年代曾经高达55%。伯利恒钢铁公司和LTV已经破产了。与此形成对照，小型炼钢厂的市场份额达到40%，而20年前这一比例还只有5%。就这样，小型炼钢厂的创新改变了钢铁产业竞争的本质。1970年该项产业的五种竞争力量分析同2004年相比将会呈现极大的差别。

2.产业生命周期理论无法反映现实中产业反复处于某一阶段或跳过某一阶段的情形

管理者们应当了解，产业生命周期只是一种归纳。在现实中，产业生命周期未必按照图3-5中的模式发展。在有些情况下，产业成长非常快，萌芽阶段会被完全跳过去，而有时产业一直不能越过萌芽阶段。经过长时期的衰退之后，在创新和社会变革的作用下，产业可能会恢复增长。例如，健康生活理念的兴起令自行车产业从衰退中恢复活力。不同产业每一阶段的期间长度也很不一样。如果产品已经成为生活中的基本需要，某些产业似乎可以无限期地停留在成熟阶段，例如汽车产业。有些产业跳过成熟阶段直接进入衰退阶段，例如电子管生产产业。晶体管很快取代电子管成为电子产品中的主要配件，尽管此时电子管产业还处于成长期。还有一些产业在进入成熟期之前要反复经历震荡，电信服务产业看来就是这样。

3.三种模型过于强调产业结构对企业绩效的影响

对于产业模型的另一种批评意见认为，这些模型过分强调了产业结构对企业绩效的决定作用，忽视了产业内或战略集团内企业间的差异。事实上，同一产业内企业的赢利能力可能千差万别。例如，鲁梅尔特和他的同事认为，公司间赢利能力的差异中只有10%能够用产业结构来说明，而其余的只能用公司间的差异来解释。其他研究结果认为能够用产业结构模型解释的差异可以达到20%，当然，这仍然不是一个很大的数字。与此同时，越来越多的研究发现，战略集团与公司赢利能力之间的联系相当弱，而根据战略集团的概念，这种联系应当非常强。总的来说，这些研究认为，在赢利能力的决定因素中，公司的资源和能力比它所在的产业和战略集团重要得多。尽管这些发现并不意味着五种竞争力量和战略集团模型的失效，但却可以说明上述模型的用处是有限的。一家企业不会仅仅因为它位于某一产业或战略集团就成为赚钱的机器。我们将在第4章中讨论除此之外，公司赢利还需要满足哪些条件。

3.6 竞争对手分析

作为产业环境分析的补充，竞争对手分析的重点集中在与企业直接竞争的企业身上。尽管所有的产业环境都很重要，但产业环境分析着眼于产业整体，是中观层面的分析，还不能全面揭示企业的竞争状况。因此，微观层面的竞争对手分析，就显得尤为重要，特别是在企业面临着一个或几个强大的竞争对手时。

根据波特教授提出的竞争对手分析模型，对竞争对手的分析可以从四个方面展开，即竞争对手的未来目标、自我假设、现行战略和潜在能力（如图3-7所示）。

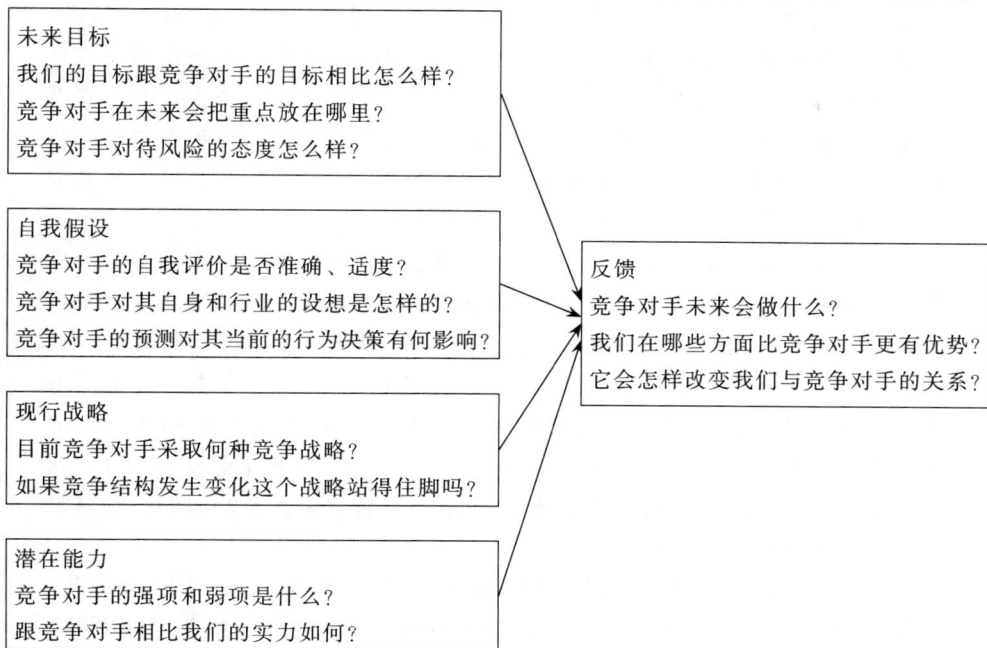

未来目标
我们的目标跟竞争对手的目标相比怎么样？
竞争对手在未来会把重点放在哪里？
竞争对手对待风险的态度怎么样？

自我假设
竞争对手的自我评价是否准确、适度？
竞争对手对其自身和行业的设想是怎样的？
竞争对手的预测对其当前的行为决策有何影响？

反馈
竞争对手未来会做什么？
我们在哪些方面比竞争对手更有优势？
它会怎样改变我们与竞争对手的关系？

现行战略
目前竞争对手采取何种竞争战略？
如果竞争结构发生变化这个战略站得住脚吗？

潜在能力
竞争对手的强项和弱项是什么？
跟竞争对手相比我们的实力如何？

图3-7 竞争对手分析模型

战略行动3-5分析了联想甩开竞争对手的取胜密码。

战略行动3-5：联想的PC竞对被越甩越远，取胜密码究竟是什么？

联想集团（以下简称联想）是一家成立于中国、业务遍及180个市场的全球化科技公司，作为全球领先的ICT科技企业，秉承"智能，为每一个可能"的理念，为用户与全行业提供整合了应用、服务和最佳的体验。

然而，随着PC行业的不断发展，行业正面临着需求端的短期挑战，根据市场调研机构数据，2022年前3个季度全球个人电脑出货量均持续下滑，全球三巨头联想集团、惠普及戴尔无一例外都受到了行业影响，然而韧性不同，格局出现了变化，联想的市场份额越来越大了。2022年Q3全球个人电脑市场规模同比下降18%，联想的市场份额为24.3%，稳居第一，分别领先惠普和戴尔6个百分点与7.1个百分点，领先优势创造了历史最高点。在行业不景气的情况下，联想的韧性充分体现在业绩上。

那么，联想能够抗住行业压力，保持业绩增长的核心逻辑在哪里？事实上，充分的竞争对手分析，使其找到了最符合自己的目标、战略以及自身的核心竞争力。

联想韧性的背后有强大的全套战略支持，相比于同行，其优势主要体现在供应链、销售渠道、产品研发以及产品战略等方面，这些方面的优势能够让该公司迅速捕捉到市场需求信息，同时能够有效降低成本、带动利润的稳步提升。在供应链方面，一方面是体系强大，即便是全球"缺芯"下也能相对顺畅供应；另一方面则是稳定，2017年联想自主研发的供应链智能控制塔，不仅提高了生产效率，还强化了与供应商的合作关系。在客户端，以客户为中心，推出"一切皆服务"，2022年10月底还发布了"千帆计划"，为各级经销商及服务商提供智能化及数字化支持，以实现共同拓客"1+1+1>3"的共赢目标。

与此同时，联想这几年一直在做业务上的调整，目前整合了三大业务，分别是智能设备业务（IDG）、基础设施方案业务（ISG）及方案服务业务（SSG）。三者之中，IDG是核心业务，而PC产品归类于该业务，联想公司在该业务领域进行了大量投入，使其PC业务遥遥领先，扩大了与竞争对手的差距。同时，联想紧跟时代趋势开展AI创新，把AI创新和新技术领域发展作为自己发展的未来目标，与多家厂商采取竞合的态势，把握互联网时代产业升级的抓手，突破创新，将AI技术发挥到极致，使得其他竞争对手在笔记本电脑业务中只能望尘莫及。

资料来源：陈铭京. 联想集团（00992）：PC竞对被越甩越远，商用端及细分市场也是王［EB/OL］.［2023-12-10］. https://baijiahao.baidu.com/s?id=17485512373720 71566&wfr=spider&for=pc.

3.6.1　未来目标

对竞争对手未来目标的分析与了解，有利于企业预测竞争对手对其目前的市场地位以及财务状况的满意程度，从而推断其改变现行战略的可能性以及对其他企业战略行为的敏感性。分析竞争对手的未来目标，主要包括以下内容：

第一，竞争对手已声明和未声明的财务目标是什么？其对各种目标（如获利能力、市场占有率、风险水平等）之间的矛盾是如何权衡协调的？我们的目标跟竞争对手的目标相比怎么样？

第二，竞争对手追求的市场地位是什么？竞争对手是希望成为市场的绝对领导者，还是行业的领导者之一？竞争对手是希望成为一般的跟随者，还是竞争参与者？竞争对手是希望成为后来居上者，还是仅仅安心做一个积极进取的新手？竞争对手在未来会把重点放在哪里？

第三，竞争对手各管理部门对未来目标是否取得一致性意见？如果存在明显的分歧甚至派别，是否可能导致战略上的突变？对待风险的态度怎样？

第四，竞争对手核心领导者的个人背景以及工作经验如何？其个人行为对整个企业未来目标的影响如何？

第五，竞争对手的组织结构特别是在资源分配、价格制定和产品创新等关键决策方面的责权分布如何？激励机制如何？财务制度和惯例如何？

3.6.2　自我假设

自我假设包括竞争对手对自身的评价和对所处产业以及其他企业的评价。自我假设往往是企业各种行为取向的最根本动因，所以了解竞争对手的自我假设，有利于正确判断竞争对手的战略意图。分析竞争对手的自我假设，至少包括如下内容：

第一，竞争对手如何看待自己在成本、产品质量、技术等关键战略因素方面的地位、优势和劣势？竞争对手的这种自我评价是否准确、适度？

第二，是否有影响竞争对手对其他企业的战略行为看法的严密的组织准则、法规或某种强烈的信条？

第三，竞争对手如何估计同一产业中其他企业的潜在竞争能力？是否过高或者过低地估计了其中的任何一家企业？竞争对手对其自身和行业的设想是怎样的？

第四，竞争对手如何预测产品的未来需求和产业的发展趋势？它的预测依据是否充分可靠？对其当前的行为决策有何影响？

3.6.3　现行战略

对竞争对手现行战略的分析，目的在于揭示竞争对手正在做什么，它能够做什么。这主要包括如下几个方面的内容：

第一，竞争对手的市场占有率如何？产品在市场上是如何分布的？采取什么样的销售方式？有什么特殊的销售渠道和促销策略？

第二，竞争对手研究开发的能力如何？投入资源如何？如果竞争结构发生变化，其战略站得住脚吗？

第三，竞争对手产品价格如何制定？在产品设计、要素成本、劳动生产率等因素中哪些产品对成本影响较大？

第四，竞争对手采取的一般竞争战略属于成本领先战略、差异化战略，还是属于集中化战略？

拓展阅读3-6描述了海底捞的战略发展历程。

拓展阅读3-6：餐饮界的一枝独秀，海底捞的兴衰起落

一家出色的企业离不开审时度势，离不开对战略制定的充分把握，而在餐饮行业，火锅成为了众多食客的选择。在严重内卷的火锅行业，海底捞提出了差异化战略，为顾客提供更优质的服务，允许食客自带产品等多项措施使其在创业初期得到了丰厚的回报。

如日中天的海底捞原本想走以扩张门店拉动增长的道路，2020年公司曾逆势大举开店（全年净新增530家门店），结果很快被证伪，翻台率严重下滑（从2018年的5次/天直接降到2021年的3次/天），利润和股价同步大幅下跌。

危机倒逼改革，2022年，创始人张勇主动退位，"啄木鸟计划"负责人杨利娟接棒。以此为标志，海底捞进入新的战略调整期，核心就是收缩战线，提质降本，变追求门店扩张为向翻台率要增长。海底捞的战略意图正逐步得到实现。

一方面，在扩张上仍保持克制，2023年海底捞全年仅新开9家门店，另外还有接近30家"硬骨头"门店恢复营业，对冲掉年内关闭的部分经营状况不佳的门店之后，去年净增加门店数非常有限。另一方面，翻台率有效提升，2023年上半年已恢复至3.3次/天，且下半年继续向好，3季度翻台率同比增长超过25%，4季度逐月环比有显著提升，并逐渐接近2019年同期的翻台率水平。

公司推进的"啄木鸟计划"，使得战略重心转移至提升治理能力和运营效率，利益驱动机制也随之改变。店长自经营门店的利润分红比例得到

提升，同时店长还需要承担部分徒子徒孙门店的经营亏损责任，以此来引导店长（师傅）把精力放在自己门店经营和盈利能力的改善上。一线员工的薪酬结构则从过去的"高底薪+低分红"转向"低底薪+高分红"，并相应给予一定股权激励。

复盘海底捞整个由盛到衰再重新兴起的过程，最难能可贵的一点，也是今天公司能逆风翻盘的关键点，就是根据市场变化，实事求是，制定顺应时代趋势的符合自身发展的战略，而这也是未来更多企业取得成功的钥匙。

资料来源：文雨. 海底捞，历史新高！[EB/OL]. [2024-04-10]. https://baijiahao.baidu.com/s?id=1791692258409411196&wfr=spider&for=pc.

3.6.4　潜在能力

对竞争对手潜在能力的分析，是竞争对手分析过程中的一项重要内容，因为潜在能力将决定竞争对手对其他企业战略行为作出反应的可能性、时间选择、性质和强度。这主要包括如下几个方面的内容：

第一，核心能力。竞争对手在各个职能领域内的潜在能力如何？最强之处是什么？最弱之处在哪里？随着竞争对手的成熟，这些方面的能力是否可能发生变化？随着时间的推移是增强还是减弱？

第二，增长能力。在人员、技术、市场占有率等方面有增长能力吗？财务方面、对外筹资方面是否能够支持增长？跟竞争对手相比我们的实力如何？

第三，快速反应能力。竞争对手在财务、生产能力和新产品等方面是否存在着对我们的行为迅速作出反应或发动即时进攻的能力？

第四，适应变化的能力。竞争对手是否能够适应诸如成本竞争、服务竞争、产品创新、营销升级、技术升迁、通货膨胀、经济衰退等外部环境的风云变幻？有无严重的退出障碍？

第五，持久力。竞争对手维持一场长期较量的能力如何？维持长期较量会在多大程度上影响收益？

3.6.5　市场信号

从竞争对手的行为中发现信号是对竞争对手分析的有效补充。市场信号是竞争对手任何直接或间接地表明其战略意图、动机、目标、内部资源配置、组织及人事变革、技术及产品开发、销售举措及市场领域变化的活动信息。市场信号作为一种具有潜在价值的信息资源，对增加对竞争对手的认识、提高预测质量，产生了不可替代的作用。但是，由于竞争的复杂性、激烈性和残酷性，竞争对手提供的市场信号有的是真实的，有的则是虚假的（用于欺骗、误导其竞争对手），所以，企业利用市场信号对竞争对手进行分析，一定要注意市场信号的真伪。要做到这一点，企业除了要将市场信号与竞争对手的未来目标、自我假设、现行战略、潜在能力等因素结合起来分析之外，还要注意以下几点：（1）考察竞争对手的"宣言"或信息发布是否与其实际行动相一致；（2）利用历史资料辨别市场信号的真伪，对竞争对手过去的行为"温故而知新"，可能会发现其现实行为的某些真正原因。拓展阅读3-7汇总了获取竞争对手信息的多种方式。

拓展阅读3-7：竞争对手情报来源

在进行竞争对手分析时，对竞争对手的信息进行例行的、细致的、公开的收集是非常重要的基础工作。竞争信息的主要来源包括以下几部分：

• 年度报告。

• 竞争产品的文献资料。

• 内部报纸和杂志。这些通常是非常有用的，因为它们记载了许多详细信息，如重大任命、员工背景、业务单位描述、理念和宗旨的陈述、新产品和服务以及重大战略行动等。

• 竞争对手的历史。这对了解竞争对手文化、现有战略地位的基本逻辑以及内部系统和政策的详细信息是有用的。

• 广告。以此可以了解竞争主题、媒体选择、花费水平和特定战略的时间安排。

• 行业出版物。这对了解财务和战略公告、产品数据等诸如此类的信息是有用的。

• 公司管理者的论文和演讲。这对于获得内部程序细节、组织的高级管理理念和战略意图是有用的。

• 销售人员的报告。虽然这些报告经常带有偏见，但地区经理的信息报告提供了有关竞争对手、消费者、价格、产品、服务、质量、配送等的第一手资料。

• 顾客。来自顾客的报告可向内部积极索要获得，也可从外部市场调研专家处获得。

• 供应商。来自供应商的报告对于评价诸如竞争对手投资计划、行动水平和效率等是非常有用的。

• 专家意见。许多公司通过外部咨询来评价和改变它们的战略。

• 证券经纪人报告。通常能从这些报告中有关竞争对手的简报获得有用的、操作性的细节。同样，行业研究也可能提供有关某一竞争对手在特定国家或地区的有用信息。

雇用高级顾问。可以雇用从竞争对手那里退休的管理人员作为自己的咨询人员，有关他们以前雇主的信息有时会起到决定性作用。

资料来源：根据相关资料整理而成。

市场信号多种多样，企业采用何种信号主要依据竞争对手的行为及使用媒介而定。比较重要的市场信号形式有以下几种：

1.事前预告

事前预告是企业使用的一种正式的信号形式，表明企业可能或不打算采取某种行动，如扩建工厂、推出新产品、调整产品价格等，这种信号有多种功能：

（1）抢先于竞争者占领有利地位，如宣布增加生产能力，就有可能是希望其他准备增加生产能力的企业重新考虑或作出不同的选择。（2）威胁竞争对手，阻止因过度竞争而引发的两败俱伤。（3）检验竞争对手的观点，了解竞争对手对某种假设方案或行动的态度。（4）调节矛盾，避免竞争者的报复和价格战。如某公司在决定降价之前，事先宣布降价是因为成本变动而非进攻性手段，从而防止竞争者的报复和反击。（5）向金融机构传送信息，以达到提高股票价格和企业信誉的目的。

事前预告不能随意采用，无论是否履行，它对公司信誉都将产生至关重要的连带关系。所以，只有在极端情况下，企业才能设计和使用虚张声势的事前预告。

2.事后宣告

竞争对手经常在其行动，如新建工厂、新辟市场、兼并收购等开始或结束后才予以宣布，这就是事后宣告。其目的是让其他企业注意此信息而改变其行为。应该强调的是，事后宣告大都反映竞争对手的真实情况，可信程度比较高，但也不乏为了某种战略目的，用人为夸大或缩小的市场信息来欺骗大众，用引人误解的资料干扰竞争者正常选择的情况。

3.竞争对手对产业的公开讨论

竞争对手常常对产业情况，如产业的技术和产品发展前景、需求与供给能力的预测、成本与价格变动的趋势等发表看法。这些看法常常暴露出竞争对手制定战略时关于产业发展的假设，包含着美好的愿望或对难以避免的残酷竞争的忧虑，潜藏着自己努力的方向和期待的机会。同时，竞争对手也可能通过对产业的评价来提高自己的竞争地位，表明对竞争者和解、合作或发泄不满的态度，甚至通过评价主要竞争者在行业中的表现来构造对自己更为有利的竞争地位或减轻产业的紧张程度和竞争压力。

4.竞争者对自己行动的讨论和解释

竞争对手常常在各种场合宣传自己的战略或公开解释自己的行动，从而用尽可能大的影响力来为自己赢得同业优势制造舆论。一个企业公开讨论和解释自己的行动至少有三项积极作用：（1）使人们相信其行动的合理性与合法性。（2）告知其他竞争对手自己抢先采取行动或抢先进入某一领域，既表明这种行为不是一种挑衅，同时又能有效地阻止实力弱于自己的企业大规模进入。（3）强调自己的实力和为此付出的巨额资金，恐吓其他竞争者不要进入，否则就可能导致残酷的竞争。

5.比较竞争对手采用的竞争方式

选择产业内具有代表性的竞争对手，并将其竞争战略及竞争方式进行对比，企业可以发现许多具有极大价值的市场信号。例如，分析竞争对手战略转变的方式，可能发现竞争对手有关新技术、新产品和新市场的重要信息；分析经营目标的偏离（一直经营高档产品，现在转向经营中低档产品或同时经营高中低档产品），可能发现竞争对手因市场变化而调整竞争战略的重大信息；分析竞争对手在生产规模、价格变动、广告决策、销售网络和分销渠道等方面经营方式的差异或变化，可以掌握竞争对手的市场态度和竞争强度的市场信号；分析竞争对手偏离所在产业而进入新的或相关产业，可以判断所在产业发展趋势和新的或相关产业竞争态势的变化。

6.交叉回避

所谓交叉回避，是指当某公司在某领域采取有关行动时，竞争者并不直接在该领域作出反应，而是在另一个能影响该公司的领域内采取行动的间接反击方式。这种交叉回避的间接反击方式，一方面，可避免直接的对抗和冲突，减轻直接反击所导致的风险和损失；另一方面，可以向竞争者发出不满或警告的信号，使其收敛进攻性行为。例如，不同公司在市场交叉渗透，并在对方占有优势的市场上占有一定的市场份额，是一种有效阻止过度竞争的潜在障碍。商标竞争也是一种交叉回避的市场信号。20世纪70年代中期，可口可乐公司推出一种与"Dr.Pepper"味道很相似的名为"Mr.Pibb"的新产品，麦氏公司推出一种与福尔杰公司的产品在品质与包装方面极为相似的"地平线咖啡"，都起到了警告或阻止作用，大大缓解了竞争者进攻所带来的压力。公司向竞争者提出私下诉讼，也是表达不满或反击的信号，被诉讼公司即使力量强大也会因法律监督或公众形象而对自己的行为有所收敛，从而起到阻止竞争者施加更大压力、有效保护自己、规避竞争风险的作用。

关键概念

宏观环境　产业环境　波特五力模型　战略集团　产业生命周期　竞争对手分析

思考题

1.宏观环境分析包括哪几方面内容？
2.产业与部门如何区分？
3.波特五力分析模型包括哪几种竞争力量？
4.战略集团划分的依据是什么？
5.产业生命周期包括哪几个阶段？
6.竞争对手分析包含哪几个方面？

战略实践

● 企业追踪

本单元旨在分析目标企业的外部环境。根据收集到的信息,结合所学理论知识回答下列问题:

1.企业的外部环境中有哪些机会?有哪些威胁?

2.企业在所处的产业环境中,受到哪些竞争力量的影响?哪些因素决定了这些力量的强弱?

3.企业位于产业内部的哪个战略集团?

4.企业所处的产业处于产业生命周期的哪个阶段?

5.企业的竞争对手有哪些?与竞争对手相比,企业的优势、劣势有哪些?

● 实践练习:新能源汽车产业的竞争环境分析

将全班分组,3~5人为一组。选取一家新能源汽车企业,完成以下任务:

1.各小组分别扮演该新能源汽车企业、竞争对手、供应商、购买者、潜在进入者、替代品提供者、互补品提供者。

2.分析新能源汽车企业面临的竞争力量的强弱。

3.分析决定各种力量强弱的影响因素。

4.小组汇报。

4 内部环境分析

● 学习目标

- 资源的战略重要性
- 资源、能力和竞争优势之间的关系
- 组织能力与核心竞争力
- 企业价值链
- 标杆比较法与成功关键因素法
- SWOT分析

引导案例　华为助力全球运营商，引领智能世界

以"Future First"为主题的2024年世界移动通信大会（MWC24巴塞罗那）期间，华为以"引领智能世界"为主题，与全球运营商客户、行业伙伴、意见领袖等一起探讨如何促进"网云智"协同创新，推动数智化转型深入发展，繁荣产业生态，加速5G商业正循环，拥抱更繁荣的5G-A时代。

华为Hall1主展馆以"数智世界，万物智联"为设计理念，未来智能世界的数字基础设施将会跟社会、生活、产业深度融合，个人、家庭、企业、车联等业务场景对网络能力提出更高的诉求。此次展会，华为展示了全系列、全场景的5.5G产品解决方案，包括5G-A、F5G-A、Net5.5G等。华为将与全球运营商客户、行业伙伴一同，迎接挑战与机遇，引领未来智能世界。

截至2023年底，全球已有超过300张5G商用网络，超过16亿5G用户。5G进入高速发展期，全球5G用户增长速度是4G同期的7倍。在2023年全球知名机构测试排名中，华为在德国、奥地利、荷兰等重要城市助力运营商网络体验取得测试第一。

华为与全球领先运营商和产业伙伴协同创新，不断满足5G-A新应用和新场景跃升的业务需求，推进5G-A技术验证和网络部署，共同拓展5G-A新商业。截至目前，华为助力运营商客户在全球20多个城市启动5G-A商用验证和测试。在中东，5G-A已成产业共识，海湾阿拉伯国家合作委员会（GCC）六国均已完成5G-A 10Gbps速率验证以及RedCap和Passive IOT等新业务孵化。中国内地，三大运营商已启动全国重点城市的5G-A网络部署，并全面开展联人、联物、联车、联行业、联家庭的五联业务探索；在中国香港，运营商完成C-band+毫米波的5G-A万兆测速验证，并启动发放5G-A FWA业务；在芬兰，运营商在商用网络上完成5G-A技术验证，实现超过10Gbps峰值速率和Passive IoT的技术验证；在德国，运营商通过6GHz多载波突破12Gbps峰值速率。

此次MWC24巴塞罗那展期间，华为发布通信行业首个大模型。针对行业提出的敏捷业务发放、精准用户体验保障、跨领域高效运维的高阶智能化目标，大模型提供基于角色和基于场景的智能化应用，助力运营商赋能员工、提升用户满意度，全面释放网络生产力。

2024是5G-A商用的元年，华为将与全球运营商一起积极探索向5G-A时代的演进，构建极致体验、高效协同、绿色低碳、高稳智能的泛在网络，推动数智化转型深入发展，引领智能世界加速到来。

华为企业业务以"引领数智基础设施，加速行业智能化"为主题亮相MWC24巴塞罗那，重磅发布十大行业数智化解决方案及系列旗舰产品，携手全球客户、伙伴，共探数智化创新与实践，致力于成为行业数智化转型最可信赖的合作伙伴。

华为终端业务携一系列高端、时尚、科技新品耀目亮相MWC24巴塞罗那。华为展台Fashion Forward（时尚，更跨越）、Creation of Beauty（创作至美）、Fitness &

Health（运动健康）等体验区，展现了华为让科技进一步融入消费者生活，丰富场景化体验的极致追求。2024年，在持续做好技术创新的同时，华为终端业务致力实现进一步跨越，以创新的技术，为全球消费者打造丰富的个性化生活方式。

资料来源：佚名.华为助力全球运营商，拥抱5G-A商用元年，引领智能世界［EB/OL］.［2024-04-10］.https：//www.huawei.com/cn/news/2024/2/huawei-5ga-intelligent.

战略是将公司的资源和能力与外部环境中出现的机会相匹配。在上一章，我们将重点放在战略与外部环境之间的关系上。在本章中，我们的重点将转移到战略与内部环境之间的关系，更确切地说，是转移到公司的资源和能力上。

基于资源的战略观点对我们理解战略制定有着深远的影响。基于资源的观点强调每一家公司的独特之处，并且提出竞争制胜的关键不是做与其他公司相同的事情，而是挖掘本公司的差异性。正如我们在引导案例中看到那样，随着全球数智化进程的加深，产业生态环境和5G商业加速发展，加快了5G-A时代来临的步伐，而最终的竞争格局如何，将取决于华为及其竞争对手的竞争实力。

通过本章学习，你将了解如何对企业的内部环境进行分析，并据此确定企业的优势、劣势及可行战略。同时，本章还将帮助你思考并回答以下问题：影响竞争优势的因素有哪些？为什么一些成功的企业会丧失竞争优势？如何才能保持长期竞争优势？

4.1　内部环境分析的基本单元：资源

内部环境分析的基本单元是各种资源。然而，制定出公司资源的清单是极为困难的。在大部分公司的会计和管理信息系统中并不存在这样的文件。公司资产负债表对公司的资源只提供了有限的信息，其重点几乎完全集中在资源的财务和实物方面。识别一家公司资源的有效起点是将资源进行分类，总体上，资源可以划分为有形资产（资源）、无形资产（资源）和人力资源三种类型。表4-1描述了三类资源的具体内容。

表4-1　　　　　　　　　　　　　　　组织资源的类型

类型		相关性质	关键指标
有形资产	财务资产	公司的借贷能力及其内部资金所产生的恢复能力和投资能力	•债务/股本比率 •经营现金流量/自由现金流量 •信用等级
	实物资产	实物资源制约着公司的一系列生产可能性，并且影响其成本状况	•工厂和设备的规模、位置，技术复杂性和灵活性 •土地和建筑物的位置以及替代使用方案 •原材料储备 •固定资产的市场价值 •资本设备的使用寿命 •工厂规模 •固定资产的灵活性

续表

类型		相关性质	关键指标
无形资产	技术资产	知识产权：专利组合、版权、商业秘密 创新资源：研究设施、技术和科学雇员	•专利的数量和重要性 •发放专利和版权许可的收益 •研发人员在总雇员中的比例 •研究设施的数量和位置
	声誉资产	公司产品和服务的质量和可靠性声誉；通过拥有品牌和商标获得的客户声誉；与客户建立相互关系；公司对待经销商的声誉（包括部件经销商、银行和金融机构、雇员和潜在雇员）；政府和政府机构的声誉；社区声誉	•品牌认可 •品牌权益 •重复购买的百分比 •比较产品性能的客观指标（例如消费者协会评级、J. D. 能力评级） •公司声誉调查（例如《商业周刊》）
人力资源		雇员的教育、培训和经验决定公司可用的技能；雇员的适应性有利于公司的战略灵活性；雇员的社会和协作技能决定公司将人力资源转化成组织的力量的能力；雇员的承诺和忠诚决定公司获得并保持竞争优势的能力	•雇员的教育、技术和专业资源 •与行业内其他公司相比雇员的报酬 •由于停工和行业纠纷导致的日损失百分比 •缺勤率 •雇员流动率

4.1.1 有形资产

有形资产就是有一定实物形态的资产，具体包括企业的资金、资源、产品、设备、装置、厂房等。在三种资源类型中，有形资产是最容易识别和评估的，财务资产和实物资产的识别和评估登录在公司的财务报表中。但是，通常财务报表只能提供很少的有关资产现有市场价值的信息。例如，某钢厂在账面上有 4.8 亿元的固定资产，但在评估它们的战略价值时却没有什么用途。为了评估该钢厂在钢铁工业中有效竞争的能力，我们需要知道公司工厂的位置、能力、设备的年代和类型，以及工厂输入输出的灵活性如何。为了明确我们如何通过有形资产创造价值，管理者常常需要思考以下问题：（1）是否存在某些机会来利用闲置资产？是否能够通过较少的资产就可以完成同样水平的业务，或是否能够通过现有资产支持更大量的业务？（2）更有利可图地利用现有资源的可能性有多大？战略行动 4-1 描述了福耀玻璃如何应用有形资产创造价值。

战略行动 4-1：有形资产创造价值：曹德旺奋斗再出发，投资百亿建大学

4.1.2 无形资产

无形资产，是指企业拥有或者控制的没有实物形态的可辨认非货币性资产，无形资产主要包括专利权、非专利技术、商标权、著作权、土地使用权、特许权和声誉等。对大部分公司来说，无形资产比有形资产对总资产价值的贡献更大。但是，在很多公司的财务报表中，无形资产的价值却未能有效体现。事实上，正是由于公司资产负债表中不包括无形资产或低估了无形资产的价值，才使公司资产负债表价值（"账面价值"）和股票市场价值之间的差距日益加大。

技术资产是一项在大多数公司的资产负债表中没有明显体现的无形资产。不过，目前，企业已经变得越来越关注其知识产权的价值，知识产权也为那些拥有技术专利的企业带来了越来越多的收益。战略行动4-2描述了华为的技术对突破技术封锁的重大意义。

战略行动4-2：华为成功拥有MetaERP资源，突破技术封锁

2023年4月20日，华为在东莞溪流背坡村园区举办了"英雄强渡大渡河"MetaERP表彰会，宣布实现自主可控的MetaERP研发，并完成对旧ERP系统的替换。

ERP（Enterprise resource planning）是最关键、最重要的企业级IT应用。自1996年引入MRP Ⅱ并持续迭代升级ERP版本，ERP作为华为企业经营最核心的系统，支撑了华为20多年的快速发展，每年数千亿产值的业务，以及全球170多个国家业务的高效经营。

2019年，面对外部环境的压力和自身业务挑战，华为决定启动对旧有ERP系统替换，并开启研发自主可控的MetaERP系统。作为华为有史以来牵涉面最广、复杂性最高的项目，3年来，华为投入数千人，联合产业伙伴和生态伙伴攻坚克难，研发出面向未来的超大规模云原生的MetaERP，并成功完成对旧有ERP系统的替换。

截至目前，MetaERP已经覆盖了华为公司100%的业务场景和80%的业务量，经历了月结、季结和年结的考验，实现了零故障、零延时、零调账。

华为董事、质量与流程IT部总裁陶景文表示："面对包含ERP在内等企业作业和管理核心系统的断供停服，我们不仅能造得出来，还换得了，用得好，现在终于可以宣布，我们已经突破了封锁，我们活了下来！"

华为MetaERP实现了全栈自主可控，基于华为欧拉操作系统、GaussDB等根技术，联合众多伙伴，采用了云原生架构、元数据多租户架构、实时智能等先进技术，能够有效提高业务效率，提升运营质量。华为将继续围绕"极简架构、极高质量、极低成本、极优体验"的目标，在 ERP、PLM 等领域，和伙伴一起打造自主可控、更加高效安全的企业核心商业系统。

华为轮值董事长、CFO 孟晚舟表示："技术的每一次跨越，不仅需要以匠心精神日积月累，更需要秉承开放精神推动认知的跃升。MetaERP 的建设，需要合作伙伴的共同投入。只有开放才能创新，只有合作才能繁荣。"

资料来源：周雨萌.重磅！华为宣布成功实现 MetaERP 研发和替换［EB/OL］.［2023-12-10］.https://baijiahao.baidu.com/s?id=1763716530807099675&wfr=spider&for=pc.

声誉资产是企业另外一项重要的无形资产，除了在消费者心中的声誉外，公司的声誉还包括：

• 公司在投资者心中的声誉：例如公司不要会计花招、发布真实信息。
• 公司对待供应商的声誉，如公司对于供应商是否总是准时付款等。
• 公司在竞争者心中的声誉，例如公司是否一定会对竞争行动实施报复等。

品牌名称和商标也是商誉资产的重要表现形式。品牌和商标的价值主要在于它们给顾客传达的信任。这种价值表现在顾客愿意付出比无品牌或不知名品牌的产品更高价格购买有品牌的产品。表 4-2 显示的是 2024 年 4 月发布的全球 500 强品牌的前十位。

表4-2　　　　　2024年全球500强品牌的前十位

排名	品牌名称	品牌归属地	核心业务	品牌价值/年增减
1	苹果（Apple）	美国	电子	5 165.82亿美元/+73.6%
2	微软（Microsoft）	美国	互联网和软件	3 404.42亿美元/+77.7%
3	谷歌（Google）	美国	媒体	3 334.41亿美元/+18.5%
4	亚马逊（Amazon）	美国	零售	3 089.26亿美元/+3.2%
5	三星集团（Samsung Group）	韩国	科技	993.65亿美元/-0.3%
6	沃尔玛（Walmart）	美国	零售	968.42亿美元/-14.9%
7	抖音（TikTok/Douyin）	中国	媒体	841.99亿美元/+28.2%
8	脸书（Facebook）	美国	媒体	757.16亿美元/+28.4%
9	德国电信（Deutsche Telekom）	德国	通信	733.21亿美元/+16.5%
10	中国工商银行（ICBC）	中国	银行	718.28亿美元/+3.3%

4.1.3 人力资源

人力资源之所以成为现代社会和组织的战略资源，一方面由于现代社会的性质——知识和信息社会；另一方面是由于人力资源所具有的特性：它是一种能动资源，即它在经济和管理中起主导作用和处于中心地位；它发起、使用、操纵、控制着其他资源，使其他资源得到合理、有效的开发、配置和利用；同时它是唯一起创新作用的因素。总体而言，人力资源是一个组织系统的动力。正因为如此，维持与提升人力资源的质量就成为组织持续经营与发展的战略性活动。拓展阅读4-1体现了国家高度重视现代化人力资源的远见卓识。

拓展阅读4-1：加快塑造现代化人力资源

二十届中央财经委员会第一次会议强调，加快塑造素质优良、总量充裕、结构优化、分布合理的现代化人力资源，以人口高质量发展支撑中国式现代化。人才是全面建设社会主义现代化国家的基础性、战略性支撑，是实现民族振兴、赢得国际竞争主动的战略资源。

加快塑造现代化人力资源，要提高人力资源利用效率。现代化人力资源的一个重要特征是各种人力资源得到充分开发，实现人岗匹配、人事相宜和人尽其才。当前，我国人力资源利用效率还有很大提升空间。以高校毕业生为代表的青年就业率还需进一步提高，有就业意愿和能力的低龄老年人开发潜力巨大，提升人力资源在城乡间、地区间和行业间的配置效率还大有可为。持续深化人才发展体制机制改革，可以进一步激发广大专业技术人才、高技能人才和经营管理人才干事创业活力，让人才作用得到更加充分的发挥。要加强人力资源开发利用，稳定劳动参与率，提高人力资源配置效率，以此为抓手提高经济发展质量。

加快塑造现代化人力资源，要实现由"人口红利"向"人才红利"的转变。人口红利是长期以来支撑我国经济中高速增长的一个重要因素。但是，随着我国老龄化进程加快、人口抚养比和劳动力成本上升，需要进一步推动人口由数量红利向质量红利转变。当前，新一轮科技革命和产业变革深入发展，在一些科技前沿领域国际人才竞争日趋激烈，这要求我们必须增强忧患意识，更加重视人才自主培养，加快建立人才资源竞争优势。塑造"人才红利"，实现由"人口红利"向"人才红利"转变，要深入实施科教兴国战略、人才强国战略和创新驱动发展战略，提升人力资本水平，进一步提高人才政策精准化程度，营造识才、爱才、敬才、用才的环境，加快建设世界重要人才中心和创新高地，聚天下英才而用之。

加快塑造现代化人力资源，要推动实现高质量充分就业。就业既是重要的民生问题，也是重大的经济问题，事关人力资源高质量发展。促进高质量充分就业，是培育现代化人力资源的题中应有之义。当前，受外部环境不稳定不确定因素影响，我国就业总量压力和结构性矛盾并存，稳就业工作仍需持续推进。迫切需要把高质量充分就业作为人力资源开发利用的主要途径，实施就业优先战略，强化就业优先政策，健全就业促进机制，推动形成就业政策与产业政策有机协同、人力资源开发与实体经济发展联动的就业工作体系。以强化就业公共服务、保经营主体稳就业、抓好重点群体就业等，实现就业机会更加充分、就业结构更加合理、就业环境更加平等、就业能力持续增强、就业保障稳步提升。

资料来源：钱诚.加快塑造现代化人力资源［EB/OL］.［2024-04-10］.https：//news.cctv.com/2024/01/25/ARTIjOSPEq66iNNP1qUFlDIf240125.shtml.

4.2 组织能力

识别公司的能力，常用的方法是功能分析。表4-3列示了公司的主要职能，并且识别了与每个职能相关的组织能力。

表4-3 按职能划分的组织能力

职能领域	能力
公司职能	财务控制
	多元业务的战略管理
	战略创新
	协调部门和业务单元的管理
	收购管理
管理信息	连接到管理决策制定部门的、全面的、整合的管理信息系统（MIS）网络
研究开发	研究
	创新的新产品开发
	快速循环的新产品开发
生产	规模生产的效率
	生产过程的不断改进
	灵活性和反应速度

续表

职能领域	能力
产品设计	设计能力
市场营销	品牌管理和品牌促销
	提高或开拓质量的声誉
	识别市场趋势并作出反应
销售与分销	高效的销售促进和执行
	订单处理的效率和速度
	分销的速度
	客户服务的质量和效果

在了解了组织的基本能力之后，还有必要了解"最低限度资源与能力"与"独特资源与能力"的区别以及它们所具有的不同战略价值。

4.2.1 最低限度资源与能力

对在任何细分市场中开展经营活动的组织来说，都需要满足最低限度的资源和能力要求，如必要的场地、资金、技术和人员，以及由资源组合而成的基本的生产、销售能力等。但是，随着时间的推移，这些基本要求在不断提高（因为竞争对手的行为或新进入者的竞争）。因此，即使仅仅为了继续生存，组织也需要不断地提高自己的资源和能力基础。在有些行业或者部门，随着竞争的不断深入，对资源和能力的要求也越来越高，这种资源和能力门槛使得一些组织无法企及，也就逐渐被淘汰。例如，随着全球环境问题的日益严峻，国家对于很多项目都提出了环保方面的要求，在化工等产业中企业必须具备基本污水处理能力才允许继续生产，这就需要企业投资建设相应的污水处理设施并配置相应的人员，与此相关的支出是一些低水平运营的小企业所难以承担的，那些因此不能达标的企业最终只能退出相关行业。

已经正式投入运营的组织所面临的问题是：它们可能正经历着商业环境的阶梯式变化，而阶梯式变化又使得组织的大部分资源和能力变得冗赘；除非组织能够处置这些冗赘的资源和能力，否则它们就不太可能抽出足够的资金来投资于所需的新资源和能力；但若继续保持这些冗赘的资源和能力，组织成本就会变得非常高。例如，当传统银行业还在忙于设立分支机构时，新的竞争对手却不设分支机构而大量投资于网上银行业务。从全球范围看，消费者越来越倾向于使用互联网金融服务，如今利用智能手机就能够完成过去需要到分支机构完成的各种金融业务。相应地，银行业关闭分支机构、裁员也将会是大势所趋。因此，组织哪怕是仅仅为了生存，也需要大幅度地改变自己的资源基础。

4.2.2 独特资源与能力

独特资源与能力就是那些对组织的竞争优势有着至关重要影响的资源和能力要

素。独特资源与能力帮助组织创造出优于竞争对手的价值。经济学家将这种优势产生的收益称为经济收益（租金）。举例来说，独特资源和能力可能是一些图书馆的独有藏书，这些藏书中的知识是其他地方无法得到的；也可能是像海底捞那样卓越的服务品质，消费者在其他地方很难感受到。最低限度资源与能力只能满足企业生存的需要，独特资源与能力才是战胜竞争对手的关键，是企业竞争优势的根源。时势链接4-1描述了数字经济时代的独特资源。

◢◤◢◤ **时势链接4-1：贵州：发挥数字经济，用好独特资源，引领实现高质量发展**

4.2.3 资源、能力和竞争优势之间的关系

尽管内部环境分析的基本单元是公司的各种资源，但单独一项资源所实现的竞争优势，常常是不能持久的。如采矿组织可能拥有一些有特殊矿藏的地面矿，但是矿藏终将耗尽；从事服务业的公司的独特资源可能是一些特别优秀的员工（如外科医生、教师或者律师），但是，这些人员可能会辞职或被竞争对手挖走。因此，试图单纯依靠某种独特资源来维持长期竞争优势，将是非常困难的。

为了使公司建立起长期竞争优势，必须将各种资源组合起来，形成有组织的能力。例如，福特的工程师、设计人员、实验室、技术室和IT资源如果分开来单独考虑，其价值都很有限，但合并到一起时，它们就能够形成强大的新产品开发能力，开发出像Focus这样的新车型。因此，在进行内部环境分析的过程中，区分资源与能力的差异十分重要。图4-1显示了各种资源、能力和竞争优势之间的相互关系。

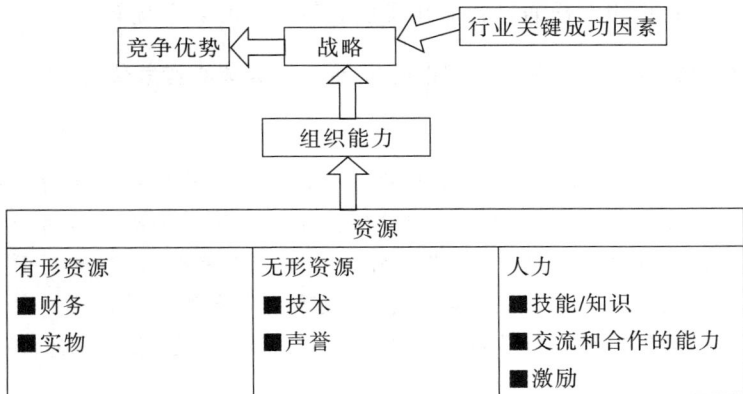

图 4-1 资源、能力和竞争优势之间的关系

事实上，对于在同一市场上相互竞争的企业而言，他们的业绩差异很难用它们在资源基础上的差异完全解释清楚，因为资源通常是可以模仿或交易的。单单资源本身通常难以产生很高的生产价值，优异的业绩取决于企业在经营活动中配置资源的方式，即组织能力。总体说来，资源的组合形成了组织能力，组织能力也就是企业根据经营活动的要求对资源进行的组合与协调。企业通过对组织能力的创造性运用构造出与外部环境相适应的战略，并据此建立竞争优势、赢得竞争。

4.3 核心竞争力：组织长期竞争优势的根源

如前所述，并非所有资源与能力都能形成战略优势，只有那些有竞争价值和潜力而且能够带来竞争优势的独特资源和能力才能成为战略优势。而核心竞争力则是组织能力中最关键、最重要的内容。

4.3.1 核心竞争力的含义

核心竞争力的概念是1990年美国密西根大学商学院教授普拉哈拉德（C.K. Prahalad）和伦敦商学院教授哈默尔（Gary Hamel）在其合著的《公司核心竞争力》（The Core Competence of the Corporation）一文中首先提出来的。他们对核心竞争力的定义是："在一个组织内部经过整合了的知识和技能，尤其是关于怎样协调多种生产技能和整合不同技术的知识和技能"。从与产品或服务的关系角度来看，核心竞争力实际上是隐含在公司核心产品或服务里面的知识和技能，或者知识和技能的集合体。也就是说，核心竞争力通常不是我们表面看到的某些成功要素，而是隐藏在这些成功要素背后的资源与能力组合。以海底捞为例，很多人将其成功界定为出色甚至"变态"的服务，但海底捞餐饮责任有限公司北京、沈阳分公司总经理袁华强则认为："企业的某些环节鹤立鸡群只是外在表象，海底捞真正的核心竞争力在于企业人力资源和食品安全体系的完善，而非单一的服务在行业中领先。"现实中，并非所有管理者都很清楚自己企业的核心竞争力，也有一些管理者错误地判断了企业的核心竞争力，这其中所涉及的就是核心竞争力的评价与判断标准。战略行动4-3描述了伊利集团怎样通过智能化发展获得了核心竞争优势。

战略行动4-3：伊利：智能化发展，获取核心竞争优势

乳业是守护国民健康的重要基础产业，是助力健康中国不可或缺的产业。作为乳业龙头，伊利深入贯彻落实关于奶业振兴的决策部署，整合全球优势资源，全力高标准打造"伊利现代智慧健康谷"，构建高新技术产业、绿色智能产业带动下的产学研、产城等多融合的发展模式，打造世界瞩目的乳业硅谷，全面引领行业高质量发展，助推中国乳业加速腾飞。

科技引领，塑造全球智能制造标杆

当前国际形势日益复杂多变，科技创新已成为推动全球新一轮变革、加快产业转型升级的重要驱动力。秉承"不创新，无未来"的理念，伊利在推进伊利现代智慧健康谷总体布局与建设规划过程中，始终将科技创新视为核心竞争力，不断汇聚全球智慧，重点打造世界一流的乳业大数据中心、世界一流、国内规模最大的国家物流枢纽和骨干冷链物流基地等十几个国际、国内第一的项目。

其中，依托工业互联网、5G、BIM技术，打造世界一流数字化工厂的液态奶全球智造标杆基地项目更是为乳业发展注入了数字化的创新动能。该项目位于伊利现代智慧健康谷核心区，项目总投资50亿元，是全球单体规模最大、自动化水平最高、技术装备最先进、零碳绿色、5A级沉浸体验的全球智能制造标杆项目。项目拥有12个单体建筑，规划32条生产线，运行后日处理鲜奶能力可达到6 500吨。此外该项目还采用BIM建模技术，集AGV车间供料系统、WCS调度监控系统、备件信息化管理系统、能源集控系统以及MES通信系统为一体，实现生产过程无人化、透明化、高效化、可追溯化。

智慧集聚，打造世界乳业的策源地

《"十四五"奶业竞争力提升行动方案》指出，推动建立以企业为主体、科研院所为支撑、产学研结合的奶业科技创新体系。一直以来，伊利积极响应国家号召，坚持推动创新战略，主动肩负起企业作为市场主体的责任与担当，成为引领奶业振兴的创新高地。因此，在伊利现代智慧健康谷设计之初，伊利就将产学研融合纳入项目建设重点任务，国家乳业技术创新中心总部落户伊利现代智慧健康谷，将打造全球唯一整合牧草种植和加工、奶牛繁育和养殖、乳品工艺和技术、人群营养和健康以及全产业链风险防控等全过程的创新研发平台。该中心定位于面向全行业，服务全产业，解决行业发展技术瓶颈，突破"卡脖子"问题。

击鼓催征正当时，伊利现代智慧健康谷以卓越的建设成效，徐徐拉开中国乳业加快振兴的新序幕。据悉，伊利奶酪全球样板基地、敕勒川医院、呼和浩特第二中学敕勒川分校等基础配套项目、民生项目及其他上下游配套产业项目也均在同步建设中。未来，在产业配套完备和城市功能完善的情况下，伊利现代智慧健康谷2035年可实现生态、社会与经济效益的综合提升，年地区生产总值贡献可达到1 982亿、当年财政收入196亿、直接/间接就业人口超过35万人、新增就业岗位14万个、区域总人口达到50万~100万人，同时，成为世界乳业的策源地和城市群发展的典范。

资料来源：佚名.伊利现代智慧健康谷建设稳步推进，以千亿布局加速中国乳业腾飞 [EB/OL]．[2023-12-10].http://www.ce.cn/xwzx/gnsz/gdxw/202205/20/t20220520_37601097.shtml.

4.3.2 核心竞争力的评价标准

尽管不同公司的核心竞争力在表现形式上会有所差异，但是，判断和评价核心竞争力的标准却是相同的。这些标准就是：延展性、价值性、稀缺性、难以模仿性。不能满足这四个标准的能力就不是核心竞争力。这就意味着，每一种核心竞争力都是能力，但并非每一种能力都是核心竞争力。在实际操作中，一种能力要想成为核心竞争力，从企业自身角度出发，必须是可以复制和延展到其他市场或产品中的；从客户角度出发，必须是有价值且不可替代的；从竞争者角度出发，必须是独特且不可模仿的。

1.延展性

核心竞争力应该有助于公司进入不同的市场，成为公司扩大经营的能力基础。企业就像一棵大树（如图4-2所示），最终产品就是树上结的果实，果实需要树枝、树干提供养分，树枝、树干就是公司的核心产品，大树的根就是核心竞争力，是提供树木花果营养的主要来源，而公司的文化、管理程序就是大树的土壤。例如，美国可口可乐公司，其可口可乐的配方就是企业的核心竞争力之一，因此可口可乐公司说，如果全世界发生火灾，把全世界的可口可乐公司都烧光了，但是只要配方还在，可口可乐公司在3~5年内还可以在全世界东山再起，这就是企业的核心竞争力。而树枝和树干，就相当于可口可乐的浓缩液，这是可口可乐公司的核心产品。把可口可乐浓缩液运到各地瓶装厂，最终制成的可口可乐产品就是最终产品。再如本田公司生产汽车、机车、割草机、发电机等多类产品，这些产品看似不同，但其实都是建立在其发动机方面拥有的核心竞争力的基础上。

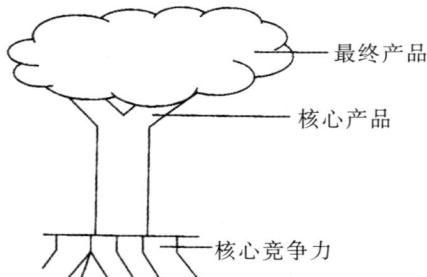

图4-2 核心竞争力、核心产品和最终产品的关系

2.价值性

核心竞争力应该对最终产品所体现的消费者福利有显著的贡献。很明显，本田公司在发动机方面的专长、英特尔公司在微处理器方面的专长以及AT&T在通信方面的专长，都符合这一条件。核心竞争力贡献在于实现顾客最为关注的、核心的、根本的利益，而不仅仅是一些普通的、短期的好处。尽管，很多企业的核心竞争力都与其拥有的领先技术优势相关，但一些企业似乎走入了误区，以为技术越先进，价值就越大，竞争优势也越明显。这也导致一些企业错误地判断了企业的核心竞争力。拓展阅读4-2介绍了胖东来的核心竞争力。

拓展阅读4-2：胖东来——超市行业的"海底捞"

　　胖东来的走红，是一个口碑的自然传播过程。胖东来因其无微不至的贴心服务，被称为超市行业的"海底捞"。"你想到的没想到的胖东来都替你想到了"，超市内备有可供不同人群使用的多达七种购物车，货架上还备有放大镜和老花镜，方便视力退化的老人看配料表，不仅如此，胖东来的员工还会自发给老人孕妇推购物车、给顾客打理衣物。可贵的是，胖东来并没有局限在表面的服务工作上，它还有着更"奇葩"的服务规则：对于所有的售卖商品进行无理由退换，即使吃过的商品也能退。

　　由此可见胖东来的核心竞争力就是：实现顾客最为关注的、核心的、根本的利益。所以，胖东来被外界给予很高评价。

　　并且胖东来还有很多对顾客的服务细节：

　　（1）顾客购物的时候可以享受车辆免费停放，同时胖东来还制定了隔夜停放标准，处处为顾客着想。

　　（2）在卖场外设置铁笼，由于有些顾客携带了宠物，不方便购物，可以将宠物寄存在这里，天气炎热时还会为宠物提供水。

　　（3）顾客选购服装时，帮顾客整理衣物、帮着拉拉链；顾客选购鞋类时，帮顾客提鞋子。

　　资料来源：黄千千.又上热搜，"胖东来"为何屡获好评？[EB/OL].[2023-12-10].https://baijiahao.baidu.com/s?id=1761516162511576599&wfr=spider&for=pc.

3.稀缺性

　　稀缺性，即稀有能力（rare capability），是指那些现有或潜在竞争对手极少能够拥有的能力。在评估这个标准时，企业总是试图找到这个问题的答案，即"有多少竞争对手拥有这种有价值的能力"。如果一种能力被许多竞争者拥有，对于它们中的任意一个，都不太可能会产生竞争优势。例如，在石油与天然气开采中，诸如定向钻孔和3D地震分析的新技术对于降低开发成本至关重要。但是这些技术能够从油田钻探和信息技术公司处轻易获得，因此，任何一家企业都难以据此构建起持久的竞争优势。这种情况与汽车行业相似。在汽车行业，质量仍然是关键，但随着全面质量管理的普及，它已经不再是竞争优势的明显来源，而是企业运作所必需的最低限度的资源和能力。只有当企业创造并发展了那些竞争对手并不具备的能力时，才会产生竞争优势。例如，在计算机产业的发展演进过程中，戴尔公司之所以能够在与IBM、苹果等老牌企业的竞争中胜出，就是因为直销商业模式使它比竞争对手更有效率，也使得它的增长率高于同行业的水平，因此，戴尔用来塑造并发展商业模式的能力是稀有的。拓展阅读4-3介绍了格力竞争优势的稀缺性特点。

拓展阅读4-3：格力竞争优势——稀有性技术的研发成功

2024年1月27日下午，由中国机械工业联合会在珠海市组织召开了针对"120℃+工业大容量高效高温离心式热泵"和"COP7.0+双级永磁变频螺杆冷水机组技术及应用"项目的科技成果鉴定会。经鉴定委员会认为，两个项目技术难度大、创新性强，具有完全自主知识产权，整体技术达到国际领先水平。格力电器再获两项"国际领先"技术。截至目前，格力电器已拥有44项"国际领先"技术，彰显了强大的创新实力，节能品质再获行业认可。

助力"双碳"时代 引领热泵技术再升级

120℃+工业大容量高效高温离心式热泵，具有高温、高效、低碳、大容量、高温升等特点。该热泵机组经国家压缩机制冷设备质量检验检测中心测试，在60K温升、120℃冷凝温度，制热量为9 114kW，制热COP可达到4.36W/W；65K温升下冷凝温度最高可达130℃，最大容量可达10MW，经鉴定达到行业领先水平。

根据测算，1台10MW的120℃+工业大容量高效高温离心式热泵全年运行可每年创造新增产值100亿，实现减碳排放量2 200万吨，相比传统工业锅炉具有显著的节能降碳效果，可满足食品、医药、蒸酒、印染等场景需求；替代传统燃煤燃气锅炉，市场前景非常广阔，推动了热泵行业的节能升级，助力能源低碳发展和工业碳中和，可为国家节能减排战略作出贡献。

创新科技助推节能减排 加快绿色冷源发展

我国目前制冷用电量占全社会用电量15%以上，年均增速近20%，大中城市空调用电负荷约占夏季高峰负荷的60%，制冷空调节能降碳是"双碳"战略目标推进的重点领域。而冷水机组为各类公共建筑提供冷源，机组耗电量占比达到建筑总能耗的35%以上。

在冷水机组高能耗现实问题与"双碳"战略持续推进的时代背景下，绿色高效冷水机组的研制及推广应用是促进节能减排、应对气候变化、加快生态文明建设的重要举措。

据介绍，"COP7.0+双级永磁变频螺杆冷水机组"项目针对目前中小冷量段冷水机组的能效水平偏低、长期未有突破的技术现状，首创能效水平突破7.0的双级永磁变频水冷螺杆式冷水机组，首次将直列式双级螺杆压缩机技术应用于水冷冷水机组，实现中间补气提升系统能效，同时搭载新型小压比同齿异构等容高效转子型线、双级压比的无位置精准适配调控，实现全工况效率提升。研制出小冷量 180RT 机组，其名义制冷性能系数 COP 达 7.22，综合部分负荷性能系数 IPLV 达 12.01，较国家一级能效标准超出 34.7%，较行业同冷量最高水平磁悬浮超出 14.5%，较行业同冷量最高水平变频螺杆超出 11.6%，节能效果显著，可广泛应用于各类公共建筑、轨道交通、数据中心等领域，对推动行业高质量发展、培育绿色发展新动能、深度参与全球环境治理具有重要意义。

　　资料来源：佚名.挺进技术无人区！格力电器两项商用机组技术获评"国际领先"！[EB/OL]．[2024-04-10]．https：//gree.com/Article/view/08c7dbfc602e4a70ba266620b6715ca9.

4.难以模仿性

　　难以模仿性指的是难以被模仿的能力，即其他企业不能轻易建立起来的能力。要获得模仿其他公司战略所需的资源和能力，最简单的方法是购买。如果竞争对手能购买到成功公司构建竞争优势所依赖的资源，那么这个公司竞争优势的存在时间将会很短。

　　大体有三方面的因素会导致企业能力难以被竞争对手模仿：

　　第一，能力建设的路径依赖性。企业在早期所形成的独特能力和资源，可能会让企业拥有在其后成立的企业所不能模仿的优势。以5G芯片的竞争为例，根据中国信息通信研究院发布的《全球5G标准必要专利及标准提案研究报告（2023年）》，共有包括5家中国品牌（华为、中兴、大唐、OPPO、小米）入选全球5G标准必要专利TOP10榜单，充分表明中国企业在5G领域的创新实力依然无与伦比。在TOP10榜单中，10家企业的5G专利总占比已经突破全球5G专利总数的75%，而华为则以14.59%的成绩占据榜单的第一，而且大幅领先位居第二的高通（10.04%），即便华为的发展空间严重受限，但华为的第一仍实至名归，其在5G领域的专利布局和技术创新一直备受关注。中兴则以8.14%的成绩位列第四，大唐、OPPO、小米则分别以4.34%、4.19%、4.10%的成绩分列第8、9、10名。

　　第二，竞争优势来源的模糊性。在这种情况下，竞争对手无法清楚地了解企业怎样利用它的竞争能力作为竞争优势的基础。结果是，竞争企业不能确定它们需要建立什么样的竞争能力，才能得到与竞争对手相同的战略利益。卡特彼勒（Caterpillar）钢铁公司的前首席执行官福沃德（Gordon Forward），允许竞争对手们参观公司的设备。用他的话来说，"竞争对手可以参观几乎所有的东西，而我们不会遗失任何东西，因为他们无法把看到的东西带回家去"。福沃德的观点体现了卡特彼勒钢铁公司竞争优势来源的因果模糊性。

　　第三，资源间具有互补性。如果资源和能力是相互补充从而共同发挥作用的，那么，将一项资源从资源组合中独立出来将会导致它失去生产力和价值。组织的能力是以资源组合为基础的，所以组织的能力比单个资源的流动性弱。即使整个资源组合能够一起被转让（在投资银行业中，整组的分析家或并购银行家全部从一个银行跳槽到另一个银行也是常见的事情），但资源组合对更广泛的人际关系网以及公司文化的依赖也会成为其在新公司中重新创建能力的障碍。

战略行动4-4体现了可口可乐公司竞争优势的难以模仿性。

战略行动4-4：可口可乐为何百年屹立不倒？

可口可乐公司2022年第一季度营收104.91亿美元，同比增长16%，超出市场预期的98.3亿美元；经营利润为34.05亿美元，同比增长25%；净利润为27.93亿美元，同比增长24%；每股收益为0.64美元，同比增长16%，高于市场预期的0.58美元。

作为一家有着百年历史的国际大企业，那么它的成功之处到底在哪呢？

（1）核心配料难以复制性。可口可乐诞生于1886年，其中99%以上的配料是公开的——糖、碳酸水、焦糖、磷酸、咖啡因等。其核心秘方，是占可口可乐不到1%的秘密成分——"7x号货物"，因为据说有7种配料。而这1%目前鲜有人知。

（2）人工智能+大数据，精准了解消费者偏好。可口可乐立志成为全品类的饮料公司，目前其旗下有可乐、雪碧、芬达、美汁源等子品牌和果汁、牛奶、植物饮料、功能饮料、运动饮料等诸多品类。如此庞杂的产品品类，可口可乐必须做到精准铺货，选择合适的产品推送给合适的消费者。要想做到这一点，公司内部庞大数据库的建立就显得至关重要。不仅如此，公司还应该具备相匹配的运营能力去进行分析、转化。2018年前后，可口可乐开始自建DMP（数据管理平台），以配合数字化营销，目的是希望通过广告获取的相关讯息都可以留在公司内部。

不仅如此，可口可乐还已经开始搭建CDP（持续数据保护），目的是积累会员，建立可识别的PII，用以识别消费者信息。在AI领域，可口可乐也在进行探索，希望通过深入运用图像识别、机器视觉来做营销洞察，从而摆脱之前的"人肉"市场调研。

然而，线上数据库的搭建并不是全部，可口可乐现在试图去连接线下的销售点，最终达到线上流量成功转化为线下交易的目的。

资料来源：佚名.可口可乐为何百年不倒？[EB/OL].[2023-12-10].https://zhuanlan.zhihu.com/p/570128909.

综上所述，企业只有运用那些可延展的、有价值的、稀有的、难以模仿的能力，才能获得持久性的竞争优势。

4.3.3 核心竞争力对战略思维的影响

核心竞争力理论的提出，使许多传统战略管理观念被重新思考和修正。

首先，传统理论和许多企业通常强调市场机会在战略制定中的主导作用。例如，当房地产行业发展迅猛时，国内众多企业纷纷进入房地产开发领域；当信息产业蓬勃发展时，传统产业一窝蜂地进入高科技产业；当红酒流行，又有一堆企业将其视为机会，大量进口红酒。这些均是以追寻机会为主的成长战略。但从核心竞争力的观点看，机会并不能代表竞争优势，没有竞争优势，即使进入高成长的行业也无法和其他竞争者竞争，格力电器进入手机行业却无所建树，就是这方面的典型教训。其实，只要公司本身有竞争优势，并不需要特别地迁就环境变化，如果环境变化对本身有利，公司利润自然提高，若环境变化不利，公司仍然可依靠竞争优势赚取利润，问题只是利润的高低。以本田公司为例，割草机市场成长率不高，平均利润不佳，不能说是"机会"，而且本田没有销售渠道、维修中心更是其"弱点"，因此从机会的观点看，本田毫无进入割草机市场的本钱。但从核心竞争力的观点看，本田可以将发动机方面的技术扩展到割草机，增强本田割草机的竞争优势，相对而言，其"劣势"微不足道。

其次，企业的核心竞争力延伸出核心事业，而有核心事业就有非核心事业。企业可将非核心事业外包出去。一些美国企业受到核心竞争力观念的影响，认为生产不是其核心专长，不如将生产业务外包，专注在研发和行销上。例如，苹果手机的生产就一直外包给富士康科技集团。当然，长期将制造能力外包，公司的价值创造能力也可能会减弱。

再次，核心竞争力也打破了垂直一体化（相关知识将在第6章中做深入探讨）的神话。以前认为垂直一体化可以增加企业利润，但从核心竞争力的观点而言，没有核心竞争力就不应该进入上下游领域。英特尔在微处理器上独占鳌头，也曾尝试前向一体化进入主机板市场，但却因为没有生产主机板的核心竞争力，微处理器的核心竞争力又无法转移到主机板产业，只好铩羽而归。

最后，企业的多元化也必须要以核心竞争力为主。IBM、3M、佳能、本田、夏普等公司，均是极佳的例证。有关核心竞争力与多元化之间的关系，将在第7章做进一步探讨。

4.3.4 核心刚度及其克服

通过上述分析，我们了解了培育核心竞争力和延伸核心竞争力的重要战略意义。必须注意的是：核心竞争力的构建并非一劳永逸的活动，因为核心竞争力也会对企业的发展产生阻碍，这主要是由核心刚度导致的。

核心刚度，是指当企业具备的核心竞争力与内外环境不相适应时，而核心竞争力又表现出很难改变的路径依赖特征，进而形成阻碍核心竞争力作为企业持续竞争优势源泉的惯性系统。美国学者巴顿（Dorothy Leonard-Barton）认为："核心竞争力容易形成核心刚度，其中最普遍但也是最不被人意识到的原因之一是过分强调目标。"

企业的核心竞争力需要与行业的发展演变保持一致，二者一旦错位，那么核心竞争力就失去了价值。

美国施乐公司（以下简称"施乐"）是复印机领域最早的领头羊，依托购买的原始技术发明了复印机，在此之后整整十年内施乐没有任何竞争对手，这种行业内

的垄断滋长了惰性，施乐不思进取、不思改革，久而久之形成了核心刚度。到了
20世纪80年代中期日本佳能公司打入施乐垄断的复印机领域，佳能的复印机虽然
功能比不上施乐，但其成本却降低了1/3。在佳能公司的低价战略下，施乐的市场
最后只剩下原来的1/3，这时施乐才开始反省。随后，施乐引进智能化技术，并且
不断创新，在克服核心刚度以后，现在的施乐依然是世界复印机市场上较有竞争力
的企业之一。

以上案例说明只有保持企业向上的竞争精神，防止核心刚度产生，企业才可能
有未来的前景。总体而言，企业可以通过三种方式克服核心刚度的影响：

1.激发组织内的创新

创新不仅仅是社会对企业的要求，事实上，企业也只有不断地创新，才能不断
开发出与外部市场机会相匹配的新能力。当然，要在组织内形成有利于创新的环境
是一项系统性工程，仅仅改革某一方面是不够的，它涉及以下几个方面：（1）组织
的结构。传统的直线制组织结构限制了人员的流动，而具有创造性的人往往是那些
与他们研究领域之外接触更多的人。一些著名公司（如英特尔公司）已不再采用原
来的职能组织结构，而开始用更动态的和更多元化的眼光来看待组织变化。（2）知
识和信息在组织内的传播。直线制组织结构强调信息的纵向交流，缺乏信息的横向
交流。现代科技使企业能够通过电子网络建成一个全球化的信息交流平台，促进企
业内外的知识和信息横向和纵向交流。值得一提的是，将企业建设成为学习型组
织，通过组织成员之间的深度学习，有助于促进知识在组织内部的传播，推动知识
在个人层次和组织层次之间的互动。（3）人员的职责和角色的转变。基层管理者由
于拥有最新知识和专家技能，更接近于对创新起关键作用的企业惯例和信息源泉，
因而应该是创造过程的推动者。中层经理不仅扮演着基层管理能力培养者的角色，
而且要将分散的业务部门的资源和能力凝聚起来，对之进行整合，形成组织的综合
能力，因此，中层管理者应担任整合的角色。高层管理者则为公司注入发展的动
力，为企业提供创造性经营的基础。（4）激励机制。既要奖励为创新作出贡献的员
工，同时也要容忍失败，对失败的不恰当的惩罚会扼杀员工创新的积极性。（5）文
化氛围。要在企业内形成崇尚创新、鼓励员工凭借其知识和才干争取到地位和尊重
的文化氛围。（6）人员的知识和技能培训。对人员进行定期培训不仅是出于组织的
需要，同时也是出于对员工负责的需要。

2.持续更新核心竞争力

企业内的不断创新能增加孕育新能力的机会，但是企业内的创新不是一次性工
作，而是一个持续性过程。在大多数企业里，企业改良和创新过程被看成相互冲突
的，甚至是相互排斥的，实际上这两个过程是相辅相成的，持续的改良过程为创
新、产品提供源泉。只有将核心竞争力的更新看成一个持续不断的过程，才能使得
企业在原有的核心刚度所导致的竞争优势丧失之前，产生新的核心竞争力，才能够
持续实现新老核心竞争力的顺利更替。我们不妨看看世界上极具创造力的公司——
3M公司在创新方面的成功经验，3M公司的创新可以用"成长再分立"来概括。公

司鼓励、资助每一个有创意的员工开发新项目,员工一旦开发项目成功即可单独建成分部,然后成为事业部,新的事业部可以为自己的新项目融资,启动新一轮的"成长再分立"过程。到20世纪90年代,3M公司有100多项核心技术转化为6万种新产品,并在其中47大类产品事业部下汇聚了900个经营这些产品的创利中心。

3.建立内部选择机制

在传统企业内部,是根据部门完成的利润等指标来确定其保留还是淘汰,虽然业务部门的剥离和出售需要高层管理部门的干预,但总的说来这仍然是企业对外界环境的一种被动反应而不是企业主动进行的变革。单纯由企业的管理部门来更新企业,很难保证企业核心竞争力的变革同行业层次上竞争优势的源泉保持一致,反之完全用"自然选择过程"(即通过外部市场竞争来选择)来代替"权威选择过程"(即企业的高层确定核心竞争力的发展方向)也不可取,企业许多创新项目在初期需要资金和人员的支持,创新在企业内扩散也需要高层管理人员的推动,因此,必须将二者结合起来。企业内各业务部门之间的异质性越强,企业同环境选择标准之间的紧密匹配的机会就越多。企业各业务部门的内部选择标准和外部选择压力之间的一致性越强,选择机制就能够更好地保证各业务部门企业的能力同行业竞争优势的源泉之间的协同进化。

战略行动4-5介绍了比亚迪是如何克服核心刚度的。

战略行动4-5:比亚迪克服核心刚度,以"突破性"技术加速攻占高端市场

作为新能源汽车领导者,比亚迪始终秉持"技术为王,创新为本"的发展理念。数据显示,2022年比亚迪研发投入202亿元,同比增长90.31%。正是基于在技术研发上长期不懈的努力,不断克服核心竞争力持续创新,比亚迪推出了刀片电池、e平台、DM、易四方等颠覆性技术,在电动化时代抢占了技术高地。

作为全球首个新能源专属智能车身控制系统,云辇是比亚迪历时5年、耗资数十亿元全栈自研打造的智能车身控制系统,包含云辇-C智能阻尼车身控制系统、云辇-A智能空气车身控制系统、云辇-P智能液压车身控制系统,未来还将推出更多技术产品系列。

据介绍,云辇-C智能阻尼车身控制系统,实现车辆舒适性和运动性的完美兼容。云辇-A智能空气车身控制系统,让整车具备极致的舒适性、支撑性与通过性,树立奢适新标杆。云辇-P智能液压车身控制系统,能够实现超高举升、四轮联动、露营调平等超强越野功能,塑造全球豪华越野新巅峰。

在不少业内人士看来,随着云辇在仰望、腾势、F品牌上的应用,比亚迪将进一步强化高端产品竞争力,加速攻占传统豪华品牌腹地。

此次发布会上，比亚迪还让搭载云辇-X技术的仰望U9现场演示了全主动车身控制技术。车辆跟随着音乐"翩翩起舞"，显示了云辇-X强大的底盘调教能力和四轮悬架控制能力。据悉，云辇-X技术还能实现"0"侧倾、"0"俯仰、三轮行驶与原地起跳等高阶功能。

资料来源：王跃跃.云辇系统发布，比亚迪以"突破性"技术加速攻占高端市场［EB/OL］．［2023-12-10］．http：//auto．ce．cn/auto/gundong/202304/11/t20230411_38491425.shtml.

4.4 价值链分析

除功能分析法外，另外一种分析组织能力的方法是价值链分析。波特（1985）在其《竞争优势》一书中提出了"价值链"的概念并对其进行了深入的研究。波特认为，企业的每项生产经营活动都是其创造价值的活动，这样，企业所有不同且相互关联的生产经营活动便构成了创造价值的动态过程，即价值链。其中，价值活动是企业所从事的物质上和技术上的界限分明的各项活动，利润是总价值与从事各种价值活动的总成本之差。

4.4.1 价值链的结构

价值活动可分为两大类：基本活动（Primary Activities）和辅助活动（Support Activities）。基本活动，如图4-3底部所列示，是涉及产品的物质创造及销售、转移给买方和售后服务的各种活动。任何企业中，基本活动都可以划分为图4-3所示的五种基本类别。辅助活动是辅助基本活动而实施的一系列活动。下面我们详细介绍基本活动和辅助活动的具体内容。

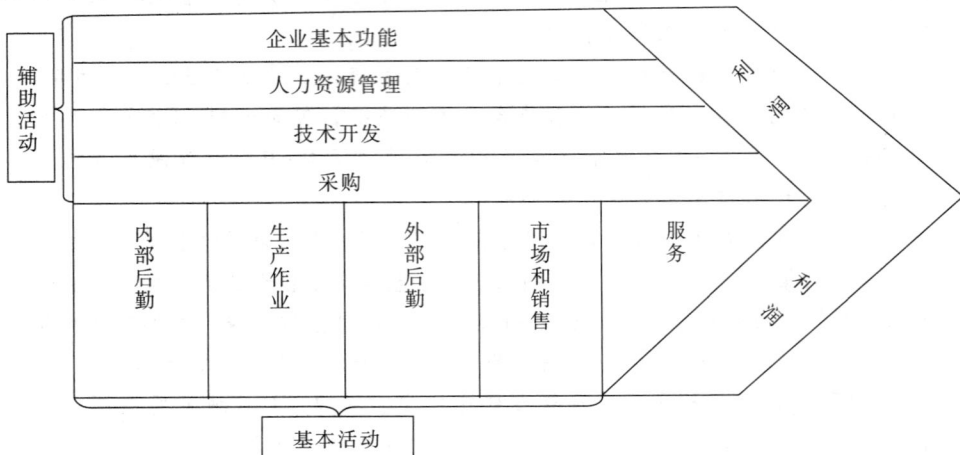

图4-3 价值链：基本活动与辅助活动

资料来源：波特.竞争优势［M］.陈小悦，译.北京：华夏出版社，1997：37.

1.基本活动

基本活动包括以下内容：

• 内部后勤（也称进货物流）（Inbound Logistics）：指与接收、存储和分配产品投入有关的活动，包括原材料处理、仓储、库存管理、车辆调度和向供应商退货等。

• 生产作业（Operations）：包括所有把投入变成最终产品的活动，如机械加工、包装、组装、设备维修、测试、印刷和厂房设施管理等。

• 外部后勤（也称发货物流）（Outbound Logistics）：指有关集中、存储和把产品或服务分销给客户的活动，包括仓储、原材料搬运、送货车辆管理、订单处理和进度安排等。

• 市场和销售（Marketing & Sales）：指向客户提供产品和服务，以及吸引他们购买的手段和活动，包括广告、促销、报价、销售渠道选择和定价等。

• 服务（Service）：包括所有与提供服务以提高或保持产品价值相关的活动，如安装、维修、培训、零部件供应和产品调适等。

根据具体产业情况，每一种基本活动对于竞争优势都可能是至关重要的。对批发商而言，进货和发货的后勤管理最为重要；对于像饭店或零售店这样提供服务的企业而言，外部后勤可能在很大程度上根本不存在，而经营则是关键；对于得力集团而言，产品创新则成为竞争优势的核心来源（见拓展阅读4-4）。无论在何种企业中，所有类型的基本活动都在一定程度上对竞争优势发挥作用。

拓展阅读4-4：得力集团坚持产品创新——小文具细功夫

一支小小的笔头，从生产到下线需要经过20多道工序，这支笔头集先进技术、精工制造、设计创新于一身，是得力集团有限公司（以下简称"得力集团"）对产品精益求精的体现。

位于浙江省宁海县的得力集团深耕文教办公用品行业40多年，坚持产品创新、科研攻关，拥有多家创新研发中心和顶尖的研发工程师与设计师，每年推出产品5 000余款，多次获得国际知名设计类奖项。公司先后获得"国家高新技术企业""国家级企业技术中心""中国文教用品行业十强第一名""中国民营企业500强"等荣誉称号。

不吝研发投入

得力集团创建于1981年，从购入第一台注塑机生产文具起家，在抓好文教办公用品主业的同时，坚持多元化布局，从文具扩展至办公设备、数码打印、智能办公、儿童益智、精品工具、办公家具等多个领域。

发力研发，不断用科技和创新重塑产品，让得力集团走向行业前沿。不易残留胶印的纳米胶带，可以同时满足点、线、面涂抹的三角透明固体胶，天然植物成分、淀粉配方的植物型固体胶……这些拥有全新外观设计的胶粘系列产品更新了消费者对胶粘产品的认识，市场不断拓宽。

向智能化升级

独创的"分体式墨盒设计"，可以实现换墨不用换打印头，进而降低彩打成本，黑白单页打印成本低至约0.011元，彩色单页打印成本低至约0.038元……在得力集团数码打印首届全国经销商大会上，最新升级款喷墨打印机不但解决了用户堵头、配网、交互等使用痛点，而且以即装即打、创新分体式墨盒、蓝牙配网、可视化操作界面等创新配置赢得了经销商的青睐。

得力集团依托自身技术和经验，经过8年攻坚克难，投入数亿元，成功研发出激光打印头、喷墨打印头、软件源代码、主控板、打印引擎等核心零部件，拥有了打印机领域完整的自主知识产权。

为了适应多元业态发展，加强品牌与年轻消费群体的互动、沟通，得力集团聚焦营销数字化改革，成立了数字营销部，在抖音、小红书、B站等社群营销平台上开展内容生产与品牌传播活动，并搭建了工具、打印机、家居、益智早教等多品类的场景化直播间。目前，得力集团已将云打印设备、云考勤设备、智能会议系统、线上学习产品等20多个品类、数百款数字化产品推向市场。

资料来源：郁进东.得力集团坚持产品创新：小文具细功夫［EB/OL］.［2023-12-10］.https://baijiahao.baidu.com/s？id=1778985074769082085&wfr=spider&for=pc.

2.辅助活动

除了基本活动的分析外，企业的辅助活动也不容忽视，他们往往也具有创造价值的潜力。

辅助活动可以被分为四种基本类型：

•采购（Procurement）：是指购买在一个企业价值链里使用的投入品的活动，而不是指外购投入品本身。外购投入包括原材料、零配件和其他消耗品，以及机器、实验室设备、办公设备和房屋建筑等资产。

•技术开发（Technology Development）：每项价值活动都包含技术。大多数公司采用的技术范围是极为广泛的，从用于准备文件和运输物资的技术，一直到生产过程和生产设备的技术以及产品本身所包含的技术。与产品和功能部件相关的技术开发支持整个价值链，而其他的技术开发则与某一种基础活动或辅助活动相关。

•人力资源管理（Human Resource Management）：由对各类人员的招聘、雇用、培训、开发和报酬所包括的活动组成。人力资源管理既支持单项的基础活动和辅助活动（如雇用工程师和科学家），又支持整个价值链（如与工会谈判）。

•企业基本功能（Firm Infrastructure）：由一般管理、计划、财务、会计、法律、政府事务、质量和信息系统管理等一系列活动组成。企业基本功能（与其他辅助活动不同）通常支持的是整个价值链，而不是单项活动。虽然企业基本功能有时仅仅被看作间接费用，但它也能成为竞争优势的一种有力来源。例如，有效的信息系统可能对降低成本有重大贡献。

4.4.2　价值链分析的步骤

任何一个企业都有属于自己的内部活动价值链。每一类产品，也都有自己的价值链。大多数组织一般都提供几类不同的产品或服务，因此在组织内部的价值链也会有多条。仔细分析每一条价值链，有利于更好地认识企业的优势与劣势。

价值链分析的一般步骤是：

•研究生产产品或服务的所有活动，辨别每种产品的价值链，确定优势和劣势活动。

•分析各产品价值链的内在联系，即一项价值活动（比如采购）的执行方式与另一项价值活动（比如生产作业）成本之间的关系。

•分析不同产品或事业部之间价值链的相互融合的可能性。大多数情况下，一项活动通常都存在规模经济问题，如果某个产品的产量达不到一定规模，就可以和其他产品一起承担能够达到规模经济的产量，以此来达到生产成本最低的效果。

4.4.3　价值链分析的拓展

价值链分析是一种很实用的分析工具，但是在实际中，战略分析人员不应该仅仅局限于图4-4所涵盖的较狭窄的范围。事实上，价值链的分析可以拓展到微观和宏观两个层面。

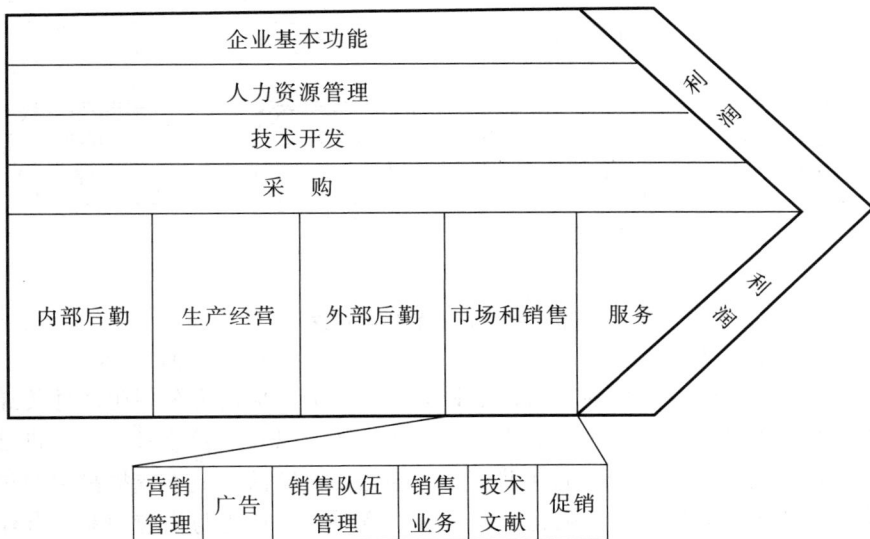

图4-4　基本价值链的再分解

微观层面是指战略分析人员可以将价值链作进一步的细化分析，例如可以将整个营销活动拆解成更进一步的细分活动，包括产品、价格、渠道、促销、包装、人员、流程及与合作者的关系等，以此可以更加清楚地了解创造价值的来源。宏观层面则是指战略分析人员可以将价值链扩展到整个价值链系统来做分析，比如价值活动的创造并不一定只局限于单一企业，还可以通过战略联盟、垂直整合、并购等战略手段来扩大经营范围，从而形成一个价值创造系统。

现实中，竞争对手之间的成本与价格差别不仅来自企业本身，还可能来自供应商，以及将产品传送给最终消费者的批发商/零售商。即使企业内部业务成本具有竞争力，如果供应商或批发商/零售商有极高的成本结构或利润空间，那么，也会使企业的成本竞争岌岌可危。例如，对米其林、固特异和普利司通之间的成本竞争进行评价时，我们不能只看到米其林的轮胎生产成本比固特异和普利司通的高还是低，一套米其林的轮胎需400美元，而一套固特异或普利司通的轮胎只需350美元，米其林轮胎50美元的价格劣势不仅来自于更高的制造成本，也可能来自于：（1）3家轮胎生产商在原材料供应与零部件生产上的花费不同；（2）米其林在运营效率、成本以及批发/零售商所要求的增值方面与固特异、普利司通不同。因而，从最终消费者的角度来判断公司的成本与价格是否具有竞争力，除了关注公司内部业务成本之外，同时还应关注相关供应商与前向合作者的业务与成本。

上面的案例清楚地说明了公司的价值链处于一个更大的活动体系中，它包括供应商的价值链，也包括了努力将其产品与服务传递给消费者的渠道合作者的价值链。要从最终的消费市场正确地评价公司的竞争力，公司经理们必须了解整个价值链系统，而不仅仅是公司自己的价值链，至少应该考虑与供应商、前向的渠道合作者的价值链，如图4-5所示。

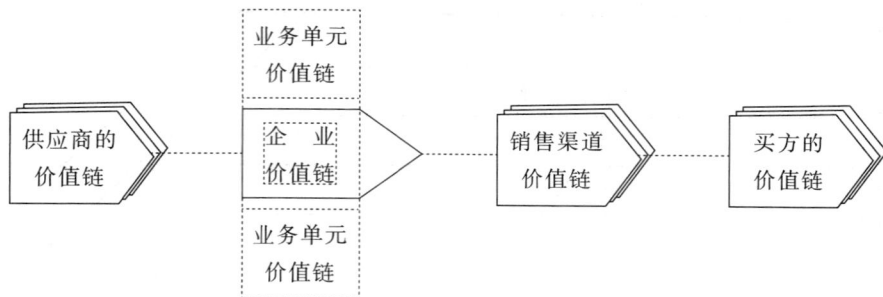

图4-5 产业的价值系统

资料来源：波特.竞争优势［M］.陈小悦，译.北京：华夏出版社，1997：38.

供应商的价值链与公司的价值链是相关的，因为供应商为公司生产并传递公司价值链中的投入品。这些投入品的成本、性能、特征以及质量会影响公司自己的成本与产品差异化的能力。任何能帮助供应商降低价值链活动成本或提高它们供应物品的质量与性能的活动，都能强化公司自身的竞争力，这为与供应商紧密合作提供了一个强有力的理由。

前向渠道和消费者的价值链与公司的价值链也是相关的，这是因为：（1）公司分销商的成本与利润是消费者所付价格的一部分；（2）分销商的活动会影响消费者的满意度。因为这些原因公司与其前后向的供应商或者渠道合作者（公司的直接客户）紧密合作，以对彼此有利的方式从事价值链活动，具有重要的战略意义。例如，铝罐生产商挨着啤酒厂建立工厂，通过空中传送带直接向啤酒厂罐装线传送铝罐，这种做法的结果是大大节约了铝罐生产商和啤酒厂在生产、运输、库存方面的成本。许多汽车零部件供应商都在汽车组装厂附近建立工厂，为汽车组装厂"准时"提供零部件，这种方式节约了库存与运输成本，加强了双方在零部件设计与生产进度安排上的合作。灌溉设备公司，葡萄收割与酿酒设备公司，生产木桶、酒瓶、瓶盖、瓶塞和标签的公司都建厂于加利福尼亚的酒乡来接近这里的将近700家酒厂。

这些案例中的一个重要经验就是：公司的价值链通常与其供应商和分销商或作为销售对象的消费者的价值链紧密联系在一起。

4.5 评估公司竞争优势的方法

4.5.1 标杆比较法

组织资源与能力分析的最终目的是识别组织的优势与劣势。也就是说，组织的战略能力是一个相对的问题，因为它是指"达到并且超越竞争对手业绩表现"的能力。评估公司的竞争优势意味着管理者需要了解业绩的评价方法和标准，在此，我们将向大家介绍三种主要的评估方法：标杆比较法（Benchmarking）、成功关键因素法、Swot分析。

首先，让我们了解一下目前使用较为广泛的标杆比较法。标杆比较法有几种不同的比较基础，包括历史比较法、行业（部门）标准比较法及最佳表现比较法。

1.历史比较法

组织需要考虑如何随着时间的推移而不断提升组织业绩，否则随着客户期望的提高和竞争对手业绩的改善，组织的竞争优势将会逐渐消失，甚至会被挤出市场。历史比较法通过将组织当前业绩与以往业绩进行比较，来识别组织的显著变化。历史比较法的不足之处在于，它容易使组织产生自满情绪。其实，真正重要的并不是组织自身的改善速度，而是与竞争对手相比的相对改善速度。

2.行业（部门）标准比较法

将组织的业绩表现与同行业或类似部门中的其他组织进行比较，也有助于搜集到有关企业业绩表现的有益信息。行业（部门）标准比较法（Industry Norms Comparison）是根据一系列议定的业绩指标来对同行业或同部门内的组织业绩进行比较。这种比较方法需要针对组织内不同的业务活动分别进行，而不对组织的整体业绩表现进行比较。在20世纪90年代末期，英国的公共事业部门通过采用最佳价值动议和临床治理项目等活动引进了更系统化的标杆比较方法。这些动议的一个特点就是要求各组织制定一个未来5年改善产出或者结果的计划，并且明确规定了最低改善幅度。这个最低的改善幅度通常就是让各组织在5年的时间内，达到目前排名在前25%的组织已经达到的业绩水平（包括所有的业绩产出/结果）。

行业（部门）标准比较法的不足之处在于：整个行业的业绩表现可能都很糟糕，应用这种方法，可能会使本行业的成员企业在竞争中输给那些可以通过其他方式来满足客户需求的其他行业。如航空公司的低效运营导致整个行业都面临着来自公路和铁路企业的威胁。因此，标杆比较法需要考虑超越特定行业或部门范围进行比较。

在行业内进行标杆比较的另一个不足之处是：行业间的界限会因为竞争活动和行业融合而变得模糊不清。例如，超级市场（逐渐地）进入了零售银行业，它们选取的行业标杆就需要反映这一点（同样，传统的零售银行在选取行业标杆时也要注意这一点）。

3.最佳表现比较法

行业（部门）标准比较法存在的缺陷促使组织在更广泛的范围内搜寻一切能找到的最佳做法来进行比较。与跨行业或跨部门的组织进行比较将增加组织变革的潜力。最佳表现比较法是指将组织的业绩表现与能找得到的"最佳表现"进行比较。

如前所述，标杆比较法的真正作用并不仅仅是进行跨行业或跨部门的比较，而是用来打破管理人员有关"资源或能力的渐进式提高将会逐渐改善业绩"的思维定式，这种思维定式已经不适用于很多组织在21世纪所面临的情况。在21世纪，其他组织通过改善某项价值活动或这些价值活动之间的联系而迅速实现了业绩提升，这给那些拥有旧有思维定式的组织带来了很大的威胁。标杆比较法能够让管理者感受到"震惊"，促使他们更好地理解如何进一步提高组织能力。例如，英国航空公司通过研究一级方程式赛车比赛中赛车在中途加油维修站的操作流程，缩短了飞机维护、加油和停机时间；警察局希望提高对报警电话的反应能力，就去研究了银行和IT行业内呼叫中心的运营情况。

标杆比较法的重要性不在于比较的具体"技术方面"，而在于比较结果对行为可能产生的影响；标杆比较法还可以创造进一步改善或进行变革的动力。但是，标杆比较也是有危险的：人们可能会过多地注意具体的比较过程技术，而这将对行为产生意料之外的负面影响。例如，对学校或者医疗机构使用行业内积分排名表，就可能会产生问题。由于大学主要根据研究成果、教学质量、毕业生的就业和工资起薪等来进行行业内排名，这就使得大学教师不得不在某种类型的期刊上发表研究成果，在有些情况下，还会在招生时偏向于招收那些毕业后能够对排名有所帮助的学生——这些行为基本上都与大学的教学质量没有直接关系。所以，最基本的一点就是，如果标杆比较法的基础存在缺陷，它就会导致形成一个存有缺陷的战略调整，从这种意义上讲，此法不会带来真正意义上的业绩改善。

标杆比较法是对投入（资源）和产出或者结果进行比较，因此有必要记住：由于标杆比较法并不是对组织能力进行直接比较，因此它并不能自动识别出一个组织业绩表现好坏的原因。但是，如果使用得当，标杆比较法可以协助管理者找出其中原因，并了解如何进一步改善本组织的组织能力。管理者需要观察和了解那些表现优异的公司是如何从事组织活动的，并对它们的做事方法能否被模仿或改善进行评估。对组织活动和流程进行大幅度的重新调整，可能会明显地改善产出或者结果。因此，标杆比较法的意义是：它能够提供"打破框架"的动力，并创造新的方式来赶超最佳业绩表现。

4.5.2 成功关键因素法

运用标杆比较法分析和比较公司的价格与成本，并据此来确定公司的竞争能力是必要的，但还是不够，公司还需要通过全面的评估来确定公司的整体竞争优势。在评估公司的竞争优势时，对下面两个问题的回答特别重要：首先，在每项决定市场成功的关键因素上，公司与竞争对手的相对情况如何？其次，综合考虑各种因素，公司与主要竞争对手相比存在着净竞争优势还是净竞争劣势？

成功关键因素法，可以帮助企业回答上述两个问题，且简便易行。这一方法涉及对公司及其主要竞争对手在每个行业的关键成功因素和每种具有决定作用的资源能力上进行定量的优势对比。许多用来进行竞争优势对比的信息可以从先前的分析中得到，行业和竞争对手分析可以得到行业的关键成功因素，由此可以区分行业中的胜利者和失败者。标杆比较法得到的信息提供了一个评估基础，在此基础上可以判断竞争对手在每项因素上的竞争优势，比如成本、关键的产品特性、客户服务、形象和声誉、财务能力、技术技能、分销能力以及其他具有竞争重要性的资源和能力。

实施该方法的步骤如下：

第一步，列出行业关键成功因素，并列出衡量优势和劣势的指标（通常6~10个指标就足够了）；

第二步，将公司和竞争对手按每种因素进行打分，当信息不够充分并且打分可能带来错误时，对公司和竞争对手做强（+）、弱（-）或相当（=）的比较可能会更合适，但打分的方法仍然是最好用的；

第三步是将每家公司所有因素的得分进行汇总，得到每家公司竞争优势的评估值；

第四步是利用这些评估值进行总结，得到这些公司竞争优势和劣势的大小和程度，并特别注意这些优势和劣势的范围。

表4-4是竞争优势评估的两个例子，ABC是假想的公司，它有四个竞争对手。第一个例子中的评估，采用的是一个未加权的评估体系，其设想各种关键成功因素/竞争优势指标都是一样重要的，任何一家公司，只要它在某给定指标上拥有最强的力量，则它在这个因素上拥有不言而喻的竞争优势，其竞争优势的程度可以通过它与竞争对手在这项因素上的得分之差来得以体现。把公司在每项指标上的得分相加就得到公司总的竞争优势的得分。公司总的竞争优势得分越高，则它比竞争对手具有越强的竞争力，公司总竞争优势得分之间的差距越大，则高分公司具有越强的净竞争优势。

相反，公司的总得分与竞争对手的总得分之间的差距越大，则公司越具有明显的净竞争劣势。ABC的总得分是61（见表4-4a），意味着公司相对于竞争对手4

（总得分为32）的净竞争优势要大于竞争对手1（总得分为58）的净竞争优势，但也表明公司相对于竞争者2（总得分为71）是稍有净竞争劣势。

因为不同的竞争优势其评价指标的重要性是不一样的，更好的评估方法是加权评估体系（见表4-4b）。例如，在一个产品/服务绝对同质化的行业里，比竞争对手更低的成本对其竞争优势具有决定性作用。在一个产品具有高度差异化的产业里，最重要的竞争优势指标可能就是品牌影响、广告量、产品的吸引力和分销能力。在加权评估体系中，我们需要同时考虑公司在每种竞争优势上的得分和每种竞争优势的重要性（权重）。当一种重要竞争优势具有压倒性的决定作用时，它的权重可以高达0.75（甚至更高），当有两三个竞争优势的权重比其余的重要时，它的权重可低至0.20，更次要的竞争优势指标的权重可以是0.05或0.10。不管重要性权重之间的差距是大是小，但各权重之和必须等于1。

表4-4 **非加权和加权竞争优势评估**

a.竞争优势非加权评估实例（分数范围：1=非常弱；10=非常强）					
关键成功因素/优势评估指标	ABC公司	竞争对手1	竞争对手2	竞争对手3	竞争对手4
质量/产品性能	8	5	10	1	6
声誉/形象	8	7	10	1	6
生产能力	2	10	4	5	1
技术能力	10	1	7	3	8
分销网络/销售能力	9	4	10	5	1
新产品开发能力	9	4	10	5	1
财务资源	5	10	7	3	1
相对成本地位	5	10	3	1	4
客户服务能力	5	7	10	1	4
竞争优势非加权总分	61	58	71	25	32

b.竞争优势加权评估实例（分数范围：1=非常弱；10=非常强）						
关键成功因素/优势评估指标		分 数				
	权重	ABC公司	竞争对手1	竞争对手2	竞争对手3	竞争对手4
质量/产品性能	0.10	8/0.80	5/0.50	10/1.00	1/0.10	6/0.60
声誉/形象	0.10	8/0.80	7/0.70	10/1.00	1/0.10	6/0.60
生产能力	0.10	2/0.20	10/1.00	4/0.40	5/0.50	1/0.10
技术能力	0.05	10/0.50	1/0.05	7/0.35	3/0.15	8/0.40
分销网络/销售能力	0.05	9/0.45	4/0.20	10/0.50	5/0.25	1/0.05
新产品开发能力	0.05	9/0.45	4/0.20	10/0.50	5/0.25	1/0.05
财务资源	0.10	5/0.50	10/1.00	7/0.70	3/0.30	1/0.10
相对成本地位	0.30	5/1.50	10/3.00	3/0.9	1/0.30	4/1.20
客户服务能力	0.15	5/0.75	7/1.05	10/1.50	1/0.15	4/0.60
总权重	1.00					
竞争优势加权总分		5.20	6.65	6.85	2.10	3.70

加权后的竞争优势数值可以采取如下方法计算：为每个竞争对手的每种竞争优势指标进行估值（使用1~10这种数值范围）并将得分与赋予的权重相乘（分数4与权重0.2相乘得到一个加权的估值，即0.8）。在某一指标上得分最高的公司在这个指标上拥有最强的竞争优势，这种竞争优势的强度反映在它与竞争对手分数之间的差距。与指标对应的权重，则反映了竞争优势的重要性。加权的所有竞争优势分值之和就是公司总的竞争优势得分。比较加权总分可以知道哪个公司处于最强或最弱的竞争地位，并且可以知道一家公司与另一家公司相比有多大的净竞争优势。

可以注意到在表4-4中，非加权和加权评估方法产生了不同的竞争优势的排序。在加权体系中，ABC公司的竞争优势从第二下降到第三，竞争对手1从第三上升到第二，因为它在两项最重要（权重最高）的因素上，一项得分最高，一项得分第二。可见竞争优势的权重可以使评估结果产生非常大的差异。

竞争优势评估可以为分析公司的竞争地位提供有力支撑。分数可以表示公司在各种因素和能力上与竞争对手的对比情况，因而也可以显示公司与哪个竞争对手相比在哪个因素或能力上是最强或最弱的。并且，所有竞争优势得分表示所有不同因素累计的结果，即公司与每一个竞争对手相比是不是拥有净竞争优势或净竞争劣势。竞争优势评估得分最高的公司拥有最强的竞争地位，其净竞争优势的大小取决于它的得分超过竞争对手多少。

了解公司与特定竞争对手相比是否具有竞争优势和具有多大的竞争优势，对于公司决定采取何种措施强化其竞争能力是十分重要的。根据一般规律，公司会尽力将其竞争优势（分数高于竞争对手的领域）转化为可持续竞争优势，它也可以采取行动来弥补重大的竞争劣势（得分低于竞争对手的领域）；至少，它应该尽力缩小它与得分最高的公司之间的差距——当领先者的得分为10分时，将得分从3分提高到7分就是意义重大的。

另外，竞争优势评估可以指出哪些竞争对手可能在竞争性攻击中是十分脆弱的，并指出哪些领域是它们的劣势所在。当一个公司在某个领域拥有重要的竞争优势而一个或多个竞争对手在此领域却十分脆弱时，则这个公司很可能采取行动来进攻竞争对手的劣势领域。

4.6 战略分析的综合框架：SWOT分析

在现在的战略规划报告里，SWOT分析应该算是一个众所周知的工具。来自于麦肯锡咨询公司的SWOT分析，包括分析企业的优势（Strength）、劣势（Weakness）、机会（Opportunity）和威胁（Threats）。因此，SWOT分析实际上是对企业内外部条件各方面内容进行综合和概括，进而分析组织的优劣势、面临的机会和威胁的一种方法（见表4-5）。SWOT分析在最理想的状态下，是由专门的团队来达成的。一个SWOT分析团队，最好由一个会计相关人员、一位销售人员、一位经理级主管、一位工程师和一位专案管理师组成。

表4-5　　　　　　　　　　　　SWOT分析的具体要素举例

	威胁（T）	机会（O）
外部环境	市场增长较慢 竞争压力增大 不利的政府政策 新的竞争者进入行业 替代产品销售额正在逐步上升 用户讨价还价能力增强 用户需要与喜好逐步转变 通货膨胀递增及其他	纵向一体化 市场增长迅速 可以增加互补产品 能争取到新的用户群 有进入新市场或市场面的可能 有能力进入更好的企业集团 在同行业中竞争业绩优良 扩展产品线满足用户需求及其他
	优势（S）	劣势（W）
内部环境	产权技术 成本优势 竞争优势 特殊能力 产品创新 具有规模经济 良好的财务资源 高素质的管理人员 公认的行业领先者 买主的良好印象 适应力强的经营战略 其他	竞争劣势 设备老化 战略方向不同 竞争地位恶化 产品线范围太窄 技术开发滞后 营销水平低于同行业其他企业 管理不善 战略实施的历史记录不佳 不明原因导致的利润率下降 资金拮据 相对于竞争对手的高成本及其他

　　SWOT分析不仅仅是制作四个列表，其最重要的意义在于通过SWOT列表对外部和内部环境分析作出总结，并按这些总结使公司的资源优势和市场机会能够在公司战略中得到更好的匹配，进而改善影响重大的劣势、回避或者抵抗重要的外部威胁。图4-6描述了SWOT分析的三个步骤。

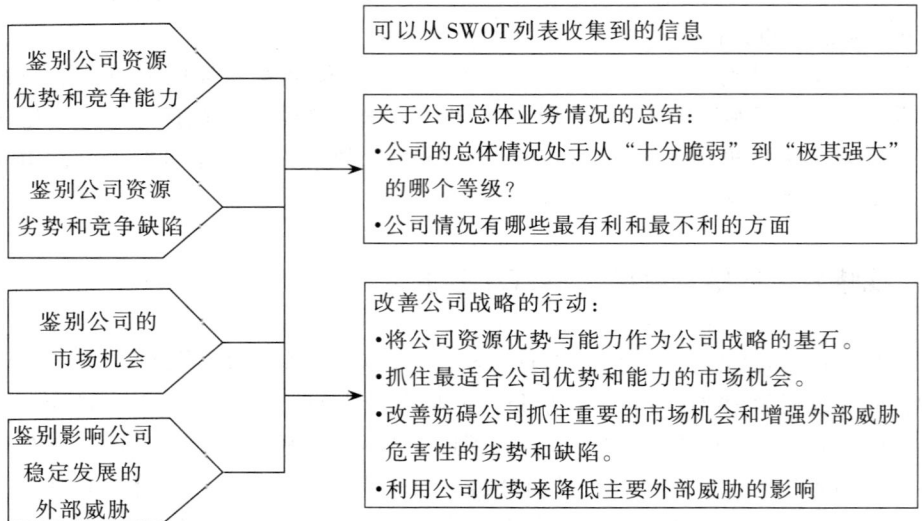

图 4-6　SWOT分析的三个步骤：鉴别、总结和行动

4.6.1 步骤一：鉴别

1.鉴别公司资源优势和竞争能力

公司的资源优势和竞争能力是指公司拥有的能够给企业带来竞争优势的资源和（与竞争对手相比）运作更优的活动，这些优势使公司在竞争中处于有利的市场地位。决定企业竞争优势的企业资源，其主要判断标准如下：（1）资源的稀缺性。企业掌握而竞争对手不能获取，则企业获得竞争优势。（2）资源的难以模仿性。①物理上独特的资源。例如，企业拥有矿物开采权或是拥有法律保护的专利生产技术等。②具有路径依赖性的资源，是指必须经过长期的积累才能获得的资源。③具有因果含糊性的资源。企业有些资源的形成原因并不能给出清晰的解释。（3）资源的不可替代性。企业的资源如果能够很容易地被替代，那么即使竞争者不能拥有或模仿企业的资源，它们也仍然可以通过获取替代资源而改变自己的竞争地位。（4）资源价值的持久性。资源的贬值速度越慢，就越有利于形成核心竞争力。

2.鉴别公司资源劣势和竞争缺陷

公司资源劣势和竞争缺陷是指公司缺乏的资源和（与竞争对手相比）运作较差的活动，这些劣势和缺陷使公司在竞争中处于不利的市场地位。公司资源劣势和竞争缺陷涉及以下几个方面：（1）低等的或不成熟的技术、专业技能和智力资本；（2）缺乏具有重要竞争价值的实物资产、组织资产和无形资产；（3）在关键领域缺乏竞争能力或竞争能力低下。评估公司的优势与劣势就像是构建公司的战略资产负债表一样，资源优势代表的是竞争资产，资源劣势代表的是竞争负债。显然，最理想的情况是公司的竞争资产远远超过其竞争负债。在鉴别了资源的优势和劣势之后，如何对待企业的劣势，常常引起组织成员的争论，拓展阅读4-5对于企业如何通过"智"造从而扬长避短提出了一些参考建议。

◣◣◣◣ **拓展阅读4-5：注重扬长补短，倾力中国"智"造**

尽管当前国际局势错综复杂，但是，从科技发展大势看，中国先进制造业高质量发展面临着难得的历史机遇，因为新一代信息技术、新材料技术、新能源技术正在带动群体性技术突破，新的商业组织形态和商业模式层出不穷。特别是新一代信息技术和先进制造技术深度融合，柔性制造、网络制造、智能制造日益成为全球制造业发展的重要方向。中国电子信息产业发展研究院世界工业研究所人工智能研究室主任王哲举例说，据初步统计，在实施智能化改造后，我国智能制造试点示范项目的生产效率平均提升30%以上，运营成本平均降低20%左右。我国是制造业大国，也是互联网大国，拥有完备的产业体系、坚实的制造基础和吸收新技术的巨大国内市场，在新兴科技和产业领域已取得一定突破，具有抓住这次科技和产业革命机遇的有利条件。

王哲表示，目前我国推动制造业高质量发展依然任重道远。一方面，与建设制造强国的要求相比、与发达国家的发展水平相比，中国制造业创新体系不健全，工业基础还存在大量短板，企业普遍存在研发投入低、创新能力不强的问题；产品档次不高，缺乏世界知名品牌，企业全球化经营能力不足；先进制造业发展环境亟待优化，企业综合成本负担较重，高端人才和高技能人才短缺；等等。另一方面，先进制造业领域的国际竞争更趋激烈。2008年国际金融危机后，世界主要发达国家纷纷实施"再工业化"战略，持续推动本国制造业发展。无论是美国突出科技创新优势的"先进制造"，德国突出智能制造优势的"工业4.0"，还是英国强调"制造业＋服务业"的"服务型制造业"，以及日本以大数据为主的"下一代制造"，其核心都是通过制造业高质量发展、培育先进制造业，抢占产业发展制高点。跨国公司也积极利用全球化的生产网络和组织模式，以核心技术和专业服务牢牢掌控价值链高端环节，我国制造业高质量发展仍面临被"卡脖子"和"低端锁定"的风险。

因此，推动制造业高质量发展就要更加注重在进一步发挥优势的同时补齐短板，加快迈向产业链高端。

"在比较优势发生动态变化的条件下，不仅短板要拉长，而且长板要更优化。"南京大学经济学院教授、长江产业经济研究院院长刘志彪认为，"锻长板"就是要充分发挥自身比较优势，在国际竞争中全力发展有竞争优势的产业，比如鼓励发展劳动密集型产业。"补短板"不仅要补产业的关键技术、核心部件和特殊材料，更要补制度短板，要重点选择大到精密机床、半导体加工设备，小到螺丝钉、电子芯片等"缺芯"的产业链，逐步掌握这些不易被竞争者替代的重要价值环节。

众诚智库总裁杨帆也表示，加快推动制造业高质量发展，就要完善产业链，提高产业链、供应链稳定性和竞争力，推动产业向高端化、绿色化、智能化、融合化方向发展。一方面"补短板"，在关键元器件等产业链关键环节消除软肋；另一方面"强长板"，保持并发扬我国在5G、高铁等方面的优势。

王哲建议，要切实减轻企业税费负担；采取措施解决民营企业融资难、融资贵问题；营造公平的竞争环境，特别是鼓励民营企业参与国有企业改革；完善政策执行方式，将"加强产权保护"落到实处。

"我们将以需求为导向，引导企业大力加强基础研究和应用研究，强化共性技术供给，加速创新成果工程化、产业化应用和产品研发力度，大力提升制造业创新能力。同时，实施制造业数字化转型行动，引导企业开展数字化、网络化、智能化改造，建设工业互联网平台，强化5G、人工智能在智能制造中的典型应用，加快培育制造业新模式新业态。"工信部一位副部长如是说。

资料来源：黄鑫.注重扬长补短，倾力中国"智"造［EB/OL］.［2023-12-10］. http：//www.ce.cn/xwzx/gnsz/gdxw/202008/26/t20200826_35602236.shtml.

2.鉴别公司的市场机会

市场机会是制定公司战略要考虑的一个重要因素。实际上，如果管理者没有首先鉴别公司的机会并评价每个机会能带来多大的利润增长和利润潜力，则不能正确地制定适合公司环境的战略。公司主要的外部环境决定了公司机会的多少，其中有些机会可能有惊人的吸引力（绝对要抓住的机会），有些则可能是勉强能够引起兴趣（因为其增长和利润潜力值得怀疑），有些机会适合自己把握，有些则不合适自己把握（因为公司没有与之匹配的优势和能力）。

在评价公司的市场机会并将其按吸引力排序的时候，管理者必须警惕的是不要将每个机会都视为本公司的机会，因为不是每个公司都具备能够成功地抓住每一个机会的资源。有些公司比别的公司更能抓住特殊的机会，但有些公司却不在此列。战略家们必须密切关注的是谨慎地调整公司资源并将其置于富有吸引力的增长机会的位置。对公司意义最重大的机会是那些能很好地与公司的资源和能力相匹配的机会，是那些能给公司带来增长和利润的机会，是那些最能发挥潜在竞争优势的机会。时势链接4-2指出企业应该聚焦国家政策，准确把握市场机会。

时势链接4-2：读报告金句，看海南机遇

3.鉴别影响公司稳定发展的外部威胁

公司外部环境的某些因素会给公司的利润率和竞争状况带来威胁。威胁可能会来自于更廉价或更先进技术的出现、竞争对手引入新产品或改进产品、外国低

成本竞争者进入公司最重要的市场、新管制给公司带来的麻烦比竞争对手更大、利息率提高带来的打击、被敌意接管的可能、不利的人口变化、不利的汇率变化、公司机构所在的国家发生政变等种种情况。外部威胁可能仅仅是使公司处于逆境（在开展业务的过程中会碰到一些威胁），也可能使公司的前景黯淡无光。战略决策者的工作就是识别影响公司未来的各种威胁，并估计什么样的战略行动能够抵消或降低它们的影响。

鉴别公司优势、劣势、机会和威胁需要注意的方面见表4-6。

表4-6　　　　　　　　　鉴别公司优势、劣势、机会和威胁需要注意的方面

潜在的资源优势和竞争能力	潜在的资源劣势和竞争缺陷	潜在的市场机会	影响公司稳定发展的外部威胁
•强有力的战略	•含糊的战略方向	•从竞争对手手中夺得市场份额的机会	•行业中的竞争加剧——可能压缩利润空间
•在……方面具有核心竞争力	•资源不能与行业关键成功因素相匹配	•因为购买者对该行业产品需求的急速上升而快速成长的能力	•市场增长速度减缓
•在……方面具有独特竞争力	•不完善或没有被证实的核心竞争力	•服务与额外的顾客群体或市场空隙	•可能有强大的新进入者
•具有完全不同于竞争对手的产品	•状况很差的资产负债表；繁重的债务	•向新的市场地域或细分产品扩张	•销售不如替代产品
•与行业关键成功因素十分匹配的竞争力与能力	•与竞争对手相比更高的单位总成本	•扩充公司产品线以满足更大范围的消费者需求	•顾客和供应商讨价还价能力的提高
•良好的财务状况，有充足的财务资源用来满足业务的成长	•较弱的或不成熟的产品创新能力	•利用公司现有的技能和科学技术进入新的产品线或新的业务领域	•消费者的需求和偏好从该行业产品转移到别的产品
•强大的品牌形象/公司声誉	•品质和性能一般的产品/服务或与竞争对手的产品/服务相比要差	•通过互联网进行在线销售	•不利的人口变化对该行业产品需求减少的威胁
•有吸引力的消费者基础	•相对于竞争对手来说太窄的产品线	•前向或后向一体化	•脆弱的工业驱动力
•有能力充分利用规模经济/经验和学习曲线效应	•相对于主要竞争对手，具有比较脆弱的经销商网络和（或）缺乏足够的全球分销能力	•富有吸引力的外国市场消除了贸易壁垒	•部分外国政府的限制型的贸易政策阻碍了进入富有吸引力的外国市场
•与主要竞争对手相比有更优越的智力资本	•落后的产品质量、研发和（或）技术	•兼并了拥有先进技术的竞争对手	•适应新管制要付出昂贵的代价
•成本优势	•在错误的战略群里	•加入战略联盟或合作经营以扩大市场范围或提升竞争力	
•有效的广告和销售促进	•因为……正在丧失市场份额	•有机会利用新出现的技术	
•产品创新能力	•缺乏管理深度		
•充分的改善生产程序的能力	•与市场领先者相比智力资本不足		
•良好的供应链管理能力	•因为……利润率低于平均水平		
•相对于竞争对手更好的产品质量	•受内部运作问题或陈旧设备的困扰		
•宽广的市场覆盖和（或）强大的全球分销能力	•电子商务能力落后于竞争对手		
•联盟/合作经营提供了享有有价值的技术、竞争力和（或）有吸引力的市场地域的机会	•缺乏业务增长和力求在行业中保持有意义的主动所需的财务资源		
	•远未充分利用的生产能力		

时势链接4-3指出，企业应该充分利用科技赋能，以应对外部风险。

4.6.2　步骤二：总结

关于公司整体环境的 SWOT 列表究竟告诉了我们些什么呢？在对 SWOT 分析进行总结时，管理者应围绕以下问题展开：

公司具有一系列引人注目的资源优势吗？它拥有强大的核心竞争力或独特竞争力吗？公司的优势和能力与行业关键成功因素匹配吗？它们是否为公司战略增添足够的力量，或者还需要更多和不同的优势？公司目前的优势和能力符合未来发展的需要吗？

公司的劣势或者竞争缺陷的严重程度，它们都无关紧要并容易得以解决吗？其中是否有一项或多项如果没有得以马上解决的话就会引起致命伤害？是否有一部分公司劣势属于与行业关键成功因素有关的领域？是否存在一些劣势，如果没有纠正的话就会阻碍公司抓住另外的有利机会？为了使公司提升自己的竞争地位或提升盈利水平，公司是否有需要弥补的重要资源缺口或者能力缺憾？

公司资源优势和竞争能力是否远胜过公司的资源劣势和竞争缺陷？

公司是否有非常适合于公司资源优势和竞争能力的极富吸引力的市场机会？公司是否缺乏相关资源和能力来抓住那些最富有吸引力的机会？

综合上述考虑，公司的总体情况如何？如果将公司的处境好坏程度分为 1~10 的 10 个等级（1 代表十分脆弱，10 代表极其强大），那么公司的发展形势和总体情况处于哪个等级？公司情况在哪些方面最有利？哪些方面令人担忧？

4.6.3　步骤三：行动

SWOT 分析的最后一步就是将这些对公司处境的诊断转化为增强公司战略与业务前景的行动。对下列问题的回答将会有利于发挥 SWOT 列表对战略行动的作用：

• 哪些竞争能力立即需要得以巩固？需要建立哪些新的竞争能力来帮助公司更好地应对新的行业竞争环境？哪些资源和能力需要进一步加强或者不需要加强？公司是需要着重支持现存的资源优势还是应该建立新的资源优势与能力？

• 应该采取哪些行动来降低公司的竞争劣势？哪些资源劣势与竞争缺陷迫切需要改善？

• 在规划未来战略时应将哪些市场机会摆在首位？（因为这些机会非常适合于公司资源优势和竞争能力，代表诱人的增长与利润前景并（或）使公司获得竞争优势）至少在目前，应该忽略哪些机会？

• 公司应该如何提防或者化解影响公司未来的威胁？

• 公司的资源与能力方面的优势通常应该成为公司战略的基石，因为它们代表了公司取得市场成功的最好依据和机会。相反，将重心置于公司处于劣势或能力不强领域的战略是值得怀疑并应该放弃的。如果公司并不具备用来制定有利战略的资源与能力，那么管理者需要采取果断的补救措施来改善目前的组织资源和能力，增添所需要的资源与能力，或者通过与拥有这些专门技能的公司结为合作伙伴或战略联盟来获取这些资源与能力。简言之，管理者必须留心改善那些使公司变得脆弱、限制盈利水平或妨碍公司追逐有利机会的竞争劣势。

同时，正确的战略制定需要对可能的市场机会进行筛选，并将战略目标确定为抓住那些最富有吸引力且符合公司优势的机会。公司很少拥有足够的资源来开发每个可能的市场机会而同时又不致使资源过于分散，同时也必须经常将部分注意力集中于防范对公司地位与未来业绩有影响的威胁。

关键概念

资源 组织能力 核心竞争力 价值链 标杆比较法 成功关键因素法 SWOT分析

思考题

1. 资源的分类有哪些？

2. 资源、能力、竞争优势之间的关系是什么？

3. 价值链的结构包括哪些内容？价值链分析有哪些步骤？

4. 标杆比较法如何应用？

5. 成功关键因素法如何应用？

6. SWOT分析有哪些步骤？

战略实践

● 企业追踪

本单元旨在研究目标公司的竞争地位，根据你所掌握的信息回答下列问题：

1. 目标公司在其主业中是否拥有竞争优势或竞争劣势（主业是公司各项业务中销售收入最高的业务）？

2. 目标公司的核心竞争力是什么？

3. 先前战略对于形成目标公司的独特企业竞争力的作用如何？

4.目标公司目前所实行的战略是否建立在核心竞争力的基础上？公司是否试图建立新的核心竞争力？

● 实践练习：制定个人战略

个人与组织在很多方面都很相似。两者都有竞争者，也都应当对未来进行规划。每个个人和组织都面对某些外部机会与威胁，也都有一些内部优势与弱点，个人与组织都要树立目标，也都要进行资源配置。这些及其他相似性使个人也可以应用很多战略管理理论与方法。本练习旨在显示如何将SWOT矩阵应用于个人对未来的规划。

在纸上建立一个SWOT矩阵。在其中记录你认为自己所面对的主要外部机会和威胁及自己所具有的主要优势和弱点。将外部机会及内部优势进行匹配，找出可以使你发挥优势、克服弱点、利用外部机会、减小外部威胁的战略或行动方案。由于每个人（和组织）都是特殊的，对本练习不存在唯一正确的答案。

5 业务层战略

● **学习目标**

- 竞争优势与价值创造
- 成本领先战略
- 集中成本领先战略
- 差异化战略
- 集中差异化战略
- 最优成本战略
- 战略钟与竞争战略选择

➡ 引导案例 国潮风起丨新中式国风茶饮，"风"越吹越远

"来长沙不喝茶颜悦色，等于白来。"上海游客楚莹莹举起刚到手的奶茶，在茶颜悦色门店前留下一张打卡照，发到朋友圈。

长沙五一商圈已是"十步一茶颜"，但茶颜悦色每家门店人气都很"火爆"，顾客有序排着长队，旁边还站着等待奶茶的市民、游客。

茶颜悦色"关山越·塞外"概念店，来自苏州的年轻夫妻王冉和罗静文又在等待奶茶出杯。夫妻俩到达长沙后，每天都得喝上两杯茶颜悦色。

"声声乌龙、筝筝纸鸢、风栖绿桂"等富有诗意的饮品名字，印在杯身上的古典美人和古风画作，都彰显着茶颜悦色品牌的国风文化基因。

茶颜悦色"方寸间·桃花源"概念店，随处可见拍照打卡的顾客。

"这里的场景特别适合拍古风照片。"徐州游客黄艳芝身着汉服，和同样喜好古风的小姐妹一起行走在"桃花源"，不停按下快门。

在新国潮成为流行的当下，新国潮品牌颇受消费者青睐。迎着新国潮红利，茶颜悦色开了数家"国潮"主题概念店。

截至2022年9月，茶颜悦色已有竹林煮茶、别有洞天、江枫渔火等24家概念店，这些"新中式概念空间"成为不少游客的打卡地。

在茶颜游园会，太原游客殷超视频连线女友，按女友"指挥"购买茶颜文创产品。挂耳茶、手摇茶、雨伞、保温杯⋯⋯殷超选购了近400元产品。

店外，李嘉明等3位顺丰小哥正忙碌地开单。李嘉明说，早上开门不过1个多小时，已接近30单快递。

"茶颜悦色"成立于2014年，是湖南长沙茶悦餐饮管理有限公司旗下品牌，首创新中式鲜茶，曾在2020年中国茶饮十大品牌评选中位居第六，在《第一财经》年度"金字招牌"的评选中摘得金牌。2013年，面对冲调奶茶和液体奶茶独占鳌头、港台奶茶文化和西式咖啡文化瓜分市场的局面，茶颜悦色大胆创新"中茶西做"，首创以中国风为主题的新式茶，在长沙密集开店。2020年，茶颜悦色开始走出"闺房"——在武汉、常德开店。

与此同时，国潮文化兴起，加入国风茶饮赛道的品牌越来越多。2017年在云南成立的霸王茶姬，同样定位为新中式国风茶饮，今年登上了"中国茶饮十大品牌"榜。发源于深圳的国潮新中式茶饮品牌"殿下的茶"，成立不满1年，目前累计签约门店超过100家。新中式茶饮也不再局限于国内市场，而开启了出海之路。霸王茶姬目前已在东南亚地区开店60家，并以超过600家的全球门店体量成为国风茶饮赛道第一名。

此外，数字化正在成为茶饮行业发展的大方向。原先因等待时间过长而屡被吐槽的喜茶，不仅开发了小程序喜茶GO，智能取餐柜也在疫情期间派上用场。相比之下，茶颜悦色在面对"门店营业不到10分钟就爆单"的数据冲击时，后台系统出现无法点单、充值的状况。

　　未来，茶颜悦色这位新茶饮界闲庭信步的"古典美人"，要怎么迈开接下来的步子？还需拭目以待。

　　资料来源：彭可心. 国潮风起丨新中式国风茶饮，"风"越吹越远-经济要闻-新湖南［EB/OL］．［2023-12-10］．https://www.hunantoday.cn/news/xhn/202210/14671382.html；王洪生，王磊，李燕，等. 茶颜悦色："国风弄潮儿"将何去何从？［EB/OL］．［2024-04-10］．http://www.cmcc-dlut.cn/.

　　现实中，任何一家企业的发展都始于一项特定的业务，都会涉及业务层战略的选择，它决定了企业的特定业务如何在激烈的产业竞争中胜出，进而实现卓越绩效和持续成长。引导案例中的茶颜悦色一出生，双脚就踩在了两条黄金赛道上，一边是存续了五千年的茶文化，一边是厚积薄发的新国潮，双重心智结晶的加冕，助其声名鹊起。从"中茶西做"的率先发力，到文化基因的深刻融入，再到"高情商"的品牌塑造，其积累的品牌势能不断放大，为新茶饮市场之争打好了基础。但在竞争激烈的新茶饮市场上，当同行都在磨刀霍霍、跑马圈地时，茶颜悦色也面临着如何平稳地驾驭传统文化、拓展到其他地区、向数字化转型以及标准化运营等各种挑战。学习本章后，你将了解可供企业选择的基本的竞争战略类型，理解为什么以及在什么条件下，战略领导者应当使用何种竞争战略。

5.1　竞争优势与价值创造

　　一般而言，企业的赢利能力取决于三项要素：（1）顾客效用（Utility）；（2）产品价格（Price）；（3）创造这一产品的成本（Cost）。

　　顾客效用是顾客从产品消费中获得的满足程度，是顾客对企业产品的价值判断，属于顾客的主观心理感受。顾客对产品的满足程度越高，效用越大；满足程度越低，效用越小。只有当顾客效用高于产品价格时，顾客才会觉得物有所值。顾客效用高于价格的差额被称为消费者剩余。消费者从企业的产品和服务中获得的效用越高，企业拥有的价格选择越多。图5-1揭示了企业每单位产品的价值创造逻辑。

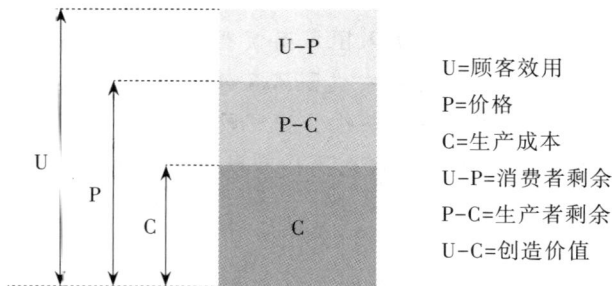

U=顾客效用
P=价格
C=生产成本
U-P=消费者剩余
P-C=生产者剩余
U-C=创造价值

图5-1　每单位产品的价值创造

　　图中，U代表顾客心目中每单位产品的平均效用，P代表公司决定收取的价格，

C是平均单位生产成本。企业的每单位平均利润（生产者剩余）等于P-C，消费者剩余等于U-P。只要P大于C，公司就是赢利的。C相对于P越低则企业的赢利能力越强。企业所创造的价值等于消费者感受到的效用U减去生产成本C，即U-C。企业将生产成本等于C的要素转化为顾客效用为U的价值，在一过程中创造了价值。通过降低C或在设计、效用、品质、服务方面进行改善，企业可以创造更多的价值。如果顾客对产品的效用U赋值较高（U增加），他们就会愿意支付更高的价格P（P增加）。上述的分析表明，如果企业比竞争对手创造了更多的价值，相对于竞争对手，它将拥有竞争优势和更高的赢利能力。

需要注意的是，U和P之间的差值大小，部分地取决于市场竞争强度。竞争强度越低，差值可能越大，但这同时还要取决于企业的价格政策。在图5-2中，我们可以看到企业的不同定价选择。

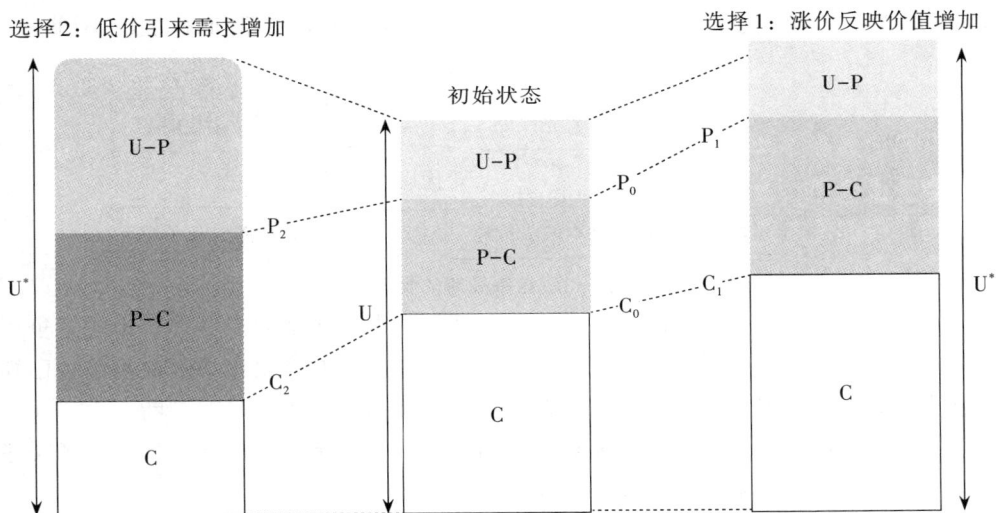

图5-2 价值创造与定价选择

假设企业当前的定价选择位于图5-2的中部。再假设企业希望实行提高顾客感受价值的战略，将U增加到U*，从而提高赢利能力。提高价值首先意味着成本增加，因为企业要增加费用才能提高效用、品质、服务和其他指标。此时，企业拥有如下两种选择：

选择1是提高价格来反映更高的价值。企业提高价格的幅度超过成本增加的幅度，增加了边际利润（P-C）。以手机行业为例，苹果手机与华为手机采用的就是这种定价策略。

选择2则是企业降低价格以增加销量。这样做的基本原理是：如果价格大大低于价值（消费者剩余增加），顾客认识到有机会购买便宜产品，因此他们会大量购买（需求增加）。需求增加导致销量上升，企业可以因此实现规模经济，进而降低平均单位成本。其净结果是，虽然价格下降、价值上升在开始阶段导致成本增加，但由此带来的销量上升和规模经济最终导致平均生产成本下降，从而增加了边际利润。在现制饮品行业，蜜雪冰城选择的就是第2种路径。

在战略制定与实施的过程中，管理者们需要理解的是效用、定价、需求和成本之间的动态关系，并以此为基础作出竞争优势和赢利能力最大化的决策。例如，选择2也可能在现实中行不通，因为需求未必随价格下降而上升，而预期的规模经济也可能无法实现。管理者们还必须理解价值创造和定价决策对需求的影响，以及单位成本如何随销量增加而变化。换句话说，在作出赢利能力最大化的决策时，他们必须掌握好产品需求与对应于不同产出水平的成本结构之间的关系。

通过上述的分析可以看出，企业可以通过两种途径打造竞争优势：（1）实现产品的差异化，为顾客创造更高的价值，为企业争取更多的定价选择；（2）实现更低的成本结构，这同样为企业带来更多的定价选择。根据企业所定位的目标市场以及所追求的竞争优势的不同，企业通常有五种竞争战略可供选择（如图5-3所示）：成本领先战略、差异化战略、集中成本领先战略、集中差异化战略和最优成本战略。

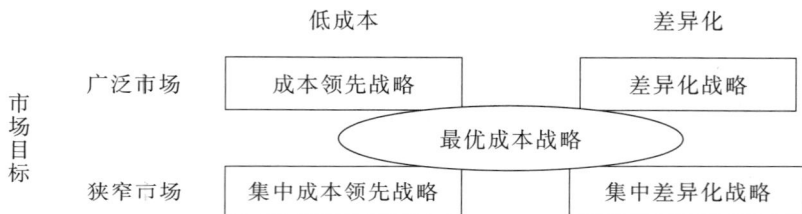

图5-3　竞争战略的类型

五种竞争战略每一种战略都有其不同的适用情况。企业要想获得持续的竞争优势和卓越的赢利能力，需要战略决策者在市场需求和不同产出水平下成本结构已知的条件下，对如何差异化、如何定价及如何创造价值等作出正确的判断。

那么，管理者在经营活动中究竟应如何选择战略？不同的战略选择会带来哪些收益和风险呢？接下来我们将逐一具体讨论。

5.2　成本领先战略

5.2.1　成本领先战略的含义及优势

成本领先战略（Cost Leadership Strategy）是指企业通过在内部加强成本控制，在研发、生产、销售、服务和广告等领域把成本降到最低限度，成为行业中的成本领先者。成本领先战略通常体现为产品相对于竞争对手而言的低价格。

成本领先战略可以给企业带来以下竞争优势：

1.形成进入障碍

企业的生产经营成本低，便为产业的潜在进入者设置了较高的进入障碍。那些生产技术尚不成熟，经营上缺乏规模经济的企业将很难进入此产业。

2.增强企业的讨价还价能力

企业的成本低，可以使自己更易于应对投入费用的增长，提高企业与供应者的讨价还价能力，降低投入因素变化所产生的影响。同时，企业成本低，可以提高自己对购买者的讨价还价能力，对抗强有力的购买者。

3.降低替代品的威胁

企业的成本低，在竞争激烈时，仍旧可以凭借其低成本的产品和服务吸引大量的顾客，降低或缓解替代品的威胁，使自己处于有利的竞争地位。

4.保持领先的竞争地位

当企业与产业内的竞争对手进行价格战时，由于企业的成本低，可以在竞争对手毫无利润的水平上保持盈利，从而扩大市场份额，保持绝对竞争优势的地位。

5.2.2 成本驱动因素

判定每种价值活动的成本驱动因素能够使企业对成本来源以及如何降低成本有一个深刻认识。10种主要成本驱动因素决定了价值活动的成本行为，它们是：规模经济、学习、生产能力利用率、联系、共享、纵向一体化、时机选择、自主政策、地理位置和政策因素。

1.规模经济

一般情况下，经济规模越大，每单位的固定成本越低。规模经济产生的原因在于：销售规模的扩大，意味着分摊在每一单位产品上的无形成本（如广告费和研发费）就更低；同时，随着一项活动扩大，支持该项活动所需基础设施和间接费用的增长通常也低于其扩大的比例。即便如此，也并不意味着规模越大越好，因为当规模达到某一程度后，管理监控和协调费用的增加，规模经济将不再发挥效用，该活动的成本反而会上升，出现规模不经济的现象，如图5-4所示。

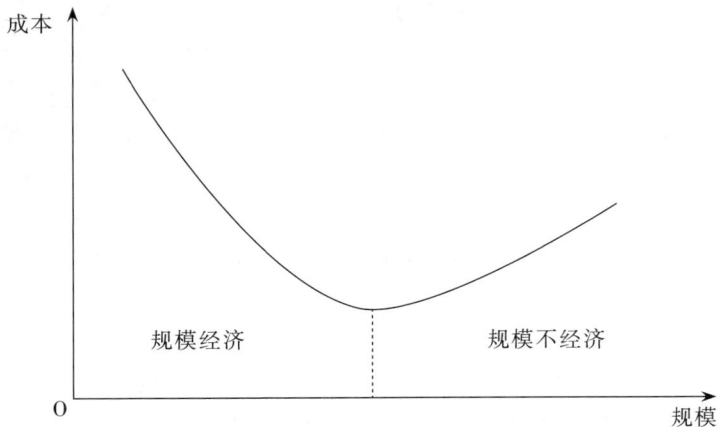

图5-4　规模与成本的关系

2.学习

一项价值活动由于学习提高其效率，从而可能随着时间的推移而使成本下降，如图5-5所示。在此，更低的单位成本是随着产品累积数量增加出现的，也就是反复做同一件事就可能发现更有效的生产方法。随着时间推移因学习而成本降低的机制为数众多，包括进度改进、劳动效率提高、适于生产的设计改动、资产利用率提高和原材料更适合于工艺流程等。

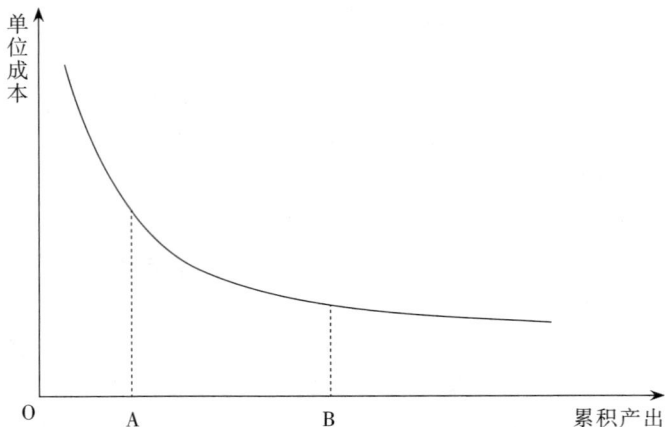

图 5-5　经验曲线

3. 生产能力利用率

当一项价值创造活动与大量固定成本相联系时，运营成本就会受到生产能力利用率的影响。固定成本会对利用率低下进行惩罚，固定成本与变动成本的比率意味着价值活动对利用率的敏感性。一项活动的生产能力利用率，一方面取决于环境条件和竞争行为，另一方面还取决于企业的市场营销、产品范围等企业行为。

4. 联系

一项价值活动的成本常常受到其他活动实施情况的影响。联系有两大类：一是企业内部价值链的联系，二是供应商与销售渠道价值链之间的联系。这些联系意味着仅仅考察一项活动本身不能理解这项价值活动的成本行为。联系为降低相互联系着的活动的总成本创造了机会。由于联系是微妙的，并需要对贯穿组织内外各部门的活动共同实行最优化或协调，因此，其面临的难度较大，但它们是成本优势潜在的强有力的来源。

5. 共享

企业的各业务单元共享价值活动或进入有共享机会的新的经营领域，常常可以显著地降低其相对成本。

6. 纵向一体化

纵向一体化可以节约交易成本，如采购和运输费用等；可以使企业回避拥有较强讨价还价能力的供应商或买方；可以带来联合作业的经济性。

7. 时机选择

一项价值活动的成本常常反映了对时机的选择。在一个产业里，率先行动者常常因为占据最佳地点、率先雇用优秀的雇员、得到优选供应商、优先取得专利而获得长期成本优势。另外，在需求疲软期购进资产也能节约大笔费用。

8. 自主政策

自主政策选择反映了企业战略，常常涉及有意识地在成本和差异化之间的权衡取舍问题。同时，技术政策，如开发低成本工艺、推进自动化、低成本的产品设计等都是降低成本的重要途径。战略行动5-1中的廉价航空公司正是通过一系列的自主政策，打造起低成本竞争优势。

战略行动5-1：廉价航空如何降低成本

9.地理位置

各种活动相互之间以及它们与买方和供应商之间的地理位置，通常对诸如工资成本，后勤效率和货源供应等方面具有显著的影响。因此，通过重新设定价值活动的地点或设立厂房设施相对位置的新格局，也会找到降低成本的机会。

10.政策因素

政策因素包括政府法规，免税及其他财政刺激手段，关税及本土化规定等因素。

5.2.3 成本领先战略的风险

在看到成本领先战略的优势的同时，企业管理者还需要了解这一战略的风险，并注意加以规避。成本领先战略的风险包括：

1.竞争对手找到了实现更低成本的方法

在战略行动5-2中，我们可以看到，沃尔玛之所以会败走德国，就是因为其遭遇到了比它更擅长低成本战略的ALDI。此外，技术变革也让新企业可以采用低成本的新技术打败老的成本领先者。对于传统线上零售企业而言，它们面临的更大威胁来自于阿里巴巴这样的电商企业。

战略行动5-2：ALDI让沃尔玛败走德国？

德国硬折扣零售商ALDI（在中国称为"奥乐齐"），1948年创立，是欧洲最大的杂货连锁店，它是从德国边远城市一步步成长为跨国巨鳄的，成本管理做到极致。

在主战场德国，ALDI的存在让横扫欧洲各国的家乐福望而生畏，让世界排名第一的沃尔玛折戟沉沙、黯然退场。2006年7月，沃尔玛发表声明，出售其在德国的所有门店，退出德国市场，与此同时，ALDI却将美国发展成了自己的第二大市场，登顶美国消费者最爱的零售商榜单。

从家庭作坊到万店连锁，ALDI为何能如此成功？成本控制是ALDI成功的重要法宝。ALDI创始人卡尔坦承："我们唯一的经营原则就是最低价格。"

相对于沃尔玛"超级购物中心"的15万种卖品，一家典型的ALDI店只有约700种卖品，全是"少得不能再少的生活必需品"。比如卫生纸只有两种牌子，雀巢、妮维雅这样的知名品牌都买不到，但是一旦上架的却都是ALDI特有的。仅有的货品大大降低了ALDI的物流成本，并让ALDI与供货商在品质控制和价格方面进行谈判时处于绝对优势。

相对于沃尔玛1 500平方米的"超级大卖场"，一般每个ALDI店的营业面积只有750平方米，大大降低了房租与水电的费用。

相对于沃尔玛一家店40~50个员工，ALDI每个连锁店内一般只有4~5名员工，远远低于普通超市15名员工的平均数字。由此ALDI可以支付员工很高的薪水，但是从整体意义上又做到了节约劳动力成本。毕马威称ALDI的劳动力成本仅占其营业收入的6%，而普通超市的员工成本一般要占到总收入的12%~16%。

自新冠疫情暴发以来，被视为硬折扣零售商的ALDI逆流而上，2021年，该公司是美国境内在开店数量和开店面积方面增长最快的连锁食品杂货店品牌，以2 158家门店跃居美国第三大杂货商的地位，仅次于Kroger和Walmart。

2023年12月，奥乐齐在上海加大扩张实体折扣店铺，借助其百年品牌经验及低价优势，向盒马、叮咚等发出低价挑战。

资料来源：根据相关资料整理而成。

2.竞争对手的模仿

这是成本领先战略所面临的另一威胁。基于低成本的商业模式是一个持续努力的过程，需要不断进行战略思考，确保商业模式足以应对变化环境中的机会与威胁。因为整个产业中所有企业的战略管理者们都在盯着成本领先者，随时准备模仿它的创新来降低自己的成本。

3.一味强调低成本影响了产品的需求

要想保持长期增长，成本领先者在努力降低成本的同时，也必须保证必要水准的产品品质和特性，否则，就可能失去客户。

5.3　差异化战略

5.3.1　差异化战略的含义及优势

差别化战略是通过提供与众不同的产品和服务，满足顾客的特殊需求，形成竞争优势的战略。企业采取这种战略主要是依靠产品和服务的特色，而不是产品和服务的成本。差异化企业的能力在于以竞争对手做不到的方式满足顾客，这意味着它可以收取高价。奔驰之所以比竞争对手更贵，是因为顾客相信它拥有更多的特性，为车主带来更高的身份。与此相似，华为Mate60系列手机的成功离不开其强大的性能和独特的功能设计（见战略行动5-3）。

战略行动5-3：华为Mate 60 Pro成全球首款支持卫星通话的手机

截止2024年1月30日，华为Mate60系列手机自2023年8月起已在全球范围内售出3 000万台。从之前的统计情况看，目前中国6 000+高端手机市场中，华为对苹果的冲击最大，且份额增长更快。

华为Mate60系列手机的成功离不开其强大的性能和独特的功能设计，吸引了全球用户的青睐。不仅国内手机市场"一机难求"，在欧洲、南美洲、中东、东南亚等地区，Mate60系列手机也备受欢迎。

但这并不是说企业可以忽略成本，只是强调此时的战略目标不是成本问题。企业采用这一战略，也可以很好地防御产业中的5种竞争力量，获得超过产业平均水平的利润。

差别化战略可以为企业带来以下竞争优势：

1.形成进入障碍

由于产品的特色，顾客对产品或服务具有很高的忠诚度，从而使该产品和服务具有强有力的进入障碍。潜在的进入者要与该企业竞争，则需要克服这种产品的独特性。

2.降低顾客敏感程度

由于差别化，顾客对该产品或服务具有某种程度的忠诚，当这种产品的价格发生变化时，顾客对价格的敏感程度不高。这样生产该产品的企业便可以运用产品差别化的战略，在产业的竞争中形成一个隔离带，避免竞争者的伤害。

3.增强讨价还价的能力

产品差别化战略可以为企业带来较高的边际收益，降低企业的总成本，增强企业对供应者的讨价还价能力。同时，由于购买者别无选择，对价格的敏感程度又降低，企业可以运用这一战略削弱购买者的讨价还价能力。

4.防止替代品的威胁

如果企业的产品或服务具有特色，能够赢得顾客的信任，便可以在与替代品的较量中比同类企业处于更有利的地位。

企业成功地实施差别化战略，通常需要特殊类型的管理技能和组织结构。例如，企业需要从总体上提高某项经营业务的质量、树立产品形象、保持先进技术和建立完善的分销渠道；需要具有很强的研究开发与市场营销能力的管理人员；同时在组织结构上，成功的差别化战略还需要有良好的结构以协调各个职能领域，以及能够确保激励员工创造性的激励体制和管理体制。

5.3.2 差异化战略的实现方式

企业能为顾客创造真实或感知价值的一切手段都可以作为差异化的基础，包括产品、服务、渠道、形象和人员（见表5-1）。

表5-1   **差异化战略的实现方式**

途径	内涵
产品差异化	产品（产品形式、风格、品质、稳定性等）与竞争者不一样
服务差异化	提供的服务（购买体验、售前售后服务等）与竞争者不一样
渠道差异化	产品通过与竞争者不一样的方式到达客户手中（更快更便捷等）
形象差异化	在客户心中树立与竞争者不一样的产品形象（更高端等）
人员差异化	员工的特质与竞争者不一样（更亲切更专业等）

5.3.3 差异化战略的风险

1.差异化的成本过高，导致需求不足

如果形成产品差别化的成本过高，导致大多数购买者难以承受产品的价格，企业将会难以盈利。特别是竞争对手的产品价格降得很低时，实施差异化战略的企业即使控制其成本水平，购买者也可能不再愿意为具有差别化的产品支付较高的价格。此外，实行差异化战略的企业还要警惕不要让成本领先者取得太大的成本优势，那时它就会反过来利用高额利润投资于产品，在差异化方面打败自己。例如，丰田公司和本田公司在一开始进入欧美市场时，都是以成本领先者出现，制造简单的、价格低廉的汽车。它们的产品卖得很好，接下来它们就将利润投入设计和制造新车型，在特性和品质方面实现了越来越大的差异化。

2.竞争者的模仿，弱化差异化水平

差异化战略的主要问题是如何保持顾客感受到的差异化或独特性。行动迅速的竞争对手对成功差异化企业的模仿和复制，使得专利和先动优势已不像从前那样持久。随着所有企业的产品品质的普遍提高，先动企业的品牌忠诚度会不断下降。不过，如果差异化来源于品质、服务、可靠性或无形的吸引力，企业的地位会更加安全。因为无形的东西是难以模仿的，差异化企业可以长期保持这一战略的利益。无论如何，所有的差异化企业都应当警惕模仿者，不要让价格超过市场愿意接受的水平。

3.竞争对手推出更有差异化的产品，使得顾客转向竞争对手

一些实力强大的竞争对手也可能并不选择模仿，而是采取更具进攻性的战略，从其他方面塑造更强的特色、更大的差异化。在这种情况下，竞争对手的差异化优势比企业就更明显了，企业的优势自然就没有了。以手机行业为例，摩托罗拉手机在功能手机时代一直以其差异化特色领先其他竞争对手，但当以苹果手机为代表的智能手机的推出，摩托罗拉功能手机曾经的那些差异化优势就几乎消失殆尽。

4.需求发生改变，差异化战略失效

实施差异化战略所瞄准的是具备一定的消费能力的顾客，这类顾客愿意花较高的价格来享受差异化特色，但是如果这些顾客的消费能力突然下降了（比如新冠疫情的发生，使顾客所在的行业受到很大的冲击并导致其收入水平大幅下降），那么他的需求也可能会发生变化。通常，在收入很高的时候顾客更加看重产品品质和品牌形象；当收入不断降低时，顾客就会开始关注价格。如果企业在向其推销产品的过程当中，仍然强调有特色和差异化，顾客可能会因为价格高而拒绝购买，由此导致差异化战略失效。这就是需求变化所引发的风险。

5.4 集中成本领先战略

采用成本领先战略的不一定是都大型的、全国性的企业。有时一些中小型企业也可以以一个或少数几个细分市场为目标，运用正确的战略服务于这些细分市场，成功地实现成本领先。这样的企业所实行的是集中成本领先的商业模式。它们在一个狭窄的市场中争夺顾客，这个市场通常以地域、顾客类型和产品细分来定义。

如果企业采用集中成本领先战略，它就有能力在特定细分市场上同成本领先者竞争。例如，在本地的木材、水泥或比萨外卖市场上，本地集中化企业也许比全国性低成本公司拥有更大的材料或运输优势。集中化企业另一成本优势是它所生产的复杂的或定制化的产品很难实现规模经济，从而竞争对手无法实现成本节约。在实行集中成本领先战略时，企业只生产少量、顾客定制的产品，它在这方面有成本优势，而将大量的、标准化的市场让给总体成本领先者。这样的企业拥有很大的机会发展自己的细分市场，并可能在未来成为总体成本领先者。在战略行动5-4中我们可以看到，好特卖折扣零食超市通过整合和销售临期食品，以领先的性价比优势迅速崛起。

战略行动5-4：临期折扣店好特卖崛起，性价比成为消费新宠

自疫情对全球经济造成巨大冲击以来，消费者开始更加注重性价比，寻求既能满足生活需求又不给钱包带来过大压力的消费方式。在这一背景下，临期折扣店好特卖凭借"性价比"优势异军突起，成为新消费形态的代表。

好特卖以销售临期食品为主，通过整合过剩资源，将积压的零售产品以低于市场价的价格销售给消费者。在保证产品品质的前提下，好特卖为消费者提供了更多的选择，同时也帮助他们节省了大量的开支。

据悉，好特卖在短短两年内便达到了日美等国临期食品市场数十年发展的速度，品牌数、店铺数、利润率、融资金额不断突破。2021年临期食品行业加速发展，市场规模达318亿元，预计行业保持6%的增长率，2025年中国临期食品市场规模将达401亿元。这一数据显示出临期折扣店巨大的市场潜力和发展空间。

好特卖的崛起并非偶然，它抓住了消费者在疫情后消费观念的变化。越来越多的消费者开始关注产品的性价比，将购买临期食品视为一种"捡漏""薅羊毛"的赚便宜行为。而这种消费观念的变化也带动了好特卖等临期折扣店的快速发展。

好特卖的魅力不仅仅在于价格优势，更在于它为消费者带来的购物体验。在好特卖店内，消费者可以找到各种标着英文、看不懂却又觉得很高级的零食，还有各种大牌产品如元气森林、星巴克、王小卤等，价格均要低于普通商超2~3元。这种高性价比的购物体验让消费者在享受购物乐趣的同时，也感受到了实实在在的省钱效果。

此外，好特卖还为供需两端搭建起可直接沟通的线上平台，配合线下购物的及时获得感，使得消费者能够更加便捷地购买到心仪的产品。这种独特的销售模式不仅满足了消费者的需求，也帮助供应商解决了尾货处理的问题，实现了资源的有效利用。

资料来源：佚名. 临期折扣店好特卖，让消费回归理性与实惠［EB/OL］.［2024-04-10］. https://www.dzwww.com/xinwen/jishixinwen/202401/t20240130_13596805.htm.

由于集中成本领先的企业只生产和销售相对数量较少的产品，它的成本结构高于成本领先者。在某些产业中，例如汽车业，其他企业在同成本领先者竞争时是非常困难的，甚至是不可能的。然而，通过面向某些新的细分市场或用更高明的办法（例如引进新的技术）来实施新的商业模式，集中成本领先企业可能成为大型成本领先企业的威胁。例如，柔性制造技术为集中成本领先企业带来了许多新的机会，小批量也可以是低成本的。越来越多的小型的、专门化的企业在大型企业缺乏成本优势的细分市场中进行竞争。亚马逊网站的经历向我们展示了企业如何有效地运用集中成本领先的商业模式成长为集中成本领先者。

5.5 集中差异化战略

如同集中成本领先者一样，以集中差异化为基础的商业模式选择服务于某一个或少数几个细分市场。在选择了细分市场之后，集中化企业用差异化为自己寻求市场地位。如果企业实行集中差异化战略，则所有适用于差异化的方法也同样适用于集中化企业。集中化企业设计的商业模式令其能够成功地在某一个或某几个细分市场上同差异化企业进行竞争。

对于集中差异化企业，选择细分市场通常意味着专注于同一种顾客类型，例如只服务于非常富有、非常年轻或非常富于冒险精神的顾客群体，或者只提供一种产品类型，例如素食、运动汽车、设计师品牌服装或太阳镜。集中差异化企业之所以能够成功，是因为它们通常能够开发出比差异化企业更好地满足特定顾客群体的产品。例如，集中差异化企业拥有更多的关于"小众"顾客需求（如老年人或肥胖人士的特殊需要）、本地需求的知识，或者在某一特定领域中拥有更加专业的知识。当然，它们也可能在客户响应方面拥有更卓越的技能，例如它们有能力服务于地区性或产业性顾客，而一家全国性企业则由于成本太高无法做到。此外，专注于某一产品类型可以令集中化企业在创新速度方面优于差异化企业。例如，战略行动5-5中的海丽雅就聚焦于安全应急产业中的特种绳缆，并凭借不断的创新成为大名鼎鼎的"绳王"。

战略行动5-5：海丽雅让特种绳"上天入海"!

2022年2月5日，在北京冬奥会开幕式上，雪花形状的主火炬在万众瞩目下点燃，三张总面积近3 000平方米的伪装网让冬奥"最高机密"圣火悬念留到最后一刻，而织起这张"保密网"的是青岛海丽雅集团旗下的青岛华凯海洋科技有限公司。

在中国绳缆界，青岛海丽雅是大名鼎鼎的"绳王"，其所生产的绳缆随着大国重器"上天入海"，屡创奇迹。在海丽雅的展厅中，有为2012年"蛟龙号"载人潜水器潜入海平面以下7 062米的马里亚纳海沟海底时携带的救命绳缆样品（直径仅4毫米），"蛟龙号"如果在海底出现意外状况，作业母船通过绳缆可以将其拉回；有2016年"科学号"科考船进行西太平洋考察时使用的纤维脐带缆，它破解了观测数据实时传输的世界性难题；有2020年"天问一号"火星探测器上的弹性绳索，能帮助探测器地面实验平稳着陆；有2020年中国新一代载人飞船上使用的全新垂挂吊索，用8千克的创新绳索代替了之前用的上百千克重的钢缆。

多年来，海丽雅持续创新，目前已拥有专利1 600余项，是中国专利申请50强企业，通过这些创新，掌握产业链核心环节，走上了一条"专精特新"的发展之路，把一根小小的绳子做到了极致，也由此创下了中国绳缆界的"四个第一"——"中国深度""中国精度""中国温度""中国强度"。

资料来源：根据相关资料整理而成。

集中差异化企业并不尝试服务于所有的细分市场，因为这将意味着同差异化企业面对面的竞争。相反，它们致力于在某一市场细分中建立市场份额。如果成功了，再扩展到另一个细分市场，逐步削弱差异化企业的竞争优势。然而，如果集中差异化企业过分成功以至于真正同差异化企业进行竞争，它反而可能陷入困境，因为差异化企业拥有模仿集中化企业商业模式所需要的资金。

总体来说，由于同顾客更接近，对变化的需求更敏感，可以提供竞争对手所无法提供的产品和服务，集中差异化企业可以保护自己的竞争优势和细分市场。但是，技术的发展或顾客口味的变化可能导致集中差异化企业的细分市场突然消失。同更加一般化的差异化企业相比，集中差异化企业很难迅速转向新的细分市场，这可能是这类企业所面临的严重危险。例如，美国知名男士服饰品牌 Brooks Brothers 公司专长于提供职业正装，是美国最老字号的服装品牌之一。但其在 20 世纪 90 年代却遇到了极大困难，因为职业休闲装开始成为着装的主流。Brooks Brothers 发现自己很难适应变化的市场，最后在 2001 年被收购。

5.6　最优成本战略

波特在《竞争优势》一书中指出，成本领先战略和差异化战略是企业的两种基本战略，但是两者的竞争地位常常是相互抵触的。这是因为，差异化本身通常成本昂贵，而成本领先战略常常因为要求企业产品标准化、降低营销费用等而不得不放弃差异化。所以波特断言在成本领先战略和差异化战略之间作出选择是一个两难的选择，二者不可同时兼得。但之后也有学者提出成本领先与差异化战略可以同时兼得，并提出了两者融合的可能和实现途径（见拓展阅读 5-1）。

拓展阅读 5-1：成本领先战略与差异化战略能否同时兼得？

美国管理学家贝赞可（1999）等学者提出了竞争战略的融合理论，认为随着信息技术、管理技术的发展，企业的成本领先战略和差异化战略是可以融合的；并且从理论上分析了一些因素的存在使得差异化与成本领先之间的不相容性得以削弱：

（1）提供差异化产品的公司其市场份额可能增加，这又会带来规模经济、学习曲线经济及其他形式的成本降低，从而同时做到差异化和成本领先。

（2）高质量产品累积经验、降低成本的速度比低质量产品快。这是因为员工在高质量产品生产时更加用心，更容易发现较低质量产品生产中被忽视的陷阱并找到解决办法，从而提高质量，降低成本。

（3）有时候高质量与成本领先之间的矛盾是由于企业缺乏有效的技能所导致的低效率。在一个行业中，有些企业处于效率边界的上方，它们以较高的成本生产较低质量的产品；有些企业则达到效率边界，它们能以较低的成本生产较高质量的产品。

东北财经大学工商管理学院韵江教授（2003）在《竞争战略新突破：来自低成本与差异化的融合》中反驳了低成本与差异化形成竞争优势的难兼容性的论点，提出低成本和差异化融合的四层面分析模型——SOD战略模式。

美国管理学家希特（2006）在《战略管理：竞争与全球化》一书中认为要实现成本领先战略和差异化战略融合，战略的灵活性是必要的，提出敏捷制造系统、信息网络和全面质量管理是增进战略灵活性的三种工具，建议企业通过这三种工具来提升自身战略的灵活性以便创造融合战略优势。

资料来源：根据相关资料整理而成。

本书将同时追求成本领先与差异化优势的战略定义为最优成本战略。实行最优成本战略的企业试图在成本领先战略、差异化战略两者之间寻求某种平衡，从而形成竞争优势。这些企业提供差异化产品，可以实行高于成本领先者的定价选择；同时，由于其拥有低成本结构，它们的产品定价可以只比成本领先者高一点，并远远低于差异化竞争企业的定价。因此，一方面，顾客可能会认为最优成本企业的产品更加物有所值，从而抛弃成本领先者的产品；另一方面，不愿意再为差异化产品支付高价的顾客可能认为最优成本企业产品的品质（和价格）足以补偿所牺牲的豪华、高价产品的差异化特性。因而，实施这种战略的企业同时对成本领先者和差异化企业构成威胁。如今技术的不断进步，为企业追求成本领先和差异化的整合提供了强有力的支撑。以制造业为例，基于智能制造的大规模定制生产模式，使企业可以以类似于标准化和大规模生产的成本和时间，提供客户特定需求的产品和服务。战略行动5-6介绍了家具企业是如何通过数智化生产手段，来同时打造成本领先和差异化两方面的优势。

战略行动5-6：家具企业大规模定制 开启智造时代

从本质上讲，如果最优成本企业能够成功地实行其商业模式，它们将长期稳步增加自己的市场份额、提高利润并获得更多的资本用于再投资，进而在此过程中持续地改进自己的商业模式。在一个动态、变化和竞争的环境中，这意味着它们给竞争对手带来另一种威胁。随着时间的推移，最优成本企业所获得的利润足以用来投资于新的技术，扩大差异化优势和降低成本结构。随着竞争优势的增加，它们可以提供越来越多的顾客价值，从而将价值边界向外推移。

随着最优成本企业不断地改进其业务层战略以实施最优成本商业模式，产业中的差异化企业和成本领先者可能会逐渐发现它们失去了以往令它们得以实现卓越绩效的独特竞争力。

5.7　战略钟与竞争战略选择

战略钟模型（Strategic Clock Model）是由鲍曼（Cliff Bowman）提出的，是分析企业竞争战略选择的一种工具，这种模型为企业的管理人员和咨询顾问提供了思考竞争战略和取得竞争优势的方法。战略钟模型将产品/服务价格和产品/服务附加值综合在一起考虑，企业可以沿着以下8种途径中的一种来完成企业经营行为（如图5-6所示）。其中一些的路线可能是成功的路线，而另外一些则可能导致企业的失败。

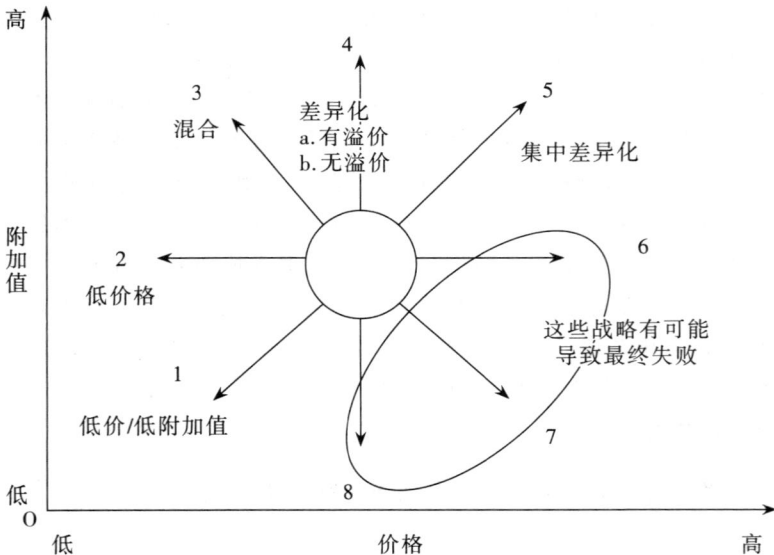

图 5-6　战略钟模型

1. 低价低值战略（途径1）

低价低值途径属于集中低成本战略，它在降低价格的同时也降低了顾客可察觉收益。低价低值途径看似没有吸引力，但有很多企业按这一途径经营得很成功。因为这时企业关注的是对价格非常敏感的细分市场。虽然消费者清楚知道产品或服务的质量很低，但是他们买不起质量更好而价格更高的产品或服务。事实上，低价低值战略是一种生命力很强的战略。因为无论在任何地方，总存在一部分收入低下的顾客群，他们不可能选择高附加值高价格的产品或服务。更何况，高附加值更多的是体现在产品或服务的差异性，其基本的功能是相同的。例如，在我们周围的便利店、简易的理发店、街头小贩长盛不衰就是很好的例证。

2.低价战略（途径2）

低价战略是企业获得竞争优势常用的途径，即在保证产品或服务质量的前提下，降低产品或服务的价格。这种战略容易被竞争对手模仿，也降低价格。在这种情况下，如果企业不能提供相同质量的产品或服务，或是不能把价格降到竞争对手价格之下，那么这种战略可能会失败。因此，采取这种战略的企业，必须取得成本领先优势。只有以低成本为基础，企业才可能在价格战中取得比竞争对手更多的利润，从而获得优势地位。从这个意义上来说，低价战略实际上就是成本领先战略。

3.混合战略（途径3）

混合战略即企业在提供高的可察觉收益的同时降低价格的战略，也即最优成本战略。这种高品质低价格的战略能否成功，取决于企业理解和满足顾客需求的能力，也取决于是否具有保持低价格的成本基础。通常情况下，这种战略很难被竞争对手模仿。如果企业能同时获得成本领先和差异化的竞争优势，则回报是巨大的。在这种情况下，收益可能是累加的：一方面企业通过差异化可以获得溢价；另一方面由于成本低于竞争对手，可获得更多的收益。

4.差异化战略（途径4）

差异化战略是企业广泛采用的战略。以相同的或略高于竞争对手的价格向消费者提供较高可察觉收益的产品或服务，从而获得更大的市场份额。但是，采用差异化战略的企业必须具备相应的核心资源和能力。

5.集中差异化战略（途径5）

集中差异化战略是企业以高价格为顾客提供高可察觉收益的产品或服务。如果企业采用这种战略就意味着企业只有在特定的细分市场中参与竞争。这种优势一旦建立，可以给企业带来更多的利益，真正形成竞争者无法比拟的竞争优势。例如，在汽车市场上，福特、尼桑、本田等轿车生产商都在同一市场中进行竞争。在这种情况下，企业间的竞争相当激烈。相比之下，宝马就不同于他们。它将市场定在具有较高消费能力，并且对汽车的附加价值更为看重的消费群体。这就使它有别于其他汽车制造企业，获得更大的收益。

6.失败的战略（途径6、7、8）

途径6、7、8一般情况下可能是导致企业失败的战略。途径6提高价格，但不为顾客提供可察觉收益，除非企业处于垄断地位，否则采用此战略的企业不可能维持很久。途径7降低产品或服务的可察觉收益，价格反而提高，这种战略比途径6更具危险性。途径8在保持价格不变的同时降低顾客可察觉收益。这种战略可能采取较为隐蔽的形式，在短期内可能不被那些消费层次较低的顾客所察觉，但从长期的角度看，这种战略同样也不可能持久。企图通过降低质量或服务水平来赚取更多的利润的企业必将被市场淘汰。

拓展阅读5-2介绍了日本汽车公司在欧洲市场上竞争战略的演进，其经历说明，在采用战略钟所提供的各种战略途径时，遵循一定的先后次序可能会更容易取得成功。

拓展阅读5-2：日本汽车公司在欧洲的竞争战略

路径1　低价值、低价格战略

20世纪60年代，日本汽车制造商纷纷进入欧洲市场，并瞄准了低成本、低附加值的细分市场。日本厂商认为欧洲厂商不会在该细分市场上进行防御。日本产品经济实惠，使客户在购买其产品时很少有对产品附加值的期望。日本厂商在该类型产品上的销量和在市场进入战略方面取得的经验，使它们得以建立起进军欧洲市场的桥头堡，并为其制定其他具有更高利润的战略奠定了基础。

路径2　低价（成本领先）战略

到了20世纪70年代末，日本产品的质量和可靠性都得到了提高，这也改变了客户对日本汽车的看法，客户认为日本的汽车已经可以与其欧洲竞争对手抗衡。但是日本汽车继续以低于竞争对手的价格出售，这进一步增加了汽车销量。

路径3　混合型战略

在获得早期成功后，20世纪80年代末，日本厂商开始提供比竞争对手更可靠、质量更好而价格却等同于竞争对手的产品，因此日本厂商进一步获得了市场优势。欧洲的竞争对手开始遵循日本公司的战略，试图通过提高产品质量和降低产品价格维持市场地位。

路径4　差异化战略

到了20世纪90年代中期，日本主要的汽车制造商与其他汽车制造商一样，都在寻求通过提供一些额外的性能（如气囊、空调等）使自己的产品与其他产品区别开来。在这期间，日本厂商产品创新的周期短于绝大多数竞争对手，但是2000年竞争对手迅速追赶上来，创造可持续的差异化变得愈发困难。

路径5　集中差异化

丰田公司的凌志汽车与丰田的其他产品有着显著的不同，而且也不使用丰田的品牌，其瞄准的是豪华汽车这一细分市场，并在该市场上与美洲豹和奔驰等厂商进行竞争。

因为凌志是市场的新进入者，没有竞争对手的名门血统，因此在做宣传广告时，它向顾客强调的是：应依据产品的性能而不是品牌来购买汽车。并且，其价格也略低于其他同类豪华车。

资料来源：根据相关资料整理而成。

5.8　如何维持竞争优势

5.8.1　维持竞争优势的基本战略

上述战略的实施可以帮助企业构建起相应的竞争优势，竞争优势会创造高额利润，而高额的利润必然会吸引同业的模仿或潜在竞争者的进入。因此，在建构竞争优势后，企业必须采取相应措施延续和维持竞争优势，唯有如此企业才能长治久安。

美国学者达维尼教授（Daveni）指出，当代竞争具有以下三个特点：（1）产品生命周期缩短，技术更新速度加快；（2）密集、快速的竞争行动，使企业无法长期维持其已有的优势；（3）竞争加剧导致产品价格不断下降，质量不断提升，而企业的利润空间则越来越狭窄。

在这种情况下，任何竞争优势的维持都是困难的。例如，王安计算机在20世纪80年代初期曾风光一时，不可一世，但于1992年申请了破产保护。多明诺（Domino）比萨店在20世纪80年代以外送市场为主，保证30分钟内送到，否则一律免费，结果轰动一时，每年业绩增长40%，5年的时间就掌握了9成的市场，但随后竞争者开始进入，也竞相模仿多明诺的做法，多明诺无法维持竞争优势，终于败下阵来。从以上的例子可以看出，企业经营犹如马拉松赛跑，一刻不能停歇，否则对手随即就会赶上。

企业在竞争者的模仿战略与潜在进入者进入市场的压力下，要长期维持高利润状态，基本上可以采取三个战略：（1）不断增进本身能力，尽量拉大和竞争者的差距，以保持长期竞争优势。（2）尽力防止其他厂商模仿本身的战略，从而维持市场地位，延续竞争优势；同时也要阻止潜在竞争者进入市场。（3）企业如果不能制止竞争者的模仿或潜在进入者进入市场，也无法维持长久竞争优势时，就必须经常不断地找寻新的产品或产业，通过创造新的产品/产业来建立短期的竞争优势，进而获取短期高额利润，等到竞争者进入市场又模仿成功时，再生产新的产品或换到另一个产业，再建立一些短期的竞争优势，这是以机会为主的成长战略。企业要采取这种以机会为主的战略，本身要有极高的弹性，能够适应新的产业，同时信息和情报的获取也要比同业快。不过，追逐新的成长机会固然会获得短期的成功，但若没有核心竞争力，成功只是昙花一现。

图 5-7 描述了企业维持竞争优势的三种途径及其相互之间的关系。下面，将重点探讨如何防止竞争者模仿以及如何阻绝潜在竞争者进入。

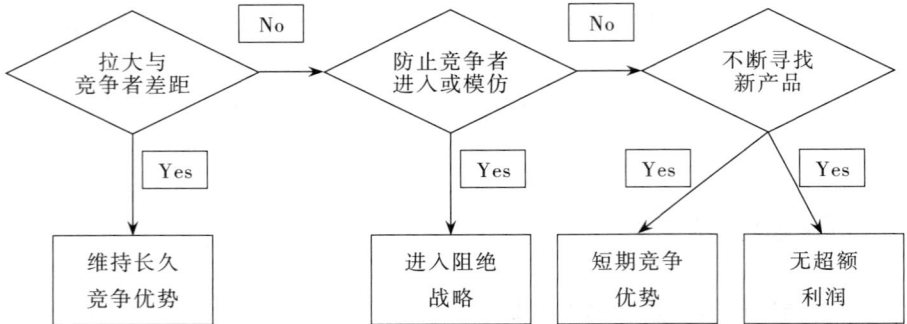

图 5-7　维持竞争优势的途径

资料来源：汤明哲.战略精论［M］.北京：清华大学出版社，2004.

5.8.2　如何防止竞争对手模仿

为了避免其他企业通过模仿获得与自身相匹敌的竞争优势，企业可以设置一定的模仿壁垒。通过分析竞争者模仿的过程，可将其分为四个阶段，即辨认—激励—分析—资源获取（如图 5-8 所示）。

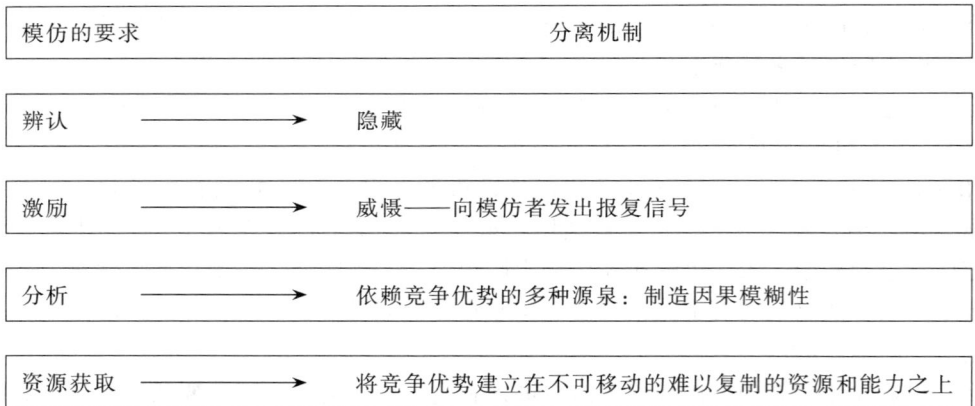

模仿的要求	分离机制
辨认 ——→	隐藏
激励 ——→	威慑——向模仿者发出报复信号
分析 ——→	依赖竞争优势的多种源泉：制造因果模糊性
资源获取 ——→	将竞争优势建立在不可移动的难以复制的资源和能力之上

图 5-8　阻止模仿的可持续竞争优势

资料来源：格兰特.公司战略管理［M］.胡挺，张海峰，译.北京：光明日报出版社，2001.

在分析上述四个阶段的要求及特点的基础上，下面的内容中将给出相应的分离机制，用以防止竞争对手的模仿。

1.辨认

企业在采取模仿行动时，首先必须分辨出是哪些能力使企业获取超额利润，只有找出与超额利润获取相关的竞争优势，才能有针对性地加以模仿。然而在当今这个市场竞争激烈的时代，利润率、市场情况等信息都被视为商业机密而加以保护。因此，在分析辨认阶段，企业只能通过其他途径（如上市公司的年报、财务信息的披露等）来获得相关信息，并找出那些绩效明显高于行业平均利润率的企业。因此，如果企业在信息披露时将关键的信息加以隐藏，那么就会为竞争对手的辨认设置无法逾越的障碍。此外，有些企业为了保证自己能够拥有长期的利润率，甚至会以牺牲短期利润为代价，即采取限价战略，将价格刚好限定在一个无法吸引新进入者的水平上。

2.激励

当竞争者成功地辨认出企业超额利润的来源后，就会分析如果采取模仿战略，是否会招来被模仿者的报复行为，并权衡采取模仿策略的成本与收益，再确定是否采取模仿策略。因此，如果能减少对竞争对手的模仿激励，企业也能避免来自竞争者的冲击。当竞争对手意识到，即使采取了模仿战略它们也不可能会获得超额利润，那么竞争对手就会放弃。因此，企业可以对竞争对手进行威慑，告诉他们一旦进行模仿，企业就会采取报复行为。如此一来，竞争对手就不敢再对企业发起挑战。为了让竞争对手相信企业确实会这样做，企业可以保持过度的生产能力或过多的存货。

3.分析

竞争者想要模仿其他企业的竞争优势，则必须了解这种竞争优势究竟来自何处，采取什么样的战略才能获得这种竞争优势。而企业作为一个复杂的系统体系，要找出与竞争优势息息相关的关键要素实属不易。例如，海尔强大的创新能力除了与企业内部适合创新的企业文化相关以外，创新人才的获取、培养及激励措施也与创新能力有很大的关联性，甚至还有很多我们所不了解的其他因素。因此，竞争对手在采取模仿策略时，由于有限资源的限制，必须有所取舍，选取那些与竞争优势的培育直接相关的因素加以模仿。正是如此，企业就可以制造因果模糊性，将与竞争优势相关的要素多样化，减少对单项资源和单项能力的依赖程度，从而增加竞争对手成功分析决定因素的难度。

4.资源获取

一旦竞争者成功地找出了与竞争优势相关的要素，那么企业只能在最后关口——资源获取上为竞争者设置障碍。通常企业获取资源的途径不外乎有两个：外购或自己发展。对于通过外购来获取资源的竞争者来说，只要企业控制了关键性资源获取的渠道，那么竞争对手就无法获得关键性资源，即使获得了也是以较高的价格为代价的。在这种情况下，竞争者模仿的成本将增大，当然也就会有效地抑制它们采取模仿行为。如果企业打算依靠自己的能力来发展所需的资源，那么企业则可以采取延长竞争者获得这种能力的时间，例如利用专利保护来增加竞争者模仿的难度等。

5.8.3 如何阻绝潜在竞争者进入

通过建立模仿障碍，可以使竞争者即使想模仿也"不能模仿"，因此可以在一定程度上确保竞争优势。采取进入阻绝战略则可以使潜在竞争者"不愿"进入特定行业。进入阻绝的效果在于向潜在进入者昭示：进入后的利润堪忧，从而让潜在进入者及早打消抢进市场的念头。

1.先占战略

第一个阻绝战略就是所谓的先占战略（Preemption），先占战略是率先占取了有利的产品空间，使得潜在的竞争者没有空间进入。举例而言，适合设立便利商店的地点不多，当7-Eleven占据了街角后，后设立的便利商店即无法立足。

2.品牌扩散战略

第二个进入阻绝战略是品牌扩散战略，品牌扩散的做法是在各个产品空间中，由同一个厂商迅速推出不同的品牌，占据所有的产品空间。例如，在洗发水市场上，宝洁公司通过多品牌战略，推出"海飞丝""飘柔""潘婷""沙宣"等品牌，每个品牌在产品空间中的定位均不同，各自吸引不同区间的顾客。品牌扩散战略的基本假设是单一品牌的生产规模不够经济。新厂商的进入必须要同时拥有好几个品牌，但要在品牌遍布的产品空间内再争取数个品牌的生存空间，绝非易事，因此新厂商将无法进入。因此，在经济规模比较高的情况下，品牌扩散战略做法比较容易成功。

3.超额生产能力

如果产业的领导厂商拥有超额的生产能力，就可以放出信息告诉潜在的竞争者，如果潜在竞争者进入产业，领导厂商就会以完整的生产能力跟竞争者竞争。例如，卡特彼勒（Caterpillar）是全世界最大的建筑用机器制造商，之所以获得全球范围内的领导者地位，就在于采取了超额生产能力的战略——先预估全世界的需求量，然后再以超额的生产能力来满足全世界的需求，由此，维持了将近20年独占地位，一直到20世纪80年代日本小松（Komatsu）才得以进入国际市场。

4.限制价格战略

这一战略的基本做法是保持比较低的价格，让潜在的进入者误以为现有厂商的成本比较低，而自觉无法和现存厂商竞争，进而不打算进入；或者潜在进入厂商经过计算之后，会发现即使进入成功，在同样的价格之下，获利也不高，因此，限制价格战略就可以防止潜在的竞争者进入。

5.提高竞争者成本

第五个进入阻绝战略就是提高竞争者成本。在很多种竞争状况中，厂商发现低价竞争通常会得不偿失，自己的损失会比竞争者还要高。尤其对主要厂商而言，市场占有率高，稍微降价，总利润损失就会很大，因此无法动辄以降价应对进入者。在这种情况下，有些厂商以提高对手的成本作为竞争方式。譬如说，厂商以垂直整合进入下游渠道，阻绝竞争者的出货，此时，对手也一定要从事垂直整合，才能竞争，这就提高了对手的成本。

事实上，以上的这些进入阻绝战略并不见得对现有主导厂商绝对有利，执行这些战略的成本亦所费不菲，例如维持超额设备花费昂贵，限制价格也限制本身利润。在这些情况下，厂商必须要考虑的是，防止其他厂商的进入是不是企业最重要的目标。由于进入阻绝战略的代价不低，而且进入阻绝战略的一个缺点就是其具备公共品的性质，当某一个厂商采取了进入阻绝战略，自己本身受到财务上的损失，却使其他竞争者共同获利，这种情况下，除非产业中有一个主要的领导厂商，要不然某些进入阻绝战略是行不通的。

根据研究发现，品牌扩散战略是最常用的进入阻绝战略，这主要是因为品牌扩散的利益没有外溢效果。

5.8.4 动态竞争优势

企业作为利益驱动者，为了获得更高的利润率，会主动地学习、模仿优秀企业的成功之处。尤其是在竞争激烈的行业中，企业的竞争优势从一开始就会备受瞩目，成为竞争对手们竞相模仿的对象。在这种情况下，企业要想长期保有竞争优势，除建立起一定的保护机制来减缓竞争优势消亡的速度、尽量地延长每一个竞争优势的维持期外，还必须不断地创造新的竞争优势。唯有如此，企业才能长期地分享由可持续竞争优势所带来的"超额利润"。图5-9说明了企业如何通过竞争优势的维持来获得可持续的竞争优势。

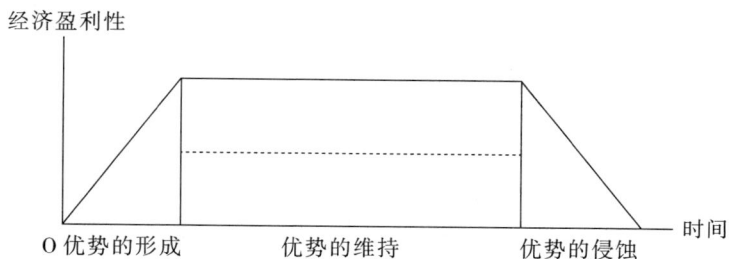

图5-9　竞争优势的维持

竞争优势不是静止不变的，而是动态演进的，任何竞争优势都有其生命周期，都遵循着"优势的形成—优势的维持—优势的侵蚀"的发展轨迹。当竞争优势发展时，经济利润增长；然后，当优势维持时，经济利润保持不变；最终，优势被侵蚀掉，经济盈利性下降。在许多市场中，优势维持阶段正在缩短。在这种环境中，公司只有不断发展优势新来源，才能保持长期的超额经济利润。图5-10表明企业如何通过竞争优势的创新来获得可持续竞争优势。

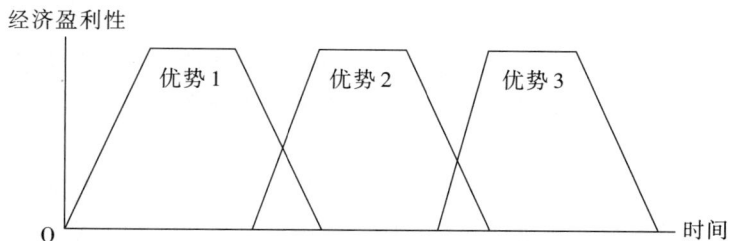

图5-10　新竞争优势的创造

党的二十大报告中提出要通过科技自立自强塑造发展新动能新优势（见时势链接5-1），要"扩大国际科技交流合作，加强国际化科研环境建设，形成具有全球竞争力的开放创新生态"。

时势链接5-1：【聚焦二十大】科技自立自强 塑造发展新动能新优势

关键概念

　　顾客效用　成本领先战略　差异化战略　集中成本领先战略　集中差异化战略　最优成本战略　先占战略　品牌扩散战略

思考题

　　1.业务层战略有哪些基本类型可供选择？

　　2.成本领先战略的优势是什么？有哪些潜在风险？

　　3.差异化战略的优势是什么？有哪些潜在风险？

　　4.集中化战略有哪两种基本类型？

　　5.如何防止竞争对手的模仿？

　　6.如何阻绝潜在竞争者进入？

　　7.如何维持企业的竞争优势？

战略实践

● 企业追踪

　　本单元旨在分析目标公司的商业模式和业务层战略的本质。如果目标公司在一个以上的业务领域运营，请将分析重点专注于其核心业务或主营业务。运用你所掌握的信息回答下列问题：

　　1.目标公司产品或服务的差异化程度如何？差异化的基础是什么？

　　2.目标公司对细分市场的战略是什么？如果它对市场进行细分，那么细分的原则是什么？

　　3.目标公司拥有什么样的核心竞争力？

　　4.目标公司的基本商业模式是什么？它是如何通过业务层战略实施这一商业模式的？

5.目标公司所选择的商业模式和业务层战略的优势与缺陷是什么？

6.怎样才能改善目标公司的商业模式和业务层战略、提高竞争优势？

● 实践练习：为餐馆寻找一种战略

将全班分组，3~5人为1组，假定你们是几个正在考虑在学校周边开一家新餐馆的合伙人，需要决定采取什么样的竞争定位才能为企业创造最大的竞争优势。

1.找出你所在学校周边餐馆的战略集团并定义它们的基本商业模式和战略。

2.找出你认为最赚钱的餐馆并说明其高额利润的来源。

3.在上述分析的基础上，你打算开一家什么样的餐馆并说明理由。

4.向全班报告你们的工作。

6 公司层战略

● 学习目标

- 公司发展方向选择
- 在单一产业经营的优势
- 密集增长战略
- 横向一体化战略
- 纵向一体化战略
- 多元化战略
- 波士顿矩阵

━━━━▶ 引导案例 通威股份：全球首创"渔光一体"发展模式

从农业跨界新能源，再到"渔光一体"两翼齐飞。在业界，刘汉元创建的通威股份（600438.SH）可以说是仅此一家。2023年《财富》世界500强中，通威集团以营业收入2 148.82亿元首次上榜，成为全球光伏行业首家世界500强企业。

1964年，刘汉元出生于四川。16岁那年，他从四川省水产学校毕业，被分配到眉山县（现更名为眉山市，下同）水电局两河口水库渔场当技术员。

1983年的四川，过年想在餐桌上吃上鱼，成本十分高昂，那时，成都农贸批发市场中的猪肉不到1块钱1斤，鲤鱼却卖到12~13块钱1斤。

水产专业出身的刘汉元很快便注意到了这一现象，决心利用自己的专业能力改变这一现状。

经过几个月的思考，刘汉元从父母手中拿来全家仅有的500元钱，建起一个64平方米的金属网箱，投入了185千克鱼苗，开始搞网箱养鱼试验。没想到，这只网箱，竟然创下了四川养鱼史上前所未有的高产纪录，产出了1 390千克的成鲤鱼，折合亩产1.5万千克，创下了全省纪录。

刘汉元的惊人成果，很快传遍了大街小巷，第二年，便有300多户群众踊跃报名参与养殖计划，省科委最终选拔了12家农户，结果产量再次翻番。随后的1986年，刘汉元的养鱼技术被国家科委列入"星火计划"，1987年，又被农业部列入"丰收计划"，正式向全国推广。

鱼的产量上来了，鱼饲料的需求也紧随其后。刘汉元再次敏锐抓住这个契机。1986年，年仅22岁的刘汉元在自家门口创办了眉山县渔用配合饲料厂，开始了自己的商业之路。1992年，刘汉元创立通威饲料有限公司，并从1997年开始成为全国最大的水产饲料生产企业。7年后的2004年，他带领通威集团敲响了上市的钟声。这也意味着"鱼饲料大王"正式走进资本市场。

然而，仅是这样的成功，并未让刘汉元失去冷静。他仍然求知若渴，在2002年进入北大光华管理学院就读EMBA，毕业以后又继续攻读DBA工商管理博士。

在这几年的学习中，刘汉元拥有了更广阔的视野。他第一次接触到了新能源行业，并看到了光伏行业潜藏的巨大机会，他的博士毕业论文甚至也与此相关，名为《各种新能源比较研究与我国能源战略选择》。

在他的坚定掌舵下，鱼饲料龙头通威股份，开始驶向新能源这片完全陌生的"海域"。2006年，通威股份开始建设多晶硅生产基地，正式进军新能源产业。

然而，转型不过两年，刘汉元便遇上金融危机暴发，2008年，光伏行业也受到重挫，通威股份不得不暂停当时正在进行的1 000吨/年多晶硅项目建设。

"我是养鱼的，我从没想过赚快钱。"刘汉元心态很稳。但这并不意味着，他要停止探索光伏产业的脚步。在情况稍有缓和后，1 000吨/年多晶硅项目再度重启，而在该项目完成后，通威股份的业务开始向光伏倾斜，并在2013年通过收购合肥赛维从上游原材料扩展至太阳能电池片。

2014年，那个曾经发明网箱养鱼技术的刘汉元，再度结合屋顶分布式光伏发电提出"渔光一体"，将通威股份两大业务联系在一起。

刘汉元创造的"渔光一体"模式，是指在合理保证池塘基本渔业生产性能前提下，在水面一定高度架设光伏电站，实现水上发电有效运行、水下渔业生产正常开展的一种新型立体高效的生产方式。

2014年，光伏行业仍处在寒冬之中，但曾为水产行业巨头的通威股份，却有着特殊优势，刘汉元的"渔光一体"模式，也将通威股份引向一条其他光伏企业难以复制的特殊道路。

凭借独树一帜的模式，刘汉元继续加大对光伏业务的投资。他开始大举收购，在2016年完成对永祥股份、通威新能源的重组购并，加码硅料产业。

但真正将通威股份引向霸主地位的，还是刘汉元惊险的"逆周期"操作。

2018年，"531光伏新政"出台，中国光伏发电补贴大幅退坡，光伏行业再度陷入低谷。然而，此时，刘汉元却选择逆势扩产，2020年，通威股份高纯晶硅产量已位居全球第一，而电池出货量自2017年以来，更是连续4年全球第一。

2023年8月2日，2023年《财富》世界500强排行榜正式发布。通威集团成为全球光伏行业首家世界500强企业。

资料来源：汪静.刘汉元"追光"40年创富950亿 通威股份抛650亿扩张欲再创奇迹［EB/OL］.［2024-04-10］. https://www.163.com/dy/article/IQ8ONV510530KCTU.html.

竞争战略虽然可以帮助企业提高在特定业务领域的竞争地位，但就企业总体发展而言，仅仅依靠竞争战略还是不够的，特别是对于那些打算在多个业务领域从事生产经营的企业而言，企业还需要依靠公司层面的战略对公司的总体发展进行战略部署。公司层战略主要处理以下三个方面的问题：（1）企业的整体发展方向，是扩张、稳定，还是收缩或转移；（2）企业涉足的业务领域，是专注于单一业务发展还是多业务领域发展；（3）企业和产品线、各业务单位之间如何相互配合，从而发挥出协同效应。

在有关公司层战略的探讨中，我们将首先分析有关企业发展方向或战略态势选择的问题，无论大企业、小企业、单一业务企业还是多业务企业都面临着这一战略抉择。引导案例中通威股份以养鱼起家，其技术甚至被农业部列入"丰收计划"向全国推广，但公司并未止步于此，而是抓住契机向上游发展，并最终成为鱼饲料大王，之后又跨界进入光伏行业，并开创了"渔光一体"的发展模式，成为全球光伏行业首家世界500强企业。虽然一系列的战略行动从结果上看均取得了成功，但其背后也面临诸多风险和挑战。本章将重点探讨企业应如何斟酌利弊，选择合适的公司层战略。

6.1 公司发展方向选择

公司的方向性战略由以下三个一般性方向构成（有时也称为战略态势）：（1）增长型战略（growth strategy），扩展公司的活动；（2）稳定型战略（stable strategy），不改变公司目前的活动；（3）收缩型战略（retrenchment strategy），降低公司活动的强度。

6.1.1 增长型战略

增长型战略是指企业扩大现有经营领域的规模，或向新的经营领域开拓的战略，其战略核心是通过企业竞争优势谋求企业的发展和壮大。一直以来，扩张战略都是一种非常有吸引力的战略，这其中的原因主要有两方面：

首先，建立在市场需求增长基础上的扩张可以掩盖公司存在的问题，而这些问题在稳定或衰退的市场中就会立即表现出来。随着公司在扩张中获得不断增长的收益流，会产生大量的冗余资源（未使用的资源），这些资源可以迅速用于解决存在于部门和事业部之间的问题和冲突。扩张还能为因战略失误而必须进行的转向提供有益的缓冲。此外，大型企业比小型企业拥有更大的讨价还价能力，在困难时期，它们更容易得到关键利益关系群体的支持。

其次，正在发展的企业可以提供更多的职业发展和晋升机会以及更多有吸引力的工作。对 CEO 来说，发展本身就令人兴奋，值得追求。在市场和潜在投资者眼中，正在发展的企业是"胜者"或"在前进中"。当组织规模扩大时，高级经理的报酬也较高。此外，通常大企业要比小企业难以收购，因此，经理的工作更有保障。

企业在实施扩张的过程中，首先要考虑的是：是集中于现有产业和现有产品线的扩张，还是进入其他产业的其他产品线。如果企业目前的产品线确有发展潜力，采取将资源集中于这些产品线以获得发展的战略就是合理的，这种战略我们通常称为密集增长战略。否则，则可以考虑进入其他产品线或其他产业，此时采取的战略可能是在同一部门内容向上下游领域扩展，即实施一体化战略；也可能进入其他不相关的产业，即实施多元化扩张。相关内容我们将在下面的内容中作深入探讨。

6.1.2 稳定型战略

稳定型战略是指在内外环境的约束下，企业准备在战略规划期使企业的资源分配和经营状况基本保持在目前的状态和水平上。按照稳定型战略，企业目前所遵循的经营方向及其在其经营领域内所达到的产销规模和市场地位都保持大致不变或以较小的幅度增长或减少。

从企业经营风险的角度看，稳定型战略的风险是相对较小的，对于那些曾经取得成功、处于产业成长期和相对稳定环境中的企业而言，这种战略会很有效。由于稳定型战略从本质上追求的是在过去经营状况基础上的稳定，它具有如下特征：

（1）企业对过去的经营业绩表示满意，决定追求既定的或与过去相似的经营目标。比如说，企业过去的经营目标是在行业竞争中处于市场领先者的地位，稳定型战略意味着在今后的一段时期里依然以这一目标作为企业的经营目标。

（2）企业战略规划期内所追求的绩效按常规的比例递增。与增长性战略不同，这里的增长是一种常规意义上的增长，而非大规模的和非常迅猛的发展。例如，稳定型增长可以指在市场占有率保持不变的情况下，随着总的市场容量的增长，企业的销售额实现同步增长。实行稳定型战略的企业，试图在市场占有率、产销规模或总体利润水平上保持现状或略有增加，从而稳定和巩固企业现有竞争地位。

（3）企业准备以过去相同的或基本相同的产品或劳务服务于社会，这意味着企业在产品的创新上较少。

从以上特征可以看出，稳定型战略主要依据于前期战略。它坚持前期战略对产品和市场领域的选择，它以前期战略所达到的目标作为本期希望达到的目标。因而，实行稳定型战略的前提条件是企业过去的战略是成功的。对于大多数企业来说，稳定型增长战略也许是最有效的战略。

6.1.3 收缩型战略

所谓收缩型战略是指企业从目前的战略经营领域收缩和撤退，且偏离起点战略较大的一种经营战略。与稳定型战略和增长型战略相比，收缩型战略是一种消极的发展战略。一般的，企业实施收缩型战略只是短期的，其根本目的是使企业挨过风暴后转向其他的战略选择。有时，只有采取收缩和撤退的措施，才能抵御竞争对手的进攻、避开环境的威胁并迅速实行自身资源的最优配置。可以说，收缩型战略是一种以退为进的战略。

收缩型战略有以下特征：

（1）对企业现有的产品和市场领域实行收缩、调整和撤退战略，比如放弃某些市场和某些产品线系列。因而从企业的规模来看是在缩小的，同时一些效益指标，比如利润率和市场占有率等，都会有较为明显的下降。

（2）对企业资源的运用采取较为严格的控制和尽量削减各项费用支出，往往只投入最低限度的经营管理资源，因而收缩型战略的实施过程往往会伴随着大量的裁员，一些奢侈品和大额资产的暂停购买等等。

（3）收缩型战略具有明显的短期性。与稳定和发展两种战略相比，收缩型战略具有明显的过渡性，其根本目的并不在于长期节约开支，停止发展，而是为了今后的发展积蓄力量。

6.1.4 混合型战略

混合型战略是稳定型战略、增长型战略和收缩型战略的组合，事实上，许多有一定规模的企业实行的并不只是一种战略，从长期来看大多是多种战略结合使用。

因为大型企业相对来说拥有较多的战略业务单位，这些业务单位很可能分布在完全不同的行业中，他们所面临的外界环境、所需要的资源条件完全不同，因而若对所有的战略业务单位都采用统一的战略态势的话，就有可能导致由于战略与具体的战略业务单位不相一致而导致企业的总体效益受到损害。所以，可以说混合型战略是大型企业在特定的历史阶段的必然选择。

在某些时候，混合型战略也是战略态势选择中不得不采取的一种方案。例如，企业遇到了一个较为景气的行业前景和比较旺盛的消费者需求，因而打算在这一领域采取增长型战略，但如果这个企业的财务资源并不是很充分的话，可能无法实施单纯的增长型战略。此时，就可以选择部分相对不令人满意的战略业务单位，对其实施收缩战略，以此来保证另一战略业务单位实施增长型战略所需的充分资源。由此，企业就从单纯的增长型战略转变成了混合型战略态势。

6.2 密集增长战略

在选择了总体发展方向之后（如选择了扩张），公司经理们还需要运用公司层战略来确定应当在哪些产业中竞争才能实现长期盈利能力最大化，是集中于一条产品线或一个产业，还是多元化进入其他产业？对于许多企业来说，它们可以通过在单一产业中的成功竞争实现利润增长和扩张（也即专业化经营）。麦当劳是这类企业的代表，它专注于全球快餐业务；再如沃尔玛公司，它专注于全球折扣零售业。国内专精特新"小巨人"企业采用的也是这一增长战略，战略行动6-1中的龙凤山铸业20多年始终专注于铁基新材料研发和生产，不仅解决了我国纯铁领域的"卡脖子"难题，也成为中国铸造行业的单项冠军企业。

战略行动6-1：龙凤山铸业二十多年持之以恒 专注"一块铁"

2023年12月22日，记者走进河北龙凤山铸业有限公司，进入厂区，不绝于耳的机器轰鸣声，在寒冬时节向人们展示着企业的生产热情，一派欣欣向荣扑面而来……

这是一家20多年始终专注于铁基新材料研发和生产的企业，他们拥有国际领先的超高纯生铁生产线，他们被中国铸造协会评为中国铸造行业的单项冠军企业，他们生产的高纯生铁、超高纯生铁入选"改革开放40周年机械工业杰出产品名单"，荣获中国铸造材料金鼎奖、冶金产品实物质量金杯奖……

龙凤山铸业自1999年成立至今，经过20多年的发展，"龙凤山"品牌已在铸造行业取得领先地位，是我国专业研制生产高纯生铁、超高纯生铁等铁基新材料的高新技术企业、国家专精特新"小巨人"企业。

2008年，严峻的金融危机让众多同类企业受到冲击，龙凤山铸业也面临着如何进一步发展的抉择。他们没有与大多数钢铁企业做同质化竞争，而是把创新发展的方向确定为研制和生产高纯净度高端铸造用生铁上。

创业不停，创新不止，科技创新成为龙凤山铸业不懈求索的方向。他们在技改创新的反复探索中，经过3年的努力，2010年在国内首创"精料+精炼+精处理"工艺路线，研发生产出铸造用高纯生铁，以其全灰口、低磷、低硫、低锰、低钛的特质，结束了我国长期以来依靠进口的历史。2015年，超高纯生铁研发项目正式启动；2017年，以三精法+深度提纯工艺，成功首创出中国第一炉"超高纯生铁"；2018年，"铸造用超高纯生铁新材料的研制"项目通过中国铸造协会科技成果评价和新产品验收。超高纯生铁被行业专家誉为"生铁之宝"。"龙凤山"牌铸造用高纯生铁、超高纯生铁具有高纯净度、高稳定性、高一致性等特点，2022年公司主导产品高纯生铁国内市场占有率达80%以上，超高纯生铁独占国内市场。

2023年5月，在天津举办的第21届中国国际铸造博览会上，龙凤山铸业成为参展企业的主角。这一年，公司联合上海大学，在5N-6N级超纯铁基础研究和产业技术研发方面，实现了等离子滴熔、电解和区域熔炼等关键技术突破，在实验室制备出了5N2级超纯铁新材料，解决了我国纯铁领域的"卡脖子"难题。

谈到下一步的发展目标，龙凤山铸业副董事长刘武成说："公司将聚焦关键环节，突破瓶颈制约，延伸产业链条，坚持科技赋能、项目带动、绿色低碳和结构优化，持续提升技术水平、装备水平和产业规模，努力构建具有核心竞争力和独具特色的世界级高纯铁基新材料研发制造基地。"

资料来源：赵瑞瑞. 稳经济　促发展　看行动 | 点"铁"成金：看河北龙凤山铸业有限公司持续创新发展之路 [EB/OL]. [2024-04-10]. https://baijiahao.baidu.com/s?id=1787294927793190098&wfr=spider&for=pc.

众多企业之所以选择在单一产业内经营，主要是因为这样可以带来以下一些优势：

第一，可以避免企业分散精力。单一产业经营令企业得以将全部的管理、财务、技术、职能资源和能力专注于该产业领域内的竞争。对于快速成长和变革中的产业而言，这一点非常重要。在这种产业中，对企业的资源和能力的需求十分强大，建立竞争优势以实现长期利润的要求同样很迫切。实施专业化发展的企业非常注意限制企业的业务范围，把自己的市场界定得很窄，力图在一个具体的产品或业务上形成绝对的竞争优势。

第二，可以使企业专注于它最擅长和最了解的业务。这样的企业不会错误地进入现有资源和能力无法创造更高价值的产业。可口可乐就曾经在这个方面犯过错误。可口可乐公司曾一度决定向电影业扩张，收购了哥伦比亚电影公司，它还曾收购过一家大型的葡萄酒生产商。最终，发现公司缺乏在新的产业中成功竞争所需要的能力。结果是，进入新产业的行动不仅没能创造价值，反而破坏了价值，最终只能亏损出售。

第三，有助于企业提升产业变革的敏感性。相对于多元化经营的企业而言，在单一产业中经营的企业，由于完全依赖特定产业，因此会更加关注产业内的变革。

近年来，国家对"专精特新"企业的支持力度不断加大（见时势链接6-1），相关政策为实施专业化发展的企业指明了可行方向。

时势链接6-1："专精特新"写进二十大报告，传递出哪些信号？

专家认为，"专精特新"得到中央重视，起码传递了两个信息。

首先，我国中小企业历来是促进就业、改善民生的主力军，近几年民营经济中小企业大量存在经营困难问题，通过"专精特新"这样的方式，引导、支持这个企业群体发展起来。"这表明国家对于发展中小企业是有信心的，要给他们政策支持，树立信心。对于稳定企业家的信心、稳定经济的预期、稳定投资的预期非常重要。"

其次，国家以后高度重视实体经济。如果中国的实体经济利润率很低，不仅企业家没有信心，资本投资也没有信心。所以，"要给市场打一剂强心针，这对于稳定预期，对于发展实体经济也是一个重要信号"。

"加快构建以国内大循环为主体、国内国际双循环相互促进的新发展格局"是当前我国发展的重要任务。如何畅通国内大循环，一个很重要的前提就是产业链有足够韧性，能够顺利运转。

而打通产业链内部循环或者维护产业链安全的前提是，保证产业链各个环节自主可控，或者大部分可控。这就是党和政府重视"专精特新"的原因所在。

"专精特新"企业中的很多企业都拥有一些专业化程度高的核心技术，具备应对核心技术"卡脖子"的能力。

与此同时，国际竞争更多的还是经济竞争。这种竞争会体现在企业与企业之间，尤其是一些关键领域的大型企业、平台企业，以及具有核心竞争力的"专精特新"企业。因此，"专精特新"企业的发展需要有国家的支持，否则真到了全面经济竞争那一步，"我们就会处处受人限制。从这个角度来看，'专精特新'企业、'小巨人'企业或隐形冠军企业能起到'排头兵'作用"。

资料来源：肖隆平，付佳."专精特新"写进二十大报告，传递出哪些信号？| 新京智库［EB/OL］.［2023-12-10］. https://baijiahao.baidu.com/s?id=1747753917098789792&wfr=spider&for=pc.

当企业决定在单一产业开展经营活动时，企业可以考虑采用密集增长战略来实现扩张。

密集增长战略是一种在现有业务领域内寻找发展机会的战略形式。企业的经营者在寻求新的发展机会时，首先，应该考虑现有产品是否还能得到更多的市场份额；然后，应该考虑是否能为其现有产品开发一些新市场；最后，考虑是否能为其现有的市场发展若干有潜在利益的新产品。密集型成长战略也因此表现为三种类型：（1）市场渗透；（2）市场开发；（3）产品开发。

6.2.1 市场渗透

市场渗透是指企业在现有的市场上增加现有产品的市场占有率。要增加现有产品的市场占有率，企业必须充分利用已取得的经营优势或竞争对手的弱点，进一步扩大产品的销售量，努力增加产品的销售收入。市场渗透有三种主要的方法：

一是尽力促使现有顾客增加购买，包括增加购买次数、增加购买数量。如牙膏厂可以向顾客宣传餐后刷牙是护齿洁齿的最好方法，宣传保护牙齿的重要性，如果能增加顾客的刷牙次数，也就增加了牙膏的使用量，从而增加顾客购买牙膏的数量。

二是尽力争取竞争者的顾客，使这些顾客转向购买本企业的产品。如提供比竞争对手更为周到的服务，在市场上树立更好的企业形象和产品信誉，努力提高产品质量等，尽可能把竞争对手的顾客吸引到本企业的产品上来。

三是尽力争取新的顾客，使更多的潜在顾客、从未使用过现有产品的顾客购买。市场上一般总存在没有使用过现有产品的消费者，他们或是由于支付能力有限，或是由于其他原因，企业可以采取相应的措施，如分期付款、降低产品的价格等，使这些消费者成为本企业的顾客。

6.2.2 市场开发

企业尽力为现有的产品寻找新的市场，满足新市场对产品的需要。市场开发有三种主要方法：一是在当地寻找潜在顾客。这些顾客尚未购买该产品，但是他们对产品的兴趣有可能被激发；二是企业可以寻找新的细分市场；三是企业可以考虑扩大其市场范围，建立新的销售渠道或采取新的营销组合，发展新的销售区域，如向其他地区或国外发展。在战略行动6-2中，通威集团在饲料领域采用了辐射式扩张战略就是市场开发战略的典型代表。

战略行动6-2：通威的辐射式扩张战略

用通威集团创始人刘汉元的话来说，辐射式扩张战略就是"吃一个，夹一个，看一个"。思路很明确：由于饲料具有一定的销售半径，市场区域性特点比较明显，最稳妥的做法是，先将目标市场做到一定规模，然后再在当地投资建厂，也就是"先做市场后建工厂"，先拥有一定规模的群众基础，再投资建厂进行扎根，这种做法大大提高了新投资项目的成功概率。具体来说，"吃一个"，就是把已经设立了子公司和生产工厂的市场列为成熟区域进行重点"耕耘"、打造细节，做成坚固的根据地，把市场吃定，真正掌握在自己手里；同时要"夹一个"，不断开辟新的市场，扩大市场销售和品牌影响力，达到一定的口碑和占有率之后，迅速跟进设立子公司建厂，实现本地生产，强化并扩大销售，稳步向"吃一个"转变；与此同时，还要"看一个"，对将要开辟的市场着手规划，一边调查研究一边铺点销售，再稳步向"夹一个"发展。

资料来源：李艳双，李俊毅. 通威集团：水产、光伏双链交融的渔光一体. ［EB/OL］. ［2023-12-20］. http://www.cmcc-dlut.cn/.

6.2.3 产品开发

向现有市场提供新产品或改进的新产品，目的是满足现有市场的不同层次的需求。具体的做法有：利用现有技术增加新产品；在现有产品的基础上，增加产品的花色品种；改变产品的外观、造型，或赋予产品新的特色；推出不同档次、不同规格、不同式样的产品。发现这些机会，企业就有可能从中找到促进销售增长的途径。以龙凤山铸业为例，公司以高纯生铁、超高纯生铁等六大系列、171个品种，为复兴号高铁、海洋工程、核电装备等大国重器提供了战略性新材料保障。

6.3 横向一体化战略

6.3.1 横向一体化的内涵

一项广泛用于帮助管理者加强竞争地位的公司层战略是横向一体化。横向一体化是企业收购产业内竞争对手或与竞争对手合并的过程。例如，在汽车产业，克莱斯勒公司与戴姆勒-奔驰合并，创立了戴姆勒-克莱斯勒公司；在航空航天业，波音公司与麦克唐纳·道格拉斯合并，创立于世界上最大的航空航天企业；在轨道交通装备行业，中国南车和中国北车合并成立中国中车股份有限公司（见战略行动6-3）。国内的互联网公司也曾掀起并购潮，如携程和去哪儿网的合并，58同城和赶集网的合并，滴滴和快的的合并，美团网和大众点评网的合并等。虽然并非所有的合并和收购都涉及横向一体化（其中一些伴随着纵向一体化和多元化），但绝大多数都是横向一体化。横向并购浪潮的最终结果是产业集中度的提高。合并起来的寡头结构代替了比较零散的产业结构。

横向一体化的范围可以从完全拥有到部分拥有，再到长期合同。例如，荷兰航空公司 KLM 买下了美国西南航空公司的控股权（部分拥有），从而进入了美国及亚洲市场。许多小型地区性航空公司则与大型航空公司订立长期合同，以便为旅行者提供全程旅行。

战略行动 6-3：中国南车与中国北车合并，高铁加速走出去

6.3.2 横向一体化的经济利益

为什么有那么多企业热衷于横向一体化呢？答案可以从横向一体化的经济利益中找到。在追求横向一体化的过程中，管理者们决定将企业的资本投资于购买产业竞争对手的资产，从而提高其商业模式的盈利能力。横向一体化提高利润和盈利能力的原因主要包括：削减成本、提高产品差异化、复制商业模式、控制产业竞争、提高谈判能力。

1.削减成本

横向一体化提高了规模经济，可以降低企业的成本结构。假设市场上有 5 个竞争者，如果每家都在某个区域中经营一家制造工厂，那么将没有一家工厂能够发挥全部产能。如果其中有一家购买了另外一家并且关闭了这家工厂，则它自己的工厂就可以满负荷生产，从而降低生产成本。在固定成本很高的产业中，规模经济是非常重要的。例如，制药产业中的兼并和收购在部分程度上也是为了实现销售和营销的规模经济。建立一支全国性的药品销售队伍的成本非常高，制药企业需要拥有一个良好的产品组合才能有效地使用销售人员。辉瑞公司收购华纳兰伯特公司的部分原因是为了让那些销售人员在拜访医生时能够介绍和销售更多的产品，从而提高销售人员的生产率，并降低成本。

除了规模经济之外，通过减少两家企业之间的重复，例如，通过取消两套公司的总部、取消重复的销售人员等，还可能进一步节约成本。

2.提高产品差异化

横向一体化可以通过提高产品差异化增加利润，例如将合并企业的产品线组合到自己的产品线中，从而向顾客提供可以捆绑在一起的、范围更加广泛的产品。产品捆绑（Product Bundling）是指向客户提供一组产品，但只需要一次交易。因为客户只需为他们所要的一组产品付一次钱，只跟一家企业打交道，他们会赋予成组提供的产品更高的价值。换句话说，捆绑是差异化优势的来源。关于捆绑价值的著名例子是微软的 Office 软件，它是一组不同的软件，包括文字处理、电子表格以及演示软件等。在20世纪90年代初，微软公司在每个产品类别中排名第二或第三，列在Word Perfect公司（文字处理领域的领先者）、Lotus公司（拥有最畅销的电子表格软件）和Harvard Graphics公司（拥有最畅销的演示软件）等企业之后。然而，由于微软公司通过提供包括这三种软件的软件包，呈献给客户具有卓越价值的商品，因而它的产品组合迅速获得了市场份额，最终占据了文字处理、电子表格和演示软件等软件全部销售量的90%。

增加产品差异化的另一种方法是交叉销售。企业通过交叉销售，设法巧用它与客户之间的关系，收购能够销售给客户的额外的产品门类。在金融服务产业中，这是非常普遍的战略，而且已经促成了重大的横向一体化。这里基本的想法是认为，客户宁愿从一家供应商那里购买所有金融服务产品，对企业而言，这意味着以一种金融服务超市形式提供活期存款、抵押贷款、保险以及投资服务等。中国平安收购福建亚洲银行和深圳发展银行，背后的主要原因是要创建一家既能够直接向银行客户销售保险产品，也能够向保险客户销售银行服务的企业。

3.复制商业模式

既然横向一体化可以带来产品差异化和低成本的优势，如果它们还能将企业成功的商业模式复制到本产业中新的细分市场上，则将拥有很大的战略价值。例如，在零售产业中，沃尔玛公司将低成本/低价格的零售商业模式导入价格更低的仓储式市场。它通过在其他国家收购超级市场连锁店将自己的商业模式在全球进行复制。

4.控制产业竞争

横向一体化能够在两个方面控制产业竞争。首先，为了消灭产业中过剩的产能，就可能需要收购竞争对手或者与其合并。过剩产能的利用往往会触发价格战，而横向一体化则可以把过剩的产能从产业中挤出去，就能够创造出比较易于管理的环境，使价格得以稳定，甚至上升。此外，横向一体化减少了产业中参与者的数量，使竞争对手之间比较容易实施价格协调。作为一般规则，产业中参与者的数量越多，就越难建立价格协定来减少暴发价格战的可能性。横向一体化通过产业集中和制造寡头，使竞争对手之间的战术协调比较容易建立。战略行动6-4中滴滴与优步之间的并购行动，就是典型的控制产业竞争的战略举措。

5.提高谈判能力

横向一体化的最后一个重要的动机是，横向一体化可能有助于该企业获得对供应商或购买者的讨价还价能力，从而以牺牲供应商和购买者的利益为代价来增加该企业的盈利能力。通过横向一体化对产业进行合并，一家企业可能对供应商的交易有更多讨价还价的权力，并以此为杠杆来压低购买投入品的价格，从而降低该企业的成本。同样，企业通过合并能够控制产业更大百分比的产出，使购买者更加依赖该企业的产品。在其他情况相等的条件下，该企业就获得了提高价格的权力，可以获得更多的利润，这主要是由于客户的选择减少了。

战略行动6-4：疯狂烧钱难继续 滴滴、优步"拼车"

作为全球移动出行市场最大的两个竞争对手优步（Uber）和滴滴，双方的并购行动曾经引发广泛关注和热议。

对于双方的合并，来自投资方的施压被认为是主导了这次双方谈判的最终走向。

根据媒体梳理，滴滴与优步共同拥有的投资方包括贝莱德、高瓴资本、老虎环球基金、中国人寿4家，共同投资人对于双方的补贴大战一直持消极态度。

滴滴创始人程维曾表示，滴滴一年花费40亿美元进行"市场培育"。海量的补贴让高度同质化的司机和乘客在两家平台之间左右摇摆，随之而来的问题是，再多的投入和补贴似乎也无法完全甩开对手。

"恶性的大规模持续烧钱的竞争不可持续，合并是双方所有投资人共同的强烈期望。"时任快的CEO的吕传伟曾这样解释双方在一起的原因。

6.3.3 横向一体化的局限

虽然横向一体化有着明显的优势，但是，这种战略也存在若干局限。收购和合并是执行横向一体化战略的手段，这些做法存在许多缺点。大量的数据表明，绝大多数合并和收购并没有创造出价值，有许多实际上是破坏了价值。

横向一体化的合并与收购往往不能达成预期收益的原因有许多：合并后因企业文化差异极大所产生的问题；在恶意收购来的企业中管理人员的更替；经理们往往过高估计来自合并或收购的效益而低估合并可能产生的问题。

横向一体化战略的另一种局限，是它可能引起企业与负责执行反垄断法的政府机构的冲突。反垄断机构关切潜在的市场控制力的滥用。他们认为，一般说来，就客户而言，多一些竞争（多一些选择）总比少一些竞争好，他们担心在产业中占主导地位的大型企业，可能有机会利用它们的市场支配力来抬高价格。他们还认为，占主导地位的企业可能利用它们的市场支配力来压垮潜在的竞争对手。例如，每当新的竞争对手进入市场或者市场细分的时候，通过运用它们的财务资源来有选择地削减价格，迫使新的竞争对手退出，而在威胁消除之后再一次提高价格。出于这些关切，反垄断机构可能会阻止那些有可能在未来滥用市场支配力的收购和合并。例如，在滴滴宣布收购优步时，就有市场人士质疑，这将在专车市场形成垄断的局面，并引发相关热议（见战略行动6-5）。

战略行动6-5：滴滴收购优步 考验反垄断执法

现实中，即便两家企业并非互为竞争对手，对彼此的并购行动也可能会遭遇反垄断方面的制约。拓展阅读6-1中英伟达对Arm的"世纪大收购"则最终因反垄断方面的阻力而夭折。

拓展阅读6-1：全球反垄断 英伟达"世纪大收购"梦碎

2022年2月7日，英伟达和Arm共同宣布，因监管阻力终止收购计划。

英伟达（NVIDIA）是一家人工智能计算公司，创立于1993年，总部位于美国加利福尼亚州圣克拉拉市。2020年7月8日美股收盘后，英伟达首次在市值上实现对英特尔的超越，成为美国市值最高的芯片厂商。

英伟达以400亿美元收购Arm的计划正式宣告破产，这笔半导体行业的"世纪大收购"终因监管压力而夭折。

收购计划自2020年9月提出就一直遭外界质疑，本应于2022年3月，最迟9月交割完成，却频频遭遇反垄断审查阻力。

然而Arm和英伟达并非互为竞争对手，反垄断审查阻力从何而来？如欧盟反垄断专员Margrethe Vestager所述，虽然Arm和英伟达并不直接竞争，但是Arm的半导体IP授权为英伟达的竞争对手提供了重要支持，那么英伟达收购Arm可能会削弱竞争对手，进而对半导体市场竞争秩序产生负面影响。

由于英伟达收购Arm也被视为半导体行业的世纪大收购，那么监管阻碍是否与其交易标的体量过大有关？

"虽然交易标的比较大，但英伟达这个案件跟交易体量没有特别大的关系，比这个交易标的大但没有被禁止的并购案也是存在的。"清华大学国家战略研究院特约研究员刘旭向记者分析称，英伟达收购Arm的争议主要是因为涉及半导体芯片设计会使用到Arm的专利技术，而需要Arm这个相关专利技术的厂商又都是英伟达的竞争对手或潜在竞争对手。所以大家会担心一旦收购完成，竞争对手会被英伟达卡脖子，或者英伟达捷足先登，拥有迭代技术的优势。"

资料来源：黄婉仪，龙情. 全球反垄断英伟达"世纪大收购"梦碎，微软收购暴雪还需17个司法辖区审批［EB/OL］.［2023-12-10］. https://www.21jingji.com/article/20220211/herald/2b3e817edb50586106119bf3cbc17160.html.

6.4 纵向一体化战略

6.4.1 纵向一体化的内涵与类型

许多利用横向一体化来强化其商业模式和提高竞争地位的企业在公司层战略中也常会利用纵向一体化达到同样的目的。

纵向一体化又叫垂直一体化或垂直整合，是指企业将生产环节与原料供应环节，或者生产环节与产品销售环节联合在一起的战略形式，是企业在两个可能的方向上扩展现有经营业务的一种发展战略，是将公司的经营活动向后扩展到原材料供应或向前扩展到销售终端的一种战略体系，具体包括前向一体化战略和后向一体化战略。

前向一体化战略是企业自行对本公司产品做进一步深加工，或者对资源进行综合利用，或公司建立自己的销售组织来销售本公司的产品或服务。如钢铁企业自己轧制各种型材并将型材制成各种不同的最终产品，即属于前向一体化。

后向一体化战略则是企业自己供应生产现有产品或服务所需要的全部或部分原材料或半成品，如钢铁公司自己拥有矿山和炼焦设施；纺织厂自己纺纱、洗纱等。

产业价值链上，从原材料到最终客户的每个阶段都有附加价值。这样看来，纵向一体化给企业提供了一种选择：确定在从原材料到客户的产业价值链中选择在哪些领域进行运营和竞争，这一选择取决于在价值链的某一阶段中现有企业如何提高产品差异化或降低成本。

6.4.2 纵向一体化的战略利益

推动企业实行纵向一体化的动机，通常是希望加强其在原先的或核心的业务方面的竞争地位。实行纵向一体化战略可以为企业带来的战略利益包括以下七个方面：

1.提高进入壁垒

企业实行一体化战略，特别是纵向一体化战略，可以使关键的投入资源和销售渠道控制在自己的手中，从而使行业的新进入者望而却步，防止竞争对手进入本企业的经营领域。企业通过实施一体化战略，不仅保护了自己原有的经营范围，而且扩大了经营业务，同时还限制了所在行业的竞争程度，使企业的定价有了更大的自主权，从而获得较大的利润。

2. 确保供给和需求

纵向一体化能够确保企业在产品供应紧缺时得到充足的供应，或在总需求很低时能有一个畅通的产品输出渠道。也就是说，纵向一体化能减少上下游企业随意中止交易的不确定性。当然，在交易的过程中，内部转让价格必须与市场接轨。

3. 削弱供应商或顾客的价格谈判能力

如果一个企业在与它的供应商或顾客做生意时，供应商和顾客有较强的价格谈判能力，且该企业实施一体化战略的投资收益能够超过资本的机会成本，那么，即使一体化不会带来其他好处，也值得企业去做。因为一体化削弱了对手的价格谈判能力，这不仅会降低采购成本（后向一体化）或者提高价格（前向一体化），还可以通过减少谈判的投入而提高效益。

4. 促进专用资产投资

专用资产是为完成特定任务而设计的，它的价值在下一次利用时将大打折扣。它可能是一件专门用途的设备，或者是个人和企业通过训练和经验获得的诀窍和技能。一家企业之所以投资于专用设备，可能是为了使企业降低制造成本，或者研发高度专业化的技术知识、开发出品质上优于竞争对手的产品。然而，企业往往难以说服供应商或销售商来投资专用资产。为了实现这种投资的经济收益，该企业可能不得不把产业价值链上的相邻阶段通过纵向一体化纳入进来，由自己来投资。为了说明这一情况，我们可以想象一下拓展阅读6-2的情况。

◢◢◢◢ 拓展阅读6-2：专业资产投资与一体化战略

某汽车公司开发出了一种高性能、高质量、设计独特的增加燃油效率的喷油系统，这一系统将给汽车公司提供竞争优势。汽车公司必须确定由内部生产这一系统（纵向一体化），还是与独立供应商签订合约让它们去制造（外包）。制造这一系统需要大量的专用设备投资。由于设计独特，该设备无法用来生产该公司和其他汽车制造商的其他类型的燃油喷射系统。因此，这一设备的投资构成了专用资产投资。

首先从独立供应商的角度来考虑一下这种情况。这家供应商可能会认为，一旦它进行了投资，就会依赖于汽车公司，因为汽车公司是这种设备的唯一客户。供应商认为这将使汽车公司处于强有力的讨价还价的地位，从而担心汽车公司可能利用这一地位来压低供应商所生产的化油器的价格。考虑到这种风险，供应商就会谢绝对专用资产的投资。

再来考虑一下汽车公司的立场。汽车可能认为，如果它通过合约把这些系统包给一家独立供应商，它可能过分依赖那家独立供应商来提供至关重要的投入品。因为需要专用设备来生产喷油系统，汽车公司不可能轻易转向没有这些设备的其他供应商。汽车公司认为这将增加该供应商讨价还价的力量，从而担心该供应商可能利用这一讨价还价的力量来索要高价。

专用资产的投资可能产生的相互依赖的状况使汽车公司犹豫是否外订合约，也使潜在的供应商犹豫是否从事这种投资。这里真正的问题在于缺乏信任。无论汽车公司还是供应商都不能完全信任对方在这种情况下会公平交易。缺乏信任来自受挟制的风险，也就是说，在进行了专用资产投资之后被交易伙伴利用。由于存在这种风险，汽车公司可能认为唯一安全地获得这种新式喷油系统的途径是自己生产。

资料来源：根据相关资料整理而成。

通过拓展阅读6-2可以看出，当建立竞争优势需要一家企业投资专用设备时，受挟制的风险可能会成为一种威慑，因而这一投资可能不会产生。为了能够不失去专用投资带来的潜在盈利，企业就会纵向一体化进入价值链的相邻阶段。从历史上看，这种考虑已经驱使汽车企业向后纵向一体化进入零部件生产，使钢铁企业向后纵向一体化进入生铁生产，使计算机企业向后纵向一体化进入芯片生产，使制铝企业纵向一体化进入铝土矿开采。

5.提高产品品质

通过进入位于产业价值链上的其他阶段，企业往往得以提高其核心业务中产品的品质，从而强化其差异化优势。例如，控制关键部件（比如化油器）可靠性的能力可以提高企业在豪华轿车市场上的竞争优势，从而可以制定高价。再如，云南玉溪烟厂为了保证生产出高质量的香烟，对周围各县的烟农进行扶持，使他们专为该烟厂提供高质量的烟草；张裕葡萄酒厂为确保葡萄酒的品质，而拥有自己的葡萄产地等。这些都是通过一体化提高产品品质的例证。同样，有些企业在销售自己技术复杂的产品时，也需要拥有自己的销售网点，以便提供标准的售后服务。

6.改善作业调度

纵向一体化的战略优势，还可能来自于其对企业流程的改进。这种优势对于试图实现准时制库存系统的企业尤为重要。例如，20世纪20年代福特公司从因后向一体化而实现的紧密协调和作业调度中获益匪浅。福特公司后向一体化进入了铸钢、铁矿石运输以及铁矿石开采等行业。这种安排大幅提高了福特公司的内部运输协调：铁矿石在 Great Lakes 市福特公司自己的铸钢厂卸下后，在24小时之内就转化为发动机组件。因此福特公司通过消除不必要的多余库存大大降低了成本结构。这种由纵向一体化改善了的作业调度，也使企业能够对突如其来的需求状况变化作出迅速的反应。例如，当需求下降时，企业可以快速减少部件的生产；或者当需求上升时，企业可以快速提高产能，加快产品上市的速度。

7.进入高回报领域

如果企业利用的供应商或经销商有较高的利润，则意味着它们经营的领域属于高回报的产业。在这种情况下，企业通过纵向一体化，可以提高其总资产回报率，并可以制定更有竞争力的价格。目前，利润在产业价值链上的分布出现了较大变化，拓展阅读6-3中介绍了这一变化的总体趋势。

拓展阅读6-3：利润在产业价值链上的转移

1.利润从产品制造环节转向销售环节

在短缺经济条件下，生产决定流通，是"大生产、小流通"的格局，制造商做链主，利润集中于生产环节，销售利润十分有限。在相对过剩的市场经济时代，管理者的难题是如何将产品卖出去，流通处于中心位置，流通决定生产，是"大流通，小生产"格局，销售商做链主，利润集中于流通环节，而生产环节所得利润十分有限，许多处于制造环节的企业虽然占据很大的市场份额，但获利有限，如电视、电冰箱、空调等家电产品已进入微利甚至无利时代。一般而言，一个完整价值链，制造环节只获得利润10%，而90%的利润在销售环节实现。总之，利润从产品制造环节转向销售环节。

2.利润从产品销售环节转向消费服务环节

例如，手机制造和销售企业所获得的利润，与使用手机远程通信服务商所获得的利润比大约是1：10。在汽车行业中，制造和销售汽车的企业所获得利润与为汽车在使用过程中提供的贷款、保险、维修、加油的企业所获得的利润比是1：4.7。

3.利润从产品内在环节转向产品外围环节（环境和体验）

随着经济发展，人们生活水平提高，导致需求层次升级，人们愿意为获得一个良好的购物环境或消费环境而支付高额费用，此时环境本身已内化成产品的一部分，具有了稀缺性和可交易性的特征，因此环境不仅具有效用，而且具有了价值。同样一棵白菜放在地摊上卖和放在超市里卖价值完全不同。同样，一杯咖啡在街边小饮料店喝，还是在五星级酒店或星巴克咖啡厅里喝，价值也完全不同。

4.利润从产品制造环节向研发环节转移

在生产力不发达、社会产品不丰富的短缺经济条件下，只要能以更低的成本生产与其他厂商没有区别的产品，只要具有成本优势就能比别的厂商获得更多利润。在过剩经济条件下，人们对产品个性化需求愈来愈明显。因此，技术创新成为企业获得利润的重要环节，不进行技术创新的公司必然灭亡。

资料来源：根据相关资料整理而成。

6.4.3 纵向一体化的缺陷

尽管具备上述优势，纵向一体化也有其缺点。其中最主要的有：成本结构上升、技术迅速变革的威胁、需求不可预测的威胁。

1.成本结构上升

虽然采取纵向一体化往往是为了获得生产成本优势，但是在低成本的外部供应源存在的时候，如果企业承诺从企业自有的供应商那里购买投入品，就可能增加成本。例如，1992年通用汽车支付给企业自有供应商雇员（美国联合汽车工会会员）的工资和福利为每小时34.6美元，而其竞争对手让独立的非工会会员供应商完成同样的工作仅需一半的费率。纵向一体化使通用汽车公司成为世界主要汽车企业中成本最高的制造商。在企业自有的供应源的营运成本高于独立供应商时，纵向一体化可能是一个缺点。那么，为什么企业自有的供应商会导致如此高的成本？

一种解释是，企业自有的供应商或"企业内部供应商"知道，其产出总能卖给企业的其他部门。由于不必为了订单而同其他独立供应商竞争，就会减少自有供应商使成本最小化的积极性。实际上供应部门的经理们可以方便地以更高的转移价格把任何成本转嫁给企业的其他部门。独立供应商不得不持续提高效率以保护自己的竞争优势，而企业内供应商没有这种竞争压力，从而导致成本结构上升，企业盈利能力下降。

此外，高成本还可能来自于官僚主义成本。这是由于管理效率低下和为了在业务单位间管理交换和交接活动（以增加差异化或降低成本结构）而引起的交易成本增加。官僚主义成本的来源是大量的管理时间消耗以及为减少或消除管理低效率（因为企业内供应商失去提高效率的动机）而作出的努力。实行锥形一体化而不是全面一体化可以在一定程度上减少官僚主义成本。因为在锥形一体化的情况下，内部供应商需要同独立供应商竞争，这会激发内部供应商降低营运成本的积极性。从根本上说，独立供应商提供了标杆，企业可以据此衡量内部供应商的相对效率，从而激励内部供应商找出降低成本的方法。

2.技术迅速变革的威胁

在技术迅速变革的时代，纵向一体化会使企业受到过时技术的束缚。在20世纪50年代，一家企业后向一体化并购了一家真空管制造厂的无线电制造商。当60年代晶体管取代真空管作为无线电主要元件时，该企业发现自己受到将废弃的技术的束缚。向晶体管转换意味着要注销对真空管的投资。因此，企业不愿意变革，相反它继续在收音机中使用真空管。而未实施一体化的竞争对手则放弃真空管，迅速转向了新技术。由于该企业继续生产已经过时的产品，它迅速丧失了市场份额。因此，纵向一体化可能会遏制企业适应技术变革的能力。

3.需求不可预测的威胁

在需求稳定时，高度的纵向一体化可以使企业对生产流程进行更好地调度和协调，从而实现重大的成本节约。然而，在需求状况不稳定和不可预测时，例如轿车需求大幅度下降时，生产商可能发现自己的库房中堆满了不再需要的部件，从而将严重损害其盈利能力。在这种情况下，纵向一体化的企业可能面临极大的风险。再如，一家汽车制造商可能后向一体化收购了产能刚好能够满足其需求的化油器供应商；然而，如果由于油价上涨导致对汽车的需求大大下降，汽车制造商可能会发现自己的生产业务低于产能运行。显然，这是不经济的。因此，如果需求状况不可预测，锥形一体化会比完全一体化更加适合企业。

6.5 多元化战略概述

6.5.1 多元化战略的含义

像战略领域的其他许多概念一样，尽管人们对于"多元化"一词已经十分熟悉，但深究起来对其含义却有着不尽相同的理解。

最早研究多元化主题的是美国学者安索夫（H.I.Ansoff）。他于1957年在《哈佛商业评论》上发表的《多元化战略》一文中强调，多元化是"用新的产品去开发新的市场"。由他首次提出的多元化经营主要是针对企业经营的产品种类数量而言。但是这种以产品种类多少来定义的多元化是不准确的，因为高度相关的多种产品经营与高度不相关的、跨产业的多种产品经营，即使企业最终产品种类的数量相同，但表现出的多元化的程度也是不一样的，显然后者的多元化程度更高，对企业经营的影响更大。

彭罗斯（E.T.Penrose）在其1959年出版的《企业成长理论》中将多元化定义为："企业在基本保留原有产品生产线的情况下，扩展其生产活动，开展若干新产品（包括中间产品）的生产，并且这些新产品与原有产品在生产和营销中有很大的不同。"她认为多元化包括最终产品的增加、垂直一体化的增加以及企业运作的基本领域数量的增加。她的定义弥补了安索夫多元化定义中的不足，更接近企业多元化经营的实质，特别是她认为一体化是企业多元化的一种形式。

总体而言，多元化战略是指企业在原主导业务范围以外的领域从事生产经营活动，通过开展新业务来扩大产品品种或服务门类，扩大规模，提高盈利水平。

6.5.2 多元化战略的类型

企业的多元化战略可归纳为以下三种类型：

1.相关多元化

相关多元化是指虽然企业发展的业务具有新的特征，但它与企业的现有业务具有战略上的相关性，它们在技术、工艺、销售渠道、市场营销、产品等方面具有相同的或是相近的特点。根据现有业务与新业务之间"关联内容"的不同，相关多元化又可以分为同心多元化与水平多元化两种类型。

（1）同心多元化，是指企业利用原有的生产技术条件，制造与原产品用途不同的新产品。如汽车制造厂生产汽车，同时也生产拖拉机、柴油机等。同心多元化的特点是，原产品与新产品的基本用途不同，但它们之间有较强的技术关联性。

（2）水平多元化，是指企业生产新产品销售给原市场的顾客，以满足他们新的需求。如某农用机器厂，原来只生产收割机卖给农民，后来又生产农用化学品，仍然卖给农民。水平多元化的特点是，原产品与新产品的基本用途不同，但它们之间有密切的销售关联性。

2.非相关多元化

非相关多元化是指企业通过收购、兼并其他行业的业务，或者在其他行业投资，把业务领域拓展到其他行业中去，新产品、新业务与企业的现有业务、技术、市场毫无关系。格力电器将业务领域从家电领域拓展到新能源汽车、手机和芯片等领域，就属于非相关多元化（见战略行动6-6）。

战略行动6-6：格力电器的多元化之路

珠海格力电器股份有限公司（以下简称"格力"），由1989年设立的珠海市海利冷气工程股份有限公司发展而来。

1991年到2005年，是格力的专业化发展阶段。这一阶段格力专注于空调领域，用过硬的产品质量和创造性的营销手段成功打开品牌知名度。在这个时期，格力空调几乎成为全国空调的代名词，格力也依靠空调业务积累了雄厚的资金和宝贵的经验，为之后的全球化扩张和多元化战略的实施打下了坚实的基础。

2005年到2012年，是格力的主导产品型阶段。在朱江洪的带领下，格力重视科技创新，努力攻破空调产品的核心技术，进一步抢占国内和国际市场。2012年，格力变频空调关键技术的研究和应用，荣获国家科技进步奖，成为当时唯一获奖的专业化家电企业。格力开展相关多元化的第一个领域是小家电，以净水器、空气净化设备、抽湿机等与空调在生产上关联度较高的产品为主。

从2012年开始，除大力发展空调业务以外，格力相继在模具、智能装备、新能源汽车、自动化设备、手机和芯片等领域发力，致力于打造集生活电器、智能手机、智能装备等业务于一身的多元化经营模式。

如今，"好空调，格力造"，这句闻名大江南北的广告语已经被格力改成了"格力，掌握核心科技"，目的就是淡化空调的影响力，希望消费者对格力的固有印象从"一个空调质量很好的公司"转变为"一个掌握高新科技的公司"。

根据瞭望智库发布的《2021中国家电"以旧换新"年度调研报告》，2009年前后，借"家电下乡"等政策的东风，中国家电市场迎来一轮暴发式增长。但到了2020年，包括空调在内的大部分家电品类都进入了存量市场时期。这也成为推动格力多元化发展的重要动因。

遗憾的是，虽然格力的多元化探索已经开展数年之久，但仍然没有摆脱对空调业务的高度依赖，始终未能找到新的业务增长点。

资料来源：根据相关资料整理而成。

3.混合式多元化

尽管某些企业明确选择相关多元化或非相关多元化，但这并不妨碍一些企业同时实行这两种战略。混合式多元化就是相关多元化与非相关多元化的组合，其特点是，企业经营的业务中，一部分是相关多元化，可共同使用技术经验、生产设备、销售渠道等；另一部分却是非相关多元化，跨入新的产业。

6.5.3　多元化战略的优势

1.有利于寻找新的业务增长极

当企业的主营业务和市场接近饱和时，能够通过开发新业务和新市场拓宽企业获得收益的渠道，为企业提供新的业务增长极，寻找新的利润增长点。

2.有利于获得更多战略协同机会

协同效应是以资源的共享为基础的。多元化对于资源的共享而言是一种有效率的机制，例如对于财务资源、人才资源以及技术资源而言，多元化企业往往能呈现出专业化公司难以比拟的优势。多元化战略的范围经济效益是非常明显的。所谓范围经济是指当同时生产和销售多种产品和服务时，其成本将低于单独生产和销售同样数量的单一产品的成本。多元化战略创造了多种产品、多种服务、多种业务共享企业基础设施的机会。

3.有利于提升公司的整体竞争优势

与业务层战略追求在某一业务领域打造相对于同行竞争对手的竞争优势不同，公司层战略追求的竞争优势是综合性、全方位的竞争优势，这种全面竞争优势在多元化战略上更容易把握。多元化战略为企业将核心竞争力拓展至新业务领域提供了机会和可能，使核心竞争力成为公司可持续竞争优势与新事业发展的源泉。例如，佳能公司掌握了光学、成像和微处理等技能，就将业务从复印机拓展到照相机、激光打印机、扫描仪等产品。

4.有利于规避单一业务的风险

分散风险是一个广泛使用的多元化的理由。有人把一元化战略比喻成将所有的鸡蛋放在一个篮子里，装鸡蛋的篮子摔坏，所有鸡蛋皆损。实施一元化战略，就是将企业所有资源配置在一个行业或单一产品上，该行业兴旺时，该企业有可能暂时红火，当该行业萧条时，企业就可能遭遇困难。实施多元化战略可以在不平衡的产业发展过程中，寻求经营业绩的稳步发展，从而增强企业抵御经营风险的能力。当企业主营产品或者市场出现问题造成损失时，所涉及的新产品或者其他市场获得的收益能够为企业减少经营不善所带来的损失，不至于全军覆没。因此，许多CEO认为，多元化（特别是通过不相关多元化进入拥有不同步生命周期阶段的产业，当一些产业收入下降时另一些产业的收入可能刚好上升）可以为企业创造长期的、稳定的收入，从而避免大起大落导致公司股票价格发生不可预测的波动。

6.5.4　多元化战略的风险

1.分散企业资源

任何一个企业（哪怕是特大型企业）所拥有的资源总是有限的，多元化发展、多头出击必定导致企业将有限的资源分散于每一个从事的业务领域，从而可能使每一个意图发展的领域都难以得到充足的资源支持，结果在与相应领域实施专业化发展的企业竞争中失去优势。此外，也有学者研究发现，实施多元化战略的企业比没有实施多元化战略的企业有更高的资产负债率，而高负债率往往会增加企业自身的运营风险。

2.增加管理复杂性和监管难度

多元化发展意味着企业不断进入全新的业务领域，当管理层的管理能力无法同步提升时，就可能会降低管理者的决策质量。同时，多元化战略的实施也会导致企业内部组织结构更加复杂化，在事业部制模式下很多分权过度的行为导致的负效应足以抵消所有其他优势。此外，随着委托代理链条的延长，也将产生更多的委托代理问题，最终可能降低股东的控制而增加管理层的"败德行为"。

3.可能导致核心能力的削弱

虽然企业实施多元化的重要动因之一是提升企业的综合竞争力，但现实中很多企业却最终陷入大而不强的尴尬境地。奥康鞋业股份有限公司作为中国鞋行业首家登陆A股主板市场的民营鞋企，在品牌的高速上升期，把精力更多地被放在了皮鞋之外的副业上（医药、金融等行业）。市场上的奥康，一度变成了四不像，不仅副业收益不再，甚至连主业也没了优势。痛定思痛之后，奥康回归主业，致力于继续发挥核心优势，去开创舒适男鞋的新未来。在很多学者的分析中，多元化本身并不能带来必然的竞争优势，只有基于核心能力的多元化战略才是成功的基础。而归核化也成为一些多元化企业防止核心能力缺失或削弱的战略选择（见拓展阅读6-4）。

拓展阅读6-4：归核化战略

所谓归核化战略，是指多元化经营的企业将其业务集中到其资源和能力具有竞争优势的领域。

1990年马凯兹（C．C．Markides）在哈佛商学院完成了他的博士论文《多元化、归核化与经济绩效》。据马凯兹分析：80年代美国最大250家企业中，仍在多元化扩张的仅占8.5%，而采取归核化战略的已达20.4%。

归核化战略不等于专业化战略，也不等于简单地否定多元化战略，而是强调企业的业务与企业核心能力的相关性，强调业务向企业的核心能力靠拢，资源向核心业务集中。实施归核化战略后的企业仍是多元化的，但业务间的关联度较高，企业的经营绩效较好，竞争优势明显，竞争力增强。归核化战略思想的提出，提高了企业能力理论的实用性。

归核化战略并不是简单地反对并购，而是反对与核心能力无关的并购。按照归核化战略，那些与企业核心能力没有直接关系的业务应当剥离出售，而那些有利于增强企业核心能力的资源应当并购进来，以强化企业的核心业务，通用电气在实施归核化战略的过程中为了强化核心业务，不仅出售回收了 110 多亿美元的资本，而且将这些回收的资本投向了其更有竞争力的领域，购进了一批与其核心能力相关的资产，进一步增强了其核心业务。

美国大企业在 20 世纪 50 年代起实行多元化战略，在 70 年代达到了高峰，80 年代进入战略转换期，90 年代多数大企业开始实施归核化战略。归核化战略是以美国为首的西方发达国家多元化发展到一定阶段的产物。

归核化战略的特点如下：

第一，前提是多元化企业。对专业化企业而言，不存在归核化战略的问题，而且主要是针对多元化程度较高、很高的企业而言。

第二，结果仍是多元化企业。由于其前提所决定，企业实施归核化战略后，一般仍是多元化企业，较少转化为专业化企业。但呈现多元状态的各个业务之间的相关性由无关、低度相关转化为中度或高度相关。

第三，过程是多种策略的综合运用。

第四，目标是通过向核心业务（一个或多个）的回归和集中资源，提高企业的整体竞争力。

资料来源：佚名.归核化战略 ［EB/OL］．［2023-12-10］.https://baike.baidu.com/item/%E5%BD%92%E6%A0%B8%E5%8C%96%E6%88%98%E7%95%A5/4670815?fr=ge_ala.

6.6 公司业务组合战略

公司层战略除了解决前面探讨过的战略方向选择和战略类型选择等问题，还需要处理不同业务之间的相关关系，即业务组合问题。公司业务组合分析的工具有很多种，这里只介绍其中最常见的一种：波士顿矩阵。

6.6.1 波士顿矩阵的含义

制定公司层业务战略最流行的方法之一就是波士顿矩阵。该方法是由波士顿咨询集团（Boston Consulting Group，BCG）在 20 世纪 70 年代初开发的。波士顿矩阵将组织的每一个战略事业单位（SBUs）标在一种 2 维的矩阵图上，从而显示出哪个 SBUs 提供高额的潜在收益，以及哪个 SBUs 是组织资源的漏斗。波士顿矩阵的发明者、波士顿公司的创立者亨德森（Bruce Henderson）认为："公司若要取得成功，就必须拥有增长率和市场份额各不相同的产品组合。组合的构成取决于现金流量的平衡。"因此,波士顿矩阵的目标实质是通过业务的优化组合实现企业的现金流量平衡。

波士顿矩阵把一个公司的各业务单元所处的地位,标示在一张具有四个区域的坐标图上,如图6-1所示。图中横坐标表示某项业务的相对市场占有率,代表公司在该项业务上拥有的实力;纵坐标表示该项业务的市场增长率,代表该项业务的市场吸引力;每个圆圈面积的大小表明了该项业务销售收入的多少。

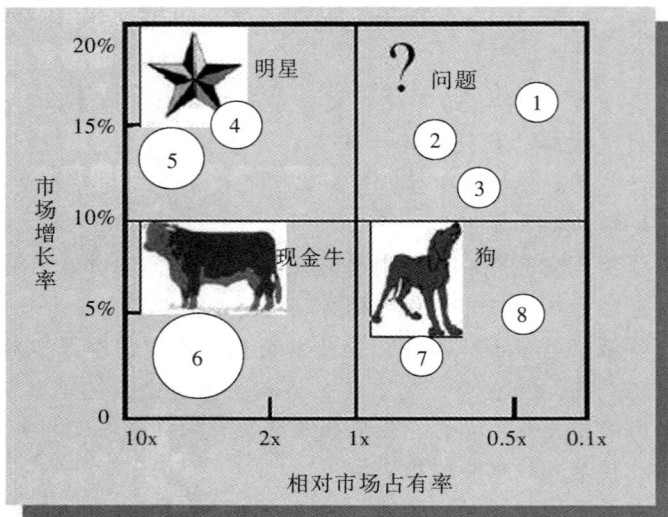

图6-1 波士顿矩阵

市场增长率是根据历史资料计算的,高增长和低增长的分界线可根据具体情况相机选择:如果公司所经营的多种业务属于同一行业,则可以把行业的平均增长率作为分界线;如果公司经营的各种业务很分散,缺乏共性,则可以把国内生产总值(或全国、全省、全市的工业总产值)的增长率作为分界线;也可以把各项业务的加权平均增长率作为分界线;也有的公司把目标增长率作为分界线,以此来区别那些拉高或拉低了全公司增长率的业务。图6-1中的分界线是10%的增长率。

相对市场占有率代表了企业某项业务的实力,是以倍数而不是以百分数表示的。之所以不用市场占有率来表示,是由于各行业的集中程度不同,直接以市场占有率表示企业某项业务在同行业中的地位是不确切的:例如,10%的市场占有率在一个高度分散的行业中可能代表一个相当强的地位。相对市场占有率=本公司某项业务本期销售额/最强的竞争对手该业务本期销售额。相对的市场占有率等于2,意味着本企业某项业务的销售额是最强的竞争对手的两倍,而等于0.5,则表示只有竞争对手的一半。通常,把相对市场占有率等于1作为划分实力强弱的分界线,因为高于1就是在市场占有率上的领先者了。但是,由于市场占有率是动态变化的,所以,实践中通常把分界线定在1~2之间,以确保处于分界线左端的业务的确享有稳定的、强大的实力地位。图6-1中的分界线是1倍。

市场增长率-相对市场占有率矩阵中的第三个参数是各项业务的销售收入。它以圆圈的面积来表示，说明该业务在公司所有业务中的相对地位和对公司的贡献。

波士顿矩阵区分出4种业务组合。

（1）问题型业务（指高增长、低市场份额）。处在这个领域中的是一些投机性业务，带有较大的风险。这些业务可能利润率很高，但占有的市场份额很小。这往往是一个公司的新业务，为发展问题业务，公司必须建立工厂，增加设备和人员，以便跟上迅速发展的市场，并超过竞争对手，这些意味着大量的资金投入。"问题"非常贴切地描述了公司对待这类业务的态度，因为这时公司必须慎重回答"是否继续投资，发展该业务？"这个问题。只有那些符合企业发展长远目标、企业具有资源优势、能够增强企业核心竞争力的业务才得到肯定的回答。得到肯定回答的问题型业务适合于采用战略框架中提到的增长战略，目的是扩大SBUs的市场份额，甚至不惜放弃近期收入来达到这一目标，因为问题型业务要发展成为明星型业务，其市场份额必须有较大的增长。得到否定回答的问题型业务则适合采用收缩战略。

（2）明星型业务（指高增长、高市场份额）。这个领域中的业务处于快速增长的市场中并且占有支配地位的市场份额，但也许会、也许不会产生正现金流量，这取决于新工厂、设备和产品开发对投资的需要量。明星型业务是由问题型业务继续投资发展起来的，可以视为高速成长市场中的领导者，它将成为公司未来的现金牛业务。但这并不意味着明星业务一定可以给企业带来源源不断的现金流，因为市场还在高速成长，企业必须继续投资，以保持与市场同步增长，并击退竞争对手。企业如果没有明星业务，就失去了希望，但群星闪烁也可能会闪花企业高层管理者的眼睛，导致作出错误的决策。这时必须具备识别行星和恒星的能力，将企业有限的资源投入在能够发展成为现金牛的恒星上。同样，明星型业务要发展成为现金牛业务，适合采用增长战略。

（3）现金牛业务（指低增长、高市场份额）。现金牛业务指低市场成长率、高相对市场份额的业务，这是成熟市场中的领导者，它是企业现金的来源。由于市场已经成熟，企业不必大量投资来扩展市场规模，同时作为市场中的领导者，该业务享有规模经济和高边际利润的优势，因而给企业带大量财源。企业往往用现金牛业务来支持其他三种需大量现金的业务。

对这一象限内的大多数产品，市场占有率的下跌已成不可阻挡之势，因此可采用收获战略：即所投入资源以达到短期收益最大化为限。①把设备投资和其他投资尽量压缩；②采用榨油式方法，争取在短时间内获取更多利润，为其他产品提供资金。对于这一象限内的销售增长率仍有所提升的产品，应进一步进行市场细分，维持现存市场增长率或延缓其下降速度。图6-1中所示的公司只有一个现金牛业务，说明它的财务状况是很脆弱的。因为如果市场环境一旦变化导致这项业务的市场份额下降，公司就不得不从其他业务单位中抽回现金来维持现金牛的领导地位，否则这个强壮的现金牛可能就会变弱，甚至成为瘦狗。

（4）瘦狗型业务（指低增长、低市场份额）。这个剩下的领域中的业务既不能产生大量的现金，也不需要投入大量现金，这些业务没有希望改进其绩效。一般情况下，这类业务常常是微利甚至是亏损的，瘦狗型业务存在的原因更多是由于感情上的因素，虽然一直微利经营，但像人养了多年的狗一样恋恋不舍而不忍放弃。其实，瘦狗型业务通常要占用很多资源，如资金、管理部门的时间等，多数时候是得不偿失的。瘦狗型业务适合采用战略框架中提到的收缩战略，目的在于出售或清算业务，以便把资源转移到更有利的领域。

波士顿矩阵的精髓在于把战略规划和资本预算紧密结合了起来，把一个复杂的企业行为用两个重要的衡量指标来分为四种类型，用四个相对简单的分析来应对复杂的战略问题。该矩阵帮助多种经营的公司确定哪些产品宜于投资、宜于操纵哪些产品以获取利润、宜于从业务组合中剔除哪些产品，从而使业务组合达到最佳经营成效。

6.6.2 波士顿矩阵的局限性

1.具有一定的滞后性

在用波士顿矩阵分析之前，除了准确了解自己的销售情况之外，还需要详细地了解竞争对手的同类产品的销售状况。公司本身的销售额能够及时准确地统计到，但要统计到竞争对手的销售情况却相当困难。首先，竞争对手所报出的数据不一定真实。其次，竞争对手的销售状况不能及时地了解到，需要经过很长时间才能了解到其详细情况。因此，如果运用波士顿矩阵来制定公司的战略，在这个过程中会消耗大量的时间。所制定出来的战略是适合之前某个时间段的，但未必适合现在，尤其是那些技术更新非常快的行业（如电脑、通信等）。所以，运用波士顿矩阵制定出来的战略具有一定的滞后性。

2.仅用了市场增长率和相对市场占有率作为依据而忽略了其他因素的影响

公司在决定发展、维持还是放弃某项业务时应该以该产品所带给公司的利润为前提，而不应该以市场增长率和相对市场占有率为主要依据。如果没有利润作保证，市场增长率和相对市场占有率再高也没用。按照波士顿矩阵的分析，劳斯莱斯汽车应该是一个狗类产品，该公司应该缩小或放弃这种产品。但是劳斯莱斯公司并没有这样做，事实上证明它的限量销售是非常成功的，因为该公司是以利润为前提的，虽然它的销量并不大，但利润是非常丰厚的。

3.波士顿矩阵忽视了狗类产品的发展

波士顿矩阵对狗类产品的结论是缩小或放弃。对狗类产品，应该分析其成为狗类业务的原因，看能否通过一些努力使其重新转化为明星或现金牛。比如，在这个技术更新很快的时代，很多业务之所以沦为狗类业务很大程度上是因为技术跟不上时代的发展。针对这种情况，公司应该在技术上下功夫，而不是简单地收缩或放弃。

4.利用现金牛产品所创造的资金支持明星和问题类产品在某些情况下并不可取

波士顿矩阵法认为，公司的资金主要来源于现金牛产品，为了使公司各类产品都能协调发展，公司会把现金牛创造的资金用于明星产品和问题产品的发展。然而，波士顿矩阵却忽视了现金牛产品自身的成长。虽然现金牛产品处于一个相对稳定的成熟阶段，但它所面临的竞争仍然是非常激烈的，因此公司需要投入资金以维护其已有的市场形象并进一步巩固其市场地位。如果过度地抽走现金牛产品产生的现金可能使得留给现金牛产品的利润不足，现金牛产品自身的发展缺乏后劲，被竞争对手超越，致使本来可以进一步发展壮大的现金牛产品不仅未能发展壮大，反而未老先衰。现代理财观念认为，企业的发展不能完全靠自有资金，而是要进行融资，比如利用银行和资本市场。通过银行借款，发挥财务杠杆效应，以提高自有资本收益率，或者利用资本市场，通过发行股票吸引新的投资者，从而迅速筹集企业发展所需资金，突破企业自有资金不足的瓶颈，迅速把企业做大。

关键概念

增长型战略　稳定型战略　收缩型战略　密集增长战略　横向一体化战略　前向一体化战略　后向一体化战略　相关多元化战略　非相关多元化战略

思考题

1.简述公司战略发展方向的选择。
2.简述密集增长战略的基本类型有哪些。
3.简述横向一体化战略的内涵、优势与风险。
4.简述纵向一体化战略的类型、优势与风险。
5.简述相关多元化战略的内涵、优势与风险。
6.简述非相关多元化战略的内涵、优势与风险。
7.阐述波士顿矩阵的内容及应用。

战略实践

● 企业追踪

本单元要求你对目标企业正在实行的一体化战略进行评估。根据你手边的资料，回答所列出的问题并完成这些任务：

1.目标企业是否曾经实行过水平一体化战略？实行它的战略理由是什么？

2.目标企业是如何实行纵向一体化的？如果目标企业的确实行纵向一体化营运，实行的是锥形一体化，还是完全一体化？

3.对目标企业通过纵向一体化创造价值的潜力进行评估。在进行评估的同时，也考虑一下管理纵向一体化的官僚主义成本。

4.根据你在第3题中作出的评估，你是否认为目标企业应当：（1）把一些目前由内部完成的营运外包出去；（2）把目前外包的营运改由内部营运？说明提出该建议的理由。

5.目标企业是否涉及与供应商或者购买者建立长期合作关系？如果是，这些关系是如何构建的？你是否认为这些关系能够为企业增加价值？为什么？

● **实践练习：对本年度国内上市公司的并购战略进行分类**

通过对战略分类的练习，可以加强你对各种战略的理解。收集国内上市公司在最近两年内实施的并购活动，然后完成以下任务：

步骤 1　分析各种战略行动分别对应于何种战略类型？在纸上写下你的答案。

步骤 2　与同学交换答案，并根据老师给出的正确答案相互判分。

7 网络层战略

● **学习目标**

- 组织间的关系
- 战略联盟
- 虚拟经营
- 工业互联网平台

━━━▶ 引导案例　宁德时代牵手滴滴：电池巨头加速2C业务

宁德时代，一直试图拉近与消费者之间的距离。

这家动力电池装车量占到全球1/3的龙头企业，并不愿意只是一家电池供应商。

补能服务，是宁德时代直接接触消费者的重要场景之一。

根据宁德时代官微消息，2024年1月26日，滴滴与宁德时代宣布正式成立换电合资公司。此外，宁德时代还与滴滴旗下小桔能源形成战略合作意向，将推动在储充一体等更广泛新能源领域的合作。此次合作被认为是双方在公共补能领域的重要战略布局，双方将引领行业服务和技术标准，提升资源利用率及社会运营效率。

根据宁德时代消息，换电合资公司将依托双方的技术优势和运营能力强强联合，从网约车场景切入，为众多新能源车辆提供高效换电服务。不过，对于合资公司的持股比例，宁德时代并未透露。

公共出行市场具有用户基数大、补能频次高、时效性要求强的特点，是换电服务最具价值的应用场景之一。伴随此次换电合资公司的成立，双方将紧密合作，快速规模化铺设换电站、推广换电车型，提升公共补能市场运营效率，推动交通绿色转型。

滴滴长期以来致力于提升车辆共享率，推动合乘出行、慢行交通、智能交通发展，助力交通工具的电动化转型。小桔能源专注于探索交通出行领域碳中和解决方案，业务已覆盖互联网加油、智慧充电、虚拟电厂、电力交易、电力辅助服务、企业服务等多个板块。截至2023年12月底，小桔能源的充电服务已覆盖190多个城市，累计提供充电服务超6.8亿次。

近年来，作为动力电池巨头的宁德时代，在换电领域动作频频。据悉，宁德时代是蔚来旗下的换电主体武汉蔚能的大股东之一，也是上汽与中石油、中石化成立的动力电池租赁合资公司捷能智电的主要股东之一。此外，宁德时代还入股首创重卡"车电分离"商业模式的启源芯动力。

2024年1月11日，安徽省能源集团有限公司、安徽省交通控股集团有限公司和蔚来控股有限公司签署《关于共同推进开放共享的储充换体系建设的战略合作协议》。根据协议，支持合资公司中安能源有序推动1 000座储充换一体式换电站建设，共同推进开放共享的新能源汽车储充换网络布局，进一步促进换电网络开放互通。此外，三方还将在储充换产业涉及的电池标准、充换电技术、电池资产管理及运营、新型电力系统合作、储充换设备生产制造相关供应链合作等方面开展全方位、多层次的深度战略合作。

当天，江淮、奇瑞分别与蔚来达成换电战略合作协议，将在电池标准、换电网络建设、电池资产管理等方面展开合作。此前，长安和吉利已加入蔚来换电生态。

种种迹象表明，动力电池领域竞争将越来越激烈。

资料来源：左茂轩.宁德时代牵手滴滴：电池巨头加速2C业务［EB/OL］.［2024-04-10］.https://www.21jingji.com/article/20240129/herald/d68ed8e046b765ae3ffabf09548e6bbb.html.

在引导案例中，宁德时代与滴滴成立换电合资公司是双方在公共补能领域的重要战略布局，意在深化换电生态网络布局，引领行业服务和技术标准，提升资源利用率及社会运营效率。

当两个或多个公司间的关系超越了单纯的交易关系，通过联合作战去实现共同的奋斗目标，我们就说它们结成了联盟、伙伴或网络关系，称它们所共享的战略为"网络层战略"。在这种情况下，战略就不仅需要"把企业和它所在的环境联系起来"，还要把公司网络与其所在的更宽广的环境联系起来。

7.1　组织间关系与价值网络

7.1.1　焦点问题

任何企业都不是孤立地生存的。所有企业都必须同环境中的其他组织和个体打交道，因此，产生了组织间关系（或公司间关系）。虽然组织间关系可以在没有任何明显的战略意图或战术规划的情况下自然进化，但是大多数管理者承认，积极地影响企业的外部关系是制定战略的重要任务。以新能源汽车产业为例，不仅宁德时代与滴滴这些企业在积极通过合作打造共赢格局，政府部门也在积极引导和鼓励企业通过组织间的合作带动整个产业生态的重塑与高质量发展（见时势链接7-1）

━━━━　时势链接7-1：工业和信息化部：新能源汽车带动产业生态全面重塑

为了对公司间的相互作用有更深入的了解，要对四个方面加以特别关注：

第一个方面，谁是潜在关系对象，公司与谁可能实际发生关系？即所谓的"关系参与者"问题。

第二个方面，为什么一个组织要与另一个组织建立关系？即所谓的"关系目标"问题。

第三个方面，哪类影响因素决定了关系的性质？即所谓的"关系因素"问题。

第四个方面，如何将关系建构成为特定的组织形式，从而能使其按照设想的方式产生效应？即所谓的"关系安排"问题。

组织间关系涉及的几个方面如图7-1所示。

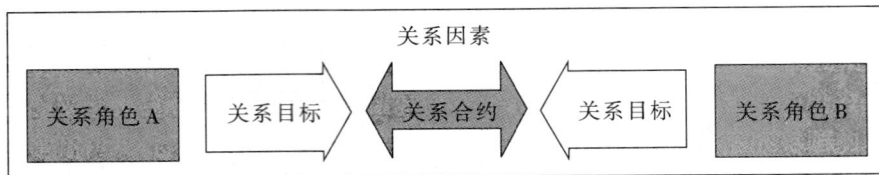

图7-1　组织间关系涉及的几个方面

7.1.2　价值网络

组织间关系的建立形成了企业的价值网络。价值网络的概念是由Mercer顾问公司的斯莱沃斯基在《利润区》（Profit Zone）一书中首次提出的。他指出，由于顾客的需求增加、国际互联网的冲击以及市场高度竞争，企业应改变商业设计，将传统的供应链转变为价值网络。对价值网络作进一步发展的是美国学者波维特，他在《价值网络》（Value Nets）一书中指出，价值网络是一种新业务模式，它将顾客日益提高的苛刻要求与灵活、有效率及低成本的制造相连接，采用数字信息快速配送产品，避开了代价高昂的分销层；将合作的提供商连接在一起，以便交付定制解决方案；将运营设计提升到战略水平，以适应不断发生的变化。

价值网络的本质是在专业化分工的生产服务模式下，通过一定的价值传递机制，在相应的治理框架下，由处于价值链上不同阶段和相对固化的彼此具有某种专用资产的企业及相关利益体组合在一起，共同为顾客创造价值。产品或服务的价值是由每个价值网络的成员创造并由价值网络整合而成的，每一个网络成员创造的价值都是最终价值的不可分割的一部分。

与组织发生关系的所有外部参与者统称为公司的"外部利益相关者"，具体关系如图7-2所示。因此，价值网络是由利益相关者之间相互影响而形成的价值生成、分配、转移和使用的关系及其结构。价值网络潜在地为企业提供获取信息、资源、市场、技术以及通过学习得到规模和范围经济的可能性，并帮助企业实现战略目标。

价值网络的思想打破了传统价值链的线性思维和价值活动顺序分离的机械模式（见拓展阅读7-1），围绕顾客价值重构原有价值链，使价值链各个环节以及各不同主体按照整体价值最优的原则相互衔接、融合以及动态互动。利益主体在关注自身价值的同时，更加关注价值网络上各节点的联系，不断冲破价值链各环节的壁垒，提高网络在主体之间相互作用及其对价值创造的推动作用。

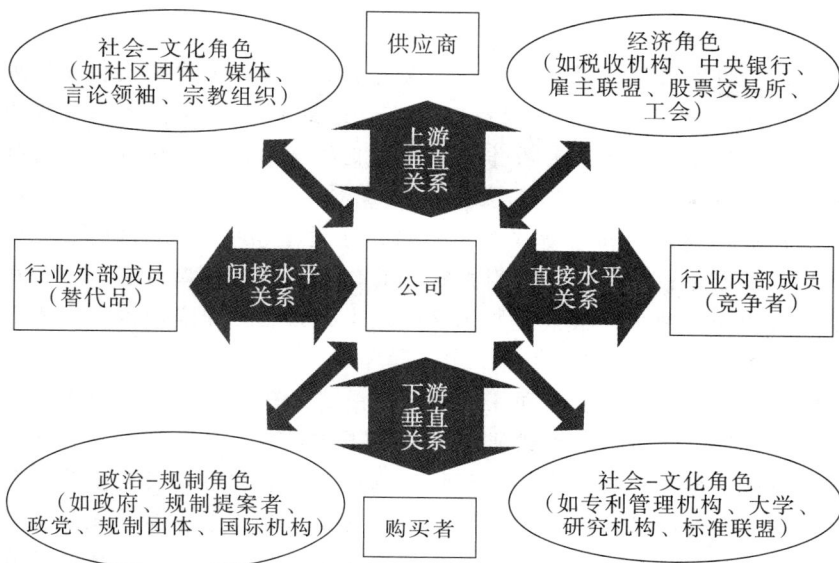

图7-2 公司和它的关系角色网

拓展阅读7-1：价值网络与价值链的比较

　　波特的价值链理论将企业价值活动看作线性的链条，企业和外部的联系被看作成对的利益相关者之间的点对点的联系。价值网络理论对上述理论进行了拓展和提升，认为价值网络赋予了供应商、合作伙伴、顾客等利益群体对企业资源的进入权，企业价值网络是通过网络中不同层次和不同主体之间的互动关系而形成的多条价值链在多个环节上网状的联系和交换关系。信息和知识等可以沿多条路径在网络中流动。当多个参与人之间的交换关系存在上述交错关联时，由这些关系形成的网络将产生网络效应，处于每个网络节点上的个体或组织可以从这种聚合作用中创造或者获取更多的价值。从本质上讲，价值链与价值网络有诸多方面的区别。

　　（1）价值链关注供应、生产的环节，目的是降低成本、提升效率；而价值网络关注的则是如何为顾客创造更大的价值，并改善与供应商的合作关系。

　　（2）价值链关注企业生产环节的效率提升；而价值网络则关注整个网络成员共同效率的提升。

　　（3）价值链关注的是生产资料的流通；而价值网络则关注价值网络的信息流通，通过知识的共享为网络成员创造价值。

（4）价值链仅仅把供应商看作供求的交易关系，公司与供应商的关系是对立性的，常常以供应商利益为代价，达到降低成本、提高利润的目的；而价值网络则把供应商看作经营一体化的合作伙伴，而且网络的每一位成员对其整体的价值观有高度的认同。

（5）价值链是将顾客看成营销对象，通过营销手段向他们推销产品，并开展售后服务；而价值网络则把顾客看作企业经营的参与者，营销成了价值网络的一个部分，有效地降低营销成本、强化与顾客的沟通方式的目的是与顾客一同创造价值。

（6）价值链模式下，公司主要采用的是成本领先战略或产品差异化战略，通过达到行业最低成本或使产品/服务具有独特性来获取竞争优势。由于传统业务流程本身的局限性，降低成本的倾向会在一定程度上减少顾客对产品或服务的要求，而追求高的产品/服务品质以实现差异化无疑会增加成本。所以，价值链模式下，很难做到低成本与高质量兼而得之。而价值网络模式下，体现的是目标集聚战略。公司把战略目标锁定在某个特定的狭窄市场，通过为这些顾客提供超级服务、方便的解决方案或个性化产品和服务使公司的产品突出出来。与此同时，价值网络通过其优异的业务流程设计，使其每位成员均在自己的核心能力范围内进行低成本运作。因此，在价值网络模式下，公司可以在具有产品差异的同时达到成本领先。

资料来源：根据相关资料整理而成

7.1.3 关系目标

企业如何处理与其他企业间的关系，在很大程度上受其对关系如何发展的预期的影响。两个关系参与者可能拥有明确的、公开互利的目标，但也可能参与者中的一方或者双方有着不够明确的意图、隐秘的计划和/或相互排斥的目标。甚至，常会见到同一个组织内的不同人对特定的外部关系有着不同的甚至是相互冲突的目的和期望。

当两个或多个企业谋求彼此合作时，一般都基于以下动机：期望通过合作获得比单独行动更多的价值增值。不论是在企业层面还是在业务层面，管理者都意图从与其他组织或团体的潜在关系中找到增加价值的资源。因此，前面在讨论公司层战略所谈及的协同效应，对本章所讨论的组织间关系问题同样是有意义的（如图7-3所示）。

1.以资源利用为导向的合作

企业间的第一个合作领域是在资源基础层面上。通过与其他企业共享资源，组织可以增加其掌控的资源数量或者提高其掌控的资源质量。通常，企业间有两种通过资源利用实现互利的方式：

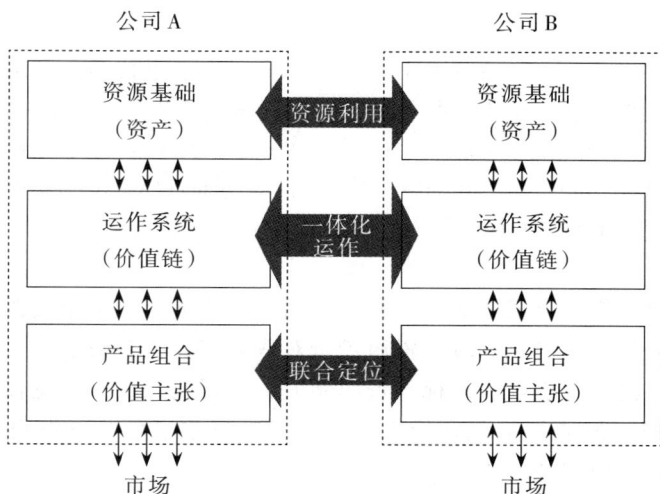

图 7-3　组织间合作的目标

一是，学习型合作。如果合作的目标是交流知识和技术，或是共同开发新技术，则它们所建立的关系就称为学习导向型关系。企业可以与行业外的企业建立学习型关系，也可以和行业内的企业合作，例如为开发新技术或新标准而开展合作。当然，企业也可以在现有的与购买者和供应商间的关系中增加学习这一目标，例如战略行动 7-1 中华为与东风岚图围绕智能汽车所开展的战略合作。

■■■■　**战略行动 7-1：华为搭上"东风"，官宣与岚图汽车达成合作**

2024 年 1 月 22 日，华为官方宣布，与东风汽车集团旗下的电动汽车品牌岚图汽车正式签署战略合作协议，华为"智能朋友圈"再添一员。

在喊出"帮助车企造好车、卖好车"的口号后，华为"智能朋友圈"的车企数量在不断增加。此次搭上这趟智能化快车的东风岚图，能否在电动智能汽车赛道上抢占发展先机？

对于此次合作，华为与岚图汽车均表示，双方将根据各自领域优势，围绕用户需求共同打造优质的智能出行体验。通过合作车型在多领域创新探索，加速智能化技术大规模商业化落地。

在此之前，东风汽车已经与华为展开多次合作。2014 年，东风汽车与华为达成战略合作，双方在汽车电子、智能汽车、信息化建设等领域展开跨界合作；2018 年，东风汽车与华为宣布，双方将在汽车"新四化"（智能化、网联化、电动化、共享化）和企业信息化领域深化战略合作，并开展基于前沿技术的联合创新；2023 年，东风汽车与华为共同发布"全场景解决方案应用样板点"，该样板点涵盖了车辆制造的研、产、供、销全阶段。

岚图汽车表示，华为在ICT（信息与通信）技术的积累和在智能化领域的突破，将助力岚图汽车在智能新能源汽车领域进一步迭代升级。

资料来源：雷珂馨．华为搭上"东风"，官宣与岚图汽车达成合作，后者2023年销量同比增160%［EB/OL］．［2024-04-10］．https://baijiahao.baidu.com/s?id=1788846399729550402&wfr=spider&for=pc.

二是，资源借贷。当某企业无法充分利用自己所拥有的特定资源，或者其他企业可以将这些资源利用得更好时，资源借贷对双方就会很有吸引力。公司间的借贷关系通常发生在技术、版权、商标等资源领域，而授权是最司空见惯的形式。实物资源也可以借贷，但通常采取合约租赁的方式。出借者的收益既可以是财务形式的，也可以收取其他资源作为回报。

2.以一体化运作为导向的合作

在第6章我们探讨了一体化战略的优势与不足。现实中，没有哪家公司能够纵贯整个产业，从上游做到下游，并且在每个环节都做到出色。一般来说通过整合自己与其他企业的价值链，公司能取得比独立运作时更高的效率和更好的效益。

共享运营系统（如航线联盟）、销售基础设施（如软件跨区销售协议）、后勤系统（如邮政伙伴）或支付系统（如跨行转账协定），都是企业聚合其价值创造活动的例子。由于只有当不同企业的价值创造活动差不多相同时，才能够被聚合在一起并获取规模经济效应，所以聚合关系通常发生在行业内的不同企业之间。

3.以联合定位为导向的合作

企业间的第三个合作领域是在市场定位层面上。即使在各公司独立开展价值增值活动的情形下，公司间也可以采取联合行动以增强彼此的市场位势。通常，建立这种合作关系的目的就是为提高合作成员的谈判能力。例如联合其他企业形成一个联盟、发布新的行业标准，以此巩固所有参与者的市场位势。同时，合作还可以削弱替代品厂商的市场位势，或者提高行业外意图进入该行业的厂商的进入壁垒。此外，企业也可以通过合作提高其相对于其他关系参与者的市场位势，如增强有关企业对政府或其授权代理机构的话语权。当然，公司也可以联合起来一起对各种关系参与者施压，如向标准化组织、大学、税务机构、证券交易所等施压。

在企业战略性发展组织间关系的过程中，会形成多种类型的网络层战略，目前比较常见的有三种形式：战略联盟、虚拟经营和平台模式。

7.2 战略联盟

7.2.1 战略联盟的含义及类型

战略联盟，是两个或两个以上的组织为实现某一战略目标而建立的一种战略伙伴关系。企业战略联盟的类型多种多样，根据不同的标准可以对战略联盟进行不同的分类。从股权参与和契约联结的方式角度来看，可以把企业战略联盟归纳为以下三种重要类型：

第一，合资，即两家或两家以上的企业通过共同出资、共担风险、共享收益而组成新的企业。这种方式目前十分普遍，尤其是在发展中国家。通过合资方式，合作各方可以将各自的优势资源投入到合资企业中，从而使其发挥单独一家企业所不能发挥的效益。

第二，相互持股。相互持股是指联盟各方为加强相互联系而持有对方一定数量的股份，形成你中有我、我中有你，但双方资产、人员并不进行合并的状态。这种战略联盟中各方的关系相对更加紧密，各方可以进行更为长久、密切的合作。

第三，功能性协议。这是一种契约式的战略联盟，与前面两种涉及股权参与的方式明显不同，有人称之为无资产性投资的战略联盟。它主要是指企业之间决定在某些具体的领域进行合作。比如，在联合研究与开发、联合市场行动等方面通过功能性协议结成一种联盟。最常见的形式包括：技术交流协议——联盟成员间相互交流技术资料，通过知识的学习以增强竞争实力；合作研究开发协议——分享现成的科研成果，共同使用科研设施和生产能力，共同开发新产品；生产营销协议——共同生产和销售某一产品。这些协议并不是使联盟内各成员的资产规模、组织结构和管理方式发生变化，而是仅仅通过订立协议来对合作事项和完成时间等内容作出规定，成员之间仍然保持着各自的独立性，甚至在协议规定的领域之外相互竞争。产业协调协议——建立全面协作与分工的产业联盟体系，多见于高科技产业中。

相对于股权式战略联盟而言，契约式战略联盟由于更强调相关企业的协调与默契，从而更具有战略联盟的本质特征。其在经营的灵活性、自主权和经济效益等方面比股权式战略联盟具有更大的优越性。相对而言，股权式战略联盟有利于扩大企业的资金实力，并通过部分"拥有"对方的形式，增强双方的信任感和责任感，因而更利于长久合作，不足之处是灵活性差。契约式战略联盟具有较好的灵活性，但也有一些先天不足，如企业对联盟的控制能力差、松散的组织缺乏稳定性和长远利益、联盟内成员之间的沟通不充分、组织效率低下等问题。

7.2.2 战略联盟的特征

战略联盟虽然各有特色，但作为现代企业组织制度的一种创新形式，相对于企业组织而言，又有其共同的特征，即战略联盟是一种边界模糊、关系松散、灵活机动的网络式组织。这具体表现在以下四个方面：

1.边界模糊

传统企业作为组织社会资源的最基本单位，具有明确的层级和边界。而战略联盟一般是由具有共同利益关系的企业之间以一定的契约或资产联结起来的战略共同体。这种联盟可能是供应者、生产者、分销商之间形成的联盟，甚至可能是竞争者之间形成的联盟。所以说，战略联盟这种你中有我、我中有你的局面已使企业边界非常模糊。

2.关系松散

战略联盟由于主要是靠契约形式联结起来的，因此合作各方之间的关系十分松散，不像传统企业组织主要通过行政方式进行协调管理。另外，战略联盟不是由纯粹的市场机制进行协调，而是兼具了市场机制与行政管理的特点，合作各方主要通过协商的方式解决各种问题。在时间上，战略联盟存在期限一般较短，在联盟形成之时，一般会有关于存续时间的协议，或者规定一个固定的时期，或者规定在完成一定任务之后解散。

3.机动灵活

由于战略联盟主要是以契约方式组成，因此，相对于并购或内部投资新建来说，所需时间较短，组建过程也比较简单，同时也不需大量投资。这样，如果外部出现发展机会，战略联盟可以迅速组成并发挥作用。另外，由于合作者之间关系十分松散，战略联盟存续时间又较短，解散十分方便，因此当外界条件发生变化，战略联盟不适应变化的环境时，联盟各方又可迅速将其解散。

4.运作高效

在组建战略联盟时，合作各方都是以自己最核心的资源加入到联盟中来，联盟的各个方面可能都是世界一流的。因此，在目前分工日益深化的状况下，战略联盟的实力是单个企业很难达到的。在这种条件下，联盟可以高效运作，完成一些单个企业很难完成的任务。

7.2.3 战略联盟的组建动因与战略利益

1.弥补资源缺口

由于市场的不完备性，很多资源无法通过市场交易的方式有效地获得，而采取兼并或收购的方式又容易在获取有用资源的同时为无用的资源付出较大的收购成本，而且容易受到自身实力的约束。通过战略联盟，企业可以根据自身需要，选择拥有自己所需资源的企业作为自己的合作伙伴，因而更容易实现资源获取上的多样性。例如马蜂窝与亚朵合作快闪酒店之后，关于酒店的短视频的线上单日播放量破331万，微博话题量突破1 500万。与IP巨头合作，为亚朵带来了集中的品牌曝光，其品牌官方微信公众号的文章阅读量也不断升高。而对马蜂窝这些线上品牌来说，与亚朵酒店合作则可以通过线下场景，拉近自己与用户的距离，将品牌影响力延伸到线下。通过共享资源，双方都达到了扩大自身市场影响的目的。

2.强化和提升核心竞争力

企业通过建立战略联盟，可以实现企业各自价值链环节之间的合作，将创造价值的重点从企业内部转向跨越企业组织边界的外部关系，也使得企业的经营活动开始超越传统的组织边界。通过联盟伙伴间深入的价值链链接关系，战略联盟能够实现价值链环节之间链接的低成本和快速度，为企业创造更多价值以及传统组织结构无法比拟的竞争优势。通过联盟企业不仅可以扩大企业规模，从而获得规模经济效应、范围经济效应和共生经济效应，同时也可以通过提供差异化的以及更迅速的产品或服务，构建起相对于竞争对手的竞争优势，打造和提升自身核心竞争力。

例如 IT 产业中最大的两家企业微软和英特尔之间结成的 wintel 联盟。在 IT 产业中软件和硬件相互依存，微软公司开发出功能更强的软件后，英特尔集成芯片的需求量才会大量上升，同时也只有在英特尔生产出更快的集成芯片后，微软的软件才会更有价值。因此，双方通过联盟方式在技术领域进行分工协作，强化了各自拥有的核心竞争优势，而彼此竞争优势的叠加既强化了它们在行业中的领先者地位，同时也为消费者提供了更为优质价廉的产品和服务。

战略联盟也是发展中国家获得关键技术的捷径。在无法通过市场方式购得技术的前提下，以战略联盟的方式与技术先进的公司工作，然后通过组织学习的方式加以消化吸收，是发展中国家企业发挥后发优势、迅速提升自身水平的重要手段。例如我国汽车产业中上汽与德国大众的合作，在以往生产层面合作的基础上正向核心的技术层面拓展。上海大众技术中心的造型设计，已经纳入德国大众全球的设计体系，同时上海大众的技术骨干，也被选派到德国大众本部最核心的技术开发中心，进行汽车全过程开发培训。

3.分担风险

现代市场竞争千变万化、瞬息万变，因此，企业经营存在着巨大风险，而通过战略联盟的方式则可以分担风险、降低风险。例如在科技投入方面，由于研究开发费用很大，而成功率却很低，即使开发成功，新技术很可能迅速地被更先进的技术取代，因此研究开发存在很大风险。而通过几个企业建立战略联盟共同开发，不仅可以提高成功的可能性，而且可以使费用得到分摊，从而大大降低这方面的风险。比如，开发新一代记忆芯片至少需要 10 亿美元，建一家生产新一代芯片的工厂还需 10 亿美元，研制一种新车型的费用通常高达 20 多亿美元，开发一种新药需要 5 亿美元。如此高额的研发费用是任何一家企业，即使是大公司也很难单独承担的。

4.进入国外市场

竞争全球化是企业竞争的一个大趋势，这已成为越来越多企业的共识。仅靠传统的产品出口方式占领国际市场存在着很大的局限，现在许多企业都试图在国外生产、国外销售，但这一方式也存在着很大问题。国外的经营环境与国内有很大差别，且各国政府法规的限制，对企业境外生产与销售有着极大的制约。企业通过与已进入国外的企业建立战略联盟，利用合资、合作、特许经营等方式，就可以有效解决这一问题。

7.2.4 战略联盟组建中应注意的问题

战略联盟是一种新的组织模式，与企业并购相比具有反应迅速、机动灵活的特点，但也正是由于这些特点导致了许多不足。通过拓展阅读 7-2 我们看到，相当一批民族品牌在联盟与合资过程中不仅未能达到提升自身实力的目的，甚至大幅弱化了自身竞争力，因此，在联盟过程中，企业不仅要注意到"竞争中的合作"，也必须注意"合作中的竞争"。在具体操作中，企业应该注意以下问题：

1.慎重选择合作伙伴

由于战略联盟中合作各方关系相对十分松散，其内部存在着市场和行政的双重机制，因此合作各方能否真诚合作对于战略联盟的成败有决定性影响。所以，企业在组建联盟时必须选择真正有合作诚意的伙伴。另外，合作各方核心能力是否能够互补也很重要，因为战略联盟的核心思想就是通过联盟这一方式发挥核心优势互补效应，因此合作之前企业必须很好进行权衡。

2.建立合理的组织关系

战略联盟是一种网络式组织结构，不同于传统企业层级式模式，因此其管理也与传统组织有着不同要求。战略联盟在设置之初应该针对合作的具体情况，确定合理的组织关系，对合作各方的责、权、利进行明确的界定，防止由于组织不合理影响战略联盟的正常运作。

3.加强沟通

战略联盟各方由于相对独立，因此彼此之间的组织结构、企业文化、管理风格有着很大不同，尤其是跨国界的战略联盟在这一方面表现更加突出。这对双方的沟通、合作造成了一定的困难，而在战略联盟中，合作各方良好的沟通与协作对于联盟的成败有着重要影响，很多战略联盟的失败都是由于各方缺乏沟通所致。因此，各方应有意识加强沟通。

拓展阅读7-2：从"合资过程中民族品牌的灭失"看战略联盟的利弊得失

重庆天府可乐是20世纪80年代中国八大饮料厂之一，20世纪90年代百事可乐和可口可乐进入中国市场后，八大饮料厂陆续被收购。天府可乐创始人李培全说，外资当时享受超国民待遇，如所得税只有15%，而我们却是33%，大部分饮料厂亏损，不得不接受外方合作。

在1994年天府可乐与百事可乐签订的合资合同中，说明合资目的是"生产天府可乐饮料产品和浓缩液"，并"获得满意的经济效益"。由于当时中国实行对碳酸饮料市场的限制政策，百事可乐于1995年初向中国轻工总会提出要求生产百事品牌产品，轻工总会文件回复中要求保证天府可乐品牌50%的生产份额。

然而，13年合作过程中，百事公司却逐年减少天府可乐品牌产品的生产，到2005年时已不到0.5%，市面上几乎看不到天府可乐的产品。而1994年以前，天府可乐年产量20万吨，年产值三亿多元，年利税6 000多万元，占据了当时中国可乐市场份额的75%。

这13年，合资公司累计最高亏损达7千万元，中方公司未分得一分利润。到2005年，天府可乐集团连续八年被评为重庆市特困企业，债务高达1亿4千万元。2006年，百事可乐提出收购中方公司股份，天府可乐集团由于债务沉重、发展无望，迫于无奈出售了全部股份。至此，百事控股94.4%，只有5.6%的股份为天府可乐集团上级控股公司重庆轻纺控股集团公司所有。

截至 2008 年，重庆天府可乐集团公司剩下的 400 多名职工长期依靠上级部门救助艰难度日，2006 年人均月工资 100 多元，后来也只增加到 300 多元，职工生活困难，长期上访，企业压力很大。

专家表示，20 世纪 90 年代的时候，大多数中国企业并没有把壮大自己品牌作为合资的目标，当时对于无形资产的认识还远远不够。在全球化的格局中，积极参与国际竞争与合作，是民族企业的必然选择，但前提是不能完全依赖外企而丧失自己的独立性。梁晓敏认为："一些放弃自己品牌的民族企业往往陷入一个误区，以为只要产品贴上外国标签就好卖。正是这种目光短浅的想法，葬送了很多本来大有前途的民族品牌"。

资料来源：根据相关资料整理而成。

7.3　虚拟经营

7.3.1　虚拟经营与虚拟组织

虚拟经营是指企业在组织上突破有形的界限，虽有生产、行销、设计、财务等功能，但企业体内却没有完整地执行这些功能的组织。也就是说企业在有限的资源下，为了取得竞争中的最大优势，仅保留企业中最关键的职能，而将其他的功能虚拟化——通过各种外力进行整合互补，其目的是在竞争中最大效率地利用企业有限的资源。

虚拟经营形成虚拟组织。虚拟组织又称为网络结构，是企业为了实现共同的市场目标，以信息、技术和品牌等资源共享为黏合剂，将诸多具有独立法人地位的供应商和分销商等经济实体整合成跨企业边界、实行业务一体化运作的网络化组织。这种网络化组织也叫作蛛网结构，处于蛛网中心、统筹和协调组织的业务运作与发展的企业是核心企业。

核心企业如果是实行业务外包（见战略行动 7-2）的制造商，那么它就是处于供应商网络中心的业务或技术集成者；核心企业如果是战略联盟的盟主，那么它就是联盟网络的管理者，需要平衡联盟成员间的利益和规划联盟的发展。

战略行动 7-2：游戏行业的业务外包与虚拟经营

虚拟经营是对传统自给自足生产经营模式的一种革命，是新型的、独特的经营

模式和管理方式的融合。传统上，一个全功能的企业要实现自己的设计、生产、营销、财务等管理职能，就得进行相应的投资，以形成相应的实物资产作对应。企业一般采用的是层级结构。在这些结构中，官僚主义、效率低下等问题的产生，将直接影响企业的竞争力。虚拟企业则借助现代信息网络系统，将部分管理职能虚拟化，实现扁平式管理。这样，不但可以减少内部管理层次，淡化企业内部门之间的界限，消除与客户、供应商之间的体制障碍；还可使处在生产第一线的人员直接接触市场动态信息，提高企业适应市场的能力与竞争力。

如今，虚拟经营在世界范围内被广泛应用，许多国际知名品牌企业，正是通过虚拟经营创造了辉煌的业绩。比如，全球最大的运动鞋制造商耐克公司，自身并不拥有制鞋工厂，而是将制鞋业务全部委托给劳动成本低廉的发展中国家的企业代为完成，公司只负责产品的设计和市场营销。

7.3.2 虚拟经营的类型

虚拟经营在实际操作中一般有以下几种方式：

1. 虚拟生产

企业通过协议、委托、租赁等方式将生产车间外化，不仅减少了大量的制造费用和资金占用，还能充分利用他方的要素投入，降低自身风险。当初 TCL 准备进入彩电生产领域时，规模与实力都不是很强。但它瞄准了大屏幕彩电这一切入点，并相信自己专业、灵活的管理技巧及广泛的市场网络能够创立 TCL 强大的品牌知名度和市场占有率。虽然没有资金购买厂房、生产线，但它们果断地将产品委托给长城电子公司生产。TCL 在产品设计中灵活运用价值工程原理，大胆取消了无用的国际线路设计和一些不必要的功能，大幅降低了成本，以国内实用性强的线路设计、全功能遥控等技术作为主攻方向，同时精耕细作销售网络和品牌经营。如今 TCL 已经成为知名的家电企业。

2. 虚拟营销

这是指企业借用独立销售公司的广泛联系和分销渠道，销售自己的产品。这样，公司不但可以节省一大笔管理成本和市场开拓费用，还能专心致力于新产品开发和技术革新，从而保持公司的核心竞争优势。比如，青岛啤酒公司在美国的销售就完全借助一家美国本土的知名经销商，利用对方的销售网络打出了企业及品牌的知名度。

3. 虚拟研发

这是指企业以项目委托、联合开发等形式，借助高等院校、科研机构的研发优势，完成技术创新、技术改造、新产品开发等工作，以弥补自身研发能力的不足。国内知名的 IT 企业清华同方和北大方正，其成功是与背靠清华大学和北京大学这样的研发环境分不开的。

值得注意的是，不管采取哪一种方式，虚拟经营的企业必须控制关键性的资源，如专利、品牌、营销网络或研发能力，不能完全借助于外部环境，以免受制于人。

7.3.3　虚拟经营的要求与缺陷

1.对企业间无缝沟通和管理合作的要求更高

虚拟企业的内核和外界联盟单元的关系不是传统的母子企业关系，各个企业本身仍然是具有法人地位的独立实体。要在这样的组织结构中实现快捷的货物与信息流通，一方面需要信息技术的支撑，另一方面需要核心企业担负起更大的责任。对渠道的管理和信息化建设势必使企业支付更高的成本。

2.对灵活性的追求容易丧失忠诚乃至企业文化

虚拟企业的内核通常是由少数掌握企业核心能力的固定员工构成的，其余则都是合同工、临时工，大家只是通过市场契约与各自利益相互联系在一起。虚拟企业的临时性特点，一方面能带来灵活性的优势，但同时也会伤害到员工对组织的忠诚。虚拟企业很难构建起统一持久的企业文化。

3.目标短期化影响企业未来战略的构建

如果虚拟企业采取以项目/课题组的形式运作，专项合同一经完成立即解散，则弹性解雇、教育培训、再就业等也将随之成为企业面临的新问题。目标的短期化一方面实现了组织结构的扁平化，减少了企业对顾客需求的反应时间，另一方面也势必影响企业未来战略的构建，各个独立的实体与核心企业之间的利益博弈将消耗企业的部分资源。同时，如何防止各个实体"竭泽而渔""杀鸡取卵"式的短期行为，如何有效组织和管理好整个企业的战略发展，都是来自于虚拟企业内部的挑战。

4.对联盟企业的选择风险增加

尽管当今信息技术发达，但市场信息仍然是不完善的，企业选择联盟企业仍然是有限理性行为，个人机会主义倾向会使加盟者隐瞒和扭曲市场信息，从而带来核心企业与联盟企业间的信息不对称。如何防止这种机会主义倾向，保证企业的健康发展，也是虚拟企业面临的重要课题。

7.3.4　虚拟经营的运作要点

1.准确界定虚拟经营的战略环节

对于一个企业来说，生产经营活动中的各个环节，哪些可以虚拟，哪些不可以虚拟，是一个十分重要的问题。企业如果将自己的战略环节进行虚拟经营，不仅达不到企业扩张的目的，甚至会使整个企业"虚脱"。所谓战略环节是指在企业的价值链上，存在的一个或几个能形成企业核心竞争优势的环节。只有抓住这些特定的环节，企业才能形成独立的竞争优势，确保在虚拟经营中不被协作者左右或影响。因此，企业的战略环节要牢牢控制在企业内部，不能进行虚拟经营。企业价值链上除战略环节以外的其他环节，即非战略环节，则可以进行虚拟经营。在企业的战略环节已经明确的情况下，也并不是其他所有的非战略环节都要虚拟，具体虚拟哪一环节，还要受企业的盈利目标、战略方针、管理条件、目标市场的进入壁垒、协作成本、协作对象、企业扩张方式与速度等因素的影响。

2.要建立并不断增强自身的核心竞争优势

索尼的产品小型化、美国联邦快递的邮件跟踪体系和卫星定位系统以及沃尔玛的全球性网络等，作为各自特有的核心竞争力，在这些企业的虚拟经营中都发挥了基础性作用。企业在实施虚拟经营策略时，一定先要明确自己的核心竞争优势到底是什么，将自己的虚拟经营方式建立在自身的核心竞争优势之上，从而以本身的核心竞争优势为依托，通过虚拟经营获取外界力量、资源，以达到优势互补的目的。

3.要搞准企业的虚拟方向定位，找准合适的"虚拟"联盟对象

无论实施何种方式的虚拟经营，企业都不能漫无目的地胡乱"虚拟"，要详细分析自身所处的内外环境，弄清楚自己的优势及外界资源现状，特别要注意将企业内部经营劣势作为优先考虑的虚拟方向，并将外部环境中那些技术领先、生产规范、较为稳定的成熟企业，作为优先联盟的"虚拟"对象。

4.要调查了解虚拟对象的真实需求，选择恰当的虚拟运作方式

由于虚拟经营的方式多种多样，只有当自己的虚拟方式适合企业本身和虚拟对象的现实需求时，虚拟策略才能实现"双赢"或"多赢"的目标。为此，企业要通过广泛调研，掌握虚拟对象的真实需求和预期目标，做到"知己知彼"，在此基础上选择恰当的虚拟方式，才能"百战不殆"。

5.要重塑企业文化基础，消除企业内部对外来文化的消极抵触情绪

虚拟经营在引进外部资源优势时，不可避免地要引入外来文化，由此产生企业内部对外来文化的消极抵触。有鉴于此，企业在实施虚拟经营过程中，要根据多种文化汇聚的现实情况，积极做好外来文化的批判吸收工作，通过重塑企业文化，减少多种文化摩擦所造成的企业虚拟经营障碍，为企业虚拟经营的顺利开展提供文化保障。

7.4 平台模式

7.4.1 平台模式的含义

平台模式是指连接两个（或更多）特定群体，为他们提供互动机制，满足所有群体的需要，并巧妙地从中盈利的商业模式。平台模式的概念并非在近代才出现。历史上，它也曾不断被运用，是人类社会中最有效的商业策略，古代的"市集"或者"农贸市场"就是平台模式最好的例子。在许多大城里的街道交接处，商家可以摆设自己的摊位。这些商家赚取来往过客的钱，但必须与该城市主管单位分摊利润。"市集"的规模越大，就会有越多的人前来。不断膨胀的人数会吸引更多商家进驻，这不但促进了商品的多样化，也在竞争中提升了商家的质量。如此一来，人们更想去市集溜达，这使商家们更积极地参与其中。"商家"与"人群"这两个群体密切连接，良性循环加速，释放出惊人的动能。

虽然，平台模式的存在由来已久，但其成为流行商业模式却是伴随互联网经济

的崛起而形成和发展而来的。如今，平台模式已经深入人们的生活，出现在包括社交网络、电商、游戏、第三方支付在内的各种产业中，正不断改变人们的生活方式，也在全球商业竞争中扮演着重要角色。例如，淘宝网通过电商平台连接了商品的卖家与买家；滴滴通过手机软件将"司机"和"乘客"联系在一起。

然而，一个成功的平台企业并非仅是提供简单的渠道或中介服务。成功的平台企业都有一个特点，那就是打造出一套有机融合的商业生态链。百度、阿里巴巴、腾讯三大互联网巨头围绕搜索、电商、社交各自构建了强大的产业生态。因此，未来商业竞争不再只是企业与企业之间的肉搏，而是平台与平台的竞争，甚至是生态圈与生态圈之间的竞争。若想将平台模式的作用充分地发挥出来，最重要的是打造一个多方共赢的生态圈，并在平衡中不断成长。

7.4.2 平台模式的本质特征

平台模式与传统模式最大的不同在于，它塑造出了全新的产业模式。以出版业为例，这个存在于人类社会数百年的产业，于近代遭到平台模式洗礼后发生了重大变革。

图7-4是传统出版业的线性产业价值链，这是单向的、直线式的。一位作者酝酿出自己的作品之后，通过经纪人将作品递交给出版社。然后，出版社在众多书稿中筛选出他们认为能获得市场青睐的作品，经过修改、编辑、封面设计等加工程序后，送印刷厂印制成书。之后再由经销商将成书运往各地的零售书店、便利店等场所，最终才得以被读者购买。在这种单方向、直线式的配置过程中，产业链中的各环节先后次序严格固定，并且各个环节的成本与利润层层加码，最后体现在书本的零售价格之上。

作者 — 经纪人 — 出版社 — 印刷厂 — 经销商 — 零售商 — 读者 →

图7-4 传统出版业的线性产业价值链

线上阅读平台的出现则打破了出版业超过百年历史的游戏规则。以专攻小说市场的起点中文网为例，它在互联网上提供一个虚拟平台，让热衷于写作的人们直接发表各式各样的故事，而读者能够立即选择自己感兴趣的故事来阅读。如图7-5所示，线上出版平台"弯曲"了传统价值链。这么一来，它所塑造出的产业变革意义深远——原本处于传统产业链两端的作者群与读者群，实现了直接与对方接触。

源源不绝的创意源头与广大的读者市场直接互动，多样化的供给正巧与多元化的需求匹配起来。在这种情况下，传统出版社所扮演的把关角色被削弱，数以万计的作者流进小说市场发表风格各异的文章，数十倍的读者也蜂拥而至，根据自己的喜好选择想读的作品。除此之外，作者在创作过程中也可直接与读者交流；读者可以影响创作内容的走向，也可以彼此分享阅读的体验与感想。平台连接了生产者和消费者，"弯曲"了原本垂直的价值链条。

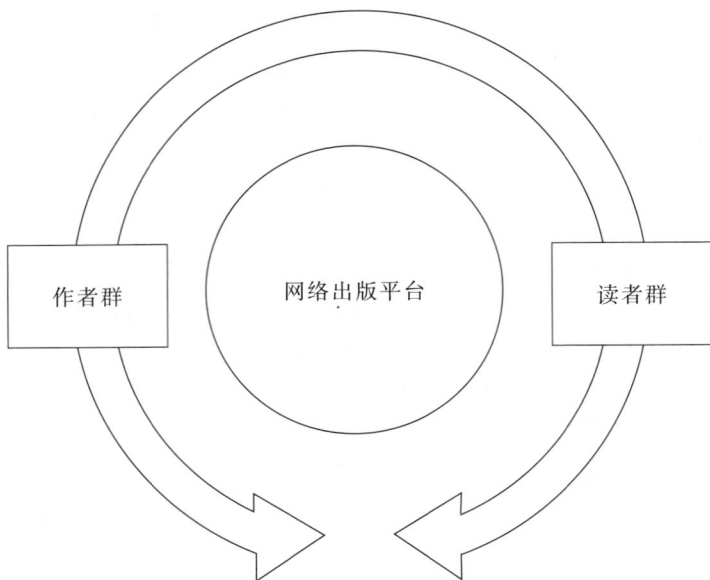

图7-5 线上阅读平台"弯曲"出版业的价值链条

在中国，起点中文网代表的线上阅读平台为读者呈现的内容比传统出版社提供的内容更新颖，价格也更便宜。通常，一本20万字左右的实体书，市面上的售价约30元人民币左右。换算起来，每1千字的阅读价格约在0.15元左右。反观起点中文网的读者，每阅读1千字原创小说所缴付的费用在0.02~0.03元人民币之间。这仅是传统实体书五分之一的价格！更惊人的是，作品一经在网上出版，读者便能在下一秒阅读到，不像传统的产业链需要等上很长一段时间。

对于作者们来说，线上出版平台则为他们提供了前所未有的机会。在传统出版业，哪些作品能够出版、哪些应被淘汰，全由出版社的编辑们决定。专业编辑凭借长年的产业经验与直觉来判断作品的销售价值。在数百份投递给出版社的书稿中，最终往往只有一小部分能以实体书的形式上市，接触到读者大众。反观起点中文网这样的平台，只要会打字并拥有一台能上网的电脑，任何人都可以轻而易举地把自己的作品上传到平台上，直接面向读者市场。

这类线上出版平台为作者与读者提供了彼此互动的基础框架。然而，与传统出版社不同的是，线上平台虽身兼出版业务，却不需要在每一部作品上都投资编辑经费与营销经费；作者们会进行自我推广，并发表不同风格的作品来满足读者群体的多元需求。因此，如果书销不出去，作者将承担最大的损失，而非平台企业本身。

7.4.3 平台模式的盈利途径

平台模式有趣的地方在于，不仅它的商业模式千变万化，连盈利的方式也逐步走向多元化。基本来说，"付费方"群体通常是平台的收入来源，他们不但可以补贴另一方群体——作者们，使其茁壮成长，也为平台生态圈注入了足以维持其运营的资金血液。"付费方"对价格的敏感度相对较低，拥有较弱的价格弹性反应，因此成为平台索取费用的目标，包括进入平台的参与费用、增值服务费用等。

然而现实的情况并非如此简单。商业竞争态势多变，有时平台企业必须作出战略性调整，更正补贴模式，而原来的"被补贴方"可能就需要扛起"付费"的责任。另一个更常见的情况是，平台企业在扩大规模的过程中逐渐分散其盈利途径，以不同的方式向各方群体收费。举例来说，互联网招聘平台前程无忧网原本向其"付费方"——企业群体——进行收费，内容包括会员月费、职缺发布费，以及其他增值费等（如图7-6所示）。之后由于战略变动，开始向原来的"被补贴方"——求职者——提供付费增值服务，包括提高简历曝光率、检视哪些企业浏览过自己简历，以及了解自己的简历在求职者群体中的竞争力排名等多项服务。因此，平台企业盈利的方式不仅多元化，且往往持续衍生、转化。

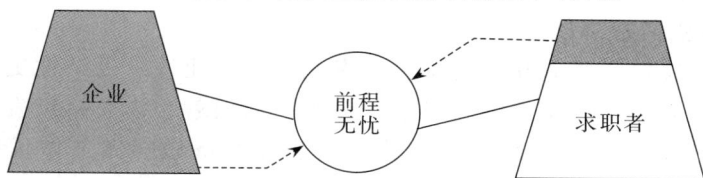

图7-6 前程无忧网的双边平台架构

无论是中国还是西方的平台企业均有着无言的共识：若要盈利，平台生态圈必须达到一定规模。有些人甚至相信，只要将平台做大，人气剧增，盈利模式自然就会浮现。这样的说法仅说对了一部分。

若某个社交平台想在自己壮大之后，通过吸引广告商的入驻来实现盈利，那么需要注意的是，当今的广告商所看重的不再只是盲目的曝光，而是更精准、更有市场连接性的营销模式。如此一来，该社交平台的用户数据将变得异常重要；它必须从一开始就能有效地搜集人们的性别、年龄、喜好、地理分布等信息，协助广告商进行具有针对性的分析和营销（可以称其为"data-mining"，也就是数据挖掘）。因此，搜集信息的机制，理应在平台初创时期就被纳入计划。即使平台企业预计在数年后，或者用户数量达到某个门槛之后，才开始进行收费盈利，这些初步考虑依然是总体战略的重要环节，必须在构建生态圈的初期就进行规划。

7.4.4 工业互联网平台的兴起

1.工业互联网平台的内涵

工业互联网（Industrial Internet）是新一代信息通信技术与工业经济深度融合的新型基础设施、应用模式和工业生态，通过对人、机、物、系统等的全面连接，构建起覆盖全产业链、全价值链的全新制造和服务体系，为工业乃至产业数字化、网络化、智能化发展提供了实现途径。从技术架构视角看，工业互联网平台是集成区块链、云计算、物联网等数字技术工具与先进运营理念、模式及机理模型的现代工业产物。

从基于商业模式视角看，工业互联网平台是由领先制造企业基于先进工业运营经验建立的，支撑企业价值链、行业价值链与产业价值链数据互联共享、资源跨界配置与效能优化提升的新一代工业生产和服务体系。工业互联网平台凭借通用性、兼容性和扩展性的架构设计成为制造企业数字化转型的赋能者。

与消费互联网平台相比，工业互联网平台有着诸多本质不同。

一是连接对象不同。消费互联网平台主要连接人，场景相对简单。工业互联网平台连接人、机、物、系统以及全产业链、全价值链，连接数量远超消费互联网平台，场景更为复杂。

二是技术要求不同。工业互联网平台直接涉及工业生产，要求传输网络的可靠性更高、安全性更强、时延更低。

三是用户属性不同。消费互联网平台面向大众用户，用户共性需求强，但专业化程度相对较低。工业互联网平台面向千行百业，必须与各行业各领域技术、知识、经验、痛点紧密结合。

上述特点决定了工业互联网平台的多元性、专业性、复杂性更为突出，也决定了发展工业互联网平台非一日之功、难一蹴而就，需要持续发力、久久为功。目前，工业互联网平台已经成为助力实体经济做实做强做优的重要基石（见时势链接7-2）。

时势链接7-2：以工业互联网助力实体经济做实做强做优

党的二十大报告提出："促进数字经济和实体经济深度融合，打造具有国际竞争力的数字产业集群。"作为新一代信息通信技术与工业经济深度融合的全新工业生态和新型应用模式，工业互联网既是数字产业化新的增长点，又是产业数字化新的基础设施，已成为推动数字经济增长的新引擎和实体经济跃升的加速器。乘着数字经济发展东风，工业互联网已应用于45个国民经济大类，2022年产业规模超万亿元，展现出巨大的发展潜力。

以海尔为例，从2007年开始探索工业互联网，于2017年正式推出卡奥斯工业互联网平台。截至2023年2月，卡奥斯工业互联网平台已经链接企业90万家，服务企业8万多家。从实践来看，以工业互联网赋能产业发展，有利于推动实体经济实现数字化转型，并通过生产方式、经营模式的重塑，使企业实现降本、提质、增效，进一步激活实体经济的发展活力。

在企业端，工业互联网为数字化转型提供新路径。中小企业利润往往相对微薄，数字化转型资源投入受限。而工业互联网具有开放互联、共建共享的特性，通过提供"低成本、快部署、易运维和强安全"的轻量化应用，工业互联网可以显著降低企业数字化转型门槛，以可复制、可推广的成熟方案让实体企业尤其是中小企业以低成本、灵活的方式快速补齐数字化能力。比如，在山东淄博，一家工业企业通过引入卡奥斯工业互联网平台，对工业窑炉开展数字化改造，完成改造后每条生产线能节省天然气15%以上，年节约500余万元。如今，当地24家企业也积极推进窑炉智能车间建设，预计平均能耗将降低8%，劳动成本减少30%，生产效率提高8%。

在行业端，工业互联网为产业生态构建提供新可能。进入数字时代，用户需求日益个性化、多元化，这也对供给提出了更高的要求。工业互联网具有"一米宽，百米深"的特点，所谓"一米宽"，是指每个行业有每个行业的特点，每个行业里的企业也都不一样，工业互联网可以施展的空间可能只有"一米宽"；所谓"百米深"，是指工业互联网能通过构建开放共享的产业生态，推动上下游企业以数字网络实现深度连接，让行业实现从"有围墙的花园"向生生不息的"热带雨林"转变，从而促进整体产业实现深度整合、提质增效。换言之，工业互联网能推动全产业链数字化转型，以更强更优的产业供给更好满足"千人千面"的消费需求，持续提升用户体验。

从区域发展的视角来看，一个更开放、更具包容性的工业互联网平台，将更好地连接支撑发展的多种要素资源，促进人流、物流、信息流、资金流等在区域内的充分整合和更优配置。在这个意义上，深化工业互联网的运用，还能增强工业领域供给侧结构性改革成效，激发区域经济发展活力。

习近平总书记强调，"坚持把做实做强做优实体经济作为主攻方向，一手抓传统产业转型升级，一手抓战略性新兴产业发展壮大，推动制造业加速向数字化、网络化、智能化发展"。强化工业互联网赋能，在纵向上做深垂直行业，以新技术驱动产业转型升级，在横向上做大生态，培育跨行业跨领域工业互联网平台，必能更好助力实体经济发展，为我国经济高质量发展注入澎湃动能。

资料来源：周云杰. 以工业互联网助力实体经济做实做强做优［EB/OL］.［2023-12-10］. http://www.xinhuanet.com/tech/20230224/caad24e6e4574413b156b4c2900b0b6a/c.html.

2. 工业互联网平台生态系统构成

工业互联网平台生态系统通常由领导、支持、寄生、关键四个种群构成，如图7-7所示。

领导种群：由工业互联网平台的资源整合者、生态系统领导者构成。其制定工业互联网平台生态系统的运营机制，完成价值利益的分配与共享，注重平台核心能力的构建。领导种群代表企业有海尔、三一重工等制造业龙头企业，金蝶、浪潮等软件龙头企业，腾讯、阿里等互联网巨头，华为、紫光等ICT。

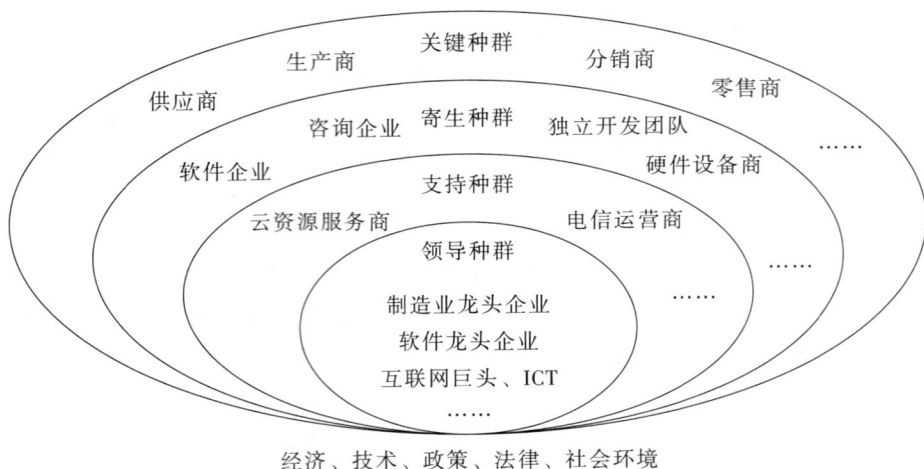

图 7-7　工业互联网平台生态系统概念模型

资料来源：廖敏.工业互联网平台生态系统：构成、演化路径及运营机制［J］.辽宁工业大学学报（社会科学版），2023，25（10）：25-32.

支持种群：即工业互联网平台需要依靠的组织。其提供生态系统运转所需的基础资源，是领导种群进行资源整合与链接的对象。支持种群代表企业主要有云资源服务商、电信运营商等。

寄生种群：即工业互联网平台 App 应用和服务的提供组织，以满足关键种群的需求。其对生态系统高度依赖，几乎与生态系统共存亡。寄生种群代表企业有各类软件企业、咨询企业、独立开发团队、硬件设备商等。

关键种群：即工业互联网平台的服务对象，在生态系统中处于需求方位置，对系统提出需求，使用系统提供的服务，其主要处在平台的用户层。关键种群代表企业主要有供应商、生产商、分销商及零售商等。

3.工业互联网平台生态系统演化路径

工业互联网平台生态系统的演化可区分为四个阶段，如图 7-8 所示。

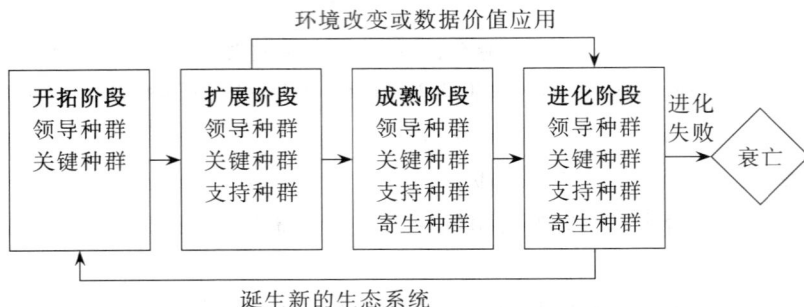

图 7-8　工业互联网平台生态系统演化路径模型

1）开拓阶段——初级生态结构

开拓阶段是指工业互联网平台生态系统的诞生期，工业互联网生态系统形成初级生态结构。领导种群基于自身的优势，率先在某个行业的某 1~2 个领域形成工业互联网应用。处于初级生态结构系统阶段的平台架构尚不完整，一般仅有领导种群和关键种群，种群较为单一，但部分生命力强大的生态系统将生存下来，积累经验、完善产品或服务，为向下个阶段演化奠定基础。

2）扩展阶段——基础生态结构

扩展阶段是指工业互联网平台生态系统的发展期，工业互联网生态系统形成基础生态结构。在领导种群的引领下，建立了完备的平台架构，生态系统中关键种群不断壮大，覆盖了1~2个行业的多个领域，制造业上下游的企业不断加入生态系统，系统边界逐步延伸。同时为了更好地服务关键种群，领导种群或强势引入支持种群，或自身分化为支持种群，增强生态的核心能力。

3）成熟阶段——基本生态结构

成熟阶段是指工业互联网平台生态系统的繁荣期，工业互联网生态系统形成基本生态结构。经历了前两个演化阶段的积淀，生态系统开始跨行业，向全领域扩展，关键种群、支持种群进一步壮大，寄生种群将加入系统成为生态系统中的重要物种，其依托于平台为关键种群提供丰富的工业 App 应用和服务。

4）进化阶段——生态演化结构

进化阶段是指工业互联网平台生态系统的演化进步期，工业互联网生态系统形成生态演化结构。此时生态系统已经实现覆盖众多行业、向全领域发展，各类物种齐全，尤其是关键种群和寄生种群欣欣向荣，生态系统整体上有序运转。平台沉淀的数据成为生态系统的核心价值，数据采集、分析、应用形成闭环，促进领导种群、关键种群、支持种群以及寄生种群进行商业模式、App 应用等创新，推动生态系统向更高阶段演变，甚至内部分化诞生新的小型生态系统，形成大生态系统内嵌多个小生态系统的阶段。此外，在进化阶段，也会存在领导种群"死亡"或因为数据严重泄密乃至威胁国家安全或极端事件的情况，导致生态系统进化失败，走向衰亡。

《工业互联网标识解析体系"贯通"行动计划（2024—2026年）》的发布为打通工业互联网"神经系统"提供了指导（见时势链接7-3）。

时势链接7-3：十二部门联合打通工业互联网"神经系统"

2024年1月31日，工信部等十二部门联合印发《工业互联网标识解析体系"贯通"行动计划（2024—2026年）》。作为第一份针对工业互联网标识解析体系出台的政策，该文件从关键指标、重点领域、基础支撑、产业生态四个方面提出了到2026年的发展量化指标，引导推动打通工业互联网"神经系统"。

关键概念

价值网络　合资　相互持股　功能性协议　战略联盟　虚拟组织　平台模式　工业互联网平台　寄生种群

思考题

1. 简述企业的价值网络关系。
2. 简述组织间合作的主要目标。
3. 简述战略联盟的含义及类型。
4. 简述战略联盟的特征。
5. 简述战略联盟的动因与战略利益。
6. 比较虚拟企业与企业集群的区别与联系。
7. 简述工业互联网平台生态系统的构成。
8. 简述工业互联网平台生态系统的演化路径。

战略实践

● 企业追踪

本单元旨在分析目标公司的网络层战略。如果目标公司与其他企业或组织通过合作方式协力打造竞争优势，我们就说它们结成了联盟、伙伴或网络关系，称它们所共享的战略为"网络层战略"。运用你所掌握的信息回答下列问题：

1. 目标公司实施了哪种网络层战略？
2. 目标公司与其他企业开展合作的动因分别是什么？
3. 目标公司网络层战略的实施效果如何？
4. 怎样才能改善目标公司的网络层战略、提高竞争优势？

● 实践练习：合作开展一期战略管理方面的讲座

假定你们团队正在考虑为本校学院举办一期战略管理方面的讲座，但没有学校方面的资金支持，你们需要通过创造性地打造合作平台来克服资金和资源难题，使讲座顺利开展。

1. 找出哪些组织、个人有可能提供举办讲座所需要的资源，并分析其参与的动机。
2. 应用教材中介绍的网络层战略的知识，寻找合作伙伴并探讨合作的机制。
3. 撰写活动策划方案。
4. 向全班报告你们的工作。

8　国际化战略

━━▶ 引导案例　字节跳动的国际化突围

　　根据 CBInsights 公布的 2023 年全球独角兽公司名单，中国科技巨头字节跳动以 2 250 亿美元的估值排名全球第一。

　　字节跳动成立于 2012 年 3 月，目前公司的产品和服务已覆盖全球 150 个国家和地区、75 个语种，曾在 40 多个国家和地区位居应用商店总榜前列。字节跳动旗下拥有包括综合资讯类的今日头条、TopBuzz、News Republic，视频类的抖音、Tik-Tok、西瓜视频、BuzzVideo、火山小视频、Vigo Video，以及 AI 教育产品、AI 技术服务和企业 SAAS 等多款产品。

　　字节跳动的全球化扩张由来已久，早在 2015 年就已经瞄准了新闻资讯业务，并开始着手对其进行国际化布局。凭借着国内今日头条成熟的产品设计模式，字节跳动推出了 TopBuzz，一款可以展示视频、新闻等多项内容的 App，在成功进入美国市场后，又相继推出日文、西班牙语和葡萄牙语等多个版本，不断满足用户的个性化需求。

　　2016 年 9 月，抖音短视频一经在国内上线，就受到了全民的热捧，并逐渐取代资讯业务成为字节跳动的主要营业务收入来源。2017 年 2 月，字节跳动收购美国短视频应用 Flipagram。2017 年 5 月，TikTok 正式上线，凭借先前的投资与收购获得的运营经验，TikTok 在国际市场迅速获得世界各地用户的喜爱。

　　创新的产品与商业模式设计，使字节跳动海外业务高速增长。据媒体 The Information 的数据显示，字节跳动 2020 年海外销售收入只有 12 亿美元，2021 年为 65 亿美元，2022 为 160 亿美元，2023 年预计超过 220 亿美元。在短短的三年时间里，海外销售收入增长超过 10 倍。

　　2024 年，字节跳动全球化将加速，据华尔街见闻报道，字节跳动旗下的 TikTok 预计 2024 年将其在美国的电商业务规模扩大十倍，达到 175 亿美元，TikTok 定下这一激进的目标，将为亚马逊、TEMU、SHEIN 等竞争对手带来更大的压力。

　　尽管字节跳动在国外的发展一片欣欣向荣，但自 2019 年初以来，TikTok 在美国、印度等市场已经遭遇一些指责或监管措施。

　　美国在 2019 年 12 月 16 日以 TikTok 会获取用户信息、泄露隐私并"威胁国家安全"为由起诉 TikTok，并警告美国用户使用 TikTok 会导致多种安全隐患。虽然 TikTok 一再强调不存在任何"安全"隐患，但美国坚持称将会封禁 TikTok，而出售风波彻底将此事推向了高潮。

　　2020 年 8 月 6 日，特朗普签署行政令要求字节跳动在 45 天内必须出售 TikTok，否则将被封禁。

　　危机发生后，字节跳动迅速采取应对之策，2020 年 8 月 24 日，TikTok 向美国一联邦地区法院递交起诉书，正式控告美国政府日前发布的与该公司及其母公司字节跳动有关的行政令违法，以维护自身合法权益。

2021年6月9日,美国总统拜登签署行政令并宣布撤销前任总统特朗普在任期间有关"在美国境内禁止下载和使用TikTok"的命令,标志着TikTok可以继续在美国市场上合法运行,TikTok暂时转危为安。

面向未来,移动通信技术迅速发展,国际市场风云变幻,字节跳动的国际化突围之路仍需严阵以待。

资料来源:根据相关资料整理而成。

随着全球化进程的加速,在国内市场经营的中国企业有了前所未有的海外扩张机遇。引导案例中的字节跳动,通过对人工智能和大数据技术的运用,成功塑造了一个又一个受用户喜欢的产品。这些产品的独特商业模式和对用户需求的准确把握使得字节跳动在竞争激烈的科技行业中脱颖而出,并在海外市场上一路高歌猛进,成为中国互联网企业"出海"的标杆,并位列全球独角兽公司排行榜第一,证明了其在行业中的领先地位。然而,随着国际化的深入,其"出海"之路却在某些国家频频受阻,甚至出现产品被封禁的情况。通过本章的学习,你将了解到企业在通过全球化扩张提高竞争优势和盈利能力过程中所面对的各种战略问题,以及相应的解决思路和对策。

8.1 企业追求国际化战略的动力

全球化扩张为企业创造了许多快速提高盈利能力和利润增长的机会。在最基本的层次上,全球化扩张带来市场的增加和利润增长。企业在追求国际多元化战略过程中,通常有如下六种基本动力:①扩大产品/服务市场;②实现规模经济;③延长产品的生命周期;④在全球范围内优化资源配置;⑤分散风险,创造战略协同。

8.1.1 扩大产品/服务市场

国际化可以带来更广阔的市场机会,企业通过拓展海外客户,将本地的产品或服务销售到全球,从而增加销售和盈利渠道,实现持续增长。华为已将业务拓展至超过170个国家和地区,在几十个国家建立了研发中心、财务中心、网络运营中心或物流中心,其2022年海外收入占总收入的37.1%。

许多跨国企业的成功不仅源于它们在国外市场上销售的产品和服务,还源自独特的竞争力。对于字节跳动而言,人工智能技术是其在全球市场取得优势地位的关键,不论是综合资讯类的TopBuzz、News Republic,还是短视频类的Tik Tok、Musical.ly、Flipagram、Vigo Video、BuzzVideo,这些海外产品的内核,都是基于数据挖掘的人工智能技术。华为在海外市场的不断拓展也同样源自于其在5G等领域的核心竞争力。

核心竞争力是企业商业模式中最有价值的方面,华为和字节跳动这些企业的全球性扩张就是基于它们转移商业模式并应用于外国市场的能力。

8.1.2 实现规模经济

除了通过扩大海外销售额增加利润之外，企业还可以由此实现规模经济的成本节省，从而进一步提高盈利能力。规模经济的来源有几个方面：首先，海外扩张可以分摊开发产品和建立生产设施的固定成本，企业可以由此降低平均单位成本。其次，在全球市场上，企业可以更密集地使用生产设备，从而提高生产力、降低成本和获得更高的盈利能力。换言之，这些工厂的资本投资可以得到更密集的利用，将国内市场扩大到国际市场可以转化为更高的生产力和更高的投资回报。最后，全球销售提高了企业的规模，因此它对供应商的讨价还价能力增强了，这可以导致关键投入品成本的降低，提高盈利能力。沃尔玛公司就是利用自己巨大的销售规模迫使供应商降低供货价格。

除了规模经济带来的成本节省，面向全球销售的企业还可以通过学习效应实现更大的成本节省。随着时间的推移、产出增加，员工的生产力会不断提高。由于面向全球市场销售，企业可以更快地提高销售额，工厂里的累积产出也会增加很快，这会带来更快速的学习效应、更高的员工生产力和相对于竞争者的成本优势（它们由于缺乏国际市场而成长缓慢）。

8.1.3 延长产品的生命周期

我们知道，产品和产业一般要经历导入期、成长期、成熟期和衰退期四个阶段的生命周期，但在本国市场上处于成熟阶段的产品却有可能在其他国家和地区有巨大的需求潜力，因此，公司持续性的国际扩张过程可以帮助企业延长产品生命周期。

根据国际产品生命周期理论，由于制造业生产过程经历了由发达国家向发展中国家转移的轨迹，当一些产品在发达国家已经成为成熟产品时，在发展中国家却有可能处于成长期，因此仍然具有巨大的需求潜力。同时，即使在发达国家已处于成熟期的产品，由于生产基地转移到劳动力价格、生产成本相对便宜的发展中国家，故在发达国家市场上，这些产品的价格将出现下降趋势，这也会刺激发达国家消费者的购买欲望，无形之中使产品生命周期得到延长。例如，随着全球汽车产业的竞争日益激烈，各大汽车企业纷纷加大在拉美地区的投资，以努力夺取这个地区正在成长的市场份额。

8.1.4 在全球范围内优化资源配置

公司经营效率是由其产出价值与所投入成本之间的比率决定的。在全球竞争环境中运行的跨国公司，可以利用国家的差异性，将生产转移到劳动力成本较低的国家从而获得比较成本优势和竞争优势。例如，泰国曼谷的生产基地是比亚迪首个海外乘用车工厂，该工厂预计于2024年开始投产，一方面可以使生产基地与目标市场紧密相联，另一方面也可以获得劳动力成本的比较优势，提升公司竞争力。微软公司将其亚太地区研发中心建立在中国，一方面是因为中国本身就是微软公司最大的目标市场之一，同时也是因为中国有许多高素质的计算机软件研究人才，雇用这些同样水平的研发人才的成本要比在美国的花费低得多，这也能使微软获得比较成本优势。此外的例子还包括，很多跨国公司决定在美国南部至墨西哥边界地区从事生产经营。这种全球范围内的资源配置过程，使得跨国公司能够将传统的比较成本和贸易优势转换为全球竞争优势。

8.1.5 分散风险，创造战略协同

跨国公司以统一的全球战略为纽带，将散布在世界各地的分公司或合作伙伴联为一体，在平衡全球化与本土化的过程中，形成公司的战略协同优势。这种战略协同优势可以共享资源、分散风险，形成不同的战略层次，达成"东方不亮西方亮"的经营效果。

汇率的不确定波动是跨国运营中最常见的风险之一，而跨国公司成本竞争的一个重要基础就在于其管理货币风险的灵活性。对于这些公司而言，管理货币风险的一种有效方式就是把生产制造中的高成本因素在全世界一些精心挑选出来的区位中化解或削弱。而诸如此类的定位决策能够影响企业所有层面的风险，包括货币、经济和政治风险等。

8.2 国家竞争优势

1990年，波特在《国家竞争优势》一书中提出了"国家竞争优势"理论。这一理论可以帮助战略决策师们分析一个国家某种产业为什么会在国际上有较强的竞争力，例如中国的高铁产业、荷兰的花卉产业、美国的互联网产业等。

波特认为，决定一个国家某种产业竞争力的因素有四个：

（1）生产要素——包括人力资源、天然资源、知识资源、资本资源和基础设施。

（2）需求条件——主要是本国市场的需求。

（3）相关产业和支持产业的表现——这些产业和相关上游产业是否有国际竞争力。

（4）企业的战略、结构和竞争对手的表现。

波特认为，这四个要素具有双向作用，形成钻石体系（如图8-1所示）。此外，在四大要素之外还存在两大变数：机会与政府。

8.2.1 生产要素

波特将生产要素划分为初级生产要素和高级生产要素，初级生产要素是指天然资源、气候、地理位置、非技术工人、资金等，高级生产要素则是指现代通信、信息、交通等基础设施，受过高等教育的人力资源、研究机构等。波特认为，初级生产要素的重要性越来越低，因为这些要素可以通过全球的市场网络比较方便地获得（当然初级生产要素对农业和以天然产品为主的产业还是非常重要的）。高级生产要素对获得竞争优势具有不容置疑的重要性。高级生产要素需要先在人力和资本上进行大量和持续的投资，而作为培养高级生产要素的研究所和教育计划，本身就需要高级的人才。高等级生产要素很难从外部获得，必须自己来投资创造。

从另一个角度，生产要素也被分为一般生产要素和专业生产要素。高级专业人才、专业研究机构、专用的软硬件设施等被归入专业生产要素。越是精致的产业越需要专业生产要素，而拥有专业生产要素的企业也会产生更大的竞争优势。

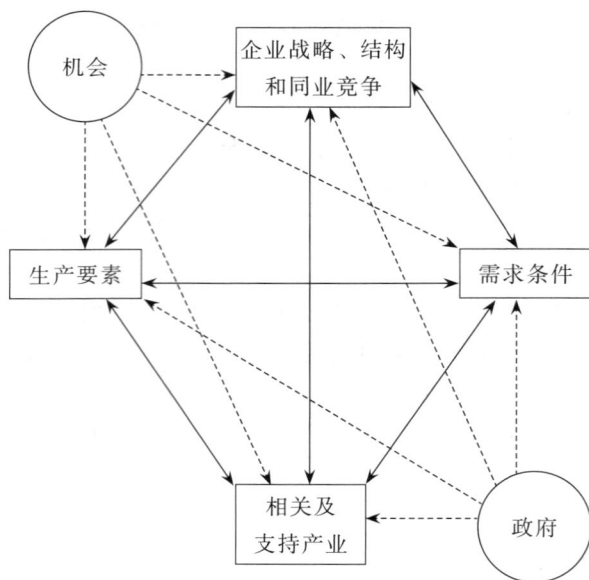

图 8-1　国家竞争优势四要素钻石体系

　　一个国家的某个产业如果想依托生产要素建立起强大而又持久的优势，就必须发展高级生产要素和专业生产要素，这两类生产要素的可获得性与精致程度也决定了竞争优势的质量。如果国家把竞争优势建立在初级与一般生产要素的基础上，它通常是不稳定的。

　　波特同时指出：在实际竞争中，丰富的资源或廉价的成本因素往往造成没有效率的资源配置，另一方面，人工短缺、资源不足、地理气候条件恶劣等不利因素，反而会形成一股刺激产业创新的力量，促进企业竞争优势的持久升级。一个国家的竞争优势其实可以从不利的生产要素中形成，中国就是其中的典型代表，从时势链接 8-1 可以看到，虽然中国人均耕地不足，但仍然可以通过高质量人才队伍的建设与发展解决 14 亿人口的温饱问题。此外，虽然通常都认为资源丰富和劳动力便宜的国家应该发展劳动力密集型产业，但是这类产业对大幅度提高国民收入并不会有多大突破，而且仅仅依赖初级生产要素是无法获得全球竞争力的。这一认识对中国企业颇有启示。

时势链接 8-1：《中国脊梁》：当代"神农"袁隆平

8.2.2 国内需求市场

国内需求市场是产业发展的动力。国内市场与国际市场的不同之处在于企业可以及时了解国内市场的客户需求，这是国外竞争对手所不及的，因此波特认为全球性的竞争并没有降低国内市场的重要性。

波特指出，本地客户非常重要，特别是那些内行而挑剔的客户。假如本地客户对产品、服务的要求或挑剔程度在国际上数一数二，就会激发出该国企业的竞争优势。这个道理很简单，如果能满足最难缠的顾客，其他的客户要求就不在话下。例如，中国消费者在互联网消费上的挑剔是全球出名的，从而造就了中国互联网卓越的服务质量优势；而欧洲严格的环保要求也使许多欧洲公司的汽车环保性能、节油性能全球一流。而在有些人看来，正是美国人大大咧咧的消费作风惯坏了汽车工业，致使美国汽车工业在石油危机的打击面前久久缓不过神来。

此外，如果本地的顾客需求领先于其他国家，这也可以成为本地企业的一种优势，因为先进的产品需要前卫的需求来支持。德国高速公路没有限速，当地汽车工业就非常卖力地满足驾驶人对高速的狂热追求，而超过200公里乃至300公里的时速在其他国家毫无实际意义。

8.2.3 相关和支持产业

对形成国家竞争优势而言，相关和支持性产业与优势产业是一种休戚与共的关系。以德国印刷机行业为例，德国印刷机之所以能够雄霸全球，离不开德国造纸业、油墨业、制版业和机械制造业的强势。美国、德国、日本汽车工业的竞争优势也离不开钢铁、机械、化工、零部件等行业的支持。有的经济学家指出，发展中国家往往采用集中资源配置，优先发展某一产业的政策，可孤军深入的结果却是不仅牺牲了其他行业，所钟爱的产业也无法一枝独秀。

本国供应商是产业创新和升级过程中不可缺少的一环，因为产业要形成竞争优势，就不能缺少世界一流的供应商，也不能缺少上下游产业的密切合作。另一方面，有竞争力的本国产业通常会带动相关产业的竞争力。

波特指出，即使下游产业不在国际上竞争，但只要上游供应商具有国际竞争优势，对整个产业的影响仍然是正面的。

8.2.4 企业战略、结构和同业竞争

波特指出，推进企业走向国际化竞争的动力很重要。这种动力可能来自国际需求的拉力，也可能来自本地竞争者的压力或市场的推力。创造与维持一国某产业竞争优势的最大关联因素是国内市场上强有力的竞争对手。波特认为，这一点与许多传统的观念相矛盾。例如，一般观念认为，国内竞争太激烈，资源会过度消耗，妨碍规模经济的建立；最佳的国内市场状态是有两到三家企业独大，用规模经济与外商抗衡，并促进内部运作的效率化；还有的观念认为，国际型产业并不需要国内市场的对手。波特却指出，在其研究的10个国家中，在那些具有国际竞争力的产业中，通常都存在着强有力的国内竞争对手。在国际竞争中，成功的产业必然先经过

国内市场的竞争，这也迫使产业内的企业不断进行改进和创新，对这些企业而言，海外市场只是竞争力的延伸。相反，那些在政府的保护和补贴下，放眼国内没有竞争对手的"超级明星企业"通常并不具有国际竞争力。

8.2.5 机会

机会是可遇而不可求的，机会可以影响四大要素发生变化。波特指出，对企业发展而言，形成机会的情况大致有以下几种：基础科技的发明创造、传统技术出现断层、外因导致生产成本突然提高（如石油危机）、金融市场或汇率的重大变化、市场需求的剧增、政府的重大决策、战争等。机会其实是双向的，它往往在使新的竞争者获得优势的同时，使原有的竞争者丧失优势，只有能满足新需求的厂商才能有发展"机遇"。

8.2.6 政府

波特指出，从事产业竞争的是企业，而非政府，竞争优势的创造最终必然要反映到企业上。

战略行动8-1介绍了中国政府在跨境资本流动方面的相关规定，也表明中国政府将为外商在华投资积极营造宽松有序的投资环境。从中可以看出，中国政府为稳住外资提供了相关支持，政府直接投入的应该是企业无法行动的领域，也就是外部成本，如发展基础设施、开放资本渠道、培养信息整合能力等。

从政府对四大要素的影响看，政府对需求的影响主要是政府采购，但是政府采购必须有严格的标准，扮演挑剔型的顾客；采购程序要有利于竞争和创新。在形成产业集群方面，政府并不能无中生有，但是可以强化它。政府在产业发展中最重要的角色莫过于保证国内市场处于活泼的竞争状态，制定竞争规范，避免垄断的出现。

战略行动8-1：打好稳外资"组合拳" 中国市场"磁吸力"助力高质量发展

8.3 全球竞争战略的选择

在全球市场上参与竞争的企业通常面临两种竞争压力：降低成本的压力和响应本地客户需要的压力。这两种竞争压力对企业提出了相互矛盾的需求。

一方面，降低成本的压力要求企业努力降低单位成本。为此，它就应当将企业的制造活动安排在最有利的低成本地区。此外，它可能将不得不向全球市场提供标准化的产品，从而尽快实现经验曲线效应。另一方面，提高当地客户响应却要求企业在不同国家间实现产品和市场战略的差异化，以适应不同国家间消费者喜好、商业惯例、分销渠道、竞争条件和政府政策的差别。由于在不同国家间做到差异化需要进行许多学习和牺牲产品的标准化，通常会导致成本的增加。

　　在平衡成本与差异化压力的过程中，企业需要在四项全球竞争战略之间作出选择：全球标准化战略、本土化战略、跨国战略、国际化战略。图8-2说明了这些战略适用的条件。

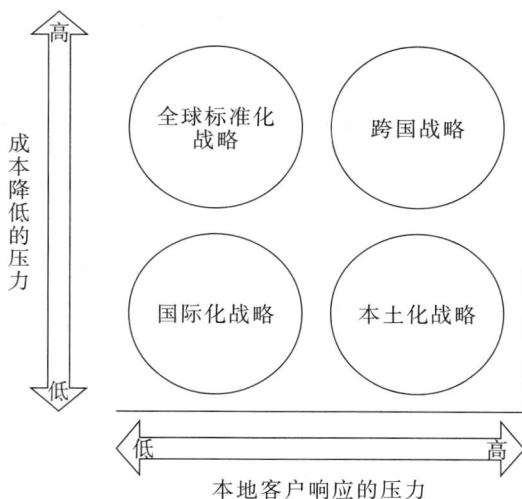

图8-2　四种基本的全球竞争战略

资料来源：希尔，琼斯，周长辉. 战略管理：创建企业竞争优势的系统思维（中国版）[M]. 孙忠，译. 7版. 北京：中国市场出版社，2007.

8.3.1　全球标准化战略

　　追求全球标准化战略的企业致力于通过规模经济和区位经济实现成本降低，也就是说，它们的商业模式是在全球范围内实行低成本战略。实行国际化战略的企业将生产、营销、研发活动集中在少数几个地区。这些企业试图不对产品和营销战略进行定制化以适应当地的情况，因为定制意味着减少批量和职能复制，这会导致成本上升。相反，它们偏好在全球范围内营销标准化的产品，从而通过经验曲线效应获得最大的规模经济利益。它们还试图利用自己的成本优势在全球市场上实行攻击性的定价。

　　当成本降低的压力极大而本地客户响应的压力不大时，这一战略可以奏效。在许多工业品产业中，这一情况越来越普遍。例如，在半导体产业中，由于已经出现了全球性的标准，因此出现了对标准的全球性产品的巨大需求。相应地，像英特尔、德州仪器和摩托罗拉公司都开始追求全球标准化战略。

　　但是，许多消费品产业却并不是这样，在这些产业中，本地客户响应的要求相当高，例如汽车产业和食品加工业等。对于本地客户响应要求较高的产业，这一战略并不合适。

8.3.2 本土化战略

追求本土化战略的企业通过对产品和服务进行定制来更好地满足不同国家市场的口味和偏好。本土化战略使企业的竞争方式同东道国的环境相匹配，并试图适应不同国家购买者的不同口味和期望。当国家与国家之间在顾客需求与购买习惯方面有显著差异时，本土化战略是必不可少的（见拓展阅读8-1），这些差异性体现在：一个国家的购买者坚持特殊的订单或定制的产品；东道国政府颁布规章制度，要求在当地出售的产品必须符合严格的生产规范或性能标准；东道国政府的贸易限制非常复杂且多样化，排除了在全世界采取统一营销方式的可能性。

拓展阅读8-1：雅万高铁助力印尼民众加速奔向美好生活

备受各界关注的雅万高铁，正在助力"千岛之国"印度尼西亚实现高铁梦想。作为中国与印尼共建"一带一路"合作的标志性项目，是中国高铁首次全系统、全要素、全产业链在海外落地，也是中国同地区国家共商共建共享、携手迈向现代化的范例。

这条最高运营时速350公里的高铁，是印尼乃至东南亚的第一条高铁，将中国高质量发展成果与印尼高质量发展愿景紧密相连，为沿线城市和民众带来加速奔向美好生活的新机遇。

1.高标准营建展示中国"智造"

雅万高铁全长142.3公里，是"一带一路"倡议和中国与印尼两国务实合作的标志性项目，全线采用中国技术、中国标准。通车后，雅加达与万隆两城间旅行时间由之前的3个多小时缩短至40多分钟。中国铁路国际有限公司牵头的雅万高铁承包商联合体设计部部长郭磊表示，根据印尼本地气候环境、人文理念和运营条件，雅万高铁应用大量中国自主研发的科研技术成果，直接带动印尼铁路装备现代化升级。针对印尼地震多发，动车组专门配备地震预警系统。为应对当地高温、高湿、高盐雾气候对动车组服役寿命的影响，技术团队开展两年现场户外试验，测试上百种车体材料和涂层样件，量身定制防腐优化方案。针对沿线复杂地形条件，中车四方联合株洲中车时代电气股份有限公司反复进行匹配试验，升级10余版列车网络控制软件和牵引软件，成功开发高加速功能。

担任项目业主方的印尼中国高速铁路有限公司董事总经理德维亚纳·斯拉梅·里亚迪表示，中国标准为雅万高铁未来运营安全提供了保障，同时让印尼在铁路设计施工相关技术升级与人才培养等方面有了根本性飞跃。

2.高效能联通惠及民生福祉

27岁的加朗·斯万达鲁见证了总建筑面积2 900平方米的德卡鲁尔车站从无到有的过程。4年多来，从土木工程大学毕业生到中铁四局雅万项目部印尼籍工程师，斯万达鲁勤奋肯学，很快掌握了测量放样知识，能在现场进行质量把控，并独立完成一些技术工作。"雅万高铁沿线处处都有印尼建设者，像我这样边干边学出来的技术人员很多。"斯万达鲁说。此外，负责桥隧、路基、轨道板铺设等线下工程的项目部在用工时优先选择附近村民，并组织基础技能培训，以帮助他们快速掌握工作标准与质量要求。海鲁尔·伊克马尔是西爪哇省普哇加达县马朗嫩加村村民，原先在外地鞋厂做工人，2019年来到中国电建水电七局雅万高铁项目部，经培训成为一名焊工。"很多村民都跟我一样在项目部找到了工作，收入明显提高，他们都置办了新的家具或电器，我也买了一辆摩托车。"伊克马尔说，项目完工后他计划开一间焊接门店，用在项目部工作5年来学到的技术，制作护栏、防盗窗等产品。据统计，雅万高铁建设期间，通过建立培训机构、中方员工"师傅带徒弟"、现场实训等方式，累计培训印尼员工达4.5万人次。

资料来源：孙磊，冯媛媛，李紫恒.一带一路·零距离｜雅万高铁助力印尼民众加速奔向美好生活［EB/OL］.［2023-12-10］.https://baijiahao.baidu.com/s?id=1779460331345518657&wfr=spider&for=pc.

不过，本土化战略有两大缺点：一是妨碍了企业竞争能力和资源的跨国界转移（由于不同的竞争力和竞争能力只能在不同的东道国使用）；二是不能促使建立一个统一的竞争优势，尤其是难以建立起低成本基础上的竞争优势。因此，运用本土化战略的企业在获取低成本领导地位时面临很大障碍，除非本地定制增加的价值能够支持高定价，企业才可以补偿自己为此而付出的成本，或者如果它能够显著增加本地需求，从而通过在本地市场上实现规模以降低成本。

8.3.3　跨国战略

前文已经说明，全球标准化战略最适用于成本压力较大而本地响应水平要求不高的情况。相反，本土化战略最适用于本地响应需求较高情况而成本压力不大或较低的情况。然而，如果企业同时面临成本和本土化响应的压力时又该怎样做呢？管理者如何平衡这些相互矛盾和竞争的要求呢？有些研究者建议这些企业实行所谓的跨国战略。

就其基本含义来说，追求跨国战略的企业试图发展出一种同时实现低成本和差异化优势的商业模式。尽管听上去很不错，但做起来却很难。本地客户响应和成本降低的压力对企业构成了相互冲突的目标，本地客户响应抬高了成本，令成本降低变得更为困难。

事实上，如何最有效地实施跨国战略是今天的大型跨国企业面临的最复杂的问题之一。几乎没有一家企业在这方面能做到尽善尽美。但是，我们仍然可以从一些公司身上找出某些可能成功的方法。美国卡特彼勒（Caterpillar）公司成立于1925年，是世界上最大的工程机械和矿山设备生产厂家、燃气发动机和工业用燃气轮机生产厂家之一，也是世界上最大的柴油机生产厂家之一。为了同低成本的对手如日本小松公司（Komatsu）等竞争，卡特彼勒公司不得不寻求更大的成本经济性。然而，不同国家间建筑惯例和政府规定的差异意味着卡特彼勒公司必须适应本地客户的需求。因此，卡特彼勒公司面对着成本降低和本地客户响应的巨大压力。为了应对成本压力，卡特彼勒公司对产品进行了重新设计，采用了大量相同的部件并在有利的地点投资建设了少数大型的零部件制造设施，既实现了规模经济又满足了全球的需求。同时，公司还在全球各主要市场建立了组装工厂，支持集中化的零部件制造。在这些组装工厂中，卡特彼勒公司加入了本地的产品特色，从而令成品可以满足本地需求。这样，卡特彼勒公司在获得全球制造利益的同时，通过在不同国家市场上提供的差异化产品回应了本地客户响应的压力。卡特彼勒公司从1979年开始实行这一战略，到1997年它已经成功地将单位员工的产出提高一倍，在此过程中极大地降低了成本结构。与此同时，固守以日本为中心的全球标准化战略的小松公司和日立公司则眼看着成本优势化为乌有，不断地将市场份额输给卡特彼勒公司。

建立支持跨国战略的组织是一项艰巨的任务。事实上，有些人认为这一工作太复杂，因为创建管理战略所需的有效的组织结构与控制系统中涉及无数的战略实施问题。

8.3.4　国际化战略

有时我们会发现市场上存在着一些幸运的企业，它们不需要处理成本压力和本地响应的压力。在20世纪60年代早期，发明并且成功实现复印机商业化的施乐公司就处于这样的地位。复印机的技术得到强大的专利保护，在几年的时间里施乐公司完全没有竞争对手，它拥有垄断地位。由于绝大多数发达国家认为这一产品极有价值，施乐公司在全球只销售一个基本产品型号，同时可以制定比较高的价格。同时，由于没有强大的竞争对手，它也没有动力来降低成本。

从历史上看，像施乐公司这样的企业在建立海外部门时采取了一种类似的模式。它们会倾向于将产品开发职能（例如研发功能）集中在本国。当然，它们会倾向于在发展业务的主要国家建立制造和营销职能。尽管它们会开发某些本地定制化产品或营销战略，但这是非常有限的。最后，在绝大多数这类实行国际化战略的企业中，总部对产品和营销战略保持着紧密的控制。

另一家实行类似战略的企业是微软。它的大多数产品开发是在公司总部雷特蒙德完成的。尽管也有一些本土化工作是在其他地方完成的，但主要局限于开发其软件的外文版。

8.4 国际市场的进入方式及战略选择

8.4.1 企业进入国际市场的方式

在国际化过程中，当目标市场确定之后，选择以何种方式进入市场也是一个需要权衡的问题，战略决策人员需要对各方面因素作综合分析和全面评估后，才能决定正确地进入战略。下面将对几种主要进入方式的特点及优劣进行简要介绍：

1.间接出口

间接出口是指企业将其产品卖给国内的中间商，由其负责出口。间接出口的渠道不少，有出口行、制造商的出口代理商、出口管理公司、国际贸易公司、合作出口以及利用国外企业驻东道国的分支机构将产品转售国外市场。

产品以间接出口方式进入国际市场，有这样一些优点：一是进入国际市场快；二是费用节约，既无须承担出口贸易资金上的负担，又不需要亲自去海外做市场调研、建立专门的销售网点以及配备专门的人员；三是风险小，不必承担外汇风险以及各种信贷风险；第四灵活性大，长短期业务均可管理。

然而间接出口使企业不能获得国际经营的直接经验，对海外市场缺乏控制，所获市场信息少，因此，这一方式是进入国际市场最容易也最脆弱的方式，采用这一方式时，企业其实并非直接参与国际经营。这种方式比较适合小企业，大企业运用此方式，往往是作为诸多方式之一，主要是针对潜力不大而风险很大的市场。

2.直接出口

直接出口是指企业把产品直接卖给国外的中间商或最终用户，其主要途径有：利用国外的经销商；利用国外的代理商，包括佣金代理商、存货代理商、提供零部件和服务设施的代理商等；设立驻外分支机构；直接供货给最终客户。

选择直接出口方式进入国际市场有以下优势：可以使企业摆脱中间商渠道与业务范围的限制；企业可以获得较快的市场信息反馈，可据以制定更加切实可行的营销策略；企业拥有较大的海外营销控制权，可以建立自己的渠道网络；也有助于提高企业的国际营销业务能力。

当然这种方式也有其局限性，如成本比间接出口要高，需要大量的最初投资与持续的间接费用；需要增加专门人才等。

3.国外生产

选择出口方式进入海外市场可能由于运输成本过高、受关税与贸易配额限制等而使效益低下，同时外国政府可能限制某些产品的成品进口，而对外国企业在当地制造却持鼓励态度，所以如果当地市场潜力大，资源的比较优势大，可以选择国外生产方式，这也可以使产品设计、制造、销售与售后服务更符合当地消费者的要求。国外生产的主要形式有以下两种：

1）国外组装

它是指跨国经营企业在母国生产出某种产品的全部或大部分零部件，运往东道国组装成成品，然后将成品就地销售或再予出口。这种方式具有明显的优点：运费低；关税低；投资少；制造成本降低；能为东道国提供一定的就业机会，易为当地政府所支持。

2）合同制造

它是指跨国经营企业与东道国企业签订某种产品的制造合同，由东道国企业按合同要求生产出成品，再交由跨国经营企业销售。这种方式的优点在于：国外投资少、风险小；产品仍由母国企业负责营销，市场控制权仍掌握在母国企业手中；产品在当地制造，有利于搞好与东道国的公共关系。但它也有局限，主要是：难以找到有资格的制造商；质量难以控制；利润需要与制造商分享；一旦制造合同终止，东道国制造商就可能成为跨国经营企业在当地的竞争者。

4.许可证战略

当一个企业拥有宝贵的技术秘诀或一项独特的专利产品，却没有在国外市场开发利用技术或专利的内部组织能力和资源时，许可协议就变得非常有意义了。此外，许可协议还有其他一些优点，例如可避免将资源投入不熟悉的国外市场所带来各种风险，包括政治、经济或者其他风险。通过将技术或生产权利特许给国外企业，自己就不必独自承担进入国外市场的费用和风险，还能获得专利费收入。不过，许可协议最大的缺点是，提供颇有价值的技术秘诀给国外企业会失去对技术秘诀某种程度的控制权，因为在某些场合监控许可证使用者并保护企业的技术秘诀是相当困难的。但是，如果专利或技术许可的潜在收入相当可观，而且授予许可证的企业值得信赖、声誉卓著时，那么许可协议将是非常有吸引力的选择。

5.特许经营战略

如果说许可协议可以在制造业中发挥很好的作用，那么特许经营常常更适合于服务业和零售业进行全球化扩张。麦当劳、百胜餐饮国际集团（必胜客和肯德基的母公司）和希尔顿都已经使用特许经营在国外市场建立起广泛的势力。特许经营有许多与许可协议同样的优点。被授予特许经营者承担建立国外经营场所的大部分费用和风险；授予特许者仅需投入征募、培训、支持和监控被授予者的资源。授予特许者面对的最大问题是质量控制；国外被授予特许者并非总是遵守一致性和标准化的承诺，尤其在当地文化对质量并不那么关注时。另一个可能出现的问题是，是否允许国外被授予特许者对授予特许者提供的产品进行修改，以更好地满足当地购买者的口味和期望。例如，麦当劳应该允许它在日本的特许经营企业对其产品进行微小的改动，以适应日本人的口味吗？应该允许被授予特许经营的中国肯德基店把调味品替换成更加适合中国消费者的口味吗？或者坚持全世界所有的被授予特许经营者必须严格采用统一菜单？

6.合营企业

合营企业是指跨国经营企业在东道国选择一个或若干个企业共同投资、共同经营、共负盈亏。在我国，合营企业有股权式的中外合资企业和契约式的中外合作企业两种形式。合营企业与海外独资生产相比，可以减少投资与人力；由于有资本与技术投入，易获得当地政府与社会的支持；较容易获取当地的资源支持；特别是能更多、更快地获得当地市场信息，对生产和营销的控制程度也较高。然而与许可生产和合同制造相比，它毕竟要求跨国经营企业向海外市场投入更多资本，风险相应增大，同时，合营各方的经营目标、利益分配、目标市场以及管理思想与文化背景的矛盾冲突，需要花费大量努力加以协调。

7.海外独资

它是指跨国经营企业在国外市场上全资控制一个企业的生产和营销，跨国经营企业既可以选择收购当地现存企业的方法，也可以投资设立一个新企业。海外独资生产可以使跨国经营企业独享利润，避免与当地合作伙伴冲突而能将自己的经营目标与管理思想一以贯之。战略行动8-2向我们展示了海尔坚持以自主品牌开拓海外市场，能更直接、更全面地积累国际营销经验，并将独资企业更有效地纳入其全球营销体系之中。需要注意的是：由于海外独资方式投入的资本远较其他方式多，风险亦大，相对合营企业较难取得当地资源支持与政府部门和社会公众的认同。

战略行动8-2：海尔坚持以自主品牌开拓海外市场

8.国际战略联盟

目前，全球竞争形势发生了很大变化，企业间"你死我活的竞争"逐渐演变成"既合作又竞争"的双赢战略。这也推动了国际战略联盟的全球大发展。目前，与国外企业开展战略联盟和合作协议，正在成为进入国外市场或加强企业国际竞争力的一种普遍方式，特别是最近一段时间以来，战略联盟、合资和其他合作活动的数量呈现爆炸式增长。一些理论和企业界的人士已经明确提出：未来国际市场的竞争将不再是企业与企业的竞争，而是战略联盟之间的竞争。例如，日本和美国的企业都积极与欧洲企业结成联盟，以加强它们在欧盟的竞争能力，并进一步把握东欧市场开放的机遇。许多美国和欧洲企业也正在努力进入中国、印度和亚洲其他国家的市场，旨在与亚洲的一些企业结盟。历史上战略联盟曾发生过一系列演进，以知识获取为主要目标的战略联盟日益成为主流，但也为企业管理战略联盟提出了挑战。

8.4.2 国际市场进入战略选择模型

进入方式的选择，对企业跨国经营的成败有着十分重要的影响，在选择具体的进入方式时，企业除了需要考虑前面介绍的各种进入方式的优势与不足外，还需要考虑其他一些因素。国内学者刘文刚将影响企业国际市场进入方式决策的因素分为四个维度（如图8-3所示），即国际化战略总目标、所有权优势、产业国际分工地位、国内外经营环境。这四个维度又分别包括若干具体要素，而且它们之间还存在相互影响的关系。

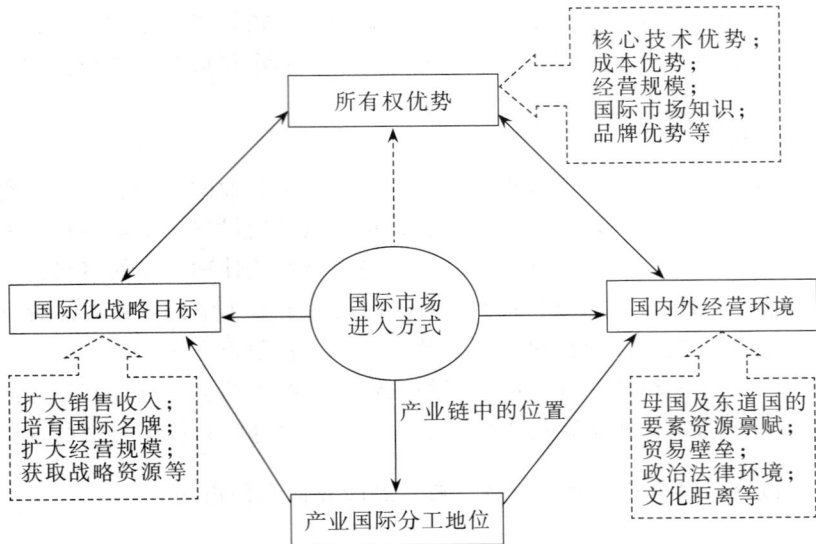

图 8-3　国际市场进入战略选择模型

1.国际化战略目标与国际市场进入方式选择

从根本上讲，国际市场进入方式的选择是为企业的国际化战略目标服务的，国际化战略目标调整了，国际市场进入方式也应随之调整。例如，当企业把扩大销售收入作为国际化战略目标时，直接出口、定牌生产（OEM）等方式往往是决策时的主要选择；当企业把国际化战略目标调整为培育国际名牌时，收购兼并、独资新建等对外直接投资方式往往会成为主要选择。当然，在同一种国际化战略目标下，企业也可能同时采取不同的方式进入国际市场。进入国际市场的方式既有对外投资，又有直接出口。

企业国际化战略目标的制定和调整，与企业国际化进程、资源能力的积累、产业国际分工与合作、企业家心态等因素有密切关系。在企业国际化初期，企业往往把充分利用生产能力、增加销售收入作为主要目标；随着国际化进程的推进，建立具有控制权的国际分销网络、培育国际名牌等目标会陆续成为国际化经营的主要目标。在企业资源能力比较薄弱时，企业往往把增加销售收入和积累国际市场知识作为国际化战略目标；随着企业实力的增强，企业逐步会将国际化战略目标调整为建立国际渠道网络或培育国际名牌。如果企业家有良好的心态，他会在综合考虑企业国际化进程、企业资源条件、产业的国际分工与合作等因素后作出合理的战略决策；反之则易作出盲目的、不合理的战略决策。

2.所有权优势与国际市场进入方式选择

首先，企业拥有的资源能力优势（如成本优势、核心技术优势、品牌优势、丰富的国际市场知识和经验等）会直接影响到国际市场进入战略的制定，企业选择的国际市场进入战略应是能够最有效开发并发展企业既有资源能力的模式，进而使企业在长期的市场竞争中保持自己的优势。其次，企业拥有的竞争优势，通过影响企业国际化战略目标的制定，进而间接影响国际市场进入方式的选择。例如，基于廉价的劳动力资源和快速扩张的生产规模而形成的成本优势是中国企业共同拥有的优势，成本领先战略也成为中国企业普遍选择的竞争战略。为了发挥这种优势，许多中国企业把拓展海外市场、增加销售量作为企业国际化经营的最高目标，而较少考虑研发能力的提高、国际型人才的培养等目标。在扩大销售量这一目标的指引下，企业往往把扩大出口或贴牌生产作为进入国际市场的主要途径。

3.产业国际分工地位与国际市场进入方式选择

随着经济全球化的不断深入，在西方跨国公司对外直接投资的推动下，产业链不断在全球范围内进行分解和重构，进而形成了以少数跨国公司为核心的全球一体化产业分工体系，跨国公司在该体系中扮演着"组织者"的角色。面对这一时代背景，有人提出，加入跨国公司全球一体化经营网络并成为其中的一个节点，是缩短中国企业国际化进程的重要战略选择。对于中国企业来说，如果心甘情愿接受跨国公司转移过来的产业或产业链环节，那么结果必将是：出口（或加工贸易）将成为中国企业进入国际市场的最主要方式。如果中国企业不安于现状，对目前的国际分工地位不满意，希望向全球一体化产业链中附加值相对较高的上游或下游环节延伸，那么企业就必须调整其国际化战略目标，进而调整其国际市场的进入方式。

4.国内外经营环境与国际市场进入方式选择

母国和目标市场国的经营环境，包括对外投资政策、要素资源禀赋、贸易壁垒、政治局势及两国文化差异等，对国际市场进入方式的选择也有重要的影响。例如，我国劳动力资源丰富，所以我国企业大都选择在国内生产，然后出口到目标市场国，因为这样不仅投入少、风险小，而且有助于获取成本优势。目标市场国市场容量大、政局稳定、法律体系完备、政务透明公开，也会激励企业采取直接投资的进入方式；反之，则会促使企业选择出口或国际合资公司方式进入该市场。

总体而言，在如图8-3所示的框架中，国际化战略目标是企业选择国际市场进入方式时的出发点，而所有权优势是企业制定国际市场进入战略的基础条件，国内环境和东道国环境及两者相比较产生的比较优势（或区位优势）、文化距离等均是企业制定国际市场进入战略时必须考虑的因素。在经济全球化时代，企业间的竞争与合作、产业链的配置日益全球化。因此，企业在制定国际市场进入战略时还须考虑自身在全球一体化产业体系中的位置或期望占据的位置，以及如何处理与竞争对手的关系。

8.5　国际化经营的风险

国际化虽然可以为企业带来种种利益，但也会增加企业的风险，了解这些风险并加以规避是国际化成功的重要基础。企业在国际化过程中面临的风险主要来自于以下几个方面：政治局势不稳定、法律问题、政府干预、汇率波动、跨文化管理。

8.5.1　政治局势不稳定

对一个全球组织来说，一些国家政治上的动荡或动乱是最不稳定和不确定性的风险来源，其结果常常导致公司损失资产及现在与未来的盈利，因此所有的企业在准备开展国际化战略和全球市场竞争时，都必须对政治风险进行审慎的评估。社会不安定、军事骚乱、游行示威以及暴力冲突和恐怖主义等因素，都会给全球竞争环境带来严重的威胁。高风险的国家对多数商务活动缺乏吸引力（军需品和反间谍服务是其中的例外）。

不过，出于某种战略考虑或短线业务的原因，即使一个国家在政治上极不稳定，企业也有可能仍然在这个国家从事经营活动。这时，需要重点分析的是在充分评估政治风险的基础上，如何确定市场进入的模式、合同协议的性质、风险性资产价值以及长期资源投入水平等。总的来说，在东道国政治高度不稳定的时候，跨国公司常常选择产品出口的市场进入模式，强调短期合同协议及资源投入。

8.5.2　法律问题

在引导案例中，我们已经了解到字节跳动在国际化过程中遭遇到的法律问题。对于中国企业而言，在实施国际化战略之前，了解当地的法律规定以及可能引发的法律问题是非常必要的，特别是有关反倾销、知识产权保护及有关员工保护等方面的法律。此外，当一个公司在全球范围内从事业务经营时，如果东道国的法律不健全，缺乏行政、立法或司法的支持，或者法治建设仅仅处于初级阶段，那么公司也会面临许多法律方面的问题，其中主要涉及合同、技术转让和知识产权等方面。例如，在一些国家，由于缺乏知识产权法律保护所导致的产品非法复制不断增长，智力资产丰富的企业已经遭受了巨大的财务损失。另外，大数据在当前学术界和产业界扮演着至关重要的角色，它被认为是对我们生活、工作和思维方式的重大变革。然而，大数据时代在安全和个人隐私的方面存在许多风险，由此所引起的隐私泄露为个人带来困扰，同时伴随而来的虚假信息也将导致错误的分析结果。因此人们迫切需要技术以确保数据安全，拓展阅读8-2介绍了关于欧盟的数据保护情况。

拓展阅读8-2：欧盟GDPR《通用数据保护条例》正式生效实例与启示

2018年5月25日，欧盟GDPR（《通用数据保护条例》）正式生效，该条例被视为"史上最严"数据监管条例。"它给高科技企业带来了巨大的影响，其影响之深远已超出欧盟，波及全球多个国家。"埃森哲在该报告中指出，该条例适用于所有欧盟实体的数据，无论其身在何地或其数据被放在什么平台。高科技公司存储、处理或交换任何欧盟公民的数据时，都必须符合GDPR。

一旦企业违法，轻者处以 1 000 万欧元或者上一年度全球营收的 2%（两者取其高）的罚款；重者处以 2 000 万欧元或者企业上一年度全球营收的 4%（两者取其高）的罚款。

天价罚款悬在企业的头上，如同无形的利剑。数据分析公司 SAS 称，随着 GDPR 大限到来，全球仅有 49% 的企业表示它们能按期达到 GDPR 的合规要求，目前仅有 7% 的企业已经完成了规范整改。近半数的受访企业表示，这一新规将对公司的 AI 及大数据相关项目产生重大影响。

无论是向欧盟个人递送货物，还是定向投放广告，都在条例的监管范围之内。在与此密切相关的社交、电商、云计算等新兴领域，该条例都将对中国公司的国际化带来严峻考验。

案例 1：2021 年 7 月，荷兰数据保护局以侵犯儿童隐私为由，对 TikTok 处以 75 万欧元的罚款，这也是中国企业首次因违反 GDPR 而受到处罚。在案件审理过程中，TikTok 以其主要机构位于爱尔兰为由提出异议。但荷兰数据保护官认为，TikTok 是在调查开展期间才将总部转移至爱尔兰，在爱尔兰的人力与资源尚不足以支持其在当地开展营业活动，反而有借在爱尔兰设立机构为由规避荷兰执法的嫌疑。这一案例也充分说明，GDPR 的地域适用及监管机构认定会结合具体的业务形态判定，而不会局限于实体的设立地点。

案例 2：2023 年 5 月 22 日，爱尔兰数据保护委员会（Data Protection Commission，以下称 DPC）宣布对 Meta Platforms Ireland（以下称 Meta IRL）采取执法行动，对其处以创纪录的 12 亿欧元（超过 91 亿元人民币）罚款。该决定写明，Meta IRL 被认为违反欧盟 GDPR 第四十六条第一款，即 DPC 认为 Meta IRL 在将欧盟用户的数据转移至美国时，未提供适当的数据保障措施，如可执行的数据主体权利及数据主体的补救措施。

启示：《中华人民共和国网络安全法》《中华人民共和国个人信息保护法》等也明确了网络运营者的数据保护义务与个人信息保护的基本原则，但与 GDPR 相比，处罚力度较轻，我国跨境企业需要高度关注各国数据保护条例，加强制度建设与提高员工认知，以免付出高昂的代价。

资料来源：根据相关资料整理而成。

8.5.3 政府干预

国家独立与经济改善作为一个国家政府的目标，有可能导致一种保护主义和限制性的政府政策，这些政策包括关税和其他进口障碍与控制，对利润汇出的限制，对合资公司股份的限制，以及一些地区性的特殊要求（如关于聘用当地劳动力的比例要求）等。

由政府干预所形成的这些政策或法律要求，将会使来自国外的公司在该国市场上与本国公司相比处于劣势地位，在引导案例中我们可以看到字节跳动在海外市场取得巨大成功，但从战略行动8-3中可以看到，字节跳动在海外市场受到东道国政府影响，海外发展仍然面临巨大挑战。

战略行动8-3：字节跳动的"反击"：向1.7亿用户发弹窗"捍卫自己喜欢的产品"

8.5.4　汇率波动

许多经济变量如通货膨胀率、利率特别是汇率会对一个公司的全球业务盈利性产生重要的影响。Wind数据显示，2022年上半年，2 763家A股公司出现汇兑收益，合计汇兑收入560.89亿元人民币。上半年出现汇兑损失的A股公司为869家，合计损失达302.49亿元人民币。同时在多个国家经营的公司必须密切注视本国货币与东道国货币的比率，在处理海外业务时，即使一个微小的汇率变动也能导致生产成本或净利润出现重大差异。例如，当美元对别国货币升值时，在外国的美国商品对顾客来说就更昂贵。同时，美元升值对拥有海外分支业务的美国公司会产生负面影响，原因在于，来自海外的利润必须以更高的汇率兑换为美元，用美元衡量的利润量减少了。假设一家美国企业在意大利从事商业活动，如果这个企业在意大利的运营中心拥有20%用里拉计算的利润，当里拉对美元贬值20%即美元对里拉升值20%时，意大利运营中心的收入在兑换为美元后利润就全部消失了（假定该中心没有使用"套期保值"方式来化解货币风险）。

应该注意到的一个重点是，当汇率波动受到政府有意干预时，这一行为的宏观经济效应有可能对企业的跨国竞争更加不利。

8.5.5　跨文化管理

跨文化管理风险是指企业在国际化经营过程中，由于文化差异而导致的文化误解、文化冲突有时会危及企业经营目标的实现，甚至导致企业经营活动失败的可能性。跨文化管理风险的形成原因概括起来有以下几个方面：

1.民族优越感

进入东道国的海外企业管理人员，可能会由于具有较为强烈的民族优越感，从而有偏见地对待来自东道国的文化。这种民族优越感、民族歧视和隔阂是跨文化管理风险存在的普遍根源。持有民族优越感的管理人员在经营管理中由于缺乏文化差异敏感性，常常倾向于采用单一的、以母国为中心的管理方式，这种倾向在海外经营中不利于国内母公司和海外公司的相互沟通协调，致使母公司不能充分考虑海外企业的具体情况，难以形成统一的目标，同时也不利于适应当地的社会文化，无法及时针对东道国经济和政治环境的变化进行相应的调整。

2. 管理思维差异

海外投资企业的管理人员在东道国所采用的管理模式、管理行为能否为当地的雇员所接受会直接影响到企业的经营决策的制定和能否得到贯彻执行。由于文化的差异，不同国家的管理人员往往有不同的管理思维和观念。比如美国人习惯按能力选拔年轻的有魄力的管理人员，注重个人能力在企业中的发挥，而日本人注重资历、经验，讲究团队精神和亲善管理。因此，如果不了解本国与东道国之间的文化差异，而采用以母国为中心的管理模式，往往会带来管理上的风险。处于不同文化背景的各方经理人员由于不同的价值观念、思维方式、习惯作风等的差异，对企业经营的一些基本问题往往会产生不同的态度，如经营目标、市场选择、原材料的选用、管理方式、处事作风等，从而给企业的全面经营带来危机。

3. 跨文化沟通困难

跨国经营和管理是以跨文化沟通为基础的。在国际性的经济环境中，交换信息、交流思想、决策、谈判、激励和领导等活动是以不同文化背景的管理人员和普通职员之间进行有效的沟通为纽带的。跨国经营的企业是包含多种语言和多元文化的国际性企业，复杂的多元文化使得有效的双向式沟通变得比较困难。在文化、信仰、价值观处于矛盾和冲突的时候，跨文化沟通就会遇到重重困难导致误解，从而影响管理决策的制定和执行的效果。

4. 商务惯例和禁忌差异

跨国经营企业在海外的经营中经常需要同来自不同文化背景的商人和合作伙伴打交道，面对各种不同的做生意的方式，如果不熟悉东道国或者第三国的商务惯例，不熟悉来自不同文化的禁忌或者喜好，很容易误解对方的意图或者冒犯到对方，导致损失。

8.6　国际化经营的风险控制

鉴于国际化过程中存在的种种风险，要想有效实施国际化战略必须有良好的控制措施。国际化经营战略的控制比国内经营难得多，世界各地的文化差异、通信延误以及复杂的国际化经营环境使得国际化经营战略的控制技术要高于传统的控制和国内的控制。总的说来，企业可以通过采取以下四方面措施控制国际化经营中的风险。

8.6.1　所有权控制

一般说来，对子公司的所有权多少意味着对子公司的控制程度的大小，如美国就信奉"所有权即控制",并倾向于对其他国家的子公司全部或多数控股。通过控股,可以使母公司在董事会成员中占绝对多数,从而可以控制企业重要事项的决策,使子公司的运作更能符合母公司的意图。但是所有权也是东道国政府敏感的问题,东道国政府可能会采用各种手段进行干预。此外,有些国家则对某些行业限制股权比例。之所以如此,是因为东道国担心企业被外资控制,本国企业会因而得不到发展。而跨国公司的母公司则害怕东道国企业窃取技术秘密。因此,所有权控制虽然是很强硬的控制手段,但并不是都能实施。企业还要考虑东道国的法规政策以及人们对外国企业的态度。

8.6.2　人员控制

跨国经营企业也可以通过培养子公司忠实的经营者,加强与子公司经理人员的感情交流,并通过"文化熏陶"来实现对海外子公司的控制。人员控制主要有两种形式:个人控制和私访控制。个人控制是指跨国经营企业让海外子公司的关键人物参与母公司的正式或非正式的组织活动,从而达到控制子公司的目的,这些管理人员一般来自东道国,他们能把母公司的战略与政策更有效地同当地实际情况结合,有利于战略的实施,有利于信息的沟通和交流。私访控制则是通过旅行、考察、个人接触等私访活动使企业员工感到同处一个和睦的大家庭,从感情上维系住子公司。目前许多跨国经营企业采用这种方法,因为它不仅有利于海外子公司与母公司之间的感情联络,而且也有利于母公司对海外子公司业务活动有更全面和更客观的了解,从而有利于对海外子公司的监督和控制。

8.6.3　信息控制

跨国经营企业可以看成由不同国家企业之间的资本、产品和知识交易构成的网络。信息不断地从一个子公司流向其他公司,又反馈回来,结果,跨国经营企业越来越依赖于国际信息网络来协调它们的国际经营活动以及实现对子公司的控制。一项对89家跨国公司的调查表明,这些公司早已依赖国际信息流来进行国际经营活动,而且未来会使用得更多。但是,有越来越多的国家采取措施控制信息流,因为它们认为信息也应该作为生产经营的"原料"。

8.6.4　财务控制与评价

对海外子公司的经营业绩评价主要有三种技术方法:投资回报分析、财务预算分析和历史比较分析。在一项研究中发现,95%的企业对海外子公司采用了上述三种方法。这些企业认为,投资回报率是最为重要的指标。对海外子公司来说,由于汇率不同、通胀率不同、税率不同和转移价格的影响,净现金流和投资额会被扭曲。

另外,转移定价也是跨国经营企业进行财务控制的方法。例如,许多在美国有业务的日本公司通过提高供货价格,来降低在美国的利润,从而减少所得税。转移定价在国际贸易中尤其重要,因为现代发达国家之间的贸易有相当大的部分是跨国公司内部贸易,转移定价是转移利润到母公司的重要方式。其他转移利润的方式还有红利、股东权益和管理费用等。

对海外子公司的控制和奖励会因跨国公司性质的不同而有所差异。例如，采用本地化战略的跨国经营企业通常对海外公司采取松散式的控制，企业总部主要是通过预算和非财务业绩指标来控制，如市场占有率、生产能力、公共形象、雇员素质以及与东道国政府的关系等。而采用全球标准化战略的企业会努力将一些标准化的生产和营销设施分散到世界各地，因而一些关键的经营决策必须集中化。在这类企业中海外子公司通常被视为成本中心、收入中心或费用中心，而不是投资中心或利润中心。

通过对上述控制手段的组合使用，可以建立起一套跨国经营企业对国际经营战略的控制机制。控制机制可以分为三种类型（见表8-1）：

表8-1　　　　　　　　　　　三种类型的控制机制

数据资料的控制机制	管理人员的控制机制	解决争议的控制机制
1.信息系统	1.选择关键性管理人员	1.决策责任的确定
2.评价系统	2.企业发展途径	2.调节者
3.资源分配程序	3.奖惩制度	3.经营小组
4.战略计划	4.管理开发	4.协调委员会
5.预算过程	5.社会化模式	5.特别工作小组
		6.争端解决程序

（1）数据资料的控制机制，主要负责收集和提供与国际经营有关的数据资料。

（2）管理人员的控制机制，负责把管理人员的愿望和自身的利益观念从对子公司自主权的要求转移到对国际经营活动的关心和对跨国经营企业全球经营活动的关心。

（3）解决争议的控制机制，负责解决各国子公司交易时所引起的争议。

上述三类机制的强度、可选择性、连续性及需要高层管理的支持度各不相同，企业应根据自身的具体情况采用适合的控制机制。

关键概念

国际化战略　国家竞争优势　全球竞争战略　国际市场进入方式　国际化经营风险　风险控制

思考题

1.跨国企业为什么要选择国际化战略？

2.国家竞争优势（钻石模型）的内容是什么？

3.跨国企业在全球市场上参与竞争时面临降低成本和响应当地顾客需求两种压力时，应如何作出选择？

4.跨国企业进入国际市场的方式有哪些？

5.企业在国际化经营过程中，面临的主要风险是什么？

6.跨国企业应如何控制国际化经营的风险？

战略实践

● 企业追踪

本单元的学习目的是要分析目标企业从国际化扩张中获利的方法。

运用你掌握的信息，回答下列问题：

1.通过将独特竞争力转移到海外或通过经验曲线实现成本经济等方式，目标企业是否创造了价值或降低了成本？如果没有，它是否有这样的潜力？

2.目标公司对不同国家间需求差异的响应水平如何？它是否为不同国家提供不同的产品或服务？它是否应当这样做？

3.目标公司所在产业降低成本和响应本地客户需求的压力如何？

4.目标公司所选择的全球竞争战略是什么？根据你的看法，在现有的成本压力和本地客户响应压力下，这是否是正确的战略？

5.目标公司进入的主要外国市场是什么，采用了哪种进入模式？进入模式的优势与缺陷是什么？存在其他更合适的进入模式吗？

● 实践练习：国际化战略实践分析

将全班分组，3~5人为1组。选取一家跨国手机企业，分析其如何进行国际化。

1.分析该企业为什么要国际化？

2.该企业运用什么方式进入国际市场？

3.该企业是如何处理"成本"与"当地需求"两种压力的？

4.该企业在国际化过程中是如何处理风险问题的？

5.向全班报告你们的工作。

9　战略实施

● **学习目标**

- 战略实施的内涵
- 战略实施的模式
- 组织结构设计的基本要素
- 机械式与有机式组织
- 最优成本战略
- 人力资源战略
- 组织文化与战略关系

■━━━━▶ 引导案例 海天味业：酱人匠心让"一瓶酱油"从优秀到卓越

2022年海天味业（以下简称"海天"）销售网络已覆盖全国31个省级行政区域，320多个地级市，2 000多个县，上下游经销商超过2 600家，联盟商超过16 000家，直控终端超过50万个，消费者触及5.2亿人。产品遍布全国各大连锁超市、各级批发农贸市场、城乡便利店、零售店，并出口全球80多个国家和地区。"有人烟处，必有海天"这个曾经遥遥无期的宏伟目标，变成了现实。

我们不禁会问：海天是如何做到上市以来持续销量全国第一？如何做到既传承匠心工艺，又坚持智能制造，成为中国的高端制造企业？上市短短七年，业绩突飞猛进，背后的卓越组织文化是什么？是什么支撑着海天初心不改、蓬勃创新地向前奔跑，演绎着"中华老字号"从优秀到卓越的传奇故事？

百年古酱 传承匠心

获得"第二届佛山高明最美工匠"表彰的周工，是海天核心技术研究院院长，专门负责菌种研发。海天是周工第一份工作，说到当初为什么会选择海天，他说，"这家公司虽然是传统行业，但同时也是一家高新技术企业，十分注重核心工艺技术的研究"。

酱油中含有丰富的营养成分，这些营养形成的最大"功臣"，就是优良的菌种。因此，对菌种的不断培育和优化是海天酱油品质和风味不断提升和改进的必需。海天成立初始，生产酱油的方式大多是把黄豆蒸熟后，放在露天，等待菌种掉落进行自然接种，之后和盐水一起放到缸内酿制十多天即可。在传统酿造时代，菌种的优劣完全是听天由命。人们收集天上"掉下来"的菌种，之后依靠老师傅来识别。实际上，老师傅也仅能通过肉眼判断，比如颜色看起来不好看的菌种，就把它挑出来，但到底质量如何也无法判断。不仅如此，天气的好坏，会直接影响菌种的品质，这也导致同样工艺生产出来的酱油，口味上会存在巨大的差异。除此之外，翻酱这道工序，也决定着精品酱油的品质火候。晒场上富有经验的发酵工程师们，通过浮盐下沉及采集到的理化值，可迅速判断桶下层的酱醪是否被阳光均匀照射，如果需要，翻酱机器用八股力无死角翻拌，均匀利落，人与机器互为补充，又为酱油品质的稳定性增添一层有力保障。

坚守工匠精神，永远以员工为核心

"我1998年进入海天，已有23年了。如果从大的方面讲，海天本身就代表了工匠精神，这么多年一直专注做调味品，不去做房地产那些很快盈利的事情，真的不容易。"海天总裁助理文志州说，"我们公司强调企业文化精神，'三心文化'——良心、爱心、责任心，倡导'三老四严'——做老实人、说老实话、干老实事，严格的要求、严密的组织、严肃的态度、严明的纪律。这些在我们脑海里根深蒂固，影响了一代又一代的海天人。"

在海天，无论是开发一个项目，投一条生产线，做一个瓶盖，所有的要求就是严谨细致、最高质量。大家总喜欢问：有什么可以改进的地方？有什么可以优化？有没有创新？海天高明厂区内那道"弘扬工匠精神，打造全员工匠"的工匠墙记录下一个个用工匠精神对待工作的海天标兵。

海天副董事长程雪讲到工匠精神时，用到最多的是"守时"和"把关"。"海天的具体项目，阶段性进度、最终完成时间，或者每名员工的工作计划一定要守时，要按时完成。每个人都要各司其职，坚持到我为止、保证精品。"

在海天，每名员工虽然年复一年做着同样的工作，但思考的是每天都有一点进步，最终成为岗位的专家、师傅，而师傅，以培养接班人为荣。海天的每位骨干更是工匠精神的实践者、传承者和传播者，所有人的目标都是一致的，那就是坚持不懈、精益求精。如果企业连员工自身的基本权益和尊严都维护不了，怎么会有精益求精的工匠精神和如泉涌般的创造热情？而事实上，海天也正是如此。海天每一次的技术创新，背后都有以员工为核心的初衷，照相检测技术解放了员工的眼睛，自动装载搬运系统有效避免了员工的腰肌劳损，流水线防震装置让噪声降到最低……正是海天多年来始终秉承"至诚"之心，才换回了每一位员工发自肺腑的感叹："在海天工作真好！"

结语

"海天是伴随着新中国的成长而不断发展壮大的。海天的核心竞争力是靠时间打磨出来的。调味品行业是需要沉下心、不计得失、经得起寂寞的一个行业。一瓶产品慢慢发酵，需要几个月的时间，在这几个月的时间里，对产品的品质要精雕细琢，容不得一点马虎，要对得起良心，对得起消费者。"

海天不仅是这么说的，更是如此做的，他们所坚持的工匠精神，就是一代代海天人、一位位制造酱油的工匠，倾尽一生、精益求精，对品质孜孜不倦地追求，大胆探索，不断突破。作为一家中华老字号，海天把传承与创新做到了极致，这正是"酱油王"征服全球市场，从优秀走向卓越的密码。

资料来源：欧霞，陆定光，金鹤，等.酱人匠心让"一瓶酱油"从优秀到卓越［EB/OL］.［2024-04-10］.http://www.cmcc-dlut.cn/.

在引例中，海天一直努力的方向是行稳致远、打造百年老店，始终坚持"品质高于一切"，秉承安全是绝对的生命线，这些成为海天从优秀走向卓越的关键保障。海天的战略实践向我们表明：战略上的成功，不仅有赖于出色的战略制定，也有赖于出色的战略实施。

通过本章学习，你将了解战略实施中涉及的基本问题，特别是其中的三个重要方面：（1）如何通过组织结构的设计与再设计，支持战略实施；（2）如何为战略实施提供人力资源保障；（3）如何让组织文化成为战略实施的动力而不是阻力。

9.1 什么是战略实施

战略实施是为实现企业战略目标而对战略规划的执行。企业在明晰了自己的战略目标后，就必须专注于如何将其落实为实际的行为并确保其实现。企业战略的实施是战略管理过程的行动阶段，它与战略的制定同等重要。拓展阅读9-1向我们展示了战略执行不力的现实表现与潜在后果，也再次说明了战略实施对于战略成功的重要意义和困难所在。

拓展阅读9-1：瑞幸咖啡：疯狂扩张战略按下暂停键

瑞幸咖啡（luckin coffee）成立于2017年，总部位于厦门，以"创造幸运时刻，激发美好生活热望"为使命，充分利用移动互联网和大数据技术的新零售模式，与各领域优质供应商深度合作，打造高品质的消费体验，为顾客创造幸运时刻。截至2023年6月瑞幸咖啡全国门店数已突破10 000家，是中国门店数量最多的连锁咖啡品牌。然而，瑞幸咖啡的发展过程并非一帆风顺，虽然在创立18个月后就在美股上市，可是在上市13个月后就因财务造假而被迫退市。

2017年10月底，瑞幸咖啡实验性门店在北京银河SOHO营业。2018年1月，瑞幸咖啡开始在多个城市试营业。到了2018年5月，已经完成525家门店的布局，并在产品、流程和运营体系经过磨合后，正式宣布营业。2018年6月，瑞幸咖啡宣布完成A轮融资2亿美元，投资者包括大钲资本、愉悦资本、新加坡政府投资公司（GIC）和君联资本。同年11月，瑞幸咖啡宣布B轮融资2亿美元，投资者群体与A轮相似，此时门店数量已经达到2 073家。2019年4月，瑞幸咖啡进行了B+轮融资1.5亿美元，贝莱德参与投资。此时，瑞幸咖啡的门店数量已经达到2 370家。瑞幸咖啡借助资本的力量，迅速攻城略地，凭借快速开店、大幅价格补贴、明星代言等高调宣传推广活动，开始出现在各大城市核心区域，以惊人的速度疯狂扩张。2019年5月17日，创办仅18个月后便在纳斯达克成功上市，刷新全球最快IPO的纪录；同年年底，直营门店数达到4 507家，超越星巴克成为中国最大的连锁咖啡店品牌，瑞幸咖啡只用了两年就超过了进入中国超过20年的星巴克，总店铺为4 300多家。

然而，瑞幸咖啡规模的疯狂扩张，并没有带来相应的盈利，反而持续地亏损，自成立以来一直处于亏损状态。截至2019年年底，公司净亏损34亿元，很快烧完了10亿美金。瑞幸咖啡公告披露，一项内部调查发现其首席运营官伪造了2019年销售额约22亿元（约合3.1亿美元）。瑞幸咖啡自曝财务造假，瞬间引发股价崩塌，其中盘中六次熔断，最终跌幅超过80%。2020年，瑞幸咖啡因财务造假问题从纳斯达克退市，至此高速扩张战略被按下了暂停键。

资料来源：根据相关资料整理而成。

战略实施是一个动态管理过程。所谓"动态"主要是指战略实施的过程中，在将企业战略转化为实践的过程中，通常要经历四个相互联系的阶段。

1.战略发动阶段

此阶段要调动起大多数员工实现新战略的积极性和主动性，要对企业管理人员和员工进行培训，统一思想、凝聚共识，使大多数人充分理解并接受新战略。

2.战略计划阶段

在此阶段需要将总体战略分解为几个战略实施阶段，每个战略实施阶段都有分阶段的目标，以及每个阶段的政策措施、部门策略以及相应的方针等。企业战略管理者要对各分阶段目标进行统筹规划、全面安排。

3.战略运作阶段

企业战略的实施运作主要与各级管理人员的素质和价值观念、企业的组织机构、企业文化、资源结构与分配、信息沟通、控制及激励制度等因素有关。

4.战略的控制与评估阶段

战略是在变化的环境中实践的，企业只有加强对战略执行过程的控制与评价，才能适应环境的变化，完成战略任务。这一阶段主要包括建立控制系统、监控绩效和评估偏差、控制及纠正偏差三个方面。

与战略控制和评价相关的内容我们将在下一章进行具体讨论，本章将集中探讨前三个阶段的内容。

9.2　战略实施的模式

在企业的战略经营实践中，战略实施有五种不同的模式。

9.2.1　指挥型

这种模式的特点是：企业总经理考虑的是如何制定一个最佳战略的问题。在实践中，计划人员要向总经理提交企业经营战略的报告，总经理看后作出结论，确定了战略之后，向高层管理人员宣布企业战略，然后强制下层管理人员执行。

这种模式的运用需要具备以下条件：

（1）总经理要有较高的权威，能够靠其权威通过发布各种指令来推动战略实施。

（2）本模式只能在战略比较容易实施的条件下运用。这就要求战略制定者与战略执行者的目标一致，战略对企业现行运作系统不会构成威胁；企业组织结构一般都是高度集权制的体制，企业环境稳定，能够集中大量的信息，多种经营程度较低，企业处于强有力的竞争地位，资源较为宽松。

（3）本模式要求企业能够准确有效地收集信息并能及时汇总到总经理的手中，因此，它对信息条件要求较高。这种模式不适用高速变化的环境。

（4）本模式要有较为客观的规划人员。在权力分散的企业中，各事业部常常因为强调自身的利益而影响了企业总体战略的合理性，因此，企业需要配备一定数量的、有全局性眼光的规划人员来协调各事业部的计划，使其更加符合企业的总体要求。

这种模式的缺点是把战略制定者与执行者分开，即高层管理者制定战略，强制下层管理者执行战略，因此，下层管理者缺少了执行战略的动力，甚至会拒绝执行战略。

9.2.2 变革型

这种模式的特点是：企业总经理考虑的是如何实施企业战略。在战略实施中，总经理本人或在其他方面的帮助下对企业进行一系列的变革，如建立新的组织机构、新的信息系统，变更人事，甚至是变革经营范围，采用激励手段和控制系统以促进战略的实施。为进一步提高战略成功的机会，企业战略领导者往往采用以下三种方法：

（1）利用新的组织机构和参谋人员向全体员工传递新战略优先考虑的战略重点是什么，把企业的注意力集中于战略重点所需的领域中。

（2）建立战略规划系统、绩效评价系统，采用各项激励政策以便支持战略的实施。

（3）充分调动企业内部人员的积极性，争取各类人员对战略的支持，以此来保证企业战略的实施。

这种模式在许多企业中比指挥型模式更加有效，但这种模式并没有解决指挥型模式存在的如何获得准确信息的问题、各企事业单位及个人利益对战略计划的影响问题以及战略实施的动力问题，而且还产生了新的问题，即企业通过建立新的组织机构及控制系统来支持战略实施的同时，也失去了战略的灵活性，在外界环境变化时使战略的变化更为困难，从长远观点来看，当环境不确定性时，企业应该避免采用此模式。

9.2.3 合作型

这种模式的特点是：企业的总经理考虑的是如何让其他高层管理人员从战略实施一开始就承担有关的战略责任。为发挥集体的智慧，企业总经理要和企业其他高层管理人员一起对企业战略问题进行充分的讨论，形成较为一致的意见，共同制定出战略，再进一步落实和贯彻战略，从而使每个高层管理人员都能够在战略制定及实施的过程中作出各自的贡献。

协调高层管理人员的形式多种多样，如有的企业成立由各职能部门领导参加的"战略研究小组"，专门收集在战略问题上的不同观点，并进行研究分析，在统一认识的基础上制定出执行战略的具体措施等。在此种模式下，总经理的任务是要组织好一支合格胜任的制定及实施战略的管理人员队伍，并使他们能够很好地合作。

合作型模式克服了指挥型模式和变革型模式存在的两大局限性，使总经理更接近基层管理人员，能够获得比较准确的信息。同时，由于战略的制定是建立在集体共识的基础上，从而提高了战略实施成功的可能性。

该模式的缺点是由于战略是不同观点、不同目的的参与者相互协商折中的产物，有可能会使战略的经济合理性有所降低，同时仍然存在战略规划者与执行者的区别，仍未能充分调动全体管理人员的智慧和积极性。

9.2.4 文化型

这种模式的特点是：企业总经理考虑的是如何动员全体员工都参与战略实施活动，即企业总经理运用企业文化的手段，不断向企业全体成员宣扬战略思想，建立共同的价值观和行为准则，使所有成员在共同的文化基础上参与战略的实施活动。由于这种模式打破了战略制定者与执行者的界限，力求每一个员工都参与制定实施企业战略，因此使企业各部分人员都在共同的战略目标下工作，使企业战略实施迅速、风险小，企业发展迅速。

文化型模式也有局限性，表现为：

（1）这种模式是建立在企业员工都是有学识的假设基础上的，在实践中职工很难全部达到这种学识程度，受文化程度及素质的限制，一般员工（尤其在劳动密集型企业中的员工）对企业战略制定的参与程度受到限制。

（2）极为强烈的企业文化，可能会掩饰企业中存在的某些问题，企业也要为此付出代价。

（3）采用这种模式要耗费较多的人力和时间，而且还可能因为企业的高层不愿意下放其控制权，从而使职工参与战略制定及实施流于形式。

9.2.5 增长型

这种模式的特点是：企业总经理考虑的是如何激励下层管理人员制定实施战略的积极性及主动性，为企业效益的增长而努力。总经理要认真对待下层管理人员提出的一切有利于企业发展的方案，只要方案基本可行，符合企业战略发展方向，在与管理人员探讨了解决方案中的具体问题的措施以后，应及时批准这些方案，以鼓励员工的首创精神。采用这种模式，企业战略不是自上而下地推行，而是自下而上地产生，因此，总经理应该具有以下的认识：

（1）总经理不可能控制所有的重大机会和威胁，有必要给下层管理人员以宽松的环境，激励他们帮总经理作出有利于企业发展的经营决策。

（2）总经理的权力是有限的，不可能在任何方面都把自己的愿望强加给组织成员。

（3）总经理只有在充分调动及发挥下层管理者的积极性的情况下，才能正确地制定和实施战略，一个稍微逊色的但能够得到人们广泛支持的战略，要比那种"最佳"的却根本得不到人们热心支持的战略有价值得多。

（4）企业战略是集体智慧的结晶，靠一个人很难作出正确的战略。因此，总经理应该坚持发挥集体智慧的作用，并努力减少集体决策的各种不利因素。

9.2.6 战略实施模式小结

在20世纪60年代以前，企业界认为管理需要绝对的权威，这种情况下，指挥型模式是必要的。20世纪60年代，钱德勒的研究结果指出，为了有效地实施战略需要调整企业组织结构，这样就出现了变革型模式。合作型、文化型及增长型三种模式出现较晚，但从这三种模式中可以看出，战略的实施充满了矛盾和问题，在战略实施过程中只有调动各种积极因素，才能使战略获得成功。上述五种战略实施模式在制定和实施战略上的侧重点不同，指挥型和合作型更侧重于战略的制定，而把战略实施作为事后行为，而文化型及增长型则更多地考虑战略实施问题。实际上，在企业中上述五种模式往往是交叉或交错使用的。

9.3 战略实施与组织结构

9.3.1 钱德勒命题：结构追随战略

战略实施中的一项重要内容就是组织设计，组织设计是指公司创建、运用、组合和变革组织结构以成功实施企业战略的过程。

对于组织结构与战略之间的关系，最著名的论述就是钱德勒提出的"结构跟随战略"命题。结构跟随战略又称"钱德勒命题"。钱德勒在研究美国企业组织结构和经营战略的演变过程时发现，企业组织结构是随着经营战略的变化而变化的，并据此提出了该命题。

在1962年出版的《战略与结构：美国工商企业成长的若干篇章》（以下简称《战略与结构》）一书中，钱德勒研究了美国四个大企业从19世纪80年代到20世纪30年代之间的历史。这一阶段，美国的第一批大规模一体化企业问世，这些企业的出现给工商企业管理带来了众多前所未有的新问题。为了解决这些新问题，企业结构发生了重大变化。新的企业管理结构不仅要适应大幅增长的生产力，提高企业效益，更重要的是要应对多项新职能的出现。

当时的工业企业大多集中在制造业，根据钱德勒的归纳，制造业中的大型多职能企业的产生，来自于纵向扩张和横向扩张两种截然不同的途径或战略：一种战略是一家单一的公司通过创造它自己的销售组织开始扩张和一体化。另一种战略是一批生产企业通过横向联合的方式（如行业协会、合资共有、托拉斯或控股公司）把它们的制造业务相互合并，然后迅速地向前进入销售领域或向后进入采购领域。第一种战略通常被采用新技术、提供新产品的企业所采用，而第二种战略更多地被使用相对不太复杂的旧技术生产大宗商品的企业采用。企业通过这样两种途径，来应对伴随着市场快速成长而出现的机会和压力。

相对于纵向一体化而言，更加容易实施的是横向一体化，而且生产能力过剩会大大刺激企业进行联合。这种扩张、合并和一体化战略，对公司结构的改变和各个管理层级的变革提出了相应要求。

1900年以后，工业企业继续成长，分部制企业开始出现，钱德勒具体考察了杜邦公司、通用汽车公司、新泽西标准石油公司和零售商业领域的西尔斯公司，这几个公司，都是最早发明了多部门结构的公司。这四家公司的新结构都是独立创建的，它们之间不存在模仿和借鉴。杜邦公司的新结构开始于第一次世界大战之后，它的侧重点在于公司分部的创建；通用汽车公司同样也是在第一次世界大战之后开始发展新结构，但是它更加强调的是公司总部的发展；新泽西标准石油公司于

1925年开始重组，因为它已经拥有分部和总部，其主要问题是针对它们之间的职责区分；1929年开始重组的西尔斯公司，则同杜邦公司类似，所处理的主要问题也是公司分部的创建，不同的是，西尔斯公司为了保证业务范围的扩大，更加强调重新调整高层领导的责任。这些公司的领导者，当时各自面临的问题都是独特的，因此他们各自的解决办法都属于创新。然而，这些公司的经理们可能没想到，在若干年之后，他们的公司结构转变成为范式，被其他公司纷纷效仿。钱德勒选择这四家公司进行分析的意义，进而也凸显出来。

通过对这四个美国公司的发展历史进行研究，钱德勒发现，随着公司的发展、地理区域的扩大与多样化程度的提高，为了适应公司战略的改变，公司的组织结构实际上都会发生相应的变化。钱德勒的研究同样表明，在没有受到强大压力的胁迫下，管理者很少会放弃从前的传统和习惯去寻求新的组织形式。只有当他们意识到企业面临着某种困境或需要时，才会根据情况作出决策。这个决策就是战略，而组织结构会相应作出改变。

《战略与结构》为钱德勒赢得了巨大的声誉。他的这部书提供了一种研究管理问题的独特角度，并且通过这种独特角度提出了"战略决定结构"这一具有重大意义的结论。这一结论的实质是强调组织对相关环境的适应过程，以及由此产生的组织内部结构变化的过程。可以说，钱德勒对于当今盛行的战略管理起到了重大的奠基作用，他所运用的战略与结构互动的分析框架，也构成了战略管理的重要理论来源之一。战略行动9-1描述的是银行业正在经历的一次全行业的组织结构调整，也是对结构追随战略的再次验证。

战略行动9-1：中国首家无人银行亮相上海

中国建设银行上海市分行的"无人银行"2018年4月9日正式亮相上海九江路。据了解，这是中国银行业首家无人银行。

这个全程无须银行职员参与办理业务的高度"智能化"网点，通过充分运用生物识别、语音识别、数据挖掘等最新金融智能科技成果，整合并融入当前炙手可热的机器人、VR、AR、人脸识别、语音导航、全息投影等前沿科技元素，为客户呈现了一个以智慧、共享、体验、创新为特点的全自助智能服务平台。

踏入建行上海市分行无人银行大门，无论是布局还是格调，都与银行传统网点大相径庭。林立的高低柜台、忙碌的工作人员、拥挤的排队人群都不见了，取而代之的是机器人、智慧柜员机、VTM机、外汇兑换机以及各类多媒体展示屏等琳琅满目的金融服务与体验设备。所有业务办理均可通过精心设计的智能化流程实现，完全由客户自助操作。

智能服务机器人担负起了网点大堂经理的角色，可以通过自然语言与到店客户进行交流互动、了解客户服务需求，引导客户进入不同服务区域完成所需交易。

在这个165平方米的精致空间里，生物识别、语音识别等人工智能技术得到广泛应用，实现对客户身份识别与网点设备的智慧联动。90%以上传统网点的业务由各种自助机具承担。对于VIP客户的复杂业务还专门开辟了私密性很强的单独空间，可在这里通过远程视频专家系统由专属客户经理为其提供一对一的咨询服务。

除了上述令人"惊艳"的智慧功能外，这家无人银行还是首个与书店、品牌商店等相结合的集金融、交易、娱乐于一体的场景化共享场所，完全改变了人们对传统银行网点程式化、专业化的印象。据建行有关人士介绍："无人银行内有约5万册图书供到店客户免费阅读。此外，前沿的VR、AR元素游戏也可供客户畅享。"

资料来源：姜煜.中国首家无人银行亮相上海［EB/OL］.［2023-12-10］.https://baijiahao.baidu.com/s?id=1599046809667311750&wfr=spider&for=pc.

9.3.2 组织结构设计的基本要素

管理者在进行组织结构设计时，必须考虑六个方面的基本要素：工作专门化、部门化、指挥链、控制跨度、集权与分权、正规化。

1.工作专门化

20世纪初，福特（Henry Ford）通过建立汽车生产线而富甲天下，享誉全球。他的做法是，给公司每一位员工分配特定的、重复性的工作，例如，有的员工只负责装配汽车的右前轮，有的则只负责安装右前门。通过把工作分解成较小的、标准化的任务，使工人能够反复地进行同一种操作，福特利用技能相对有限的员工，平均每10秒钟就能生产出一辆汽车。

福特的经验表明，让员工从事专门化的工作，他们的生产效率会提高。今天，我们用工作专门化（Work Specialization）这个术语或劳动分工这类词汇来描述组织中把工作任务划分成若干步骤来完成的细化程度。

工作专门化的实质是：不是一个人完成一项工作的全部，而是将一项工作分解成若干步骤，每一步骤由一个人独立去做，也就是每个人只负责完成工作活动的一部分，而不是全部活动。

20世纪40年代后期，工业化国家大多数生产领域的工作都是通过工作专门化来完成的。管理人员认为，这是一种最有效地利用员工技能的方式。在大多数组织中，有些工作需要技能很高的员工来完成，有些工作则只需要不经过训练的员工就可以做好。如果所有的员工都参与组织制造过程的每一个步骤，那么，就要求所有的人不仅具备完成最复杂的任务所需要的技能，而且具备完成最简单的任务所需要的技能。结果，除了从事需要较高的技能或较复杂的任务以外，高技能员工有部分时间花费在完成低技能的工作上。由于高技能员工的报酬比低技能的员工高，而工资一般是反映一个人最高的技能水平的，因此，付给高技能员工高薪，却让他们做简单的工作，这无疑是对组织资源的浪费。

通过实行工作专门化，管理层还寻求提高组织在其他方面的运行效率。通过重复性的工作，员工的技能会有所提高，在改变工作任务或在工作过程中安装、拆卸工具及设备所用的时间会减少。同样重要的是，从组织角度来看，实行工作专门化，有利于提高组织的培训效率。挑选并训练从事具体的、重复性工作的员工比较容易，成本也较低。通过鼓励在专门领域中进行发明创造和改进机器，工作专门化还有助于提高效率和生产率并产生更多的专业。战略行动9-2讲述了企业家为了满足消费者的需求，用劳动分工的管理理念培训员工，从工艺设计、模具制作到花瓶装饰等提升员工多样化工作能力。

战略行动9-2：劳动分工产生更多专业

不过，通过工作专门化提高效率的程度也是有限的。20世纪50年代以前，管理人员把工作专门化看作提高生产率的不竭之源，当时，他们的看法是正确的，因为那时工作专门化的应用尚不够广泛，只要引入它，几乎总是能提高生产率。但到了60年代以后，越来越多的证据表明，好事做过了头就成了坏事。在某些工作领域，过度的工作专门化导致员工产生厌烦情绪、疲劳感和压力感，进而导致生产率不升反降，且员工缺勤率和流动率也不断上升。现在，大多数管理人员并不认为工作专门化已经过时，也不认为它还是提高生产率的不竭之源。他们认识到了在某些类型的工作中工作专门化所起到的作用，以及使用过头可能带来的问题。例如，在麦当劳快餐店，管理人员们仍然运用工作专门化来提高生产和售卖汉堡包、炸鸡的效率。但是，像奥帝康公司和土星公司则通过丰富员工的工作内容，降低工作专门化程度而获得了成功。

2.部门化

一旦通过工作专门化完成任务细分之后，就需要按照类别对它们进行分组以便对共同的工作进行协调。工作分类的基础就是部门化（Departmentalization）。企业可以通过多种方式来划分部门。

部门化的方式之一是职能部门化。制造业的经理通过把工程、会计、制造、人事、采购等方面的专家划分成共同的部门来组织工厂。当然，根据职能进行部门的划分适用于所有的组织。一个医院的主要职能部门可能有研究部、护理部、财会部等；而一个职业足球队则可能设球员人事部门、售票部门、旅行及后勤部门等。这种职能分组法的主要优点在于，把同类专家集中在一起，能够提高工作效率。职能性部门化通过把专业技术、研究方向接近的人分配到同一个部门中，来实现规模经济。

部门化的方式之二是产品部门化，即根据组织生产的产品类型进行部门化。例如，在太阳石油产品公司（Sun Petroleum Products）中，其三大主要领域（原油、润滑油和蜡制品、化工产品）各置于一位副总裁统辖之下，这位副总裁是各自领域的专家，对与他的生产线有关的一切问题负责，每一位副总裁都有自己的生产和营销部门。这种分组方法的主要优点在于提高了产品绩效的稳定性，因为公司中与某一特定产品有关的所有活动都由同一主管指挥。如果一个组织的活动是与服务而不是产品有关，每一种服务活动就可以自然地进行分工。比如，一个财会服务公司多半会设有税务部门、管理咨询部门、审计部门等，每个部门都会在一个产品或服务经理的指导下，提供一系列服务项目。

部门化的方式之三是地域部门化，即根据地域来进行部门划分。例如，就营销工作来说，根据地域，可分为东、西、南、北四个区域，分片负责，每个片区设立相应的营销部门。如果一个公司的顾客群体分布地域较宽，这种部门化方法就有其独特的价值。

部门化的方式之四是流程部门化。例如，铝管厂的生产过程由五个部门完成：铸造部、锻压部、制管部、成品部、检验包装运输部。这是一个根据生产过程来进行部门化的例子。公司这样做的主要原因在于，在铝管生产过程中，由每个部门负责一个特定生产环节的工作。金属首先被铸造成巨大的坯料，之后送到锻压部锻压，然后送到制管部制成铝管，随后把铝管送到成品部，由成品部负责切割、清洗工作，最后，产品进入检验、包装、运输环节。由于不同的环节需要不同的技术，因此这种部门化方法对于在生产过程中进行同类活动的归并提供了基础。过程部门化方法适用于产品的生产，也适用于顾客的服务。例如，如果你到机动车辆管理部门去办理驾驶执照，必须跑好几个部门。在某些城市，办理驾照必须经过3个步骤，每个步骤由一个独立部门负责：①负责核查工作的机动车辆分部；②负责办理驾照具体工作的驾照部；③负责收费的财务部。

最后一种部门化方法是根据顾客的类型来进行部门化。例如，一家销售办公设备的公司可下设3个部门：零售服务部、批发服务部、政府部门服务部；比较大的律师事务所可根据其服务对象是公司还是个人来分设部门。根据顾客类型来划分部门的理论假设是，每个部门的顾客存在共同的问题和要求，因此，通过为他们分别配置有关专家，能够满足他们的需要。

大型组织进行部门化时，可能综合利用上述方法，以取得较好的效果。例如，一家大型的日本电子公司在进行部门化时，根据职能类型来组织其各分部；根据生产过程来组织其制造部门；把销售部门分为7个地区的工作单位；在每个地区根据其顾客类型分为4个顾客小组。

20世纪90年代以来，部门化日益呈现出两个普遍倾向：第一，以顾客为基础进行部门化越来越受到青睐。为了更好地掌握顾客的需求，并有效地对顾客需求的变化作出反应，许多组织更多地强调以顾客为基础划分部门的方法。第二，传统的刚性职能部门设置被跨职能工作团队所替代，团队工作方式被越来越多的企业所认可和采用。

3.指挥链

20年前，指挥链的概念是组织设计的基石，但今天它的重要性大大降低，不过在决定如何更好地设计组织结构时，管理者仍需考虑指挥链的意义。

指挥链（Chain of command）是一种不间断的权力路线，从组织最高层扩展到最基层，澄清谁向谁报告工作。它能够回答员工提出的这种问题："我有问题时，去找谁？""我对谁负责？"

在讨论指挥链之前，应先讨论两个辅助性概念：权威和统一指挥。权威（Authority）是指管理职位所固有的发布指令并期望指令被执行的权力。为了促进协作，每个管理职位在指挥链中都有自己的位置，每位管理者为完成自己的职责任务，都要被授予一定的权威。统一指挥（Unity of command）原则有助于保持指挥链的连续性。它意味着，一个人应该对一个主管，且只对一个主管直接负责。如果指挥链的统一性遭到破坏，一个下属可能就不得不穷于应付多个主管不同命令之间的冲突或优先次序的选择。

4.控制跨度

一个主管可以有效地指导多少个下属？这种有关控制跨度（Span of control）的问题非常重要，因为在很大程度上，它决定着组织要设置多少层次，配备多少管理人员。在其他条件相同时，控制跨度越宽，组织效率越高，这一点可以举例证明。

假设有两个组织，基层操作员工都是4 096名，如果一个控制跨度为4，另一个为8，那么控制跨度宽的组织比控制跨度窄的组织在管理层次上少两层，可以少配备800人左右的管理人员。如果每名管理人员年均薪水为40 000美元，则控制跨度宽的组织每年在管理人员薪水上就可节省3 200万美元。显然，在成本方面，控制跨度宽的组织效率更高。但是，在某些方面宽跨度可能会降低组织的有效性，也就是说，如果控制跨度过宽，由于主管人员没有足够的时间为下属提供必要的领导和支持，员工的绩效会受到不良影响。

控制跨度窄也有其好处，把控制跨度保持在5~6人，管理者就可以对员工实行严密的控制。但控制跨度窄主要有3个缺点：第一，正如前面指出的，管理层次会因此而增多，管理成本会大大增加。第二，使组织的垂直沟通更加复杂。管理层次增多也会减慢决策速度，并使高层管理人员趋于孤立。第三，控制跨度过窄易造成对下属监督过严，妨碍下属的自主性。

近来的趋势是加宽控制跨度。例如，在通用电气公司和雷诺金属公司这样的大公司中，控制跨度已达10~12人，是15年前的2倍。

加宽控制跨度，与各个公司努力降低成本、削减企业一般管理费用、加速决策过程、增加灵活性、缩短与顾客的距离、授权给下属等的趋势是一致的。但是，为了避免因控制跨度加宽而使员工绩效降低，各公司都大大加大了员工培训的力度、增加了投入。管理人员已认识到，自己的下属充分了解了工作之后或者有问题能够从同事那儿得到帮助时，他们就可以驾驭宽跨度的控制问题。

5.集权与分权

在有些组织中，一种极端的情况是高层管理者制定所有的决策，低层管理人员只管执行高层管理者的指示；另一种极端情况是，组织把决策权下放到最基层管理人员手中。前者是高度集权式的组织，而后者则是高度分权式的。

集权化（Centralization）是指组织中的决策权集中于高层的程度。一般来讲，如果组织的高层管理者不考虑或很少考虑基层人员的意见就决定组织的主要事宜，则这个组织的集权化程度较高。相反，基层人员参与程度越高，或他们能够自主地作出决策，组织的分权化（Decentralization）程度就越高。

集权式与分权式组织在本质上是不同的。在分权式组织中，采取行动、解决问题的速度较快，更多的人为决策提供建议，所以，员工与那些能够影响他们的工作生活的决策者隔膜较少，或几乎没有。

近年来，分权式决策的趋势比较突出，这与使组织更加灵活和主动地作出反应的管理思想是一致的。在大公司中，基层管理人员更贴近生产实际，对有关问题的了解比高层管理者更翔实。因此，像西尔斯这样的大型零售公司，在库存货物的选择上，就对其商店管理人员授予了较大的决策权。这使得他们的商店可以更有效地与当地商店展开竞争。与之相似，蒙特利尔银行把它在加拿大的1 164家分行组合成236个社区，每个社区设1名经理，他在自己社区所辖各行之间可以自由巡视，各个分行之间最长距离不过20分钟的路程。他对自己辖区内问题的反应速度远远快于公司总部的高级主管，处理方式也会更得当。IBM采取类似的办法把欧洲大陆的公司分成200个独立自主的商业单位，每个单位都有自己的利润目标、员工激励方式、重点顾客。

6.正规化

正规化（Formalization）是指组织中的工作实行标准化的程度。如果一种工作的正规化程度较高，就意味着做这项工作的人对工作内容、工作时间、工作手段没有多大自主权。人们总是期望员工以同样的方式投入工作，以保证稳定一致地产出结果。在高度正规化的组织中，有明确的工作说明书，有复杂的组织规章制度，对于工作过程有详尽的规定。而正规化程度较低的工作，相对来说，工作执行者和日程安排就不是那么僵硬，员工对自己工作的处理权限就比较宽。由于个人权限与组织对员工行为的规定成反比，因此工作标准化程度越高，员工决定自己工作方式的权力就越小。工作标准化不仅降低了员工选择工作行为的可能性，而且使员工无须考虑其他行为选择。

组织之间或组织内部不同工作之间正规化程度差别很大。一种极端情况是，众所周知，某些工作正规化程度很低，如出版公司销售人员的工作自由权限就比较大，他们的推销用语不要求标准划一，在行为约束上，不过就是每周交一次推销报告，并对新书出版提出建议。另一种极端情况是那些处于同一出版公司的职员与编辑位置的人，他们上午8点要准时上班，否则会被扣掉半小时工资，而且，他们必须遵守管理人员制定的一系列详尽的规章制度。

9.3.3　组织结构的基本形式

根据上述六种组织结构设计要素，可以形成两大类组织结构形式：机械式组织和有机式组织。

机械（刚性）式组织（Mechanistic organization），也称官僚行政组织，是综合使用传统组织设计原则的自然产物。传统组织坚持统一指挥的结果，产生了一条正式的职权层级链，每个人只受一个上级的控制和监督。而组织要保持窄的管理幅度，会随着组织层次的增加而更加缩小管理幅度，这样也就形成了一种高耸的、非人格化的结构。当组织的高层与低层距离日益扩大时，无法对低层次的活动通过直接监督来进行控制，就会增加使用规则条例，并确保标准作业行为得到贯彻。

有机式（弹性）组织（Organic organization），也称适应性组织，是低复杂性、低正规化和分权化的。有机式组织是一种松散的、灵活的具有高度适应性的形式。它因为不具有标准化的工作和规则条例，所以是一种松散的结构，能根据需要迅速地作出调整。

机械式组织与有机式组织并没有绝对的优劣之分，究竟采用哪一种类型，需要根据组织战略及内外部的具体环境确定。表9-1列示了机械式组织与有机式组织的主要区别及各自的适用条件。

9.3.4　企业组织结构的具体类型

组织结构在总体上可以区分为机械式和有机式，现实中，这两类组织还有更为具体的表现方式，主要包括直线制、直线-职能制、事业部制和矩阵制。

表9-1 机械式组织与有机式组织的主要区别与适用条件

机械式组织	有机式组织
◆工作专门化程度高	◆员工围绕共同的任务开展工作
◆职责范围被精确限定	◆职责范围在相互作用中不断修正
◆有明确的职权等级和许多程序规则	◆职权等级和程序规则少
◆有关工作的知识及对任务的监控集中在组织上层	◆有关工作的知识及对任务的监控分散在组织之中
◆强调上级对下级的单向沟通	◆强调上下级双向的沟通及横向和斜向的沟通
◆协调和控制倾向于采用严密结构的层级组织（如职能型组织）	◆协调和控制经常依靠相互调整和具有较大灵活性的组织系统（如矩阵型组织）
适用条件	适用条件
◆环境相对稳定和确定，企业可以以近于封闭的方式来运作	◆环境相对不稳定和不确定，企业必须充分对外开放
◆任务明确且持久，决策可以程序化	◆任务多样且不断变化，使用探索式决策过程
◆技术相对统一而稳定	◆技术复杂而多变
◆多为常规活动，以效率为主要目标	◆有许多非常规活动，需要较强的创新能力
◆企业规模相对较大	◆企业规模相对较小

1.直线制

直线制是一种最早也最简单的组织形式，也是一种典型的机械式组织。它的特点是企业各级行政单位从上到下实行垂直领导，下属部门只接受一个上级的指令，各级主管负责人对所属单位的一切问题负责。企业管理机构不另设职能机构，一切管理职能基本上都由行政主管自己执行。直线制组织结构的优点是：结构比较简单，责任分明，命令统一。缺点是：它要求行政负责人通晓多种知识和技能，亲自处理各种业务。在业务比较复杂、企业规模比较大的情况下，把所有管理职能都集中到最高主管一人身上，他显然是难以胜任的。因此，直线制只适用于规模较小，生产技术比较简单的企业，对生产技术和经营管理比较复杂的企业并不适宜。

2.直线-职能制

直线-职能制，也叫直线参谋制。它是在直线制的基础上，通过增加参谋职能建立起来的。目前，绝大多数企业都采用这种组织结构形式。这种组织结构形式是把企业管理机构和人员分为两类，一类是直线领导机构和人员，按命令统一原则对各级组织行使指挥权；另一类是职能机构和人员，按专业化原则，从事组织的各项职能管理工作。直线领导机构和人员在自己的职责范围内有一定的决策权和对所属下级的指挥权，并对自己部门的工作负全部责任。而职能机构和人员，则是直线指挥人员的参谋，不能对直接部门发号施令，只能进行业务指导。

直线-职能制的优点是：既保证了企业管理体系的集中统一，又可以在各级行政负责人的领导下，充分发挥各专业管理机构的作用。其缺点是：职能部门之间的协作和配合性较差；职能部门的许多工作要直接向上层领导报告请示才能处理，这一方面加重了上层领导的工作负担，另一方面也造成办事效率低。为了克服这些缺点，可以设立各种综合委员会或建立各种会议制度，以协调各方面的工作，起到沟通作用，帮助高层领导出谋划策。

3.事业部制

事业部制最早是由美国通用汽车公司总裁斯隆于1924年提出的，故有"斯隆模型"之称，也叫"联邦分权化"，是一种高度（层）集权下的分权管理体制。它适用于规模庞大、品种繁多、技术复杂的大型企业，是国外较大的联合公司所采用的一种组织形式，我国也有越来越多的大型企业集团（国企）或公司引进了这种组织结构形式（见战略行动9-3）。事业部制是分级管理、分级核算、自负盈亏的一种形式，即一个公司按地区或按产品类别分成若干个事业部，从产品的设计、原料采购、成本核算、产品制造、一直到产品销售，均由事业部及所属工厂负责，实行单独核算、独立经营，公司总部只保留人事决策、预算控制和监督大权，并通过利润等指标对事业部进行控制。

战略行动9-3：龙江国企改革，创新不停步，再攀新高度

在企业界看来，企业的核心竞争力从某种意义上讲就是企业家精神的反映和扩展——创新与冒险、合作与进取，一个蒸蒸日上的企业背后一定有一个经营意识、理念、胆魄和魅力都超群的企业家。一个活跃的市场、土地、劳动者、资本等要素只有在具有企业家精神的人手中，才能在复杂多变的环境中发展壮大起来，才会成为财富的源泉，现代企业制度才会成为企业家成长的土壤

龙江国企的成绩在于生逢其时：在国家提倡做大做强国有企业的时刻诞生，在国有企业改革三年行动中大破大立，"三会一层"法人治理结构全部建立，让企业的"骨头"硬起来。龙江国企的发展得益于制度健全：推进建立中国特色企业制度，把"建制度、立规矩、定规则"放在优先位置，在企业经营中不断修订、完善，推进制度从"有"向"优"转化，让企业的"肌肉"饱满起来。

龙江国企的发展源于畅通的管控体系："充分授权、全面赋能、有效监管"，总部从管人管事管资产，向以管资本管产权为主方向转变，对权属企业一企一策推进分类改革，分别进行战略管控、财务管控、运营管控，制定授放权清单、管控清单，让企业的"脉络"畅通起来。

正是因为"骨头"硬了、"肌肉"饱满了、"脉络"畅通了，激活了龙江国有企业的最强"大脑"——企业家和企业家精神。

党的二十大报告提出，深化国资国企改革，加快国有经济布局优化和结构调整，推动国有资本和国有企业做强做优做大，提升企业核心竞争力。完善中国特色现代企业制度，弘扬企业家精神，加快建设世界一流企业。

将企业家精神与完善中国特色现代企业制度联系起来，说明了现代企业制度是企业家成长的土壤，在企业所有权和经营权相分离的背景下，由此派生出来的公司决策权、执行权和监督权等相互协调运转的制度，并在此基础上形成的股东大会、党委会、董事会、监事会和经理层的组织框架，让企业家有了施展能力的空间与舞台。

资料来源：佚名. 龙江国企改革：创新不停步 再攀新高度［EB/OL］.［2024-04-10］. https://baijiahao.baidu.com/s?id=1793823224276830230&wfr=spider&for=pc.

事业部制的好处是：总公司领导可以摆脱日常事务，集中精力考虑全局问题；事业部实行独立核算，更能发挥其经营管理的积极性，更利于组织专业化生产和实现企业的内部协作；各事业部之间有比较，有竞争，这种比较和竞争有利于企业的发展；事业部内部的供、产、销之间容易协调，不像在直线职能制下需要高层管理部门过问；事业部经理要从事业部整体来考虑问题，这有利于培养和训练管理人才。

事业部的缺点是：公司与事业部的职能机构重叠，造成管理人员浪费；事业部实行独立核算，各事业部只考虑自身的利益，影响事业部之间的协作；一些业务联系与沟通往往被经济关系所替代，甚至连总部的职能机构为事业部提供决策咨询服务时，也要求事业部支付咨询服务费。

4. 矩阵制

在组织结构上，把既有按职能划分的垂直领导系统，又有按产品（项目）等划分的横向领导关系的结构，称为矩阵组织结构。

矩阵制组织是为了克服直线职能制横向联系差、缺乏弹性的缺点而形成的一种组织形式。它的特点表现在围绕某项专门任务成立跨职能部门的专门机构上，例如组成一个专门的产品（项目）小组去从事新产品开发工作，在研究、设计、试验、制造各个不同阶段，由有关部门派人参加，力图做到条块结合，以协调有关部门的活动，保证任务的完成。这种组织结构形式是固定的，人员却是变动的，需要谁，谁就来，任务完成后就可以离开。项目小组和负责人也是临时组织和委任的。任务完成后就解散，有关人员回原单位工作。因此，这种组织结构非常适用于横向协作和攻关项目。

矩阵结构的优点是：①机动、灵活，可随项目的开发与结束进行组织或解散。②由于这种结构是根据项目组织的，任务清楚，目的明确，各方面有专长的人都是有备而来，因此在新的工作小组里，能沟通、融合，能把自己的工作同整体工作联系在一起，为攻克难关、解决问题而献计献策；由于从各方面抽调来的人员有信任感、荣誉感，使他们增加了责任感，激发了工作热情，促进了项目的实现。③加强了不同部门之间的配合和信息交流，克服了直线职能结构中各部门互相脱节的现象。

矩阵结构的缺点是：①项目负责人的责任大于权力，因为参加项目的人员都来自不同部门，隶属关系仍在原单位，只是为"会战"而来，所以项目负责人对他们管理比较困难，没有足够的激励手段与惩治手段，这种人员上的双重管理是矩阵结构的先天缺陷。②由于项目组成人员来自各个职能部门，当任务完成以后，仍要回原单位，因而容易产生临时观念，对工作有一定影响。

矩阵结构适用于一些重大攻关项目。企业可用来完成涉及面广的、临时性的、复杂的重大工程项目或管理改革任务，特别适用于以开发与实验为主的单位，例如科研单位，尤其是应用性研究单位等。

9.4 战略实施与人力资源战略

在现代社会，人力资源是组织中最有能动性的资源，如何吸引到优秀人才，如何使组织现有人力资源发挥更大的效用，支持组织战略目标的实现，是每一个战略决策者都必须认真考虑的问题，这也正是为什么企业的最高领导越来越多来源于人力资源领域的一个原因。

9.4.1 人力资源管理的发展演变

人力资源管理经历了从人事管理、人力资源管理到战略性人力资源管理三个阶段的演变。

1.人事管理阶段

早期的人力资源管理被称作"人事管理"，它是伴随着工业革命的产生而发展起来的。工业革命的暴发导致大机器生产方式的产生，出现了大规模的劳动力雇佣，因而必须有人处理组织中与人有关的一系列事务，例如管理福利计划、人事档案、上岗培训、工时记录、报酬支付等事宜。到第二次世界大战期间，人事管理基本成熟，在招募、甄选、培训、考核、劳动关系管理方面发挥越来越大的作用。但是，人事管理工作的特征是照章办事，属于事务性的工作。

2.人力资源管理阶段

20世纪60年代，随着行为科学学派等新的管理理论的出现，人的重要性受到关注，人从机器的附属品转变为组织中一种重要的资源。同时，20世纪六七十年代，人事立法急剧增加，反歧视立法日益健全，有效的人事管理受到重视，也增加了人事管理职能的重要性。更重要的是，由于竞争日益激烈，企业广泛采用的竞争手段成功与否几乎都与人有直接的关系，因此，推动了人事管理职能的转变。

最早提出"人力资源"概念的是著名的管理学家德鲁克，他在1954年出版的《管理的实践》一书中引入了这一概念，认为人力资源拥有其他资源所没有的素质，即"协调能力、融合能力、判断力和想象力"。至此，西方企业中开始出现了人力资源部，除了从事传统的事务以外，增加了人力资源规划、政策制定、人力资源开发、职业生涯管理、工作分析与设计等职能。而且，人力资源部开始参与企业战略规划的制定与实施，人力资源管理的责任是确保组织在适当的时间、以适当的成本获得适当数量、类型和技能的员工，以满足组织当前及未来的需要。

3.战略性人力资源管理阶段

20世纪90年代以来，企业面临的竞争环境日益激烈。理论与实践者们都认识到，在一种竞争性的环境下，战略性地管理人力资源能够为企业提供一种持续的竞争优势。与技术和资本等其他因素相比，只有人力资源可以创造出更持续的竞争优势。因此，对人力资源管理提出了更高的要求：一方面，要求在战略实施过程中，人力资源管理和战略之间应该保持动态协同；另一方面，要求人力资源管理通过规划、政策与实践，创造实施战略的适宜环境，发挥"战略伙伴"的作用，从而使组织更具竞争力。而传统的人力资源管理，很难同时满足上述要求，因而战略性人力资源管理理论与实践应运而生。

9.4.2 人事管理、人力资源管理与战略性人力资源管理的区别

从传统的人事管理，到人力资源管理，再到战略性人力资源管理，无论是管理理念、管理地位还是管理目标，三者都有着本质的区别，具体差异见表9-2。

表9-2　　传统人事管理、人力资源管理与战略性人力资源管理的区别

	人事管理	人力资源管理	战略性人力资源管理
责任人	人事部门	人力资源专家和部门经理	总经理及部门经理
主要内容	事务管理	制定职能战略	参与公司决策制定与落实
与公司战略的关系	执行职能战略	支持公司战略	与公司战略保持动态协同
与外部环境的关系	有限接触	充分结合	密切联系
主要管理技能	技术技能	人际技能	概念技能
变革中的地位	被动适应	主动调整	领导变革

1.管理理念

人事管理阶段，指导企业实践的管理理论主要是以"事"为中心而构建的，企业只注重资本的价值，人只不过为完成"事"而存在。

人力资源管理阶段，人成为组织的一种重要资源，管理的职能是获取、保持和开发人力资源以实现其有效利用。

而在战略性人力资源管理阶段，人力资源被视为获取竞争优势的资源，而且是可以被用来提供未来收入的一种资本。由于人力资本具有收益递增的特性，而且能改善物质资本的生产效率，因此，人力资源是企业中最重要的资产，是竞争优势的根本来源。从把人作为机器的附属品到作为获取竞争优势的关键来源，人力资源管理理念产生了根本的转变。

2.管理地位

人事管理阶段，人事工作局限于日常事务，因而人事管理的地位很低，扮演的

是行政角色，与组织战略没有任何联系。

人力资源管理阶段，虽然人力资源管理开始在战略管理中担当战略制定与实施的双重角色，但是这种联系是静态的和不连续的关系，结果造成人力资源职能与战略之间缺乏动态的适应性。这一阶段，企业虽然意识到人力也是一种资源，但并不认为是重要的战略性资源，而人力资源部门的工作也往往处于一种被动状态。

在战略性人力资源阶段，人力资源管理被看作制定与实施组织战略的核心职能。因为只有认识并解决了整个战略管理框架中的人力资源问题，才能取得预期的成果。人力资源职能与战略之间是一体化的关系，即一种动态的、多方面的持续的联系。在这一时期，人力资源管理者是高层管理团队中的一员，人力资源管理直接融入组织战略的形成与执行过程。人力资源管理者不仅向战略规划者提供关于人力资源的信息，帮助作出最佳战略选择，还要在战略决策之后，通过合理的人员配置以及创造适宜的人力资源环境等方式，推动组织战略的实施。因此，人力资源管理的核心职能是参与战略决策，根据内外环境需要倡导并推动变革，进行组织整体的人力资源规划，并实践人力资源管理活动。

3.管理目标

人事管理阶段，其管理的目标是本部门的工作绩效，并以此作为检验工作效果的依据。

人力资源管理阶段，不仅注重部门的绩效，也开始关注人力资源管理对组织目标的贡献。

而战略性人力资源管理阶段，关注的焦点是如何通过人力资源管理促进组织实现目标的可能性，或者说，战略性人力资源管理就是更有利于组织获取高绩效、更有利于组织生存与发展的人力资源管理活动。在这一新的理念下，人力资源活动的价值取决于它是否能帮助组织获得竞争优势，是否在提高绩效、实现战略目标等方面对组织有战略作用。尽管战略性人力资源管理仍然从事人力资源管理阶段的基本职能，但是，其管理理念、地位和关注的焦点都发生了根本的变化。

9.4.3 企业战略和人力资源战略的关系

如前所述，就战略性人力资源管理而言，人力资源是企业战略不可或缺的有机组成部分。企业战略和人力资源战略之间的关系如图9-1所示。

一方面，企业战略的关键在于确定好自己的客户，经营好自己的客户，实现客户满意和忠诚，从而实现企业的可持续发展，但是如何让客户满意？需要企业有高质量的产品与服务，能够给客户创造价值、带来利益；而高质量的产品和服务，需要企业有高质量的员工为之努力。所以，人力资源是企业获取竞争优势的首要资源，而竞争优势正是企业战略得以实现的保证。

另一方面，企业获得战略成功的各种要素，如研发能力、营销能力、生产能力、财务管理能力等等，最终都要落实到人力资源上面，因此，在整个战略的实现过程中人力资源的位置是最重要的。

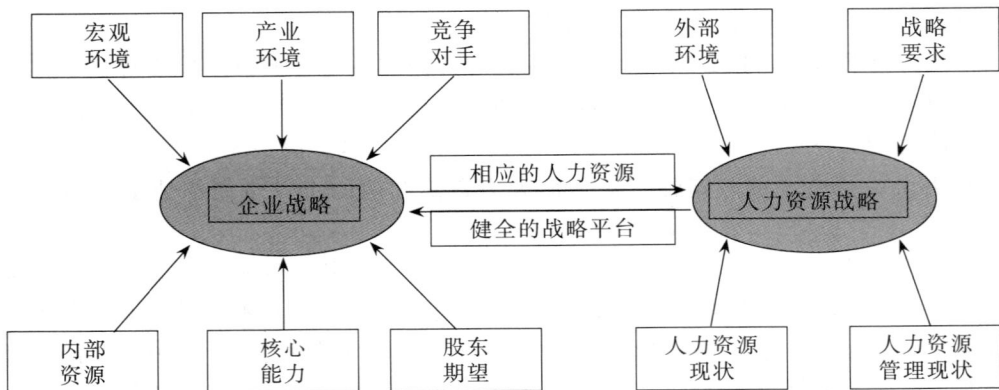

图9-1 公司战略和人力资源战略的关系

战略性人力资源管理强调通过人力资源的规划、政策及管理实践达到获得竞争优势的人力资源配置的目的，强调人力资源与组织战略的匹配，强调通过人力资源管理活动实现组织战略的灵活性，强调人力资源管理活动的目的是实现组织目标，战略性让人力资源管理将自身提升到战略的地位，就是系统地将人与组织联系起来，建立统一性和适应性相结合的人力资源管理。战略行动9-4介绍了华为在战略性人力资源管理上的成功实践。

战略行动9-4：任正非谈华为的成功很大程度是人力资源的成功

1988年，任正非等人走投无路，凑齐2万元创业，误打误撞，开启了一段传奇。30余年间，除去2002年受全球互联网泡沫破灭和港湾网络的影响，营收略有回落，华为长期保持高速成长，2018年，营收冲破1 000亿美元，2019年，面临美国的强力打压，逆势增长19.1%，高达8 588亿元人民币，2020、2021年虽然有所下降，但10 000亿已近在咫尺。

华为为何这么成功？任正非说："华为的成功，从很大程度上讲就是人力资源的成功。"《华为基本法》也立场坚定的提出："我们重申，人力资本增值的目标，优先于财务资本增值的目标。"但是任正非还说过："人才并非华为的核心竞争力，管理人才的能力才是企业的核心竞争力。"今天，我们来探究一下华为人力资源管理的核心奥秘。

在2009年华为销服体系奋斗颁奖大会上，任正非提出"谁来呼唤炮火，让听得见炮声的人来决策"，"为了目标而打破功能壁垒就是铁三角的核心，构建以项目为中心的团队运作模式"。2014年5月15日，时任华为轮值CEO郭平的一篇讲话《以项目为中心，促进公司长期有效增长》被刊登在第276期《华为人》头版头条，郭平把眼镜蛇比作华为未来的管理体系，头部灵活转动，一旦觉察目标，可以前后左右或垂直发起攻击，整个身体可以十分敏捷地行动。环环相扣的骨骼系统，转动灵活，保证在发起进攻时为头部提供强大的支撑。

华为前端的项目经营团队就是眼镜蛇的头部，灵活运转的骨骼系统就是管理支撑系统，也是华为未来管理体系的基础框架。依照这个理念，华为构建了一个不依赖于个人的自我运行系统。1998年，华为在IBM帮助下开始了IPD流程优化，沿用4R和RACI分析工具，梳理与构建了一条条的流程。在一级组织架构之下，二级组织匹配L1—L2流程，三级以下组织匹配L3—L4流程，遵循主干流程确定组织结构，依照流程来分配权力、资源和责任，当组织与流程不匹配时，调整组织以适应流程。岗位和职责则针对匹配L5—L6流程，依据流程对岗位进行授权，建立《流程角色权力表》《角色岗位匹配表》《岗位人员匹配表》。这种基于流程梳理和优化组织的方式，华为称为流程化组织。

流程化组织，拉通了端对端流程，破解了内部职能壁垒，直面客户需求，因而组织从"几"字形运行升级为"一"字形运行。组织遵循端对端的流程，分配权力、资源以及责任。在华为，任何组织和岗位只有在流程中才是为顾客创造价值，才能获得回报和成长机会。

华为升级为流程化组织后，平台赋能效果凸显，依靠流程使矩阵式运行更为高效，让职能部门随时服务于一线业务部门的需求。而一线业务部门瞄准客户，必要时呼唤炮火支援，带动后方组织，举华为之力，为客户提供一流服务和一流价值，防止了"前方吃紧，后方紧吃"。端对端的流程化组织推崇流程权威，而不是领导权威，权力"分"中有"集"：独立运行各业务流程，以客户服务为基础，实行系统化、集成化的能力管理系统；而连续无断点的流程，让所有人关注整体目标和客户需求的实现，从而跳出"部门墙"。

学华为的"以客户为中心"，学的就是：以客户需求视角建设和优化流程，流程驱动，IT支撑，组织适配，业务信息及部门角色权利透明，端对端服务，端对端管理，实现从客户提出需求到满足客户需求的一站式快速服务。这就是华为的"以客户为中心"。

资料来源：蓝血研究.华为人力资源管理的十大核心奥秘丨任正非：华为的成功很大程度是人力资源的成功［EB/OL］.［2024-04-10］.https://new.qq.com/rain/a/20231219A054SL00.

9.4.4 战略性人力资源管理体系：核心理念→规划→核心职能→平台

战略性人力资源管理不是一个概念，而是一个有机的体系，由战略性人力资源管理核心理念、战略性人力资源规划、战略性人力资源管理核心职能和战略性人力资源管理平台四部分组成，如图9-2所示。其中，战略性人力资源管理核心理念是人力资源战略的灵魂，以此来指导整个人力资源管理体系的建设；战略性人力资源规划是航标，指明人力资源管理体系构建的方向；战略性人力资源核心职能是手段，依此确保核心理念和规划在人力资源管理工作中得以实现；战略性人力资源管理平台是基础，在此基础之上才能构建和完善战略性人力资源管理职能。

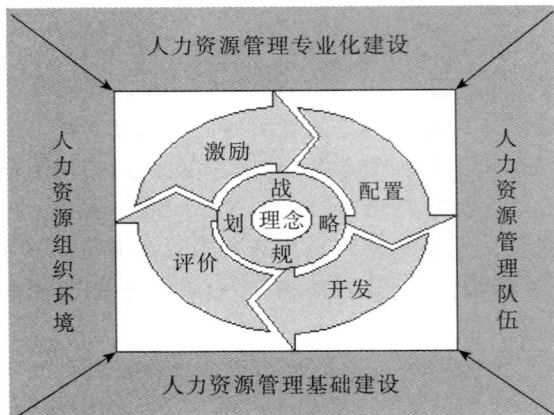

图9-2 战略性人力资源管理体系

1.战略性人力资源管理核心理念

战略性人力资源管理核心理念视人力为资源，认为人力资源是一切资源中最宝贵的资源，认为企业的发展与员工职业能力的发展是相互依赖的，鼓励员工不断提高职业能力以增强企业的核心竞争力，而重视人的职业能力必须先重视人本身。战略性人力资源管理把人力提升到了资本的高度，一方面通过投资人力资本形成企业的核心竞争力，另一方面将人力作为资本要素参与企业价值的分配。

战略性人力资源管理认为开发人力资源可以为企业创造价值，企业应该为员工提供一个有利于价值发挥的公平环境，给员工提供必要的资源，赋予员工责任的同时进行相应的授权，保证员工在充分的授权范围内开展自己的工作，并通过制定科学有效的激励机制来调动员工的积极性，在对员工能力、行为特征和绩效进行公平评价的基础上给予相应的物质激励和精神激励，激发员工在实现自我价值的基础上为企业创造价值。

2.战略性人力资源管理规划

传统的人力资源规划认为人力资源规划的目的是对企业人员流动进行动态预测和决策的过程，人力资源规划的目的是预测企业人力资源需求和可能的供给，确保企业在需要的时间和岗位上获得所需的合格人员，实现企业发展战略和人力资源相匹配。在规划过程中，重点放在人力资源规划的度量上，也会适当注重人力资源规划和其他规划的一致性和协同性。

战略性人力资源管理规划，吸取了现代企业战略管理研究和战略管理实践的重要成果，遵循战略管理的理论框架，高度关注战略层面的内容。一方面把传统意义上聚焦于人员供给和需求的人力资源规划融入其中，同时更加强调人力资源规划和企业的发展战略相一致。在对内外部环境理性分析的基础上，明确企业人力资源管理所面临的挑战以及现有人力资源管理体系的不足，清晰地勾勒出未来人力资源愿景目标以及与企业未来发展相匹配的人力资源管理机制，并制定出能把目标转化为行动的可行措施以及对措施执行情况的评价和监控体系，从而形成一个完整的人力资源战略系统。

3.四大核心职能：打造战略所需的人力资源队伍

战略性人力资源管理核心职能包括人力资源配置、人力资源开发、人力资源评价和人力资源激励四方面职能，从而构建科学有效的"招人、育人、用人和留人"的人力资源管理机制，如图9-3所示。

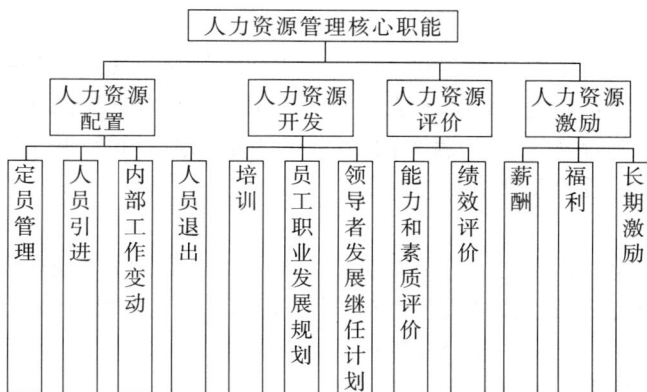

图9-3 战略性人力资源管理的核心职能

战略性人力资源配置的核心任务是基于公司的战略目标来配置所需的人力资源，根据定员标准来对人力资源进行动态调整，引进满足战略要求的人力资源，对现有人员进行职位调整和职位优化，建立有效的人员退出机制以输出无法满足公司需要的人员，通过人力资源配置实现人力资源的合理流动。

战略性人力资源开发的核心任务是对公司现有人力资源进行系统的开发和培养，从素质和质量上保证满足公司战略的需要。根据公司战略需要组织相应的培训，并通过制定领导者继任计划和员工职业发展规划来保证员工和公司保持同步成长。

战略性人力资源评价的核心任务是对公司员工的素质能力和绩效表现进行客观的评价，一方面保证公司的战略目标与员工个人绩效得到有效结合，另一方面为公司对员工激励和职业发展提供可靠的决策依据。

战略性人力资源激励的核心任务是依据公司战略需要和员工的绩效表现对员工进行激励，通过制定科学的薪酬、福利和长期激励措施来激发员工充分发挥潜能，在为公司创造价值的基础上实现自己的价值。

综上所述，我们可以看到：战略性人力资源管理并不是泛泛而谈，它有清晰的传导路径：企业的整体战略→人力资源管理部门→确立相应的人力资源战略→制定合适的人力资源政策→员工需求得到满足→员工满意度提高→生产率/服务提高→客户满意和忠诚→企业的可持续发展。

9.5 战略实施与企业文化

9.5.1 企业文化的内涵与结构

企业文化是企业在长期生存和发展中所形成的为企业所特有的且为企业多数成员共同遵循的最高目标、价值标准、基本信念和行为规范等的总和及其在企业中的反映。

企业文化可以划分为四个层次，即物质层、行为层、制度层和精神层。

1. 物质层

物质层是企业文化的表层部分，它是企业创造的物质文化，是一种以物质形态为主要对象的表层企业文化，是形成企业文化精神层和制度层的条件。优秀的企业文化是通过重视产品的开发、服务的质量、产品的信誉和企业生产环境、生活环境、文化设施等物质现象来体现的。

2. 行为层

行为层即企业行为文化，它是企业员工在生产经营、学习娱乐中产生的活动文化，包括企业经营活动、公共关系活动、人际关系活动、文娱体育活动中产生的文化现象。企业行为文化是企业经营作风、精神风貌、人际关系的动态体现，也是企业精神、核心价值观的折射。

3. 制度层

制度层是企业文化的中间层次，把企业物质文化和企业精神文化有机地结合成一个整体。制度层主要是指对企业和成员的行为产生规范性、约束性影响的部分，是具有企业特色的各种规章制度、道德规范和员工行为准则的总和。它集中体现了企业文化的物质层和精神层对成员和企业行为的要求。制度层规定了企业成员在共同的生产经营活动中应当遵守的行为准则，主要包括企业领导体制、企业机构和企业管理制度等三个方面。

4. 精神层

精神层即企业精神文化，它是企业在长期实践中所形成的员工群体心理定式和价值取向，是企业的道德观、价值观即企业哲学的综合体现和高度概括，反映全体员工的共同追求和共同认识。企业精神文化是企业价值观的核心，是企业优良传统的结晶，是维系企业生存发展的精神支柱。精神层主要是指企业的领导和成员共同信守的基本信念、价值标准、职业道德和精神风貌。精神层是企业文化的核心和灵魂。

9.5.2 企业文化与企业战略的关系

企业文化与企业战略看似是两个泾渭分明的概念，但其间却有着十分密切的联系。哈佛商学院曾经就企业文化和企业战略方面的问题征询多名企业界人士，但同一个问题在一部分人士看来属于企业文化范畴，在另一部分人士看来却属于企业战略范畴，由此分析得出，两者之间并没有明确的界限，并且存在着一个交集，这个交集既属于企业文化，又属于企业战略。

这个交集就是企业的使命，它同时也是企业文化和企业战略的起点（如图9-4所示）。

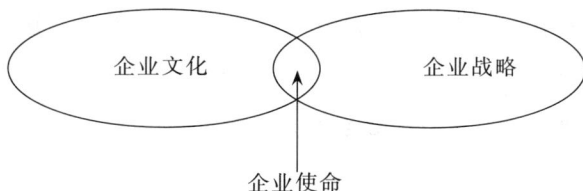

图9-4　企业文化与企业战略的关系

本书第2章已经阐述过使命的实质，它回答了企业为什么而存在、企业凭什么而存在等企业经营管理最深层次的问题。

企业战略就是企业在对环境的假设、对目标的假设及对优势的假设的基础之上具体的经营思路和安排，是在变化的环境下为求得持续发展的总体性谋划。可以这样说，企业战略就是企业使命的理性的反映。

企业文化是企业对成长环境、能力、经验的归纳与整合，是企业适应变化环境的能力和让这种能力延续发展的能力，企业文化的最深层次即企业使命。

企业文化通过企业使命决定着企业战略的制定和经营模式的选择，而企业战略的实施过程又会促进和影响企业文化的发展和创新，两者之间是相互约束、相互影响和相互促进的关系。

综上所述，战略与文化，是相辅相成的关系。战略如果没有文化的支撑，就缺乏精神与灵魂，企业很难长久发展；文化如果没有战略的引导，也就成了无源之水，缺乏目标和追求，动力很难持久。相互协调、相互促进的企业文化和企业战略更能保障企业持续健康发展。

9.5.3　战略与企业文化关系的管理

良好的文化有利于最佳战略的制定与实施，战略的合理性需要好的企业文化这块土壤来培育。因此，在战略管理中，应加强战略与文化互动关系的管理。企业文化与战略关可以表达成如图9-5所示的矩阵关系。

图9-5　战略与文化关系的管理

资料来源：孟卫东.战略管理：创建持续竞争优势［M］.北京：科学出版社，2014：447.

1）建立以使命为基础的文化-战略关系

在第一象限里，企业文化很丰富，具有很强的适应性。它可以与多种战略相兼容，具有与多种战略保持一致性的能力。因此，在这类企业里，只要企业有足够的财务与能力，就可以根据自己的使命基础，在大范围内改变组织要素，制定企业战略，寻求可以利用的重大机会，求得根本性的转变，促进企业的发展。

战略行动9-5展示了海尔公司的文化与企业战略的发展逻辑，从中可以找到一些导致其成功的端倪。

战略行动9-5：海尔精神与海尔作风

第一代："海尔、中国造"，1984.12.26-2005.12.25。

海尔精神：无私奉献，追求卓越。

海尔作风：迅速反应，马上行动。

第二代："海尔、世界造"，2005.12.26-2016.12.25。

海尔精神：创造资源，美誉全球。

海尔作风：人单合一，速决速胜。

第三代："海尔、网络造"，2016.12.26-2019.12.25。

海尔精神：诚信生态，共享平台。

海尔作风：人单合一，小微引爆。

第四代："海尔精神、海尔作风"，2019.12.26--

海尔精神：诚信生态，共赢进化。

海尔作风：人单合一，链群合约。

第四代海尔精神、海尔作风与第三代海尔精神、海尔作风的区别在于，共享平台升级为共赢进化，小微引爆升级为链群合约。

共赢进化，就是和用户一起进化，这体现了区块链的一个很重要的特征——去中心化的用户自信任。去中心化之后，用户可以信任你，是因为他和你共赢进化，某种意义上说，用户也是一个创造者。

链群合约，体现了区块链的另一个很重要的特征——去中介化的价值自传递。因为在链群合约里，所有的价值，所有的节点，都是融合在一起的。

资料来源：佚名．企业文化［EB/OL］．［2023-12-10］. https://www.haier.com/about-haier/culture/.

2）加强文化-战略协同作用

在第二象限里，企业组织要素的变化少，在这种情况下，企业战略要发生根本性的转变比较困难。但由于企业文化具有很大的潜在一致性，因此，可以对企业战略进行改善和完善，使企业战略更为合理，解决企业生产经营中的问题。

3）根据企业文化的要求进行战略管理

在第三象限里，企业实施一个新战略，主要的组织要素变化不大，但是与企业目前的文化不大一致。在这种情况下，企业应根据经营的需要，在不影响企业总体文化一致的前提下，对某种经营业务实施不同的文化管理。同时，企业要对像企业结构这样与企业文化密切相关的因素进行变革时，也需要根据文化进行管理。

4）重新制定战略

在第四象限里，企业在实施一个新战略时，组织要素变化很大，并且与本企业目前的文化有很大的不一致性，企业的战略与文化遇到了极大的挑战。在这种情况下，我们应该重新考虑战略问题——是否有必要实施新战略，或者重新制定、实施别的战略，让战略与企业文化相协调一致。当然，企业实施的新战略如果确实有利于企业的长远发展，是企业的最佳战略选择时，就必须对企业文化进行重塑或重大变革。

9.5.4　企业文化的战略性调整

当企业文化与企业战略很不协调且企业必须采取新的战略，否则就无法生存时，企业文化就要作出战略性的调整，以利于企业战略的实施。为此，企业需要做好如下四个方面的工作：①企业高层管理人员要痛下决心进行变革，并向全体员工讲明变革的意义。②为了形成新的文化，企业要招聘或从企业内部提拔一批与新文化相符的人员。③改变奖励结构，将奖励重点放在具有新文化意识的事业部或个人身上，促进企业文化的转变。④设法让管理人员和员工明确新文化所需要的行为，形成一定的规范，保证新战略的顺利实施。

在企业文化的战略性调整中，企业要注意强化新文化的作用，强化新文化行为和理念在企业所有人心中的印象，形成人们自觉的行为标准，促进新文化准则的形成。企业可以通过以下一些方法促进新文化的形成：

1.反复宣传与企业文化相一致的故事

企业文化的某些重要部分应出现在反复向新加入者讲述的故事中。在海尔流传着这样一则小故事：一次，为客户送冰箱的车子半路上突然坏了，为了不耽误时间，违背承诺，业务员背着20多千克重的冰箱步行10多里山路，把货及时送到了用户手中。用户当时激动地说："以后只要买电器，我就只买海尔的。"这个故事几乎家喻户晓，成了海尔文化特性的一个无言的诠释。联邦快递公司也有一个故事：一个投递员拿错了联邦快递投递箱的钥匙，但他并没有坐等第二天拿到正确的钥匙，而是卸下这个投递箱，放到车上，把它带回了投递站。在那里，投递箱被打开了，第二天，箱里的东西已经在运达目的地的路上了。这个故事生动地讲述了一名员工在帮助保持公司可靠的投递声誉方面表现出的忠诚。因此，企业要善于抓住这些平凡而有意义的故事，强化企业文化的行为标准，促进新的企业文化的推广。

2.通过各种途径宣传、宣扬企业使命和经营哲学

企业应当用简洁且易于上口的语言，描述企业的使命和经营哲学，通过向每位员工宣扬这种理念与信条，使企业文化的精神理念在员工心中扎根，成为指导员工行为准则的准绳。这种易于上口的企业使命，可以印在企业的员工手册中，可以印在企业的各个地方，使其深入每个员工的心中，也深入到每个与企业有关的客户和人员的心中。

3.通过日常的活动将企业文化系统地传达给员工

这些日常活动有：高层管理人员在日常谈话和发表观点时反复重申企业文化的核心价值观，通过公司的故事进行传播和再传播，举办定期的仪式奖励那些展示企业文化精神的人，以大家可以看见的方式嘉奖遵循企业文化准则的人，惩罚违背企业文化准则的人。在聘用新员工时，企业应选拔那些能够接受企业主导文化价值观和信念并有个性的人。

时势链接9-1："2023专精特新·制造强国年度盛典"

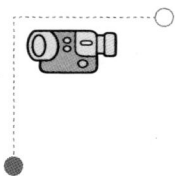

关键概念

战略实施　实施模式　工作专门化　部门化　指挥链　控制跨度　集权与分权
正规化　有机式组织　机械式组织　直线制　直线-职能制　事业部制　矩阵制
人力资源战略

思考题

1.战略实施的四个相互关联的阶段是什么？

2.战略实施基本模式有哪些？

3.战略实施与组织结构的关系是什么？

4.组织设计中主要考虑的基本要素包括什么？

5.机械式组织与有机式组织的区别是什么？

6.企业组织结构的具体表现方式有哪些？

7.战略实施与企业文化的关系是什么？

战略实践

● 企业追踪

本单元旨在对企业的战略实施情况进行评估，通过对信息的搜集和分析，结合理论回答以下问题：

1. 目标企业实施的现行战略是什么？

2. 企业是否以及采取了哪些措施支持其战略实施？

3. 战略实施的效果如何，成败的原因是什么？

● 实践练习：战略实施成效分析

将全班分组，3~5人为1组。选取一家新能源汽车制造企业，通过查询、分析相关数据与资料，分析其战略实施的成效。

1. 该企业是否为扩张储备了充分的人力资源？

2. 企业是否曾经制定人力资源规划？

3. 该企业的组织文化是否在战略实施中起到核心作用？

4. 根据所学理论并结合企业实际，提出改进该企业人力资源管理的建议，并形成书面报告提交。

10　战略控制与变革

● **学习目标**

- 战略控制与战略失效
- 战略控制的类型
- 组织控制的过程
- 平衡计分卡及其应用
- 战略变革的内涵及动因
- 战略变革的类型与形式
- 战略变革影响因素及实施模型
- 战略变革的战术技巧

引导案例　数字驱动：住友建机的绿色转型之路

住友建机（唐山）有限公司（以下简称"住友建机"）成立于2009年，是一家制造液压挖掘机、道路铺路机的建筑机械制造公司。公司秉承"勿求浮利，旨在信实"发展理念，以领先的技术与产品鼎力服务中国市场。住友建机在成立之初，恰逢我国城市化快速发展阶段，有着巨大的机械制造产品市场需求，公司的技术人员数量和生产车间面积在几年内迅速扩张。

但经过多年的高速发展后，2013年开始，随着行业增长趋于平缓、行业内部竞争加剧、劳动力成本日益提高，住友建机的业绩开始逐年下滑，甚至在个别年度出现了亏损。

近年来，随着绿色发展上升为国家战略，中国政府在各个层面上大力推进绿色低碳与循环发展，陆续出台相关环境保护政策及规制，对于高能耗及高污染传统制造企业的环保及污染控制的要求日益提高。与此同时，2020年唐山市空气质量污染程度排名第4，成为全国空气质量污染程度最高的城市之一。为了更好地改善城市的环境空气质量，切实提升精准治污、科学治污水平，2020年7月河北省大气污染防治工作领导小组办公室印发了《关于做好2020年重点行业绩效评级工作的通知》，要求：突出依法治污、科学治污、精准治污，不搞"一刀切"，精准开展工业企业绩效分级和应急减排清单工作，激励工业企业提升治理水平，推进绿色发展、高质量发展。

在此背景下，作为典型的传统制造企业，住友建机不仅受到了经济结构调整的影响，还面临重污染天气期间污染排放的管控限制，曾在1年内按要求先后停产30余天。如何加快推动企业绿色转型，在摆脱自身困境的同时又可以为城市高质量发展贡献一份力量，成为摆在住友建机高层决策者面前的现实难题。

为了应对法律规制以及行业环境变化带来的挑战，2020年3月，高桥总经理亲自主持了一场公司中高层的内部会议，要求公司各部门的负责人全部出席，研讨并提出了加快推动企业绿色转型的对策与方案。至此，数字驱动的住友建机绿色转型之路开始从设计、生产、供应链和回收环节全面推进。

以推进机械产品设计绿色化为例。研发部门利用数字技术，设计出改良发动机，在其功率和性能提升的同时，平均油耗下降约20%，显著优于行业平均水平，有效提升了企业在发动机产品上的竞争力。

以推进供应链绿色化为例。住友建机一方面帮助供应商实现了产品绿色化升级，从源头上减少了生产过程中的污染排放，推进企业绿色溯源管理进程。另一方面，住友建机搭建了供应商评级管理系统，根据供应商的信誉度、产品的绿色化度、生产流程数字化程度、生产周期等信息将供应商进行分级，级别更高的供应商优先采购。基于供应商的生产能力评估，根据每次的采购数量，智能计算最优的供应商组合，减少了资源消耗。

住友建机的转型战略，不仅降低了企业经营过程中的成本，还提升了企业应对行业风险的能力，为企业带来了显著的绩效提升。自2020年实施数字驱动绿色转型战略以来，住友建机的营业收入逐年上升，净利润也大幅提升。

资料来源：王晓岭，余晓玲，杨文州，等. 数字驱动：住友建机的绿色转型之路［EB/OL］.［2024-04-10］.http://www.cmcc-dlut.cn/.

战略控制作为一项以发现战略问题、纠正战略偏差为主要目的的活动，其对于战略实施的成败至关重要。当然，战略控制的结果除了完善和改进现有战略实施外，还可能会引发战略的修订或重新制定，即战略变革。在引导案例中我们看到，作为传统机械制造企业，经济环境、相关政策以及技术水平等因素都对住友建机的发展产生巨大影响。面对内外部的压力与挑战，住友建机毅然选择了数字化驱动绿色化转型的道路。在转型过程中不仅降低了生产经营成本，还提高了生产效率及资源利用率，提高了反应速度与产业链协同能力，实现了自我革新与革命。通过本章的学习，你将可以了解如何通过战略控制发现并纠正战略失效及偏差；了解战略变革的动因以及成功实施变革的技巧。

10.1 战略控制与战略失效

战略控制主要是指在企业经营战略的实施过程中，检查企业为达到目标所进行的各项活动的进展情况，评价实施企业战略后的企业绩效，将其与既定的战略目标与绩效标准相比较，发现战略差距，分析产生偏差的原因，纠正偏差，使企业战略的实施更好地与企业当前所处的内外环境、企业目标协调一致，使企业战略得以实现。简而言之，战略控制的目的在于防止和纠正战略失效。

战略失效是指企业战略实施的结果偏离了预定的战略目标的状态。造成战略失效的原因可能来自以下几个方面：

（1）企业内部缺乏沟通，企业战略未能成为全体员工的共同行动目标，企业成员之间缺乏协作共事的愿望。

（2）战略实施过程中各种信息的传递反馈受阻。

（3）战略实施所需的资源条件与现实存在的资源之间出现较大缺口。

（4）用人不当，主管人员或作业人员不称职或玩忽职守。

（5）公司管理者决策错误，使战略目标本身存在严重缺陷或错误。

（6）企业外部环境出现了较大变化，而现有战略一时难以适应等。

按在战略实施过程中出现的时间顺序，战略失效可分为早期失效、偶然失效和晚期失效三种类型。把失效率在战略实施不同阶段上所表现出来的上述特征画成曲线，就形成了"浴盆曲线"，如图10-1所示。因该曲线两头高，中间低，有些像浴盆，所以称为"浴盆曲线"。

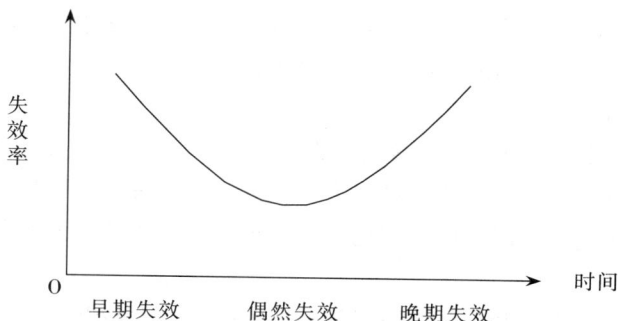

图 10-1　战略失效的"浴盆曲线"

（图中：纵轴"失效率"，横轴"时间"，原点 O；横轴下方标注：早期失效、偶然失效、晚期失效）

一项战略开始实施时，就有可能遇到早期失效。实践表明，战略实施的早期失效率特别高，这是因为新战略还没有被员工理解和接受，或者实施者对新的环境、工作不适应。战略决策者对这种早期失效不可惊慌失措，更不可对新战略失去信心，暂时的挫折并不意味着战略的不合理。战略控制时必须考虑效果的"延滞效应"。

度过早期失效后，就可能使工作步入正轨，战略进入平稳发展阶段。这时可能会出现战略的偶然失效，在图 10-1 中，以"浴盆曲线"的盆底部分表示。所谓偶然失效是指在战略的平稳实施阶段所出现的一些意外情况。当处于偶然失效时，战略决策者不可掉以轻心，而是应该及时、慎重地处理，维持战略的平稳推进，一般战略偶然失效的概率比较低。

度过偶然失效期后，随着时间的推移，由于外部环境的变化使得战略的实施受到了一定程度的阻碍，因而企业战略进入了"晚期失效"阶段。此时，战略决策者应该适应外部环境的变化，调整战略并积极创造条件推进战略。

战略失效的"浴盆曲线"揭示了战略在不同时间段内失效率高低的规律，分析了不同阶段战略失效的本质区别，为制定正确的战略实施控制策略提供了理论依据和战略推进方法，同时，还可以防止战略在早期失效阶段来回反复，避免了晚期失效阶段慌忙修改或固守原状的错误。它使战略实施控制过程既有阶段性，又有相互联系、协调发展的连贯性。

10.2　战略控制的类型

10.2.1　按控制时点分类

从控制时点来看，企业的战略控制可以分为如下三类：

1.事前控制

在战略实施之前，要设计好正确有效的战略计划，其中事关重大的经营活动必须得到企业的领导者的批准才能开始实施，所批准的内容往往也就成为考核经营活动绩效的控制标准，这种控制多用于重大问题的控制，如任命重要的人员、重大合同的签订、购置重要设备等等。

由于事前控制是在战略行动成果尚未实现之前，力求通过预测发现战略行动的结果是否会偏离既定的标准，因此，管理者必须对预测因素进行分析与研究。一般有三种类型的预测因素：

（1）投入因素，即战略实施投入因素的种类、数量和质量，将影响产出的结果。

（2）早期成果因素，即依据早期成果，可以预见未来的结果。

（3）外部环境和内部条件的变化因素，也是对战略实施的控制因素。

2.事中控制

事中控制即过程控制，企业高层领导者要控制企业战略实施中的关键性过程或全过程，随时采取控制措施，纠正实施中产生的偏差，引导企业沿着战略的方向进行经营，这种控制方式主要是对关键性的战略措施要进行随时控制。

3.事后控制

这种控制方式是指在企业经营活动发生之后，把战略活动的结果与控制标准相比较，这种控制方式的工作重点是要明确战略控制的程序和标准，把日常的控制工作交由职能部门人员去做，即在战略计划实施之后，将实施结果与原计划标准相比较，由企业职能部门及各事业部定期将战略实施结果向高层领导汇报，由领导者决定是否有必要采取纠正措施。

在实施事后控制的过程中，管理人员需要注意两方面的问题：①联系行为，即对员工的战略行为的评价与控制直接同他们的工作行为联系挂钩。通过行动评价的反馈信息修正战略实施行动，使之更加符合战略的要求；通过行动评价，实行合理的分配，从而强化员工的战略意识。②目标导向，即让员工参与战略行动目标的制定和工作业绩的评价，既可以使员工看到个人行为对实现战略目标的作用和意义，又可以使员工从工作业绩的评价中看到成绩与不足，从中得到肯定和鼓励，为战略推进增添动力。

应当指出，以上三种控制方式所起的作用不同，因此在企业经营中它们是被交替采用的。一般而言，事前控制要优于事中控制，事中控制要优于事后控制。拓展阅读10-1形象地说明了事前控制的重要性。

拓展阅读10-1：扁鹊三兄弟的艺术比较

魏文王问名医扁鹊说："你们家兄弟三人，都精于医术，到底哪一位最好呢？"

扁鹊答说："长兄最好，二哥次之，我最差。"

文王再问："那么为什么你最出名呢？"

扁鹊答说："我长兄治病，是在病情发作之前。由于一般人不知道他能事先铲除病因，所以他的名气无法传出去，只有我们家的人才知道。我二哥治病，是治病于病情初起之时。一般人以为他只能治轻微的小病，所以他的名气只局限在本乡里。而我治病，是在病情严重之时。一般人都看到我在经脉上穿针管来放血、在皮肤上敷药等复杂的治疗，以为我的医术高明，所以我的名气因此响遍全国。"

事后控制不如事中控制，事中控制不如事前控制，可惜许多经营者均未能体会到这一点，等到错误的决策造成了重大损失后才试图弥补，为时已晚。当然，现实中很多事情要做到事前控制有很大的难度，这时，我们还是不得不借助事中控制和事后控制。

资料来源：根据相关资料整理而成。

10.2.2　按控制点分类

从控制的切入点来看，企业的战略控制可以分为如下五种：

1.财务控制

这种控制方式覆盖面广，是用途极广、非常重要的控制方式，包括预算控制和比率控制。

2.生产控制

生产控制即对企业产品品种、数量、质量、成本、交货期及服务等方面的控制，可以分为产前控制、过程控制及产后控制等。

3.销售规模控制

销售规模太小会影响经济效益，太大会占用较多的资金，也影响经济效益，为此要对销售规模进行控制。

4.质量控制

质量控制包括对企业工作质量和产品质量的控制。工作质量不仅包括生产工作的质量，还包括领导工作、设计工作、信息工作等一系列非生产工作的质量，因此，质量控制的范围包括生产过程和非生产过程的其他一切控制过程。质量控制是动态的，着眼于事前和未来的质量控制，其难点在于全员质量意识的形成（见战略行动10-1）。

战略行动10-1：美航管局称对波音公司质量控制展开调查

5.成本控制

成本控制是指通过成本控制使各项费用降低到最低水平，从而达到提高经济效益的目的。成本控制不仅包括对生产、销售、设计、储备等有形费用的控制，而且还包括对会议、领导、时间等无形费用的控制。在成本控制中，重要的是建立各种费用的开支范围、开支标准并严格执行，要事先进行成本预算等工作。成本控制的难点在于企业中大多数部门和单位是非独立核算的，因此缺乏成本意识。

10.3　战略控制的过程

战略控制的一个重要目标就是使企业实际的效益尽量符合战略计划。为了实现这一点，战略控制过程可以分为四个步骤：

10.3.1　制定绩效标准

战略控制过程的第一个步骤就是制定出绩效的标准。企业可以根据预期的目标或计划制定出应当实现的战略绩效。在这之前，企业需要评价已确定的计划，找出企业目前需要努力的方向，明确实现目标所需要完成的工作任务。这种评价的重点应放在那些对战略成功实施有重要影响的领域里，如组织结构、企业文化和控制系统等。经过一系列的评价，企业可以找出成功的关键因素，并以此作为企业实际绩效的衡量标准。

10.3.2　衡量实际绩效

在战略控制的第二个步骤里，企业主要判断和衡量实现企业绩效的实际条件。管理人员需要收集和处理数据，进行具体的职能控制，并且监测环境变化时所产生的信号。此外，为了更好地衡量实际绩效，企业还要制定出具体的衡量方法以及衡量的范围，保证衡量的有效性。

10.3.3　评价实际绩效

在这一步骤里，企业要将实际的绩效与计划的绩效相比较，确定两者之间的差距，并尽量找出形成差距的原因。

10.3.4　采取纠正措施和变更计划

在战略控制的最后一个步骤里，企业应考虑采取纠正措施或变更原来的计划。在生产经营活动中，一旦企业判断出外部环境的机遇或威胁可能造成的结果，则必须采取相应的纠正或补救措施。当企业的实际绩效与标准绩效出现了很大的差距时，则可能需要变更原来的计划。

10.4　平衡计分卡及其应用

通过对战略控制过程的学习可知，绩效的测量与评估是战略控制的基础。但如何从战略角度对组织绩效作全面评估，一直是困扰管理者的难题。平衡计分卡的出现为企业战略决策者提供了一个极佳的工具。

平衡计分卡（The Balanced Scorecard，BSC）是20世纪90年代初由哈佛商学院的卡普兰（Robert Kaplan）和诺朗诺顿研究所所长（Nolan Norton Institute）诺顿（David Norton）提出的一种绩效评价体系。平衡计分卡被《哈佛商业评论》评为75年来最具影响力的管理工具之一，它打破了传统的单一使用财务指标衡量业绩的方法。

平衡计分卡方法认为，传统的财务会计模式只能衡量过去发生的事情，却无法评估组织前瞻性的投资。正是基于这样的认识，平衡计分卡方法认为，组织应从四个角度审视自身业绩（如图10-2所示）：学习与成长、内部流程、财务、顾客。

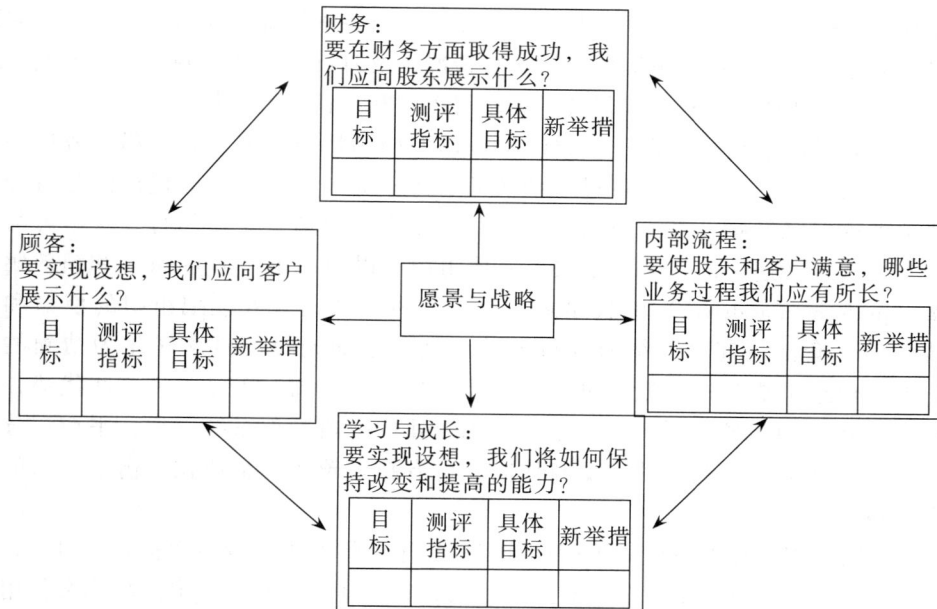

图10-2　平衡计分卡模型

在平衡计分卡的评估体系中，财务绩效只是其中的一个部分，顾客、内部流程、学习与成长这些重要的战略要素在此得到了充分重视。平衡计分卡的核心思想就是通过财务、顾客、内部流程及学习与成长四个方面的指标之间相互驱动的因果关系展现组织的战略轨迹，实现绩效考核→绩效改进以及战略实施→战略修正的战略目标过程。

可以看出，平衡计分卡之所以称之为"平衡"计分卡，是因为平衡计分卡反映了财务、非财务衡量方法之间的平衡，长期目标与短期目标之间的平衡，外部和内部的平衡，结果和过程的平衡，管理业绩和经营业绩的平衡等多个方面的平衡关系。

在实践中，平衡计分卡的操作流程如下：

（1）以组织的共同愿景与战略为内核，运用综合与平衡的哲学思想，依据组织结构，将公司的愿景与战略转化为下属各责任部门（如各事业部）在财务、顾客、内部流程、学习与成长四个方面的具体目标（即成功的因素），并设置相应的四张计分卡。

（2）依据各责任部门分别在财务、顾客、内部流程、学习与成长等四方面设置对应的绩效评价指标体系，这些指标不仅与公司战略目标高度相关，还应兼顾与平衡公司长期和短期目标、内部与外部利益，综合反映战略管理绩效的财务与非财务信息。

（3）由各主管部门与责任部门共同商定各项指标的具体评分规则。一般是将各项指标的预算值与实际值进行比较，对应不同范围的差异率，设定不同的评分值。以综合评分的形式，定期（通常是一个季度）考核各责任部门在财务、顾客、内部流程、学习与成长这四个方面的目标执行情况，及时反馈，适时调整战略偏差，或修正原定目标和评价指标，确保公司战略得以顺利与正确地实行。

凭借着对四项指标的衡量，组织得以用明确和严谨的手法来诠释其战略。这种方法不仅保留了传统上衡量过去绩效的财务指标，还兼顾了对促成财务目标的其他绩效因素之衡量；在支持组织追求业绩之余，也监督组织的行为及学习与成长，并且透过一连串的互动因果关系，使组织得以把产出（outcome）和绩效驱动因素（performance driver）串联起来。此外，该方法还有效地把组织的使命和策略转变为一套前后连贯的绩效评价系统，把复杂而笼统的概念转化为精确的目标，不仅促进了战略的实施，也为战略控制奠定了基础。正是因为这些优势，自1993年卡普兰和诺顿将平衡记分卡延伸到企业的战略管理系统之后，平衡记分卡开始广泛得到全球企业界的接受与认同，也有越来越多的企业在平衡记分卡的实践中受益。

尽管有众多企业通过应用平衡计分卡取得了业绩改善和竞争力提升，但是，现实中也有企业在尝试平衡计分卡时遭遇失败，并因此对平衡计分卡的功能和作用产生怀疑。拓展阅读10-2为我们介绍并分析了如何看待某些企业在应用平衡计分卡的过程中遭遇的种种困难。

拓展阅读10-2：平衡计分卡应用的失败案例

Q公司是一家生产塑料机械的大型国有企业，2010年初开始实施平衡计分卡，但不到一年便宣告流产。回忆起当初的实施情况，Q公司人力资源部总监S无奈地说：他是在国外参加培训的时候知道了平衡计分卡（以下简称BSC）的，当时的第一感觉是眼睛一亮。他以为，有了这样的工具，公司一直以来为混乱的考核指标而发愁的问题就会迎刃而解了。

从美国回来后，S立即将在国外的学习情况向领导作了汇报，并着重介绍了BSC的先进理念，力主在企业内全面予以实施。

在公司行政的强力推动下，S先后多次组织召开各二级单位、部门负责人会议，大力宣讲BSC在企业中应用的好处。同时组织人力资源部全体员工，深入二级单位和各部门调研、协商、沟通，加班加点忙活了几个月，终于初步达成共识，制定了较为完整的四大考核指标——财务指标、客户指标、业务流程指标、员工学习与发展指标。人力资源部还为此制作了大量表格下发到各单位，并对相关人员进行了培训。

令S没有想到的是，项目一开始实施，问题便接踵而来。比如，营销部门的客户指标，要求营销人员如实填报拜访客户情况，但这个要求不仅营销人员感到烦琐，就连人力资源部的人员也感到困惑：因为指标的真伪虚实根本无从考证更无法监控。再比如，员工的学习与发展指标，如何制定又如何量化？要求员工每月读几本书、每月参加几次培训？但结果如何？意义又何在呢？

Q公司是一家大企业，部门及二级单位加起来有几十个，每个单位提几个意见加起来就是一大堆。S回想起那段时间，感慨万千地说：人力资源部就像是消防队，不断接到投诉，不断地去救火。结果是指标越调越乱，部门抵触情绪越来越大，员工怨声载道。

S说：企业虽然建立了基于BSC的考核指标，但由于指标分解制定得不科学，因而也就无法建立行之有效的监控体系。而如何制定科学有效的考核指标，S一脸茫然。最终，Q公司的BSC业绩管理体系不了了之，各部门仍旧沿用过去的以财务指标为核心的考核体系开展工作。

那么，BSC"失衡"了吗？

"其实，许多企业实施BSC失败，并非是失败在BSC本身，而是失败在考核上，因为企业的管理一定是要建立在制度安排上。所谓制度安排，即所有的工作一定要有制度、有流程、有量化、有考核。如果离开了这个基础，盲目实施BSC当然不可能成功。"唐山建龙实业有限公司人力资源总监王晓冰针对这个案例解释说。

具有多年国外工作经历的王晓冰曾就中国企业如何实施BSC与其发明人卡普兰教授进行过沟通，对BSC可谓认识、理解颇深。他认为，BSC是一个理念十分先进的游戏规则，企业实施BSC项目就如同在绿茵场上踢足球，球员先要学规则，学会如何不越位、如何合理冲撞、如何传球。只有熟练掌握了这套规则，才能想怎么玩就怎么玩。"试想，如果一个球员连同伴传过来的球都接不住，又怎么能够再将球传出去？这样的球队又怎么能赢？"王晓冰笑言，"中国有许多企业总梦想着从经验管理（或能人管理）一步跨越到现代管理，而事实上制度管理是企业永远也不可能逾越的。"

王晓冰认为，实施BSC一定要遵循以下几项原则：

一是宜粗不宜细。BSC的目的是均衡地改善业绩，而不是为了考核而考核，更不是用这样一个工具去卡员工。

二是不拘于形式。比如，一个二级单位，一二月份可能是它的生产淡季，那么这时它可能会在这个时期集中精力抓员工的培训与发展，也可能在这两个月就完成了全年的培训指标，而二三季度它可能会全力以赴抓销售。BSC绝不是每个月都要均衡地去抓四项指标，更不是每项指标都是均衡的，它对四项指标的设定是随着战略的变化而变化，根据单位、部门责任的不同而确定权重的。

三是不在小节上纠缠。在推行的过程中不要怕有问题，要允许它有一个完善的过程。

王晓冰强调：BSC是一个针对组织的年度目标考核体系，它关注的是企业内部的业务流程、外部的经营环境建设、短期与长期目标，尤其是长期目标。因此，实施过程中至少要在每半个年度就有一次模拟考核，目的是发现问题、解决问题，以确保年度目标达成。

资料来源：佚名. 绩效考核案例［EB/OL］.［2024-04-10］. https://www.xiegaola. com/wendang/qitafanwen/469374.html.

10.5　战略变革的内涵及动因

所谓"战略变革"（strategic change）是企业为取得或保持持续的竞争优势，在企业内部及其外部环境的匹配方式正在或将要发生变化时，对企业的经营范围、核心资源与经营网络等战略内涵进行重新定义，改变企业的战略思维以及战略方法的过程。企业之所以进行战略变革可能是出于以下原因：

10.5.1　环境动因

环境对企业的影响是不断变化的，这是因为环境本身就是一个不断变化的动态体系，其中每个因素都会直接或间接地对企业产生影响。随着环境的变迁，企业的战略可能会老化、过时。在整个20世纪60与70年代，规模和市场份额是当时企业能否盈利的两种重要因素。从80年代起，竞争节奏大大加快，游戏规则也发生了变化，此时规模和市场份额固然重要，却大不如前，新的形势要求企业既要注重规模，更要反应灵敏、行动迅速。然而当不少行业正在改变和学习这些经营技能时，竞争游戏再度发生改变。21世纪的竞争格局正在发生着本质的变化，人们常用超级竞争来描述21世纪的竞争环境，在高度竞争的情况下，即使目前获得了盈利，若是不持续创新，很快也会被淘汰。战略行动10-2展示了影像产业中的竞争演进，从中可以看到昔日在胶片市场赢得全面胜利的柯达，在新兴的数码成像领域却被老对手富士远远抛在了后面，对市场趋势的反应迟钝是柯达失利的主要原因。

战略行动10-2：柯达为何辉煌不再？

柯达曾经是影像的代言词。柯达的市值最高达到310亿美元。最辉煌的时候，中国市场只有一种胶卷，就是柯达。然而，2012年柯达申请破产，从世界最大的胶卷生产商，变成了一家目前市值不到10亿美元的商业图文影像处理公司。

事实上，自2001年的"9·11"事件之后，柯达胶卷销量就大幅下滑。而此时此刻，在传统影像市场上被柯达打败的日系厂商，却正在数码领域突飞猛进，迅速地跑马圈地。直到2002年底，昔日老对手富士在该领域的包抄，才让柯达认识到，自己马上就要错过一场数码盛宴。而放弃这次机会的后果可能就是饥饿甚至死亡。

20世纪70—80年代，美国国家航空航天局率先采用了照片数码处理技术。出于对技术发展趋势的高度敏感，富士胶片马上在自己的印刷领域开发了平面扫描技术，大幅提高了印刷制版系统的工作效率和质量。同期，他们还在医疗影像领域推出了将X光片的影像以数字形式保存的计算机放射诊断装置，领导了世界医疗影像的数字化潮流。

1988年，富士推出了世界上第一台带存储卡的民用数码相机，使数码相机从实验室走向了市场。富士还将其在传统胶片领域积累的精密化学、对光线与色彩的控制等核心技术，不断延伸到医疗、生命科学和高性能材料等领域，开发出一系列拥有独特知识产权的新产品。

对技术发展趋势的高度敏感，为富士胶片带来了巨大的成功。2007年，富士完成了其华丽转身，站在了全球数码行业的前列。

其实，早在1976年，柯达就研制出了世界上第一台数码相机，但柯达当时的决策却是守着数码相机的高端技术"秘而不宣"，指望通过这种消极的做法来延长传统胶卷的生命，没想到却搬起石头砸了自己的脚。

同样的错误是，1991年柯达就有了130万像素的数字相机。但直到2002年，柯达的产品数字化率也只有25%左右，而富士已达到60%。柯达传统影像部门的销售利润也从2000年的143亿美元，锐减至2003年的41.8亿美元，跌幅达到71%。

由于长期依赖传统胶片部门，满足于胶片产品的市场份额和垄断地位，缺乏对市场的前瞻性分析，导致柯达对来自数字科技的冲击反应迟钝、犹豫不决，导致错失良机。这是柯达的病根所在，也是它不敌富士之处。直到 2003 年，柯达才下决心追赶数码影像快车。而此时，索尼、佳能、富士、奥林巴斯、尼康等厂商，已牢牢把持了数码相机的绝大部分市场份额。在数字冲印市场，富士这个老对手则占据了上风。

在拍照从"胶卷时代"进入"数字时代"之后，昔日柯达影像王国的辉煌已随着胶卷的失宠挂冠而去。

资料来源：艺林小宇. 旧事新思：柯达为什么破产？［EB/OL］．［2023-12-10］．http：//www.sohu.com/a/118223192_262756.

10.5.2　企业动因

企业在发展的过程中，由于自身的经营状况发生了变化，也会导致战略发生改变。由企业原因所带来的变革因素主要有企业生命周期、企业的资源与能力、企业的战略弹性等。

与产品的生命周期一样，企业的发展阶段也分为出生、成长、成熟、复兴与衰亡五个阶段，任何一个组织都有它的成长极限，即 S 曲线理论。因此，企业能否持续经营，取决于其能否在不同的阶段采取不同的手段加以应对。当顾客的需求、竞争环境以及市场等因素发生变化时，企业为了避免衰退的命运，常常需要实施变革或业务转型。战略行动 10-3 向我们展示了科技巨头企业华为智能汽车解决方案，讲述了企业跨界的必要性。虽然转型通常是很痛苦的经历，但从发展视角与战略角度来看，企业几乎都会经历这样的过程。

◢◢◢◢ 战略行动 10-3：科技巨头冲击汽车业

在动态的生命周期里，企业的资源与能力是否能够适配企业的变化，是重中之重。"外因通过内因起作用"，企业资源与能力的状况以及核心竞争力的利用，不仅决定着企业的活动范围与效率，而且还左右着企业战略变革的方向与路径的选择。企业的永续经营是建立在核心竞争力基础之上的，而这些都是处在动态变化的过程之中，因此，企业战略的资源依赖性和企业资源的战略积蓄性之间的非均衡性正成为企业变革的动力。

基于企业战略学习机制的企业战略弹性的高低也决定着企业战略变革能力的强弱。若战略弹性低，则说明企业处于被动地位，变革能力弱，只能随环境变化而变化；若战略弹性高，则表明企业变革能力强，处于主动地位，能够影响环境。面对知识经济为主旋律的管理时代，我国各大商业银行从组织结构、人才结构、经营技术以及内部管理进行了重大转变，这些基本因素构成了银行应对不确定环境下的战略弹性能力。

10.5.3 领导者动因

变革能否最终继续下去，取决于变革领导者能否首先完成自我变革。企业的战略变革本质上是一种选择与判断。这种选择与判断会受到它们所在社会的局限、企业目标和偏好的约束，尤其是领导者的偏好和判断在决定企业战略和它采用的特定方法中起着重要作用。变革的进化论与过程论都强调领导者在根据机会或威胁作出关键决策时迅速和敏锐的必要性。领导者是整个战略过程的中心，这个中心决定了企业从自己的成功和失败中学习的能力，以及从外部利益相关者和环境力量变化中学习的能力。只有领导者认为需要变革时，企业才会产生变革，反之，即使其他因素发生了变化，如果领导者不同意变革，则变革仍不会启动。因此，企业战略变革发生的主要原因在于领导者的主观认知与意愿。随着企业内部领导的更替，权力的变动，不同的领导者给企业注入不同的经营理念，也会直接或间接地导致企业战略、企业结构以及制度、文化的变革。例如，拥有极大变革热情的韦尔奇把 GE 打造成为世界一流的企业；IBM 的郭士纳，也是受命于危难之际，并最终力挽狂澜使正在衰落的企业重现辉煌。海尔集团董事局主席、首席执行官周云杰有关企业战略变革的描述，"一路走来，我们不断探索前行，摸着石头过河，有时候甚至连石头都没有"，也揭示了企业领导者在变革中发挥的重要作用。

10.6 战略变革的类型

企业在实施战略变革时，可能表现出不同的行为方式和类型，根据企业对环境的反应速度和程度，战略变革可以区分为四种类型：①战略先应式；②战略因应式；③战略反应式；④战略后应式。

10.6.1 战略先应式

采用该范式的企业通常是行业的领先者，企业领导者为了保持持续的竞争优势和领先地位，往往前瞻性地主动寻求变革。永续经营的驱动力就是变，而且不是在不得不变的时候才变，而是提早变、在问题尚未发生时就变。

海尔作为民营企业，最开始也是通过低成本仿制德国家电起家。随着国内销售额的不断增加，海尔迅速壮大起来。但随着中国加入 WTO，国内市场的竞争不断加剧，海尔迫切希望能走向世界，而不是仅仅做个"本土精英"。现在，海尔旗下拥有海尔、卡萨帝、LEADER、GE Appliances、Fisher & Paykel、AQUA、Candy 等众多品牌，正在努力通过向全世界销售技术先进的家电，在欧洲、日本、美国四处招揽人才以及与很多顶级合作伙伴合作，来增强自己的实力（见战略行动 10-4）。

战略行动 10-4：海尔以无界生态共创无限可能

海尔集团创立于1984年，是全球领先的美好生活和数字化转型解决方案服务商，致力于"以无界生态共创无限可能"，与用户共创美好生活的无限可能，与生态伙伴共创产业发展的无限可能。

海尔作为实体经济的代表，持续聚焦实业，始终以用户为中心，坚持原创科技，布局智慧住居和产业互联网两大主赛道，在全球设立了10大研发中心、71个研究院、35个工业园、143个制造中心和23万个销售网络，连续5年作为全球唯一物联网生态品牌蝉联"BrandZ最具价值全球品牌100强"，连续15年稳居"欧睿国际全球大型家电品牌零售量"第一名。

集团旗下有4家上市公司，子公司海尔智家位列《财富》世界500强和《财富》全球最受赞赏公司。集团拥有海尔、卡萨帝、Leader、GE Appliances、Fisher & Paykel、AQUA、Candy等全球化高端品牌和全球首个智慧家庭场景品牌"三翼鸟"，构建了全球领先的工业互联网平台卡奥斯COSMOPlat和大健康产业生态"盈康一生"，旗下创业加速平台海创汇已孵化加速7家独角兽企业、107家瞪羚企业和175家专精特新"小巨人"。

海尔相信：当更多界限被打破，更多有价值的关系被建立，更多的共创才会发生，世界的未来将因此充满无限精彩的可能。

资料来源：佚名. 海尔集团介绍［EB/OL］.［2023-12-10］. https://www.haier.com/about-haier/?spm=net.home_pc.header_128848_20200630.1.

战略先应式企业的特点主要包括：

· 抢占先机，成为先行者、主导者。

· 关注战略定位，通过创新建立新的经营范围。

· 以使命和愿景为导向。使命和愿景在战略变革中发挥着导向作用，因为使命和愿景促进了组织对未来的预见性。

当然，对于行业领先者的企业来说，尝试前所未有的变革是有很大风险的，而且这些企业的领导者也可能会因出色的业绩而阻碍变革。但是，保卫今天的领先地位，代替不了创建明天的领先地位。因此，要保持领先地位，企业必须不断创新，甚至尝试改变行业的游戏规则。法国米其林轮胎公司希望法国的汽车使用者每年行驶更多的里程，从而导致更换更多的轮胎。于是，它们提出以三星制体系来评价法国境内的旅馆。他们报告说，许多最好的饭店都在法国的南部，这使得许多巴黎人考虑驱车去法国南部旅游。

10.6.2 战略因应式

俗话说："没有金刚钻，别揽瓷器活。"但是，对于那些虽然资源与能力弱，但变革意愿强的企业来说，他们坚信自己能够创造奇迹，因而主动求变，提前考察市场的需求，并为适应未来市场的需求而提前做好准备。万达的战略变革在一定程度上就属于因应式的变革。王健林认为，万达转型近年来发展成效显著。"一百年来，全球大型房企无一例转型成功，万达已经改写商业历史，成功转型为服务型为主的企业。"首先，万达服务业收入占总收入的比重最大，成为万达另一个支柱产业。其次，轻资产战略超出预期。在王健林看来，万达转型的关键是万达商业转型，万达商业转型的关键是从单一重资产企业转为轻资产为主、轻重并存发展的企业。

采用该变革范式企业的主要特点体现在：

•求胜心强。由于具有强烈的变革意愿与危机意识，往往能调动员工的积极性和主观能动性，实施积极主动的变革。

•不是被动地等待，而是主动地期待变革时机的到来，变被动决策为主动决策。

•突出战略变革的绩效性。该范式注重的是建立在预测基础上的战略对公司绩效的影响，遵循的是"感知—试验"或"尝试—学习"发展与变革路径。

但是由于该范式强调的是因环境的变化而积极求变，若自身的能力与资源不足以变革，会影响企业的稳定性和战略实施的连续性。没有相应的人才、资金和管理平台，豪情壮志往往只能给人以"心有余而力不足"的感觉。

10.6.3 战略反应式

"枪打出头鸟"。在中国，一些企业宁愿当追随者，从战略角度讲，追随战略在某些情况下也是企业的理性选择，也为企业带来了成功。但是，在有些情况下，满足于追随者的位置，可能会导致企业变革的意愿能力薄弱，只有当利益受到威胁与挑战时，企业才不得不正视来自于企业内外变革动因的挑战，并作出相应的反应。这种变革方式被称为战略反应式变革。

采用该变革范式企业的主要特点体现在：

•该类企业大多是行业追随者，随领先者进行有限的模仿和跟随式的战略变革。

•最大的好处是降低风险。

在这一模式下，领导者通常满足于现状，只是被动地随着环境的变化而改变战略，这将可能导致企业疲于应付，甚至贻误时机，对企业发展造成不利的影响。因此，为了更好地应对环境的复杂性与不确定性，企业要成为开放的学习系统，通过整体思维来解释、处理它的环境信息。

10.6.4 战略后应式

如果环境已经慢慢地恶化，当事人却仍浑然不知，这可能会导致彻底的失败，使企业在这个世界上永远消失，这种企业也被称为"煮熟的青蛙"（见战略行动10-5）。这绝对不是危言耸听。有些企业在面对着激烈的市场竞争时，领导者不仅缺乏未来的发展战略，也从不进行旨在探索未来发展趋势的各种尝试，只有当危机真正发生时，为了挽回不利局面，企业才被迫无奈地进行变革，而常常为时已晚。

战略行动10-5：字节跳动2024年的关键词是"始终创业，逃逸平庸的重力"

在字节跳动2024年度全员会上，CEO梁汝波首先提到，公司出现组织效率变低的情况。一个内部系统的简单需求，拉了一堆人，一开始评估要1 000人天，深入追问之后发现，其实是有些人理解错误，最终发现只需要1个人做15天就可以完成。而一位员工离职加入创业公司后，告诉认识的同事，他在创业公司，1个月干了字节6个月的活。

"我这里是说组织低效，大家不要误认为我在说大家不努力。"梁汝波称，恰恰在一个平庸低效的组织里，员工会更容易感觉累，因为自己即便很努力，但最终效果却不理想。其次是迟钝，对机会的敏感度不如创业公司。他提到，公司层面的半年度技术回顾，直到2023年才开始讨论GPT，而业内做得比较好的大模型创业公司都是在2018年至2021年创立的。最后，梁汝波还提到了标准降低。他说，虽然公司一直强调文档要简洁、准确、好理解，但平时还是有很多文档动辄上万字，黑话满天飞，有无穷多的缩写，不直击问题。

梁汝波还特别提到，公司变大之后，有时候他自己都觉得，公司的效率如果比其他优秀团队低30%，他是不意外的，甚至低50%也不震惊。但回头想想，这种不震惊本身是让他"出冷汗"的，因为这意味着"我自己的标准在下降"。

梁汝波表示，应对这些问题，必须要打破自满，提高标准，建设精干的组织。也只有这样，字节才能"逃逸平庸的重力"。

梁汝波在全员会上提到，组织的平庸与卓越也会直接关乎公司对于优秀人才的吸引力。

"优秀的人是会用脚投票的。他们会去寻找更有挑战的事情，更高回报的可能，然后会去寻找能够更能相互激发的同事。我觉得我们一定要立志于打造这样的环境，让这些人才向我们投票。"梁汝波说。

为此，字节也会在激励上继续加大区分度，尽最大的努力保留和吸引优秀人才。人才密度提升之后，组织的效率和标准也会提高。梁汝波说，"我希望，我们的团队都能够以优秀创业公司的标准要求自己。"

在全员会的最后，梁汝波还分享了字节跳动2024年的三个目标，排在第一位的是组织管理文化层面，"加强危机感，始终创业，逃逸平庸的重力"。其次，是持续增加社会信任。最后，则是业务上继续聚焦少量重要的事。

这是梁汝波又一次对内强调"始终创业"。早在 2022 年 6 月，接任字节跳动 CEO 不久的梁汝波就曾对字节跳动的内部文化"字节范"进行调整，将"始终创业"从第五位提升到第一位。这一年是字节跳动成立 10 年，已经成为拥有 10 余万员工的大公司。梁汝波当时在内部信中表示，组织渐渐变大之后，负规模效应也在变大，要避免过于依赖资源，陷入"大公司病"。

资料来源：佚名. 字节 CEO 梁汝波内部讲话：多次提及"危机感"，2024 年要"逃逸平庸的重力"［EB/OL］.［2024-04-10］. https://baijiahao.baidu.com/s?id=1789518750083008061&wfr=spider&for=pc.

战略后应式变革的特点在于：

· 由危机事件所触发，变革成本高。当企业已面临内外交困的绩效与营运危机时，企业上下才不得不采取战略变革。由于存在战略变革的"时滞"，错过了最佳的变革时机，因此，只有采取大量的补救措施，付出较大的代价才能挽回劣势，亡羊补牢。

· 内部变革阻力小。在企业危机四伏、濒临破产的时候，包括管理层和员工很少有人拒绝进行突变式的变革了。

10.7 战略变革的形式

传统的观念认为，战略变革是一种不经常的、有时是一次性的、大规模的变革。然而，最近几年，战略的变革与完善往往被认为是一种连续变化的过程，一个战略变革往往带来其他变革的需要。显然，企业生命周期当中基本的战略变革相对来说是不经常出现的，而渐进性的变化（可能是战略性的）是较为频繁的过程。因此，在很多情况下，是渐进性的变革导致战略变革。

10.7.1 渐进性变革与革命性变革的区别

企业为了适应环境和生存而实施的变革可以按其范围划分为两大类：渐进性变革和革命性变革。渐进性变革是一系列持续、稳步前进的变化过程，使企业能够保持平稳、正常运转。渐进的变革往往在某一时间点上影响企业体系当中的某些部分。革命性变革是全面性的变化过程，会导致企业整个体系发生改变。两者的区别见表 10-1。从企业的角度看，渐进的变革更易于管理，对企业体制运作的滋扰程度也比革命性变革要小，因此，现实中大量的企业仍然倾向于以渐进的方式实施其变革。不过，在有些时候，革命性变革不仅是必要的，也是必需的。

表10-1   渐进变革与革命性变革的区别

渐进性变革的特点	革命性变革的特点
在企业生命周期中常常发生； 稳定的渐进变化； 影响企业体系的某些部分	在企业生命周期中不常发生； 全面变革； 影响整个企业体系

10.7.2 战略变革的发展阶段

图10-3描述了战略变革的四个发展阶段。

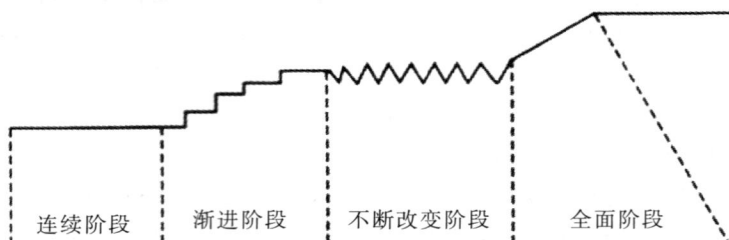

图10-3 战略变革的发展阶段

（1）连续阶段：在这个阶段中，制定的战略基本上没有发生大的变化，仅有一些小的修正。

（2）渐进阶段：在这个阶段中，战略发生缓慢的变化。这种变化可能是零敲碎打性的，也可能是系统性的。

（3）不断改变阶段：在这个阶段中，战略变化呈现无方向或无重心的特点。

（4）全面阶段：在这个阶段中，企业战略是在一段较短的期间内发生革命性或转化性的变化。

如果一家企业的战略经常发生质变，那么这家企业是无法正常运转的。事实上，企业所处的环境不可能变化得这么快。所以，企业通常是通过不断的渐进性变革，来最终实现企业的革命性变革。然而，约翰逊（Gerry Johnson）与斯科尔斯（Kevan Scholes）告诫人们，环境中的变化不一定是缓慢的，企业的渐进变化有可能赶不上环境。因此，如果渐进阶段落在了环境变化的后面，那么，企业可能适应不了环境，结果将不得不进行革命性的战略变革。

10.8 战略变革影响因素及实施模型

10.8.1 影响战略变革的内部因素

内部因素是影响组织变革全过程的核心因素，也是成功与否的关键。影响战略变革的内部因素主要包括：

1.领导者

变革往往是领导者发现并首倡的。新的领导者上任或原有领导者接受了新的管理思想、采用了新的管理方法，都将引起组织的变革。领导者的洞察力、敏锐性、决心、意志、聪明睿智往往是变革成功的第一要素（见时势链接10-1）。

时势链接10-1：新思想引领新征程

2.员工

变革的实施必将给组织中的每一个体带来影响，因此常常会遭到某些员工的反对。这种阻力主要来源于几个方面：经济利益、安全、误解、求稳求全以及保守心理。一旦威胁到自身利益，员工就会对变革产生很大的抵触情绪。能否顺利解决这些问题并让员工积极参与到变革中，是变革成功的关键所在。

3.组织

组织包括正式组织和非正式组织。假如只是领导者在推进变革，则命令无法下达、措施无法实行，那么变革只能是徒有虚名，所以必须使组织上下同心协力，为变革提供巨大的支撑力量。

4.文化

每个组织都有自己相对稳定的组织文化，成功的变革必须考虑到组织文化因素的影响。如果变革与原有的文化抵触太大，将很难获得成功。

10.8.2　影响战略变革的外部因素

企业的变革是否与外部因素相适应，在变革前就决定了其能否成功。这些外部因素包括：

1.市场

对企业来说，当顾客的收入、价值观念、偏好等发生变化时，企业的产品必须作出相应的调整以适应这种变化。有一个比较典型的例子，随着人们生活水平的提高，青岛双星于1986年生产的最后一双解放牌胶鞋永远地被送进了陈列室。近年来，青岛双星根据人们生活水平的变化相应地调整自己的产品结构，并取得了成功。

2.资源

资源因素包括人力资源、能源、资金、原材料供应等的质量、数量以及价格的变化。例如，传统的企业一直采取"权力-服从"式管理，但随着劳动力素质逐步提高，员工有了自己的地位和尊严，不再忍受老板的盘剥和专制，在这种情况下，组织必须寻找符合现代员工需要的新的管理制度和办法，包括参与管理、自由选择工作岗位、工作丰富化等。

3.技术

技术因素包括新工艺、新材料、新技术、新设备等。技术变化不仅会影响产品，还可能引起新的职业和部门的产生，带来管理方式、责权分工和人际关系的变化。

4.社会环境

社会环境因素包括政治形势、经济形势、制度、投资、贸易、税收、产业政策、企业政策等的变化。在我国，随着从计划经济体制向社会主义市场经济体制的转变，多数企业的组织形式都面临着深刻的变革。企业能否主动采取变革以适应这种变化，成为决定其生死存亡的关键。

10.8.3 战略变革实施矩阵

在对影响企业组织变革成功的因素进行横纵向分析后，有研究者提出了一个系统整合上述因素、帮助管理者更好地设计和实施变革的方法。这就是战略变革实施矩阵（如图10-4所示）。

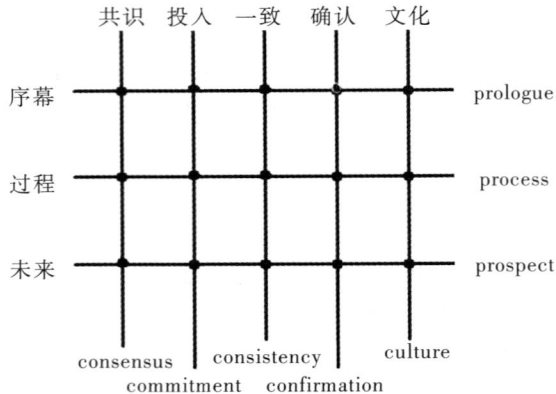

图10-4 战略变革实施矩阵

矩阵的纵轴3个变量是时间因素：序幕（Prologue）、过程（Process）和未来（Prospect），简称3P。矩阵横轴的5个变量分别是：共识（Consensus）、投入（Commitment）、一致（Consistency）、确认（Confirmation）以及文化（Culture），简称5C。这样的8个变量组成的矩阵可以帮助管理者直观准确地抓住变革中的关键点，从而大大提高组织变革的成功率。这一矩阵既可以拆分开来，比如分别研究5C在变革前、变革中、变革后的意义和影响力，或者分别探讨变革不同阶段所面临的不同问题，但更重要的是全面系统地分析这个矩阵，从而在计划变革时掌握不同节点上的关键成功要素，并最终保证组织变革实施的顺利进行。下面将分别说明上述8个变量的具体内容。

1.3P要素

1）序幕

序幕是指从企业发现变革的需要，准备进行变革，到变革开始前的这一阶段，好似一场大戏即将上演，变革的序幕阶段非常重要，磨刀不误砍柴工。序幕阶段的主要工作是变革目标的确定、变革方案的制定以及变革实施的准备。这也是最容易被低估其重要意义的一个阶段。

2）过程

过程是变革正式实施到最终完成的阶段。这一阶段是各种矛盾和冲突充分暴发，各种观点和想法群起激荡，各种反映和结果层出不穷的时期，往往给人目不暇接、眼花缭乱的感觉。这一阶段并不一定是很长的一段时间，但却是直接影响变革成功与否的时期。过程阶段的主要工作就是具体实施变革方案，产生变革的结果。

3）未来

未来是指这次变革后到下次变革前的一段时期，当然在某些企业，由于各种变革交替进行，这一阶段的终点界限并不清晰。未来阶段是对变革的总结和评估，对变革中形成的某些制度、观念进行巩固的阶段。这是最容易被忽视的阶段。但下面这些需要思考的问题会使管理者更清楚地认识到这一阶段的不可或缺性：变革过程是否产生了特定效果？还有哪些目标没有完成？变革中是否有压力和冲突，来源何处？成功是否值得庆贺？如何庆贺？下一步是什么？还要进行什么样的变革？员工对上述问题是怎么看的？

在上述三个阶段中，任何阶段出现的关键错误都会阻碍变革，否定已经取得的某些变革成果。

2.5C 要素

1）共识

共识是参与的前提，没有对变革目的和具体步骤的共同认知，员工是不可能真正参与到企业的组织变革中去的。企业的管理者要通过研究企业历史上的变革了解员工对变革的基本态度和心理承受力；通过使全体员工产生危机感而理解变革的必要性和迫切性；通过充分的沟通和解释变革目标而使员工充分理解并认同；通过创造机会让员工表达他们对现状的评价、对变革过程的希望和建议，使其成为变革中的一分子而不是旁观者；通过充分调动员工潜能和有效的薪酬激励机制，使员工关注变革的结果并为之努力。

2）投入

投入（或称承诺）是对变革的资源投入。这里的资源包括时间、人力、物力、注意力等。在变革的不同阶段，投入的资源虽然种类不同，但传达的信息却是清楚的：对变革的坚定信心。在许多正在进行变革的企业，就常常出现员工因为企业的投入不足或者管理层的态度和行为变化而产生变革将不了了之的印象，这种情况下，是无法保证变革顺利进行的，还会带来一些负面影响：对管理层缺乏信心，已经投入的资源被浪费等。

3）一致

一致主要是强调变革方案与企业外部环境以及已有的组织制度、结构、工作的契合，按照组织契合理论的观点，没有最好的结构，也没有最好的文化，关键是契合。对于变革来讲，这种契合度越高，企业就越能提高变革成功的概率。无论变革改变的是什么，都只是企业整个系统中的一两个部分，不能指望其他部分自动到位。在失败的案例中，我们都可以找到不契合的某些地方，比如高唱增加企业产品的高科技含量却仍然实行资历工资制度，比如进行组织的扁平化改革却没有相应调整各部门间的协调方式等。我们不能将组织视为一组静止的画面，仅仅摄取其在某个时间点上的狭隘景象。相反，它是一系列不断变化的人员和流程，所面临的挑战正是要在动态中保持一个有机体的有效运作。

4）确认

确认是对变革目标和取得的各阶段成果的评估与肯定。许多企业在变革实施过程中偏离了变革的初始目标，因此对变革目标的不断确认是保证成功的前提，而且对变革的阶段成果要不断通过表彰奖励、小型庆祝等方式进行认可，从而清楚地传递变革的信息，同时增强员工参与和坚持变革的信心。确认需要企业相应的考核奖惩制度作为保障，也提供了企业控制变革实施的工具。

5）文化

文化是与我们前面提到的人的因素相关。企业原来文化的核心层——价值观是否支持变革的进行？如何通过变革企业文化的物质层或制度层支持变革的进行？变革使企业的价值观体系发生了何种变化？是否需要更新企业文化？哪些新的工作模式可以制度化从而成为新文化的一部分？对上述问题的考虑和回答是贯穿变革始终的，在序幕和未来阶段显得格外突出。

3.战略变革实施矩阵的使用

上述这些因素作用于变革的各个阶段，但在每个阶段的侧重点是有所不同的，将这5个变量与纵轴的3个变量组合起来，就形成了具有15个节点的战略变革实施矩阵，企业管理者就可以根据具体的变革主题，列出实施变革的关键问题清单，帮助自己计划和实施组织变革。

以常见的企业组织结构调整为例，企业准备通过精简中层减少管理成本的开支并且要提高工作效率，那么，序幕阶段的共识（P1C1）就要考虑如何使全体员工尤其是中层管理者了解到：管理开支必须要进行控制，而工作效率并不会因为机构的精简而降低；企业的财务报表在必要时可以公开成本部分的内容，同类型企业的数据可以作为参照分析，一些别的企业的案例可以作为解释的范本；等等。过程阶段的一致（P2C3）就体现在：是否在人员招聘上与精简中层的主旨一致，如果这边减那边增，就会前功尽弃；精简后的中层是否能够完成原先设计的工作职能，会不会出现有的事无人做、有的事抢着做的现象；等等。未来阶段的确认（P3C4）就是对精简中层后的效果进行评价。最好进行管理成本开支的比较和工作效率的评估，如果效果比较好，就要进行庆贺，使这次变革的成果为所有员工知晓，增强员工对管理层和组织实施变革的信心，有利于下一次变革的发动。

战略变革实施矩阵使用的关键是列出类似的问题清单，并在变革中逐一对照。这样，通过对关键成功要素的全面系统的把握，就可以提高企业组织变革的成功度，实现变革的目标，从而使企业增强核心竞争力，更好地应对内外环境的变化。

10.9 战略变革的战术技巧

10.9.1 选择时机

在考虑战略变革的时候，人们常常忽略选择时机的重要性。事实上，在设定了一个变革项目后，还涉及如何对各项变革任务进行时间安排的问题；也涉及如何运用一定的战术选择正确的时间，以便对战略变革进行宣传。

战略变革的幅度越大，越要将这种变革建立在实际存在的或组织成员感知到的危机基础上，这样会有利于变革的实施。如果组织成员感觉到维持现状所面临的风险比进行战略变革所面临的风险还要大，他们就更愿意进行变革。例如，一家面临着被吞并威胁的公司，其管理层可能会将这一威胁作为进行根本性战略变革的催化剂。实际上，有人说一些组织的主管为了促进战略变革的实施，通常会将存在的某些问题升级，以使组织成员感觉到危机的存在。

在进行变革的过程中也会存在机遇。例如，在一家公司刚刚被吞并后的一段时间内，公司新的所有者有可能进行比较重大的变革，而这样的变革在平时就不太可能实现。新主管上任、引进一种非常成功的新产品或是出现了重大的竞争威胁等情况，都提供了进行变革的时机。然而，这种时机可能稍纵即逝，因而变革者需要在这些短暂的时期内采取决定性行动。还有一点很重要：负责进行战略变革的人在作出变革的时间安排时，不能提供相互矛盾、容易让人误解的信息。比如，如果他们认为变革需要尽快完成，就不应当保留任何会让人感觉有很长时间用来进行变革的程序或信号。再比如，如果管理者鼓励他人进行变革，但同时维持着多年以前建立的控制与奖励程序或工作习惯，这样也会让组织成员产生误解，所以明确具有象征意义的时间框架信号就非常重要了。

通常一说到变革，人们总会感到紧张，所以选择合适的时间对战略变革进行宣传以避免不必要的畏惧和紧张情绪是很重要的。例如，如果有必要裁员或撤换管理层，那么在变革开始前完成这些工作要比在变革进行之中做这些工作更合适；因为这样做可以让组织成员感觉到变革计划确实有助于改善组织状况，在将来能为组织带来益处，而不是因为变革使人们失去工作。

10.9.2 关注结果

陷入困境的公司的变革者们不能被变革的过程所蒙蔽，而必须关注最终结果。要使变革成功，变革者们首先要清楚地认识公司的价值所在以及如何来实现价值。一旦明确这个关键，他们就会树立坚定的目标，既包括财务目标，也包括非财务目标。然后，他们会回过头来，带领经理们按照他们认为合适的方式实现目标。

10.9.3　短期见效

真正的变革需要时间，如果不能设置一些短期目标，并且在达到目标后加以庆祝，变革行动的势头就会慢慢减退。除非能够看到变革在12~24个月内带来预期的结果，否则大部分人是不肯踏上变革这条长征之路的。如果不能取得一些短期成绩，许多人就会放弃努力，或者干脆积极地投身于抗拒变革的行列。成功的变革，通常是在发起之后只需一两年就会看到一些积极的变化。比方说，某些质量指标开始好转，或者净收益停止下跌；有一些新产品成功上市，或者市场占有率有所攀升；生产率有了大幅提高，或者客户满意度得到了改善。但不管是哪一种情况，这种成绩都是凿凿有据的，是那些反对变革的人无法驳斥的。

取得短期成绩和期盼短期成绩并不一样。后者是消极等待，前者是积极争取。在成功的变革中，管理者会想方设法取得一些明显的业绩改善，在年度计划中设立一些目标，并且在达成目标后用表扬、升职甚至奖金来奖励那些功臣。比如，有一家制造公司，它的变革领导集团在变革启动20个月之后，成功地发布了一款引人注目的新产品。事实上，他们是在变革启动6个月之后才选中这款新产品的，因为这个产品符合多项标准：它可以在较短的时间内完成设计并投放市场；它是一个致力于实现新愿景的小团队就能处理得了的；它有成长的潜力；它的开发团队可以独立于现有的部门结构运转，而不会遇到任何实际问题。这个产品开发成功是十拿九稳的，因此大大提高了变革的可信度。

10.9.4　裁员与减少组织层次

战略变革计划通常会与裁减工作职位联系在一起：从关掉组织中的某些单位，使数以百计、数以千计的人失去工作，到撤换高级管理人员。20世纪90年代，在一些国家，战略变革也与减少组织层次有关，如取消某一管理层次。如前所述，选择与战略变革有关的裁员工作的时机是非常重要的，但也有其他一些影响变革计划的因素：

与变革计划有关的裁员工作的切入点的选择是很重要的。例如，组织中可能普遍认为某一层次的管理者或某些特定的个人是进行变革的障碍，那么裁撤这些人就是强有力的信号，标志着进行变革的严肃性与坚定性。整个取消某一管理层次会使处于下一层次的管理者感到他们有了更多的机会。正如一家公司的首席执行官说的那样："如果不得不裁员，我会尽可能地从高层管理人员入手，因为通常来说，这些人最有可能抵制变革，而且裁掉他们也是对下层人员的很好的激励。"

避免"持久性"裁员也是重要的。如果在变革进行过程中不断出现裁员，威胁到组织成员的工作稳定性，这样的变革不太可能成功。前文提到的那位首席执行官还说："裁员工作进行得要快要狠，这比随着时间的推移无休止地进行裁员要好得多。"

还有一个重要的方面，即如果一定要裁员，那么对于那些被裁掉的员工一定要采取一些大家都看得到的、负责任的并尽可能是关照性的措施——这样做不仅出于道德上的原因，更是一种策略：这对于那些留在组织中的员工是一种信号，即组织是关心大家的。有许多公司在这方面都有成功的例子，比如成功地进行人员的重新安排、为员工提供咨询帮助、为员工安排公司以外的工作、重新培训，等等。

关键概念

战略控制　战略失效　战略控制类型　战略控制过程　平衡计分卡　战略变革的动因　战略变革的形式　战略变革影响因素　战略变革技巧

思考题

1. 战略控制的内涵与主要内容是什么？
2. 当企业战略失效时，战略制定者应注意的问题有哪些？
3. 战略控制的类型包括什么？战略控制的过程是什么？
4. 如何应用平衡计分卡？
5. 企业为什么要进行战略变革？有哪些形式？
6. 有哪些因素会影响战略变革的成功？
7. 战略变革的战术技巧是什么？

战略实践

● 企业追踪

本单元旨在了解并评价目标公司的战略控制与战略变革，你需要通过收集相关信息回答以下问题：

1. 目标公司是否实施过或正在实施某种战略变革？
2. 如果曾经或正在实施变革，其背后的动因是什么？
3. 企业在战略变革中都遇到了哪些阻力？管理层又采用了哪些措施克服各种阻力、促进变革成功？
4. 如果企业尚未进行过任何变革，那么，企业对战略的实施是否开展了评估与控制活动？效果如何？

● 实践练习：战略失败与战略控制关系分析

将全班分组，3~5人为1组。通过查阅历年的全球独角兽排行榜或500强排行榜，选取一家曾经优秀但如今衰落的企业，分析其失败与战略控制的关系，并回答以下问题：

　　1.评价该企业失败的主要原因。

　　2.找出战略失效的原因。

　　3.确定是战略制定、战略执行还是战略控制的原因，并给出合理化建议。

　　4.向全班报告你们的工作。

参考文献

［1］巴达拉克．界定时刻：两难境地的选择［M］．李伟，译．北京：经济日报出版社，1998.

［2］巴格海，等．增长炼金术［M］．奚博铨，许润民，译．北京：经济科学出版社，1999.

［3］贝赞可，德雷诺夫，尚利．公司战略经济学［M］．武亚军，译．北京：北京大学出版社，1999.

［4］波特，哈默，等．未来的战略［M］．徐振东，张志武，译．成都：四川人民出版社，2000.

［5］波特．国家竞争优势［M］．李明轩，邱如美，译．北京：华夏出版社，2002.

［6］波特．竞争优势［M］．陈小悦，译．北京：华夏出版社，1997.

［7］戴维 F R，戴维 F R，戴维 M E．战略管理：建立持续竞争优势［M］．徐飞，译．17版．北京：中国人民大学出版社，2021.

［8］德鲁克等．公司绩效测评［M］．李焰，江娅，译．北京：中国人民大学出版社，1999.

［9］格兰特．公司战略管理［M］．胡挺，张海峰，译．北京：光明日报出版社，2001.

［10］格兰特．现代战略分析：概念、技术、应用［M］．罗建萍，译．4版．北京：中国人民大学出版社，2005.

［11］黄丹．战略管理：研究注记·案例［M］．3版．北京：清华大学出版社，2020.

［12］黄旭．战略管理：思维与要径［M］．北京：机械工业出版社，2007.

［13］金占明．战略管理：超竞争环境下的选择［M］．3版．北京：清华大学出版社，2010.

［14］坎贝尔，卢斯．核心能力战略：以核心竞争力为基础的战略［M］．严勇，祝方，译．大连：东北财经大学出版社，1999.

［15］蓝海林，等．企业战略管理［M］．4版．北京：科学出版社，2023.

［16］李沛强，肖如斐．战略管理：理论与案例［M］．北京：清华大学出版社，2021.

［17］刘宝宏．企业战略管理［M］．大连：东北财经大学出版社．2009.

［18］刘冀生，彭锐．创新时代的企业战略管理：理论·实务·案例［M］．北京：企业管理出版社，2007.

［19］刘珂．战略管理［M］．2版．北京：经济科学出版社，2023.

［20］刘庆元．企业战略管理［M］．2版．北京：中央广播电视大学出版社，2006.

［21］明茨伯格，阿尔斯特兰德．战略历程［M］．刘瑞红，徐佳宾，郭武文，译．北京：机械工业出版社，2002.

［22］内勒巴夫，布兰登勃格．合作竞争［M］．王煜全，王煜昆，译．合肥：安徽人民出版社，2000.

［23］任浩．战略管理：现代的观点［M］．北京：清华大学出版社，2008.

［24］邵一明，钱敏．战略管理［M］．3版．北京：中国人民大学出版社，2020.

［25］斯托尔克，等．企业成长战略［M］．赵锡军，等译．北京：中国人民大学出版社，1999.

［26］孙武．孙子兵法［M］．北京：中国档案出版社，1999.

［27］谭力文，吴先明．战略管理［M］．武汉：武汉大学出版社，2006.

［28］汤明哲．战略精论［M］．北京：清华大学出版社，2004.

［29］汤姆森，斯迪克兰迪．战略管理：概念与案例［M］．段盛华，王智慧，译．10版．北京：北京大学出版社，2000.

［30］托马森，斯特里克兰．战略管理学：概念与案例（英文版·原书第12版）［M］．北京：机械工业出版社，2003.

［31］王方华，吕巍．战略管理［M］．北京：机械工业出版社，2004.

［32］王玉，王琴．企业战略：谋取长期竞争优势［M］．上海：复旦大学出版社，2005.

［33］魏江，邬爱其等．战略管理［M］．2版．北京：机械工业出版社，2021.

［34］希尔，琼斯，周长辉．战略管理：创建企业竞争优势的系统思维（中国版）［M］．孙忠，译．7版．北京：中国市场出版社，2007.

［35］希特，爱尔兰，霍斯基森．战略管理：概念与案例［M］．刘刚，张泠然，梁晗，等译．13版．北京：中国人民大学出版社，2021.

［36］向隅，余呈先．战略管理［M］．合肥：中国科学技术大学出版社，2022.

［37］项保华，刘丽珍．战略管理：艺术与实务［M］．北京：机械工业出版社，2022.

［38］徐飞．战略管理（第5版·数字教材版）［M］．北京：中国人民大学出

版社，2022.

　　［39］杨锡怀，冷克平，王江. 企业战略管理：理论与案例［M］. 2版. 北京：高等教育出版社，2003.

　　［40］姚建明. 战略管理：新思维、新架构、新方法［M］. 2版. 北京：清华大学出版社，2022.

　　［41］约翰逊，斯科尔斯. 战略管理：纵览战略管理学派［M］. 王军，等译. 6版. 北京：人民邮电出版社，2004.

　　［42］张九元，张羡. 虚拟经营［M］. 北京：中国经济出版社，2004.

　　［43］张应杭，黄寅. 企业伦理：理论与实践［M］. 上海：上海人民出版社，2001.

　　［44］芝加哥大学商学院，欧洲管理学院，密歇根大学商学院，等. 把握战略：MBA战略精要［M］. 王智慧，译. 北京：北京大学出版社，2003.

　　［45］周三多. 战略管理新思维［M］. 南京：南京大学出版社，2002.

　　［46］BARNEY J B.Firm Resources and sustained competitive advantage［J］. Journal of Management，1991（17）：99-120.

　　［47］BOWMAN C，FAULKNER D.Competitive and corporate strategy［M］. London：Irwin，1997.

　　［48］FINAROCAL B.The pyramnid of corporate social responsibility：Toward the moral management of organizational stakeholders［J］. Business Horizons，1991，34（4）.

　　［49］PRAHALAD C K.The core competence of the corporation［J］. Harvard Business Review，1990，68（3）：79-91.